橋本　雄著

中世日本の国際関係

―東アジア通交圏と偽使問題―

吉川弘文館

目次

終章　本書の総括と展望……二七六

序章　本書の課題と構成

一　本書の目的

本書は、中世後期（室町・戦国期）の国際関係史の展開を、構造的かつ動態的に考察し、《国家》と《地域》の関係性について解明しようとするものである。この時代は、権力の分散情況を特徴とし、室町幕府をはじめ様々な勢力が対外通交を繰り広げた時代であった。こうした情況のもとでは、当然、それら各勢力の対外通交が、室町幕府の保有する外交権といかなる関係にあったのかが問題となってくる。そして、常識的に了解されるように、室町幕府の外交システムは戦国期に入り解体していくわけだが、そのプロセスの詳細な解明は手着かずのまま放置されてきた。本書では、こうした問題に関して、とりわけ対馬―博多をとりまく《地域》と、室町幕府将軍権力を核とする《国家》との相関・相克関係を軸に、実証的に考究していきたい。

そのために、本書では「偽使問題」という視角を積極的に導入していく。この「偽使問題」については、研究史の整理とともに次節にて詳述するが、端的に言えば、ある国・地域に通交した外交使節の真偽を問題にすることである。ある使節が完璧に本物だと分かる場合はさして問題ないが、偽物かどうか疑わしい場合は、いったいどの人間が、何の目的で、誰を派遣してきたのか（すなわち使者が何者なのか）、こうした点をまず明らかにしておかねばならない。

何となれば、通交使節や派遣者の実体が把握できなければ、畢竟、その通交関係のあり方を個別的にも一般的にも理解することができないからである。すなわち、「偽使問題」を解くことにより、当時の外交権（ないし通交権）のありかと、外交主体（通交主体）の実像とを炙り出すことができるものと期待される。そして、その実証的作業の地道な積み重ねの上に、初めて国際関係史の実態が見えて来るのではなかろうか。なお、ここで言う「外交」とは、さしあたり、中世日本国家を代表する国際交流の活動を指し、「通交」とはより広く、一般的な国際交流を念頭に置いた概念である。両者の区別は截然としがたい面もあるが――例えば偽の国王使の事例を「外交」「通交」のどちらに振り分けるのかは難しい問題である――、本書の一つの課題が、東アジアの各国が認知した「日本国王」（室町殿）の外交システムの消長を論ずることにある以上、暫定的基準として設けておきたいと思う。

さて、本書の考える「国際関係史」とは、おおむね次の二つの問題意識を含意している。

一つは、東アジア海域・環シナ海地域に面する諸国家・諸地域間の交流関係を、総合的・広域的に捉えるという水平面の視点である。これは、まず田中健夫氏によって積極的に提唱された視角であり、それまでの〝某国対某国〟式の二国間関係史が有していた歴史認識の限界を乗り越えるためのフレイムワークづくりであった〔田中 二〇〇三年：第II部第一章〕。ある二国間関係が、他の二国間関係やさらに広範囲な地域との関係から大きな影響を蒙る場合、そうした包括的・全体的な視点が必要なのは言うまでもないことであろう。さらに、村井章介氏の提示した《国境をまたぐ地域》概念は、国家権力や地域権力からも自由な人間の動きを捉えるためのステイジを準備し、研究史に絶大な影響を与えた〔村井 一九八八年：第一部〕。こうした新たな枠組み（パラダイム）の登場によって、我々は、現在の国境や国民国家の枠組みを取り払い、国際交流史の実態に迫る糸口を摑み得たのである。ただし、にも拘わらず、本書が「中世日本」を軸に国際関係史を描こうとするのには、やはり研究史上の理由があり、これは後に詳述する。

いま一つは、国王間外交や大臣間外交、中小領主の通交、民間レヴェルの交流、はたまた皇帝‐国王間の冊封‐朝貢関係など、さまざまな次元の関係史・交流史がそれぞれ独立に存在するのではなく、重層的・有機的な関連性をもって展開していた、という垂直面の視点である。従来の研究史では、それぞれのレヴェルの交流についてはある程度個別の研究が蓄積されてきたが――もちろんまだ緒に就いたばかりの分野もある――、各レヴェル間の相互関係や連関性については、いまだ十分な蓄積を有して来なかった。この相互影響関係を理解できなければ、国際関係史の総体を構造的に捉えることは難しいと思われる。本書のような小著によってそのすべてが解明できるとは思えないが、少なくとも、こうした志向性をもって中世日本の国際関係史を解明していこうというのが筆者の基本姿勢である。それは、当該期の国際関係史を理解するためには、国内諸勢力の競合という政治史的視点が不可欠だと考えるからである。

なお、本書が主として取り扱う「中世日本の国際関係」とは、実際には十五世紀中葉から十六世紀中葉までのたかだか一〇〇年ほどの歴史に過ぎない。しかも、主には中世「日本」（より正確には「西日本」）という限定的領域を対象とした研究である。羊頭狗肉も甚だしく、本来ならば、少なくとも中世という時代全般、東・東南アジア地域全般にわたって議論すべきなのだが、筆者の力量の問題もあって、まずはこの時代・地域に範囲を限定せざるを得なかった。しかしながら、すでに村井章介氏〔一九八八年：第一部〕が指摘しているように、この時期、十五世紀は《国境をまたぐ地域》が十分に成熟を見せ、中世前期段階に比べれば《地域》と《国家》との軋轢・相克関係が見えやすいという利点がある。しかも幸いなことに、当該期には、日本のみならず朝鮮・中国側の史料もふんだんにあり、それらを突き合わせて立体的な歴史像を描くことが可能である。もちろん、そうした史料の残存状況のもとでは、偽使問題の解明も他の時期より容易であろう。そして後に述べるように、「中世日本」の側から、《国家》と《地域》との関係を問う姿勢はこれまで余りに乏しかった。中世日本国際関係史の総体を構造的に把握しようとする本書にとって、中世後期はまさしく絶好の時代と言えるのである。

以下では、中世後期「対外関係史」に関する近年の研究史を振り返りつつ、右に概略を述べた本書の目的・問題意識をさらに明確に述べることとしたい(1)。

二　《地域》論から〝国家と地域の関係史〟へ

一九八〇年代に入り、塚本学氏の「倭寇世界」論〔塚本 一九八〇年〕や網野善彦氏らの「人類社会史」研究〔網野 一九九二年〕などを嚆矢として、現在の「国家」や「国境」、「国民」を前提とする歴史観が自覚的に反省され始めた(2)。これは、明らかに、歴史学における「一国史（ナショナル－ヒストリ）」批判の潮流と密接に連動した研究動向であった。もともと国家や国境を越える問題を扱う対外関係史が、こうした問題関心に敏感に反応しないはずがない。否、対外関係史研究こそ、むしろこうした問題視角を用意した張本ではなかったか。この点は、右の塚本学氏の「倭寇世界」論などを見れば一目瞭然であるし、すでに一九六三年の段階で、対外関係史研究の泰斗、田中健夫氏〔二〇〇三年：第Ⅱ部第一章〕が「孤立した」二国間関係などあり得ない、外交制度史の外被を取り去った実態的な国際関係史研究こそ重要だという点を示唆していたことに著しい(3)。ここで言う「二国間関係」こそ、実際には一国史的研究の裏返しに他ならないと思われる。

こうした新しい問題意識の高まるなか、中世「対外関係史」研究も次なる上げ潮を迎えつつあった。すなわち、八〇年代初頭、田中健夫氏が『倭寇――海の歴史――』〔田中 一九八二年b〕を著して、列島や半島、大陸を大きく包括する「海の歴史」という視点を提起し、八〇年代半ば、村井章介氏が「建武・室町政権と東アジア」「中世日本列島の地域空間と国家」（村井 一九八八年：第Ⅱ・Ⅲ章）を発表して、朝鮮半島・日本列島・琉球列島・中国大陸によって囲繞される《国境をまたぐ地域》概念――より具体的には「環シナ海地域」――を提示するに至ったのである。周知の通り、この二つの視点・概念の提起により、研究のパラダイムは大きく様変わりした。つまり、「対外」「関係」という言葉に含意されるような、一国史的・制度史的な問題よりも、実際に国境をまたいで広域に活動した、多種多様な人びとへのまなざしが共有されるようになったのである。

以後、「国境を越える人びと」――具体的には倭寇や商人や禅僧など（村井 一九八八年：第Ⅱ章参看）――に着目した研究が、数多く発表されるようになった。ここで網羅的に取り上げることはできないが、たとえば、一九八七年、田中健夫（一九九七年：第一章）・高橋公明（一九八七年b・一九八七年c）の両氏がほぼ同時に発表した、衝撃的な前期倭寇（十四世紀の倭寇）論は、日韓双方の学界に巨大な波紋を投げ掛けた。〝前期倭寇（十四世紀の倭寇）は日本人のみで成り立っていたわけではない、高麗人や済州島民がむしろ主体的メンバーだったのではないか〟という学説である。[4] また、村井氏が提起した「外交機関としての五山」という視点（村井 一九八八年：第Ⅰ章）は、禅宗史の分野から対外関係史に本格的にアプローチする契機を作ったという点で特筆される。近年、「五山」という枠組みを前提することへの批判も含めて、当該研究領域が長足の進歩を遂げているのは周知のことであろう（西尾 一九九九年、上田純一 二〇〇〇年、伊藤幸司 二〇〇〇年aなど参照）。そして、一九九〇年代初頭には、〈民族《エトノス》〉・〈地域〉・〈比較〉に視点を据える荒野泰典・石井正敏・村井章介三氏の編著『アジアのなかの日本史』（東京大学出版会、全六巻、一九九二〜一九九三年）が刊行された。これも詳細を触れる余裕がないが、この叢書の出現によって、「国家」や「国境」の相対化が一挙に進み、《地域》論・ネットワーク論というべき研究が隆盛になったことは間違いない。この叢書の約十年後に当たる二〇〇四年春、村井章介氏を研究代表者とする総勢約五〇名もの研究者による共同研究報告書（『八

〜十七世紀の東アジア地域における人・物・情報の交流』〔村井 二〇〇四年〕）がまとめられたことも付言しておく。

しかし、新たに出現・展開したこうした議論の枠組みに関しても、まったく問題がないわけではない。

第一に、問題提起の概念だからこその難点とも言えるが、村井章介氏の想定した「環シナ海地域」〔村井 一九八八年〕や「海洋アジア」〔村井 一九九八年〕、加藤祐三氏の「海洋アジア交易圏」〔加藤ほか 一九九八年〕といった地域概念は余りに広過ぎる、という問題である。《国家》が一様でないように、《地域》もまた一色では塗りつぶせない。《地域》のなかの、各個別地域の事例研究を蓄積し、それぞれの特色を明確にしていくことが、現在、求められているのではないか。

これについては、当の村井氏が他ならぬ『中世倭人伝』で朝鮮半島南岸の倭人居留地＝三浦《サンポ》——薺浦《チエポ》・富山浦《プサンポ》・塩浦《ヨンポ》——に焦点をあてた研究を行ない〔村井 一九九三年〕、また多くの研究者によって、続々と個別的な地域研究が積み重ねられつつある。代表的なものを挙げるとすれば、済州島〔高橋公明 一九八七年c・一九九〇年・一九九二年c、藤田明良 二〇〇一年〕や中国江南域の国際的港市明州（寧波）〔斯波義信 一九九二年、榎本渉 二〇〇一年b〕、舟山列島〔藤田明良 一九九七年〕、琉球（王国）〔高良倉吉 一九八九年a・一九八九年b・一九九三年、村井 一九九七年a、真栄平房昭 一九八一年・一九九二年、豊見山和行 二〇〇三年・二〇〇四年など〕、中世日本を代表する国際貿易都市博多（博多商人）〔田中健夫 一九五九年、川添昭二 一九八七年・一九八八年・一九九三年、佐伯弘次 一九八四年・一九九四年b・一九九六年、大庭康時 一九九九年・二〇〇一年など〕、五島・壱岐・対馬（博多との連繋を含む）〔長節子 一九八七年・一九九〇年、関周一 二〇〇二年a、松尾弘毅 一九九九年・二〇〇二年・二〇〇三年、荒木和憲 二〇〇二年・二〇〇三年・二〇〇四年など〕、赤間関〔岸田裕之 一九八八年、関 一九九五年、須田牧子 二〇〇四年〕、畿内の兵庫津〔歴史資料ネットワーク 一九九九年〕等々が挙げられる。もちろん、瀬戸内海や豊後海域などの海賊衆・警固衆研究〔山内譲 一九九七年、宇

田川武久 一九八一年・一九八三年・二〇〇二年、福川一徳 一九八二年、佐伯 一九九〇年・一九九七年a、伊川健二 二〇〇〇年a、黒嶋敏 二〇〇〇年、橋本 二〇〇二年b（本書第六章）、鹿毛敏夫 二〇〇三年b〕もこれと密接に関連してこよう。このように、ステイジを限定して論じることは現段階で極めて有用であり、今後も蓄積が必要と思われる。(5)

第二に、日本中世史の側から見た《地域》論の問題点を指摘しておきたい。これは、再三上述したような、本書がなぜ「中世日本」を基軸とするのか、という問題意識とも関わる点である。村井章介氏は、かつて《地域》の成熟期を十五世紀と措定したが、(6)その十五世紀の《地域》と中世日本《国家》とがどのような「相剋」関係にあったのかは、実はほとんど論じられぬままであった。なぜなら、村井氏がその後《地域》と対峙させて考えた《国家》とは、中世日本国家でなく、基本的に中国・朝鮮の国家だったからである（『中世倭人伝』〔村井 一九九三年〕参照）。つまり、中世後期の日本《国家》が環シナ海地域などの《地域》とどのように向き合っていたのかという点は、率直に言って、依然不明瞭なままなのである〔関 一九九四年b：五五頁参照〕。

そもそも、なぜこの点が重要なのか。村井氏の当初の議論に立ち戻れば、同じく「国境」を相対視すると謳った塚本・網野両氏と村井氏との間には、問題意識の点で大きな懸隔が存在していた。すなわち、一九八〇年代初頭の塚本氏や網野氏の問題意識は、現在生きている我々が国家という呪縛から逃れるために、国家を相対視しうる材料を求めて地域研究を提唱していたのだが、一方の村井氏は、むしろ中世に生きる人びとの「国家」意識の相対化の可能性を求めて、《地域》研究を深化させていったのである。自ずと両者の力点は異なり、村井氏は、「たんに《国境をはずして考える》のみの地域論では不十分であって、地域のなりたち自体に国家のわくづけがどんな影響を与えているかを考え、地域と国家という次元のことなるわくぐみが相剋しあうさまを視野に入れないと、地域論は歴史的規定性をみうしなってしまう」と的確に指摘していた〔村井 一九八八年：一三四頁〕。(7)やはり、《地域》と《国家》との相克という問題は決定的に重要なのである。ところが、村井氏自身のスタート地点であった中世日本に関して、この点が深められることはほとんどなかった。大仰に言えば、本書はこの積年の課題に挑むものだと言えようか。

さて、それでは、この問題をどのような手順と方法とで解いていったら良いのだろうか。実は、この点に関しても、村井氏自身の研究視角からヒントを導き出すことが出来る。『中世倭人伝』の次の一節に注目してみよう。

> 国家という〈点〉と〈点〉とをつなぐ〈線〉をどのように認識するか。〔これまでの日朝関係史研究において―橋本註〕おもな問題関心はそこに向けられていた。……従来の研究は、関係という〈線〉にそって、その線を律する規則としての制度を中心に、進められてきたことはいなめない。……この時代には、日朝間にきわめて多様で、混沌として、矛盾にみちた人・物・情報の交流が営まれた。……放射線モデルの〈線〉からにじみだして、ひとつの〈面〉をつくろうとする日朝両民族の交流のすがたを、光と影のあやなす時代相として描き出すこと。この本のふたつめの目標がこれである。
> 〔村井　一九九三年：五〜六頁〕（傍線橋本）

端的に言えば、ここにある〈面〉とは《地域》内交流を体現し、〈線〉とは《国家》間外交を表象する。主に中世日本という舞台をめぐって、《国家》は《地域》とどのように対峙していたのか――。恐らく、それを知るための手がかりは、〈面〉=《地域》によって〈線〉=外交・通交関係がどのような変容を受けたのか、あるいは〈線〉が〈面〉にどのような影響を与えたのか、こうした相互関係のなかから探り出せるのではなかろうか。そして、こうしたスタンスを採ることにより、《国境を越える地域》論から却って逆に、中世日本の国家なり社会なりの特質に迫ることが可能になるのではないか。そのためには、先に引用した村井氏の表現を援用すると、〝「線の関係史」と「面の交流史」との関係史〟を構想して行かねばならないだろう。以上のような研究史の理解の上に立って、本書は、〝中世日本における《地域》と《国家》の関係史〟を構築して行きたいと考えている。

だが、そうは言っても、《地域》に埋没しているかのような権力分散情況の中世日本《国家》と、際限ない海域アジアに拡がる《地域》との間の相克・軋轢関係の局面となると、実際にはかなり見出しにくい。そもそも、中世日本の場合、どこまでが《国家》でどこからが《地域》なのか、明確に色分けできないという難点を持つためである(8)。

こうした国際関係史の構造と展開とをくっきり浮き上がらせてくれる主題・材料とは果たして何であろうか。この問題を考えたとき、浮上してくるのが「偽使問題」なのである。この「偽使問題」という問題領域・研究視角については、余り馴染みでない読者もいると思うので、節を改め、研究史を振り返りながら詳論することとしよう。

三　方法としての「偽使問題」——外交権と外交主体を探る視角

「偽使」とは、単純に言えば、ある人間（実在しない架空の人物でも良い）の名義を騙《かた》って第三者が外交使節を仕立て上げ、外国に通交して貿易利潤を獲得する現象・存在のことである。このとき、彼ら「偽使」はほぼ例外なく、改竄ないし偽作された外交文書を携えていった。すなわち、「偽使問題」とは、多くの場合、「偽書問題」に他ならなかったわけである。

それでは、偽書（偽造外交文書）とは何か。大きく見て、「改竄」と「偽作」の二種類が考えられる。ある発信者（名義人）の出した外交文書が、本人の承諾なく書き換えられる場合が「改竄」であり、初めから存在しない外交文書を捏造する場合を「偽作」と言って良かろう。ただもちろん、前者の「改竄」にあっても、書き替え（新作の偽文書との物理的すり替え）の場合は、広義の「偽作」と見なされる。つまり、改竄か偽作かの本質的な相違は、差出名義人が本当にその文書に関与したのか否かという一点に係ってくる。差出名義人との接点があれば「改竄」であるが、なければ「偽作」、というわけである。こうした見方を敷衍させれば、偽使・偽書問題を考察する最大のポイントは、いったいどの勢力が当該使行のイニシアティヴを握っていたのか、という点に求められるであろう。

なお、「偽使」という現象・存在自体については、一九五〇年代末頃から、すでに日朝関係史の分野で確認・指摘されていた。十六世紀後半、『朝鮮送使国次之書契覚』（対馬から朝鮮への通交使節の引付）をもとに偽使名義を含む対朝鮮「貿易権の対馬集中」の実態を描き出した田中健夫氏の論著〔田中　一九五九年：第七章〕、やはり十六世紀後半段階、対馬宗氏によって右武衛殿名義の偽使が創出されていたことを指摘した中村栄孝氏の研究〔中村　一九六五年：第十八章〕、そして、すでに十四世紀末〜十五世紀前半の早い時期においてさえ、様々な偽使が朝鮮王朝に通交していた事実を解明した田村洋幸氏の論稿〔田村　一九七二年〕などが特筆される。

しかしながら、偽使であることを暴露するだけでなく、偽使の派遣主体・通交主体を個別に確定して、しかもその偽使が生まれた歴史的背景やメカニズムを探る、という実証的研究の方向性が強まったのは、一九八〇年代以降のことである。とりわけ、長節子氏〔一九八七年：第二部〕や村井章介氏〔一九八八年：第Ⅸ章〕が偽使問題を正面から取り上げたことで、偽使研究の本格的到来は告げられたと言って良い。このように、一九八〇年代以降、偽使研究が本格化する理由としては、以下の如き内在的要因と外在的要因とを指摘できよう。

まず、内在的原因としては、高橋公明氏と村井章介氏の間で行なわれた中世日本人の朝鮮観に関する論争——いわゆる〝朝鮮観論争〟——を挙げることができる〔村井　一九八八年：補論1・第Ⅸ章参照〕。高橋氏が《朝鮮遣使ブーム》と名付けた、朝鮮世祖朝の仏教的祥瑞（一四六二〜六九年〔高橋　一九八七年a：三五〇〜三五一頁〕）を祝賀する《朝鮮遣使ブーム》の通交姿勢を、どのように評価するかで、研究者の意見が分かれたのである。

高橋公明氏は、《朝鮮遣使ブーム》に偽使が混じっていたとしても構わないとしながらも、おおむね通交名義通りの真使であると考え、通交者それ自体の現実的な通交姿勢――「朝貢」的姿勢――に注目した〔高橋 一九八七年a〕。つまり、多くの倭人たちが朝鮮王朝の政治的動向に鋭敏に反応して朝鮮に通交したことを明らかにしたわけである。

これに対して村井氏は、大蔵経を朝鮮に求請する偽使たちの実体を《倭人海商》と規定し、彼らの回賜品目当ての経済的・文化的な欲求を重視した。つまり、《倭人海商》らはわざと朝鮮に遜って「朝貢」的姿勢を採ったのであり、全通交者に関して単純素朴な《朝鮮大国観》など想定出来ない、という結論である〔村井 一九八八年：第Ⅸ章三五二頁以下〕。

だが、この朝鮮観論争は、《朝鮮遣使ブーム》の使節群が真使か偽使かというもっとも基礎的な部分を等閑《なおざり》にしたために、その後はかばかしい進展を見なかった〔橋本 一九九七年a（本書第一章）、長 二〇〇二年b〕。そのなかで、《朝鮮遣使ブーム》の使者たちの多くは偽使であったという長節子氏の画期的・衝撃的な提言〔長 一九八四年・二〇〇二年b：八頁参看〕がなされ、これをきっかけに筆者の偽王城大臣使論〔橋本 一九九七年a〕・〈偽琉球国王使〉論〔橋本 一九九七年b〕や長氏自身の夷千島王遐叉使節論〔長 二〇〇二年a：第二部第一～三章〕・瑞祥祝賀使《朝鮮遣使ブーム》再考〕論〔長 二〇〇二年b〕、ケネス＝ロビンソン氏の偽畠山殿使送論〔Robinson 一九九九年〕などが現れた。

以上のように、朝鮮観論争の必然的〝副産物〟として偽使問題研究は内在的に発生したのである。その結果、当然のことながら、偽使研究は件の〝朝鮮観論争〟を揚棄する役割を宿命づけられていると言えよう。

さて、もう一方の外在的要因とは、一九九五年、田代和生・米谷均両氏により紹介された、対馬宗家旧蔵の偽書作成用印鑑の大量発見のことを指す〔田代・米谷 一九九五年〕。これら宗氏旧蔵の印鑑類は、田中健夫氏がかつて明らかにした「貿易権の対馬集中」〔田中 一九五九年：第七章〕――すなわち対馬宗氏主導の偽使派遣体制――を実証する、現物の物的証拠に他ならない。これらは、ほとんどすべて十六世紀後半期の偽使派遣用の外交文書偽作に用いられていたものと思われ〔米谷 一九九七年ａ参看〕[9]、近世日朝関係史の分野で著名な国書偽造発覚事件――いわゆる「柳川一件」[10]――に帰結する、対馬宗氏の外交文書偽作システムのあり方を窺わせてくれる。これまで同印鑑資料が秘匿されていたのは、そうした対馬宗家の歴史の暗部を隠すためであったと見て間違いない。いずれにしても、宗家旧蔵印鑑類という動かぬ証拠を得たことで、偽使問題に関する研究者は、ある程度の確信（希望？）を持って歩みを進めることが出来るようになったわけである。[11]

このようにして偽使問題研究は深化していき、本書所収の論稿もその流れに棹さすなかで生まれたものであるが、すでに前述した通り、もはやこの分野の研究においては、ある外交使節や外交文書の単純な真偽判定に止まるだけでは許されない。むしろ、偽使や偽書を創り出した勢力が何者かを解明するなかで、彼らが何を求めて偽使を繰り出したのか（動機論）、いかなる歴史的環境のもとそれは可能であったのか（歴史的条件論）と言うような、偽使問題の背景を含めて論ずることが今や求められていると言えよう。そして、このことは同時に、当時の中世日本《国家》と《地域》のはざまで、実際上の外交権（通交貿易権）が如何様に存在していたのか、という点を闡明することに直結するはずである。逆に言えば、外交権の所在、外交主体の正体を追究する作業が、偽使問題研究だということにもなろう。

そうであればこそ、〝中世日本における《国家》と《地域》の関係史〟を標榜する本書は、この「偽使問題」という方法論を積極的に採用することにしたい。それにより、当時の国際関係史の構造と展開とを解明できると考えるからである。直前にも述べた通り、従来の日朝関係史研究によって、十六世紀後半段階、対馬宗氏が偽の「日本国王使」（室町殿名義の外交使節）を恒常的に創出していたことが分かっているが〔田中 一九五九年：第七章、中村 一九六九年ｂ：第一・二章、田代・米谷 一九九五年、米谷 一九九七年ａ〕、そうした体制が完成するに至るまでのプロセスすら、未解明のままである。そしてこのプロセスとは、間違いなく、室町幕府外交システムの崩壊過程と一致している。詳細は本書第五章で論ずることとなるが、実際問題として、日朝関係史だけでなく、日明関係史や日琉関係史など、まさしく当該期の「国際関係史」全体を俯瞰しなければ、この問題は解明することができない。そして当然のことながら、外交と内政とは密接に絡む問題であるから、国内外政治史の成果を積極的に取り込むことが必要であり、本書ではこの点に関しても貪欲に取り組んでいきたい。国際関係史の重層的構造については、そのなかで必然的に明らかにされるであろう。

四　本書の構成

以上のような問題関心に基づいて、本書は十五世紀中葉から十六世紀中葉までの「中世日本の国際関係」を究明していく。以下、本書の構成と各章の狙いとについて簡単に紹介しておくこととしたい。

第一章「王城大臣使の偽使問題と日朝牙符《がふ》制」では、従来ほとんど真偽を疑われて来なかった十五世紀後半段階の幕府有力者（「王城大臣《おうじょうだいじん》」）名義の遣朝鮮使節（「王城大臣使」）を網羅的に取り上げ、その真偽問題について正面から検討する。つまり、当該期の王城大臣使が実はほぼすべて偽使であったことの論証である。この点を、まだ真使の存在が見られた十五世紀前半に遡って論究していく。

こうした問題を取り上げる理由の一つには、前述した通り、学説史上の朝鮮観論争を基礎的な実証研究から止揚するという意図がある。「朝貢」的姿勢を見せる王城大臣使の素性を確定しなくては、いったい何者の「対外観」「朝鮮観」を読み取り得るかの前提が見えて来ないからである。「朝貢」的言辞を弄する彼らが偽使であってみれば、その発言の真意は差し引いて考えざるを得まい。研究史においては、意外にもこの点が等閑に付されて来たのが実情だ。

いま一つの理由としては、この問題が、前述した〈線〉と〈面〉の関係史、すなわち〝中世日本の《国家》と《地域》の関係史〟を考察する上で決定的に重要な問題だからである。室町幕府―朝鮮王朝は、偽王城大臣使の横行をきっかけに、一致共同して牙符制なるハードルを設け、偽使派遣勢力を押さえ込もうとした。つまり、他ならぬ偽王城大臣使の登場をきっかけにして、日明勘合制にも匹敵する日朝牙符制（日朝間の符験制＝外交使節資格査照制度）がここに登場したのである（日朝牙符制は一四七四年造給、一四八二年発効）。なお、ここで封じ込めの対象となった偽使派遣勢力とは、対馬―博多連合勢力であった。日朝牙符制という桎梏を彼ら偽使派遣勢力が如何に乗り越えようとしたかは、後の第五章の一つの主要なテーマとなる。

第二章「朝鮮への『琉球国王使』と書契―割印制」では、第一章で検討を加えた偽王城大臣使の応用問題として、十五世紀後半、朝鮮に現れた「琉球国王使」の真偽問題を取り上げる。すでにこの問題については幾多の先行研究が存在し、（A）偽使説、（B）偽使だが琉球勢力関与説、（C）琉球国王真使説、と見解は三つに分かれていた。そこで、本章によって最終的かつ決定的な結論を下そうと考えたのである。これはもちろん研究史の内在的要請であったわけだが、重要なのはその点の解決だけではない。本書全体の流れからすると、対馬―博多両地域の結びつき――偽使派遣に関する連繋プレイ――が、「琉球国王使」の通交事例においても明確に確認できることこそ、もっとも重要である。具体的に言うと、一四六九年、琉球を発した国王使は、博多商人平左衛門尉信重らによって国書をすり替えられ（咨文形式→書契形式）、事もあろうに、一四七一年〝書契に特定の割印を捺す〟タイプの符験制（書契―割印制）をも朝鮮王朝との間に契約されてしまった。「琉球国王使」の朝鮮渡航にも対馬発給の文引（通交証明書）が必要であったことを考えれば、対馬宗氏の積極的関与・便宜供与も明らかである。このように、対馬と博多とは、「琉球国王使」

の創出に際しても、強固な協力関係を結んでいたのである。

第三章「肥後地域の国際交流と偽使問題」では、有明海に面する港町高瀬の歴史的位置を探るべく、菊池氏名義の遣朝鮮使の偽使問題を解明する。高瀬津に注目するのは、菊池川河口に位置する同津が、肥後菊池氏（さらに分流の高瀬氏）にとってもっとも重要な外港だと考えられるからである。ただし、菊池氏は、もっとも朝鮮通交の事例の多い十五世紀後半段階、九州管内において戦乱を盛んに繰り広げており、朝鮮側史料と突き合わせて勘案すべき直接の史料が日本側にほとんど見られない。したがって、『朝鮮王朝実録』中の菊池氏名義の朝鮮通交事例を辿り、そのなかから偽使問題の解明を目指すほかないだろう。この作業は、かなり推測の範囲が大きくならざるを得ないが、幸い『朝鮮王朝実録』には菊池氏名義の偽使同士がソウルで鉢合わせになるなど、貴重な情報が少なからず残されている。こうした記事をじっくりと読み込んで、菊池氏名義使節の実態について迫ろうというのが本章の趣旨である。なお、行論の過程でも明らかになるが、従来おおむね一括して取り扱われてきた菊池氏名義の通交事例は、「肥後州守」系と「肥筑二州太守」系との二系統に分けられる。一般に、偽使通交は、朝鮮通交権を拡大確保したい対馬—博多の偽使派遣勢力が編み出すものであるが、この菊池氏名義に関しては、〝偽使の偽使〟さえもが生み出されていた。偽使派遣体制の複雑さ、偽使派遣勢力の内部矛盾が良く顕れた例である。

こうして、本書第一・二・三章を通じ、《対馬宗氏＝総括指揮、博多商人＝経営参画》を基本型とする偽使派遣体制が浮き彫りになっていくわけだが、ここで、偽使通交史上のある画期に思い当たらざるを得ない。一四七〇年前後（六九年末〜七一年初頭）に起こった、一連の現象のことである。まず、新規の名義を中心とする偽王城大臣使が朝鮮王朝に大量に押し寄せ（第一章）、次いで、偽のすり替え型の「琉球国王使」までもが朝鮮への通交を成就させる（第二章）。ほぼ同じ頃、菊池氏名義の〝偽使の偽使〟のほか、通交権が分裂する事例が二、三例見られるようになる（第三章）。こうした事態が同時平行的に起こっていることから見ても、これらが単に偶然の一致だとは考えにくい。それゆえ、この点に関する考察を深める必要を感じて用意したのが、第四章「宗貞国の博多出兵と偽使問題」である。題名から容易に想像がつくと思うが、本章では、偽使通交史上の画期として、上記の変動と同時期に展開した宗貞国の博多出兵（一四六九年末～一四七一年初頭）を最重視する。それは、この出兵により、対馬島民と博多商人との直接かつ密接な関係が生じたと考えられるばかりか、島主宗貞国自らが離島・出征したことによって島内権力の空洞状況が生じ、対馬島内政治史上においても無視し得ぬ展開があったと推測されるからである。ただしもちろん、こうした〝裏事情〟を如実に物語る直接的史料はないので、『朝鮮王朝実録』のほか、対馬に遺る宗家御判物写を用い、断片的な記事を組み合わせて推論を重ねて行くほかない。いずれにせよ、対馬と博多と、あるいは対馬内部での矛盾を抱えつつも、対馬―博多ラインは《地域》としての成熟度を増していったのであり、第一章で見た日朝牙符制の登場などは、このように成熟した対馬―博多の《地域》（偽使派遣勢力）に対し、室町幕府（室町殿権力）および朝鮮王朝という《国家》が掣肘を加えた事例、と捉えることができよう。

第五章「『二人の将軍』と外交権の分裂」では、かくも成長した偽使派遣勢力をしてもなお容易には切り崩せなかった幕府の外交権――具体的には符験たる日明勘合や日朝牙符《がふ》――が、他ならぬ室町殿権力自身の分裂という現象によって四散していく過程を跡付けていく。これには、近年、豊かな成果を結びつつある室町・戦国期政治史研究に学ぶことが必要である。たとえば、日朝関係に関してやや結論を先取りすれば、細川氏や大内氏・毛利氏、大友氏など有力西国守護大名＝地域権力が介在することによって、初めて対馬宗氏の手に一定数の牙符が集積されるに至り、対馬宗氏の独占的偽使派遣体制は完成を遂げる。そして、これは何も日朝関係史に限る現象ではなかった。日明関係史における大内氏の日明勘合貿易独占といった周知の事柄も、あるいはあまり知られていない大友氏の日明勘合保有・

活用という現象も、やはり同じ補助線で考えることが可能である。すなわち、当時の政治史の基調を作り上げた「二人の将軍」の対立——《義稙—義維系》対《義澄—義晴系》——が、自陣側の保身のための外交権の切り売りを招き、それぞれに結びついた大内氏（のち毛利氏）・細川氏・大友氏らへ符験そのものが流れていったのである（日朝関係ではさらに対馬宗氏へ、日明関係では一部が相良氏へ）。

なお、とくに日明勘合に関して顕著なのだが、各日明勘合を入手した各地域権力は、外交・貿易権を独占するために、さらに相手陣営の勘合を無効化する方策を採った。反対陣営の有する勘合を携えて通交する使船を偽使呼ばわりする作戦であり、言うなれば国際的な情報戦である。これには、日明関係のみならず、日朝・日琉関係ルートまでもが活用され、まさしく東アジア通交圏全体の問題として顕現した。この点にも十分に注意して推論を進めていきたい。

第六章「永正度の遣明船と大友氏」では、前章の論旨のうち、とくに大友氏の獲得した日明勘合の移管主体（もとの持ち主）について異論を唱える伊川健二氏の論文〔伊川 二〇〇〇年a・二〇〇一年〕を取り上げ、出来る限り丁寧に史料を解読しながら反批判を行なう。それとともに、永正度遣明二号船を経営したのがどの主体であるのかについて、最終的に確定することとしたい。そのなかで、同遣明船と大友氏との関わり方についても、筆者なりの見解を披瀝したいと思う。

もちろん、以上のような限られた内容だけで、本書の表題とした「中世日本の国際関係」のすべてを論ずることはおそらく不可能であろう。だが、冒頭にも述べた通り、中世日本における《国家》と《地域》との関係——あるいは〝〈線〉の関係史〟と〝〈面〉の地域史〟との関係——を見る上で、この時代の国際関係史は好個の素材を提供してくれる。またいわゆる「対外関係史」の研究史上においても、室町幕府外交システムの解体過程を把握し、また偽使派遣体制という側面から対馬—博多地域など西南諸《地域》の動向の解明に挑んだ試みは、おそらく初めてと言って良かろう。少なくとも、政治史的観点を導入した中世後期国際関係史の、有意な試みとなることを確信している。

註

（1）なお、一九八〇年代以前の研究史の詳細については、田中健夫氏と関周一氏との整理が非常に参考になる〔田中 一九七五年・一九八二年a・二〇〇三年、関 一九九四年b〕。また、中世前期の対外関係史に関する研究史整理ではあるが、榎本渉〔二〇〇二年c〕が示唆に富む内容なので参看されたい。中世後期の禅宗史と外交史の関係については伊藤幸司氏〔二〇〇二年：序章〕が簡要。また、日中・日朝関係の網羅的な文献目録として、石井正敏・川越泰博編『増補改訂 日中・日朝関係研究文献目録』〔一九九六年〕が極めて便利である（ただし採録年次は一九九一年までに限られる）。

（2）こうした問題意識を具体化した定期刊行物・叢書として、『列島の文化史』（現在11号まで刊行、日本エディタースクール出版部、一九八四～九八年）、『海と列島文化』（全十一冊、小学館、一九九〇～九三年）などがある。

（3）田中健夫氏の研究が、それ以後、そうした視点から深められていったことは疑う余地もない〔田中 一九七五年・一九八二年a・一九八二年b〕。なお、橋本〔二〇〇四年c：一一六～一一七頁〕参看。

（4）これには、一九九〇年代半ば以降、浜中昇氏〔一九九六年〕や李領氏〔一九九九年〕が反論を提示し、高橋公明氏〔二〇〇〇年〕が反批判を行なうなど、論争はいまだ継続中である。恐らく、容易に結論は出ない問題だろう〔関 一九九九年a、橋本 二〇〇二年a参照〕。

（5）こうした比較的ミニマムな、ボトムアップの視点から《地域》を構想するとなると、いわゆる日本中世史の「地域」史と、対外関係史の《地域》史とは、あまり大差がなくなって来よう。《地域》概念がさほど特異なものでない、という村井章介氏の指摘を、板垣雄三氏の《n地域論》に立ち戻って、今一度よく噛みしめる必要がある〔歴史学研究会 二〇〇二年：四四～四五頁参看〕。このように、ステイジを限定して論じることは現段階で極めて有用であり、またそのことの重要性を対外関係史研究者は今や共通認識としているものと確信する。

（6）その後、《地域》の成熟・爛熟期が十六世紀であるという新たな理解に基づき著されたのが『海から見た戦国日本』〔村井 一九九七年a〕である。同書は、従来別個に進められがちだったキリシタン・南蛮貿易研究や個別的な戦国大名論、中国史からの後期倭寇論、アイヌ・北方史などの諸分野に架橋する、非常に野心的な啓蒙書である。

（7）　ほぼ同時期、荒野泰典氏も近世日本や東アジアの国際関係の編成を論ずるなかで、海禁政策が人民の自由な通交（通行）を規制するものであると指摘していた〔荒野 一九八八年：序論・第一部〕。これは、敢えて言えば《海禁》対《人民》という視角の提示である。村井・荒野の両氏はこうした問題意識を共有しながら、《国家》が国際交流を管理し、押さえ込もうとしてきた歴史を、《地域》の側から捉えることで、従来の前近代対外関係史像を塗り替えてきたのである。以後の対外関係史研究は、こうした《地域》対《国家》の視点に大きな影響を受けて発展してきたということを確認しておきたい。

（8）　周知の通り、中世日本は「無国家時代」〔高柳 一九七〇年a〕とまで言われる情況だったが、実際に何の《国家》も想定できないわけではあるまい。黒田俊雄氏の権門体制国家論（の前提）に批判を加え、高柳光寿説に一定の賛意を表明した石井進氏の著作が、『日本中世国家史の研究』〔石井 一九七〇年〕（傍点橋本）と題されていたことは、他ならぬ石井氏自身が何らかの《国家》の存在を認めていたことを窺わせよう。そこではむしろ、中世国家が現在（近代）の主権国家とは本質的に異なることを、石井氏は訴えようとしていたのである。本書では、この点に十分配慮しながら、《国家》概念を用いることとしたい。なお、新田一郎〔二〇〇四年〕も参照。

（9）　ただし、長節子氏によれば、対馬宗家旧蔵印鑑類のうちの「弾正小弼源弘」木印は十五世紀半ばに遡るものだという〔長 二〇〇二年a：第一部第五章〕。

（10）　この事件は、田代和生氏の名著『書き替えられた国書』〔田代 一九八三年〕により一躍有名となり、周知のところであろう。近年の研究史も含めて事件の概要を述べると、豊臣政権の朝鮮侵略後、日朝両政府は国交の回復を望んでいたが、徳川政権に謝罪を求める朝鮮王朝と、侵略行為との無縁性を強調する徳川幕府との間で、対馬が板挟みとなった。結局、十七世紀初頭の国交復活交渉に際し、家康名義の国書が朝鮮側に奉呈され、事態は打開される。だが、問題は、その家康名義の国書の真偽である。これについて、研究史は結論を三分する。（i）真書説に立つのが閔徳基氏〔一九九四年〕、（ii）対馬による改竄説に立つのが高橋公明氏〔一九八五年b〕ら、（iii）対馬による偽書説に立つのが田代和生氏〔一九八三年〕・米谷均氏〔一九九六年〕らである。とくに米谷氏は、これまで見落とされていた副書（国書に添えられた老中クラスの外交文書）をセットに考察し、包括的な議論を展開している。おそらく、（iii）の偽書説が現在もっとも優勢と見て良いのだろう（少なくとも純粋な真書説はもはや成り立つまい）。そして、この研究史上の意見の対立（鼎立）が、徳川政権の外交姿勢全般の評価に直結することは論を俟たない。このように、使節・国書の真偽問題は、それぞれの時期の外交史の理解に不可欠かつ基礎的な問題だということが明らかであろう。

なお蛇足ながら、中・近世移行期に当たる豊臣政権の朝鮮侵略の最中においてさえ――いやむしろ情報戦・調略がものを言う戦争状態だからこそ――、偽使の登場が見られたことは、偽使研究であまり注目されていないようなので特記しておきたい。明軍が参戦して戦争が長期化し、厭戦気分が高まって前線で和議が画策されたため、問題の偽使事件は起きた。明将（経略）の宋応昌《そうおうしょう》が「偽りの明使節」謝用梓《しゃようし》・徐一貫《じょいっかん》らを肥前名護屋城に派遣する一方、小西行長は明将沈惟敬《しんいけい》（遊撃）と謀り、「偽りの降伏使節」内藤如安《じょあん》を北京に向けて派遣したのである〔北島万次 一九九五年〕。どちらの使節行においても、「偽りの」国書が作成されたと見て間違いない。とくに、内藤如安の携行した「関白降表《こうひょう》」（関白秀吉が明皇帝に降伏する趣旨の表文）は、『朝鮮宣祖実録』の史官こそ「唐人」の作成と憶測するものの、文面からは、小西や宗の意向が反映していたと見て間違いない（『朝鮮宣祖実録』二十七年五月辛丑条・『乱中雑録』癸巳五月条）。彼らの配下の禅僧たちが、前代以来の手練手管を用いて、この「関白降表」を偽作したと考えられる。

（11）　現物資料を前にして、対馬宗氏がいつから偽造印鑑類を作成して偽使を仕立てていたのか、という問題が当然浮上してくる。この点については、ごく最近、長節子氏が専論を発表しており、宗家旧蔵印鑑類のうち「弾正小弼源弘」木印は、一五一〇年三浦の乱以前、十五世紀半ばに遡る可能性がある、と指摘した〔長 二〇〇二年a：第二部第四章〕（前掲註9参照）。今後も、このように粘り強く実物資料と文献史料とを突き合わせていく作業は必要と思われる。昨今、偽造外交文書研究はさらに新たな段階を迎えつつあり、米谷均・伊藤幸司氏らによって現物資料としての書契（日朝間の外交文書）の収集と分析の作業が進められている〔米谷 二〇〇二年a、伊藤 二〇〇二年b〕。これらの現物資料に、紙質分析や朱墨の蛍光X線分析など、文化財科学のメスが入る日も近いと思われる。

第一章　王城大臣使の偽使問題と日朝牙符制

はじめに

中世の日朝関係においては、「日本国王」「巨酋」「諸酋」[1]などの雑多な諸勢力が、朝鮮王朝と外交関係を結んでいた。先行研究はその背景として、朝鮮側が倭寇防止の実をあげるため、西日本の多様な諸勢力を平和的な〝倭人通交者〟として優遇した点や、室町幕府が弱体で朝鮮通交を一元化しうる意図も実力もなかった点を挙げている〔田中健夫 一九五九年：第一章、村井 一九八八年：三三五頁〕。この指摘は、西日本の通交者に関する説明として現在もっとも説得的なものであろう。

だが、こうした理由をもってしても説明不可能な性格の使節があった。それは、畠山・左武衛〔斯波〕・細川・京極・山名などの在京有力守護を名乗る使節「王城大臣使」である〔朝鮮側史料に見える呼称[2]に従いこのように呼ぶこととする〕。朝鮮側から見た場合、少なくとも倭寇問題解決上のメリットは考えられない。するとやはり、経済的に成長した在京守護勢力が、独自に貿易活動をするために遣使したもの〔田村洋幸 一九六七年：四〇五頁〕だったのであろうか。

しかし、たとえば、一四五八年、侍所所司に任ずる家格の土岐氏〔今谷 一九八六年：七一頁〕が、朝鮮に大蔵経を求めるため「日本国王」の名義を借りている（『蔭凉軒日録』長禄二年六月二十一日条）。自分の名義で使節を組まなかったところを見ると、現実の在京守護勢力が朝鮮に王城大臣使を派遣するという発想がなかった可能性すらあろう。

実は、こうした疑念を抱くのは、偽の王城大臣使が通交した例を実際に確認できるからなのである。一四七四年の日本国王使がもたらした国書および正使正球の証言によれば、一四七〇年以来集中して朝鮮に通交した王城大臣使はすべて偽使であったという。

この国書は京都五山僧横川景三が作ったもので、「号二細川・伊勢両氏之使者一、発レ書請レ救、然敝邑〔日本〕実不レ知レ之、是奸賊矯レ令所レ為也」と記されていた（『朝鮮成宗実録』五年十月己酉条・『補庵京華前集』・『善隣』中37号〔文書番号は田中一九九五年に準拠〕）。朝鮮側が偽使と見抜いた細川勝氏・伊勢守政親名義の通交使節を、日本側の幕府も偽使と確認したのである。(3)

実はこの細川勝氏使送は、もともとは「日本国王使」（正使心苑東堂・副使宗紹書記）を名乗っていた。だが、朝鮮王朝が偽使であることを喝破し、恐らく政治的・儀礼的な配慮から、使節を準備したという細川勝氏の使送として処遇することにしたものであろう。(4) 朝鮮側が偽使と見抜くに至った最大のポイントは、本来、中国（明）が日本に（朝鮮にも）賜与していた「金印」の再造給を、中国でなく朝鮮王朝に求めてきたことであった（『朝鮮成宗実録』元年九月壬寅・辛丑条）。(5) このときの日本・朝鮮の「国書」を左に掲げるので、とくに傍線部分に注目して欲しい。

日本国王源義政、遣二心苑東堂等一来聘、其書曰、「朝鮮国王殿下来書之旨、睿知高明、如レ日照臨、似レ春煦育、倬二彼雲漢一、為二章于天一、其此之謂乎、臣僧寿藺幷松見、能尽二皇華之美一、以達二扶桑之都一、而伝二千里忞忞一者、不二亦悦一哉、茲承上国之佳勝、山曰『金剛』、寺『楡岾』、曇無竭菩薩説法之地也、車駕入レ山、現二雨華動地之瑞一、晃旒輝レ世、呈二矞雲甘露之祥一、聖徳所レ感、万倍恒情、唐之憲宗、礼二舎利一而慶雲見、宋之哲宗、修二蘭若一而甘露降、以レ古視レ今、其揆一也、華厳論云、華蔵二十重世界、其第一、有二金剛輪之山一、造化鍾二秀于此一、玻瓈雲、玻瓈月、賁二阿僧祇〔祇〕之楼一、瑠璃水、瑠璃枝、繞二魔訶衍之岸一、蓋与曇無竭大士之金剛地、一多渉入行布円融者也、茲加二修営一、益増二光飾一、此獲二雑華富貴一、安国利民之善果必矣、我国累年姦賊作レ乱、雖レ云二楯上磨墨一、未レ及二槖中揮金一、洛之寺院、官之蔵庫、尽化二欝攸之土一、夫際二七火三災之時一乎、是故**朝鮮金印**、既失二其宝一、奚媲《ならバン》二裴晉公〔＊裴度（唐代の進士）〕失印不問之道一耶、伏希附二僧寿蘭一、**再**三**賜金印**一、永修二隣交一、幸莫大焉、惟時孟春、未レ遑二折梅一、擬二越国之贈大平有レ日、庶三幾指二蓂同堯階之風一、恵物若干、録二於別幅一」、

（『朝鮮成宗実録』元年〈一四七〇〉八月庚午条）

日本国伊勢守守〔衍カ〕政親使入道等辞、其答書曰、「礼曹判書金謙光、奉復、今者使人来、得二恵書一、備認動履佳勝為レ慰、仍審貴国兵禍未レ弭、足下為国深慮、承稟国王殿下之命、栽書遠達、以索軍需、夫救患分災、交隣大義、豈宜レ不レ恤、具由以啓、我　殿下深加二愍念一、命レ副レ所レ請、第因下我国臣民亦無レ禄、連遭二国恤一、調度浩繁上、略備二正布一千匹・緜布一千匹・糙米五百石碩一、就三付回使一、非二靳惜一也、顧レ力不レ贍耳、転三達国王殿下一、為レ幸、足下所レ進礼物、謹已啓納、其回賜物件、具在二別幅一、照領亦幸、今聞足下為二王喉舌一、出二納庶政一、凡於二交隣之事一、在レ所二致慮一、我国之於二貴邦一、自レ昔通レ好、信義極篤、安得レ不二以情陳一、今来細川三河守勝氏書称、**国王之印**、燬二于兵火一、乃求二再送一、悉考二旧籍一、曾無二**送印**之事一、況隣境列国、以レ印相送、於二名義一何如、肆未レ従レ請、又有二細川持賢之使一来言、『持賢乃源勝元之子、山名女壻、勝元既死、持賢方与二山名一、挙レ兵相攻』、路遠海隔、未レ審二情偽一、乃念昔者国使之外、或有レ称二管領之使一者、然亦必承二国王之命一耳、今者管領・細川持賢・細川勝氏・畠山源義勝・畠山源義就・山名教豊・山名宗全之輩使船絡繹、貴使所二見聞一也、其根脚端由、皆所レ未レ悉、其館待節目、恐有二踈誤一、況私交之事、恐為二国王殿下所レ訝、足下既在二啓沃之任一、願有レ所レ稟、詳在二還使一、余

冀順時調保」、

別幅、「白苧布十匹・黒麻布十匹・白綿布十匹・白綿紬十匹・虎皮三張・豹皮三張・栢子十五斗」、

（『朝鮮成宗実録』元年〈一四七〇〉九月壬寅条）

また、一四七四年日本国王正使正球の証言は、「京都旁近巨酋等、於二貴国一不二通信一、前レ此称二来往一者、都是詐也」（『朝鮮成宗実録』十年三月辛巳条）というものであった。この発言は最近の王城大臣（京都旁近巨酋）使の外交文書（書契）を一覧した末のものなので（『朝鮮成宗実録』五年十二月甲申条）、かなり信頼がおけるはずである。この指摘がいつまで遡るのかといえば、細川・伊勢のほか、多数の王城大臣使が通交した一四七〇年が確実であろう(6)。

したがって、もっとも根本的な問題は、偽の王城大臣使の通交が一四七〇年から七四年の期間に限られたのか、ということである。極端なことを言えば、一貫して偽の王城大臣使が通交していたことも考えられる。しかもこの問題は、通交者の実体が何であったか、そこに窺える通交姿勢を誰のものと捉えるべきかという点のみならず、多元的とされる日朝関係の枠組みや、そのなかでの室町幕府外交の位置を再考することにつながってくるであろう。

この「王城大臣使」に限定した研究はかつてないが、これと大内氏・少弐氏とを包括した概念「巨酋」（有力守護）の通交を扱った研究はむしろ多い。なかでも、巨酋使の成立と接待待遇の等級などを論じた長正統氏の研究〔長 一九六六年〕は、もっとも基礎的なものである。しかし、いずれも通交権の帰属や偽使問題をほとんど問題にはしてこなかった。通交権がどこに存在するのか、真使か偽使かを明らかにすることは、通交の実態を探るうえで欠かせない作業のはずである〔田村 一九六七年参看〕。本章で王城大臣使を取り上げる理由はここにあるわけだが、その具体的説明に入る前に、日朝関係における「符験制」についてまず簡単に概説しておかねばなるまい。

「符験」とは、「勘合」とほぼ同じ意味で、割符・割印などを突き合せて査証する外交資格証明手段のことである。

また同時に通交権そのものでもあった。日朝間でもっぱら用いられていた符験は、倭人通交者や巨酋の一つ少弐氏に朝鮮が賜給していた銅製の印鑑である（「図書」と呼ばれ、原則として実名が刻印されている）。また、巨酋大内氏に朝鮮が造給した銅製の割印「通信符」（右符）は、毛利博物館に現存している。いずれも、使者が携えた書契（外交文書）に捺印され、浦所（入港地）やソウルで査証を受けるしくみであった。

これに対し、日本国王使と王城大臣使とには、もともと符験に当たるものは何もなかった。ところが、一四七〇年、前記の偽使群が通交してから情況は一変する。室町幕府・朝鮮王朝双方の意向により、一四七四年、日本国王・王城大臣名義の偽使通交を阻むための符験が作られることになったのである。これこそが象牙製の割符「牙符」であった。いまなお実物が確認されていない「牙符」は、文献史料によると、円周が四寸五分の円形の象牙十枚を半折したものである。片面には「朝鮮通信」と篆書され、裏に「成化十年甲午」の発給年次が書かれていたという。そして第一から第十の番号が付けられており、朝鮮側に左符、日本側に右符が分配された。そして使者が携えてきた牙符を、番号ごとに符合させるしくみであった（『朝鮮成宗実録』五年十二月丙申条）。すなわち一種の符験制（勘合制）であり、朝鮮側の認識としては、「管領・左武衛（斯波）・畠山・京極・山名・右武衛（渋川）・細川・伊勢守・甲斐等諸処」がその対象とされていた（『朝鮮成宗実録』十年三月辛巳条）〔長正統 一九六六年：八〇・八二頁、中村栄孝 一九六五年：一八一頁〕。

この「牙符による符験制」を、本書では以下「日朝牙符制」ないし「牙符制」と呼ぶことにしよう。この牙符制が、牙符携行を義務付ける、いわば「現物主義」を取った点は重要である。というのは、これまでの符験制が書契上の印影を査証するのみで、偽造印が有効であったのに対し、今回の牙符制は牙符が偽造不可能で、偽使の派遣が以前よりも困難となったからである。

このような牙符制の発足と発効に関わるのが、王城大臣使の偽使問題であり、本章が課題とするものである。本章では、王城大臣が朝鮮との通交を開始する十五世紀初めから、いったん通交を途絶する十六世紀初頭までの時期を限り、王城大臣通交の実態について解明を試みる。そしてそのなかで前記の一四七〇年偽使群の性格や位置を見極め、偽使通交を可能にした条件などを究明していきたいと思う。

一　王城大臣名義の通交概観

1　王城大臣の初期の通交

王城大臣使が朝鮮との通交を始めた時期や、それ以降の動向を俯瞰するため、十五世紀における王城大臣の通交例を表1にまとめた。本章の以下の叙述においては、通交例の出典はとくに必要なもの以外は示さないので、適宜この表1を参照されたい。(7)

表1に明らかなように、王城大臣の通交の初見は一四〇九年「管領源道将」（斯波義将）が「議政府左右政丞」宛てに復書したものである（『善隣』中12号）。この書の内容と使命が一致する使節は『実録』に「国王使」と記されており（『朝鮮太宗実録』十年正月丙戌条）、斯波氏の単独通交というよりも、国王代理の通交と考えるべきであろう（長一九六六年：五九～六〇頁）。次には、一四二四年の右武衛（渋川）道鎮、一四三一年の左武衛（斯波）義淳、と続く。後者の左武衛使送は管領による単独直接通交の初見と考えられ、(8)とくに重要である。

この左武衛殿使送がソウルにやってきたとき、朝鮮側は「日本当レ国者」の左武衛が「欲レ修二隣好一」して遣使したものとして、その接待方法について議論している。その結果、管領の「武衛」が朝鮮からの使節をかつて厚遇した実績を踏まえ、大内殿使送の接待例に準じて使者に朝鮮国王の引見を賜うこととした（『朝鮮世宗実録』十三年五月癸未条）〔長　一九六六年：六一頁〕。ここからは、王城大臣のなかでもとくに国王代理・管領職の印象が強く、朝鮮使節を厚遇した功績のある左武衛を優遇すべきだという、朝鮮政府側の外交認識が垣間見られよう。

また、ここで接待・待遇をどうするか議論しているということは、朝鮮側の認識としてこの左武衛使送が王城大臣使を受け入れた最初のものであったことを意味する。おそらく今回の左武衛使送が、のちの王城大臣使の待遇の基準になったのではなかろうか。長い王城大臣使の歴史の端緒としても、この一四三一年左武衛義淳の使節行は重要である。

「管領京兆大夫源持之」（細川持之）も、一四四〇年に礼曹へ復書して通交関係を持つにいたる。ただし、これは前年より来日していた通信使（高得宗）の朝鮮帰国に際して出されたもので、直接の使節派遣とは見なせない。「間接通交」と呼ぶにふさわしい。また、確証はないが、一四四三年に通信使（卞孝文）を接待した「管領」（畠山持国）も（『朝鮮世宗実録』二十五年十月甲午条）、おそらく同様な形で返書したと思われる（表1には採らず）。ついで一四四四年には、日本国王使（光厳）に便乗して「左武衛殿」（斯波義健カ）が「日本国管領」（畠山持国）とともに副書（往書）を呈したと見られる（礼曹「復書」の存在より推測―『朝鮮世宗実録』二十六年正月庚申条）。

しかし、いずれも彼我の使節の往来に便乗した書契のやりとりにすぎない。明らかに「間接通交」である。以上のほかには、右武衛殿（道鎮）が一四二四年から一四二九年までのあいだに五回、直接通交しているが、いずれも史料上は真偽が不明なので、王城大臣の単独直接通交の確実な例は、先の一四三一年左武衛義淳の使節のみとなる。

この時期の通交を、散発的・副次的・「間接」的な通交なので、仮に「王城大臣の初期の通交」と呼ぶことにして

典　　拠	備　　　　考
『善隣』中12号/太宗9年12月甲寅/太宗10年正月丙戌	義満の訃報を正式に伝える．国王の代理通交なので単独直接通交とは見なさず
世宗6年12月甲辰/『海東』	道鎮，本年より在京す
世宗7年3月乙未	大般若経一部を求請，回賜さる
世宗7年9月乙卯	蘇木・鉛鉄などを献じ，正布を回賜さる
世宗7年11月丙申	珠・犀角・象牙などを献じ，正布を回賜さる
世宗8年12月癸酉	華氈・練緯などを献じ，正布を回賜さる
世宗11年6月戊子	新王・新相公の嗣立を伝える．正布を回賜さる
世宗13年5月癸未/甲申/壬辰/6月癸卯/丁巳/己未/庚申	管領の直接派遣使節の初見．朝鮮王朝，待遇を議定，一部決定
世宗22年5月丙寅	朝鮮通信使（高得宗）の帰国に副書を委ねる→間接通交
世宗26年正月庚申	日本国使（光厳）に書を預けたのみの可能性大→間接通交ならん
同上	同上
世祖元年12月庚戌/『海東』	現実の管領は細川勝元
世祖3年9月辛未/10月庚子	『海東』を見る限りこれは細川勝元と見なせず
世祖3年9月戊子	現実の管領は細川勝元
世祖3年10月癸卯	上と同一遣使の可能性あり
世祖3年12月己未/世祖4年正月庚申/2月戊戌	上と同一遣使の可能性あり
世祖4年4月丁卯/5月甲辰/『海東』	
世祖4年4月庚午/5月乙巳	管提ないし管領の表記なし なお現実の管領は細川勝元
世祖5年4月丁卯/戊辰/『海東』	法名は宗全（現実には持豊が宗全），仏像などを献じ，綿布ほかを望む
世祖6年5月己丑/庚寅/『海東』	上表す
同上	同上
世祖6年9月丁丑/庚子	
世祖8年2月己巳/3月戊申	奴の都羅臥可（虎若ヵ）が三浦倭幕にて逃亡せるにつき捜索を依頼す
世祖9年7月辛丑	日本国王使（俊超・梵高）・九州都元帥源教直と同行
同上	同上
世祖11年12月戊子/12年正月乙巳	現実の管領は畠山政長
世祖12年正月己巳	上と同一遣使の可能性あり
世祖13年正月乙亥/『海東』	土物ならびに仏像を献ず
世祖13年7月乙酉/成宗3年6月辛未	漂流人2名送還

表１　15世紀，王城大臣の朝鮮通交一覧

西　暦	通交名義(『実録』・『海東』による)	使　　者
×1409	管領源道将［斯波義将］	周護書記・徳林蔵主
1424	前九州都元帥源道鎮［右武衛殿］	
1425	九州前節度使原(ママ)道鎮［右武衛殿］	
1425	源道鎮［右武衛殿］	
1425	九州源道鎮［右武衛殿］	
1426	九州前都元帥源道鎮［右武衛殿］	
1429	右武衛源道鎮［右武衛殿］	
1431	源義淳［管領斯波義淳］	籠甘味
×1440	管領京兆大夫源持之［細川持之］	
×1444	管領［畠山持国］	
×1444	左武衛［斯波義健？］	
1455	管提/管提畠山修理大夫源義忠	
1457	総管府源勝元	禅和子乾珀
1457	管提［畠山義忠？］	
△1457	管領［畠山義忠？］	
△1458	管領［畠山義忠？］	曽齢
1458	京兆尹江岐雲三州刺史住京極佐佐木氏兼大膳大夫源持清	源概
1458	畠山殿［義忠？］	紹音
1459	但幡伯作因備前後芸石九州総太守山名霜臺源教豊	
1460	雍河紀越能五州総太守畠山右金吾督源朝臣義就	契讃・正安
1460	畠山殿源義忠	
1460	左武衛源義敏	宝桂
1462	京極殿［生観(京極持清法名)？］	修慶・和也時老牛馬要
1463	左武衛義廉	
1463	光禄卿源生観［京極殿］	
1465	都管提畠山源義就	
△1465	雍河紀越能五州総太守畠山右金吾督源朝臣義就	
1467	京城渋河源朝臣義堯［右武衛殿］	道誾
1467	京極京兆尹江岐雲三州刺史住京極佐佐木氏兼大膳大夫源生道	四良衛門正秀

典　　拠	備　　考
睿宗元年3月庚寅	
『海東』/成宗元年5月己丑	山名教豊の継嗣というも日本側系図になし
成宗元年7月乙未/8月丙午/丙寅/『海東』	畠山義忠の継嗣，大蔵経を求請して回賜さる
成宗元年8月己巳/壬申/9月壬寅/『海東』	
成宗元年8月庚午/9月甲午/壬寅/『海東』	寿藺の引導で来朝，初め日本国王源義政使節を騙る
成宗元年8月癸酉/『海東』	細川持賢は1468年に死去
成宗元年9月甲午/10月辛亥/成宗4年7月乙卯/『海東』	山名教豊は1467年に死去 伯耆国万福寺の大般若経求請するも拒否さる
『海東』/成宗2年正月乙酉	生観の同母兄という．巨酋使例で接待か
『海東』/成宗2年3月丙申/6月壬寅	巨酋使の扱い
成宗2年12月己卯/3年正月己酉/壬戌	書契中にて1467年副書進呈に触れる 京都東山東光寺の勧進
『海東』	生観の同母弟という．対馬島特送使例で接待
成宗4年3月癸卯/4月甲子/戊寅	京極生観は1470年に死去
成宗4年7月乙卯/8月丙子/癸未	山名教豊は1467年，父持豊は1473年3月に死去 伯州万福寺の勧進（亮瑛は同寺住持）
成宗4年8月甲申/9月庚寅/10月乙亥	能登天徳寺の大蔵経求請するも拒否さる．現実の管領は同年5月細川勝元死去後，空席
成宗5年7月丙辰/8月戊子	徳本寺再興の勧進
成宗5年12月乙巳/6年正月壬申	前年遣使の件で朝鮮側を論難す．現実の管領は畠山政長
成宗10年12月甲戌	伊勢貞親は1478年に死去
成宗11年7月癸未/8月戊午	「割信符」（牙符）の行方不明，宗茂信が遣明船総船主にならんこと，良心の死亡などを告げる
成宗18年4月甲申	日本国王使（等堅）と同行，符験なく接待拒否
中宗4年8月丁卯	符験および日本国王書を携行

を表し，年月日条数は『朝鮮王朝実録』のそれに対応する．
のは検討を要するもの．

西　暦	通交名義(『実録』・『海東』による)	使　　者
1469	畠山殿義就	
1470	丹波丹後但馬因幡伯耆備前備後八[ママ]ヶ州総太守山名弾正少弼源朝臣義安	善明ら 135 人
1470	京城管領畠山左京大夫源義勝	向陽
1470	日本国王懐守納政所伊勢守政親	入道
1470	細川三河守勝氏	心苑東堂・宗紹書記
1470	細川左吾[ママ]頭持賢/細川右馬頭源朝臣持賢	
1470	因伯丹三州太守山名少弼源教豊	一庵・輿都聞
1471	所司代京極多賀豊後州源高忠	
1471	甲斐遠尾越濃四州守源政盛	
1471	越尾遠三州総太守左武衛将軍源義廉	西華西堂
1471	山陰路隠岐州守護代佐佐木尹左近将監源栄熙	
1473	京極殿京兆尹佐佐木氏江岐雲三州太守大膳大夫入道生観	光珍首座
1473	因伯丹三州太守山名殿少弼源教豊	亮瑛西堂
1473	京城管領畠山左京大夫源義勝	照鄰・良心
1474	雍何[河]紀越能五州総太守畠山右金吾督源義就	宗祥書記
1474	京城管領畠山左京大夫源義勝	不二
1479	日本国王懐守納政所伊勢守政親	
1480	京城管領畠山左京大夫源義勝	治部
1487	永承［飯尾為修］	
1509	政親［伊勢守政親］	

註 1)　典拠欄の『海東』は『海東諸国紀』,『善隣』中は『善隣国宝記』巻中（号数は田中［1995 年］)

註 2)　西暦に「×」をつけたものは単独・直接の遣使とは見なせないもの,「△」をつけたも

註 3)　通交名義欄の［　］内の註記は橋本によるものである.

おく。なお、後々の王城大臣使の性格を考えるうえで、管領在職者による書契の発給が圧倒的に多かったことには注意されたい。

2　王城大臣使の第一波・第二波

「初期の通交」が一四四四年に跡切れてから、まとまって王城大臣使が復活するのは一四五〇年代後半である。一四五五年「管提」畠山義忠・五七年「総管府源勝元」（一回のみ）・五八年京極持清・五九年山名教豊（『海東諸国紀』によると法名が宗全）・六〇年畠山義就・六〇年左武衛義敏（一回のみ）などがそうだ。いずれも単独な遣使と認められるので、これらを「王城大臣使の第一波」と名付けることにしたい。

このように直接遣使が高揚した原因として、長正統氏は室町幕府の「統制力が急速に弱ま」った点を挙げる〔長一九六六年：六三頁〕。だが、これらの使節の真偽を確かめないまま、こうした判断を下すことは順当でない。本章では、まず使節の真偽を確定してから原因を追及していくこととしたい。

王城大臣使の通交はこのあとも絶えることなく続いたが、通交名義を見ていくと、ある画期が見出せる。それはほかでもない、偽使の大量通交のあった一四七〇年である。この年には、伊勢守政親・細川勝氏・細川持賢・「管提」畠山義勝・京極（多賀）高忠[9]・甲斐政盛[10]など、このときに初めて現れる通交名義が集中している（細川勝氏使送は本来「日本国王使」を騙っていた―本章「はじめに」参照）。これに類するものとして、一四六七年右武衛義尭[11]・六九年山名義安があるが、この扱いについては、それぞれ後節にて検討したい。本章では、とくにこの新名義による通交が始まる一四七〇年以後を指して、「王城大臣使の第二波」と呼ぶこととする。また、これらすべてが偽使であったことは、本章「はじめに」で述べたように、一四七四年日本国王使正球の携えた国書とその証言とによりほぼ確実である。したがって、一四七〇年より通交を開始した名義の使送は、無条件に偽使であると考えて良いだろう。

その一方で、確実に偽使と見なせる「第二波」のなかにも、真偽が未確定の「第一波」から継続して現われる名義が存在した。畠山義就・山名教豊（宗全）・京極生観の三名義である。これらがいつから偽使と見なせるのかは重要な問題であり、「第一波」から「第二波」までの期間について、〈連続〉と〈断絶〉の両面を見極めねばならない。

そこで本章では、常識的に、通交名義に対応する人物が現実の日本社会に見出せるか否かに注目したい。[12] 詳しくは次節で検討するが、「第一波」の通交名義には実名・法名の一致する実在者を容易に指摘できるのに対し（義就・教豊・宗全・持清・生観など）、「第二波」からの名義は、どうしても実在者を見付けることができないのである（勝氏・政親・義勝など）。この事実からは、ともすれば、前者が真使、後者が偽使という結論を導いてしまいかねない。だが、実はそれも単なる予断である。というのは、「第一波」においてさえ、親族関係に世代のズレが見出せたり、官職・官途・法名が実在者と異なったりするからである。すなわち、現実と通交名義との間に何らかの差異が認められるのであり、他ならぬ「第一波」が偽使であった可能性もある。

次節では、こうした通交名義中の諸要素や、名義の変遷とその背景の検討を深めながら、より個別的に真偽の判断を行なっていくこととしたい。

二　王城大臣の虚像と実像

1　伊勢守政親・細川勝氏・細川持賢

これまで父祖の通交例がなく、一四七〇年以後の「王城大臣使の第二波」にて突如登場するのが伊勢守政親使送である。この使送は、一四七〇年偽日本国王使（のちに細川勝氏使送として扱われることになる―「はじめに」参照）とともに至っているので、「国王」使者の動向も合せ検討することが必要であろう。したがってここでは、伊勢守・細川殿の名義をまとめて検討し、以下数点に渉って両者が偽使名義であったことを指摘していきたい。

第一に、この「国王使」群（細川・伊勢）を引導した寿藺なる僧に注目したい。寿藺は、一四六六年に「肥前州上松浦那文〔久〕野（＊名護屋）能登定〔守〕藤原朝臣頼永」の使者として朝鮮に通交し、その帰国の際に、朝鮮国王世祖から日本国王使派遣要請の役目を任せられた（『朝鮮世祖実録』十二年四月癸丑条）（高橋公明 一九八七年a：三五六～三五七頁参照）。したがって、偽日本国王使の計画の中枢に寿藺がいたとして何の不思議もないだろう。寿藺は日本の京都に上って東福寺に宿泊したというが、もちろん幕府・五山から国書をもらった確実な証拠はない。ちょうどこの通交に相当する時期の応仁の乱のさなか、「東福門下の僧」を国王使として派遣する計画が持ち上がっていたが、国書の執筆を綿谷周瓞が終始固辞したため、この国王使派遣計画は頓挫してしまったらしい。

丙戌歳〔一四六六〕、製下遣二高麗一書上〔↓表7№17〕、乱後又有下可レ製二高麗奉書一之命上、再三辞レ之、此時伝二高麗書一者、東福門下僧也、故華岳和尚〔＊華嶽建冑〕寄レ書勧レ之、而不レ聴レ焉、庚寅歳〔一四七〇〕、又有二此命一、辞レ之如レ前、然集箴首座出二入府中一、約以下自レ今後不上可下以二此事一煩上而重督レ之、迫于不レ獲レ已従レ命（→表7№19）、此雖二細事一、出二於謙譲一、又不レ好レ名一端也、両書載二之予国宝記一、
（瑞溪周鳳撰『綿谷瓞禅師行状』）

ここに見える「東福門下の僧」が「国王」正使心苑東堂・副使宗紹書記ないし寿藺である可能性は高く、彼らはこの事情を最大限に利用して国書を偽造したのではないだろうか。(13)

第二に、細川殿関係の名義について見てみよう。『海東諸国紀』には、次のようにある。

又有二細川勝氏一、勝源〔元カ〕従兄弟、文明二年〔一四七〇〕庚寅遣使来朝、初上松浦那久野〔名護屋〕能登守藤源〔原〕朝臣頼永遣二寿藺書記一来朝、時我　世祖方議レ通二信於日本国王一、以二風水険遠一、欲下因二諸酋使一為中使問上、時在館者則寿藺於二其中一稍解レ事、遂　命授三書与二礼物一以送二于国王一、又　命二礼曹一書諭二大内殿及頼永一、護送兼致二賜物一、文正元年〔一四六六〕丙戌五月受レ命而去、庚寅〔一四七〇〕乃来、寿藺言、「其年六月還二上松浦一修レ船備二行装一、丁亥〔一四六七〕二月自二上松浦一発向二国都一、都中兵起、海賊充斥、南海路梗、従二北海一而往、四月始到二若狭州〈倭訓臥可沙〉一、馳二報国王一、国王遣レ兵迎レ之、然盗賊縦横、或従二間道一、或留滞、備経二艱苦一、凡六十日、而得レ達二国都一、致下書与二礼物一于国王上、館二于東福寺一、国王方在二細川殿陣中一、与二山名殿一相持、未レ暇二修答一、至二戊子〔一四六八〕二月一受二答書一、国王更議レ不レ可レ無二答使一、又命二勝氏一備二方物一遣使、勝氏自為レ書、遣二心苑東堂等一、与二寿藺一偕来」、寿藺又言、「大内処書与二賜物一、使人伝送、為二海賊所レ掠」、其所レ言多浮浪、不レ可二尽信一、
（『海東諸国紀』日本国紀—山城州—細川殿条）

すなわち、勝氏なる人物は、「勝源〔元カ〕の従兄弟」だという。しかし、このような人物を現実の細川氏の係累(14)に見出すことはできない。また「国王使」（細川勝氏名義の使送）そのものが偽使であること（「はじめに」参照）を想起すれば、勝氏なる人物が実在する必然性はどこにもない。『海東諸国紀』によれば、この「国王使」を準備したのが、応仁大乱中の細川殿の陣中にある細川勝氏であったという。おそらく現実に将軍を擁していた細川勝元こそ、「細川勝氏」

のモデルではなかったろうか。つまり、細川勝氏とは完全に虚偽の名義で、勝元の実名をわざと一字違えて作った《虚像》だったのである。応仁・文明の乱のさなか、東軍の細川が国王使を請負う形を取っているのは、現実世界を幾分か反映させる《虚像》の作り方の一端を示していると考えられよう。

次に細川持賢と細川勝元については、伊勢守政親使送に付された朝鮮返書（『朝鮮成宗実録』元年九月壬寅条）の内容に注目しなければならない。ここには、現実とまったく乖離した人物相関図が描かれているからである。その相関図の内容とは、一四七〇年の段階で勝元がすでに死に、管領職を譲り受けた息子の持賢が山名方と戦争している、というものであった。そもそも勝元本人の没年は三年後の一四七三年であるし、実際には持賢（典厩家）は勝元（京兆家）の叔父であって、「勝元の子」などということはありえない。右のような朝鮮側の日本国情理解には、細川勝氏の使者や寿藺のみならず、何よりも一四七〇年細川持賢の使節本人の発言が基礎にあったと思われる。やはり、細川持賢名義の使送もおそらく偽使と見て間違いないだろう。また細川勝元の存在自体は、朝鮮王朝側も把握していたが、『海東諸国紀』に「未レ遣二使於我一」とあることから、本物の勝元が遣使した事実はないものと考える(15)。

第三に、伊勢守政親名義の使送そのものを考えてみよう。この使節の正使は単に「入道」と名乗り、内戦を理由に軍需を朝鮮側に求めるなど、あまりに奇妙な姿を曝している。また、使節行の足取りを語る対馬島主側の弁舌も不明瞭で（『朝鮮成宗実録』五年二月甲申・十月庚子条）、一四七〇年対馬島宣慰官の田養民の報告には、「政親之還、我国付二礼物一与レ書、通二于本国一、中道為二島人所一レ留、我国聞レ之、遞レ書問二島主一、島主不レ答」とあり、政親使送への回賜品が対馬に吸収されたことがほのめかされている。その後の朝鮮側からの打診にも一貫して対馬側は答えず、沈黙を守り続けた。とうとう朝鮮礼曹は、当時対馬島主が通信使派遣に反対していたことを持ち出して、それを「悪《にく》三我国知二其前日奸偽一」んでいるためだと推測した（『朝鮮成宗実録』八年五月甲戌条）。つまり朝鮮側は、伊勢守政親使送を対馬の創出した偽使だと断定していたのである。恐らく、これは的確な判断であったろう。

実はこの「政親」も、伊勢氏一族のなかで確認することのできない人物である。田中健夫氏は、「政親」を幕府政所執事の伊勢貞親のことかとしたが[16]（田中 一九九一年：一三三頁註一）、首肯できない。一四七四年日本国王使正球が持参した国書を見ると、幕府は伊勢名義の遣使に関知していないといい（本章「はじめに」参照）、貞親本人が遣使したことをむしろ否定しているからである。[17]正しくは、「伊勢貞親がモデルであった」と言うべきであろう。細川勝氏の勝元に対すると同様、伊勢守政親も貞親の一字をわざと変えて作った偽使名義――すなわち《虚像》――だったのである。また、伊勢守政親名義の使送は一四七九年にも現れるが、伊勢貞親は一四七八年すでに死んでいる。したがってこれも自動的に偽使と見なせる。[18]

以上の三点から、伊勢守・細川殿の各通交名義がすべて実体のない架空名義であったことは明らかだろう。諱のうち本宗家の通字（細川の「元」、伊勢の「貞」）の方が変えられる場合が多かったのは、偽使派遣勢力が意図的に現実の一族と齟齬させようとしたためと思われる。

2　畠山義忠・義就・義勝

朝鮮に通交した「畠山殿」の実態を知るために、『海東諸国紀』畠山殿条・『実録』と国内の系図史料などとを比較させつつ、①族系・②官職について考察を加えていきたい。

①　族　系

『海東諸国紀』によると、畠山義忠の嗣子が畠山義勝で、畠山義就は義忠の同母弟徳本（畠山持国）の子である。ところが、日本側の「畠山系図」[19]には義忠の子に義有があり、その子（つまり義忠の孫）に義統がいる。どこにも義

図1　『海東諸国紀』による畠山氏の系図

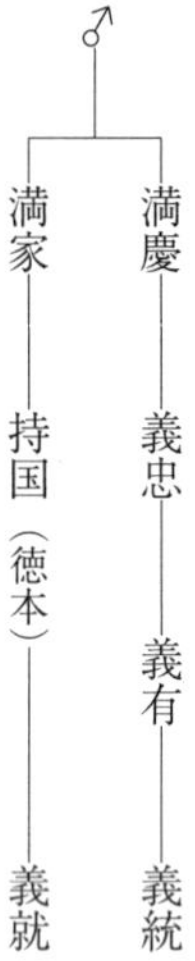

図2　「畠山系図」による畠山氏の族系

勝の名は見当たらない。ただし、現実の能登畠山家当主義忠は、嫡子義有が早逝したために嫡孫の義統を継嗣とし、文明年間に義統が能登守・能登守護の地位にあったという。[20] したがって義勝＝義統と考えれば、とくに矛盾は生じない。

ところが義就の出自について見ると、義勝＝義統では別の部分に矛盾が生じてくる。義就は、現実には持国の子であって、義統とは再従兄弟の関係である（「畠山系図」）。一方、『海東諸国紀』の「義就乃義忠同母弟徳本〔持国〕之子」なる記事に従うと、義忠と持国とが同母兄弟となり、すなわち義就と義勝とは従兄弟関係となってしまう（確かに『実録』には義就が義勝の「従弟」として登場する―『朝鮮成宗実録』四年九月庚寅条）。つまり、日朝間の系図で、一世代分のズレが出来てしまうのである（右略系図〈図1・図2〉参照）。しかし、この原因を朝鮮側の認識力の低さに帰するのは無理である。『海東諸国紀』や『実録』は承文院や礼曹の謄録類を下敷にして成ったと考えられるが、その謄録のもととなったのがほかでもない使者たちのもたらした外交文書や情報だったからである。この日朝史料間の矛盾は、偽使派遣勢力の画策によって惹き起こされたものと考えるべきであろう。それは次の「官職」の項に関しても同様である。

② 官　職

官途を含む官職について簡略にまとめたのが表2である。

一四五五年の『実録』の記事に「日本国管提、遣使来献土物」として登場する「管提」は、『海東諸国紀』畠山殿

表2　朝鮮側史料と日本側史料に見る官職・官途の相違

名　義	『海東』・『実録』	「畠山系図」	備　　　考
畠山義忠	管提/修理大夫	能登守護/能登守/修理大夫	当時の管領は細川勝元
畠山義就	管提(1465年のみ？)/雍河紀越能五州総太守/右金吾督	伊予守/右衛門佐	当時の管領は畠山政長
畠山義勝	管提(管領)/左京大夫	—	当時の管領は細川勝元
畠山義統	—	能登守護/能登守/左衛門佐/補管領※	※は津川本のみ

条により畠山義忠と判明する。しかし、現実の義忠は管領に任ぜられたことすらなく（当時の管領は細川勝元）、「管提」（管領のこと—後述）とは詐称であった。以後通交してきた「管提」（一四五七・五八年）も、畠山義忠のことかと思われる。

しかし、現実の能登守護畠山義忠が遣使したとはやはり考えにくい。というのは、義忠は遅くとも一四四三年に入道して法名「賢良」を名乗っており、[21] 一四五五年のこの通交の段階で「義忠」と名乗るはずがないからである。「管提」畠山義忠使送は、当初から一貫して偽使であったと考えるべきであろう。ではなぜ一四五五年から偽使通交が始まったのか。一四五五年の持つ意味とはいったい何だったのであろうか。

実は、その前年の享徳三年（一四五四）、応仁・文明の乱の端緒となる有名な家督騒動が持ち上がっていた。畠山持国（本宗家）の跡をめぐる、弥三郎（政久〔川岡 二〇〇二年：二六〇〜二六一頁補論〕）—政長兄弟（甥）と義就（庶子）との対立である（弥三郎＝政久はまもなく没落・死去して弟の政長が継ぐ〔今谷 一九八六年：一二八〜一二九頁〕）。恐らく偽使派遣勢力は、京都における畠山氏の混乱に乗じて、何らかの理由で「畠山義忠」を偽使名義として選び、「管提」を冠して偽使通交させたのであろう。[22]

この家督争いに現実の畠山義忠がどう関わったのかは史料上不明だが、義忠を継いだ義統が義就と行動をともにしているので、義就方に近い立場であったと考えられる。[23] そうであれば、一四六〇年、畠山義就名義の使送とともに、後見役のような形をとって義忠名義の偽使が朝鮮に通交してきたことも納得がいく。これまで幾度か指摘してきたように、偽使派遣勢力は、何がしかの現実をもとに《虚像》を作り出していたと思われるからである。

次に、その畠山義就名義の通交について見てみよう。最初の通交（一四六〇年）は畠山義忠の最終通交と同時であり、したがって、義就が義忠の通交と連動した偽使であったことが分かる。しかもこのときには両使節とも、朝鮮国王に臣従姿勢を示す上表文を提出している〔高橋 一九八七年a：三五五頁〕。こうした「上表」行為は、臣従姿勢を取ることで過大な回賜を期待する、したたかな偽使派遣勢力にこそふさわしいものではないか〔村井 一九八八年：第Ⅷ章など参看〕。

義就の自称は、一四六九年の不明分を除けば、一貫して「日本国雍河紀越能五州総太守畠山右金吾督義就」である（一四六〇・六五・七四年）。「右金吾督義就」とは「右衛門督義就」のことだが（『朝鮮成宗実録』七年七月丁卯条）、現実の義就の官途は「右衛門佐」であった。これも偽使名義と現実との齟齬が認められる点である。

一四六九年の官職は不明であるが、一四六五年には義就も「管提」の肩書きで通交したことがあった（『朝鮮世祖実録』十一年十二月戊子・十二年正月乙巳条）。当時の現実の管領は畠山政長で、これも名義としては詐称である。第一回通交時に、これまで「管提」職を任じてきた義忠使送と同時入朝している点を考えれば、義忠の「管提」職を義就が襲ったという〝設定〟だったのではあるまいか。

かわって畠山義勝は、初度の通交（一四七〇年）から官職が「管提」である。恐らく、義就から「管提」職を譲り受けたことになっているのだろう。この「管提」は厳密にいえば「日本国京城管領」であり、また『海東諸国紀』山城州―畠山殿条に「世与二左武衛・細川一相逓為二管提即管領一、佐二国王一秉レ政」とあるように、朝鮮側の認識では〝管提＝管領〟であったことが窺える。義勝は、その後も一貫して同じ肩書きで来朝していた（一四七三・七四・八〇年）。だが現実には、当時の管領は細川勝元であり、たとえ義勝が義統のことだとしてもこれは僭称・詐称である。さらに、義勝・義統の官途はそれぞれ左京大夫・左衛門佐で、一致が見られない。管提畠山義勝と能登守護畠山義統とはまったくの〝別人〟であり、前者が後者をモデルにした《虚像》であったと考えるべきであろう(井原今朝男 一九九九年:二〇六頁[24])。

以上の考察から、偽使派遣勢力の画策により、現実の畠山氏と異なる畠山殿の系譜が朝鮮側に伝えられていたことが明らかになった。おそらく、《虚像》の畠山義忠・義就・義勝を「管提」職の〝相伝者〟と設定することで、朝鮮側に畠山殿の使送を重要視させようとしたのであろう。そして、牙符制対象とされた「管領」が、実質的にはこの偽の畠山殿に独占されていたことも判明した。

3 山名教豊(宗全)・義安

山名殿の通交名義は、細かい理由は分からないが、教豊(一四五九年)→義安(一四六九年)→宗全・教豊(一四七〇・七三年)という奇妙な変遷を見せる。山名殿の族系を記した『海東諸国紀』山名殿条によれば、①「教豊出家して法名は宗全」、②「教豊の二子義安」とあり、教豊は持豊、義安は教豊(宗全の嫡子)のことと推定されている(田中 一九九一年、一二五・一二九頁)。①は何らかの誤情報が招いた誤解のようだが(言うまでもなく宗全とは教豊の父持豊のこと)、②の義安なる人物の存在は、諸本の「山名系図」を見ても確認することができない[25]。すなわち、「山名弾正少弼源義安」(『海東諸国紀』)という通交名義は、畠山義勝・細川勝氏などと同様に、架空の《虚像》であった(「王城大臣使の第二波」に準ずる)と考えられる。

さて、山名教豊名義の遣使だが、現実の教豊は一四六七年に死んでおり[26]、一四七〇・七三年の使節は明らかに偽使である(「王城大臣使の第二波」に属す[27])。ただし問題は、教豊の初度通交(一四五九年)である。『海東諸国紀』によれば、自称は「但幡〔播〕伯作因備前後芸石九州総太守山名霜臺源朝臣教豊」（「霜臺」は弾正台の唐名）であって、不自然な点が見出せない。さりとて積極的に真使と見なすべき根拠もなく、ここではさしあたり結論を保留しておきたい。

　なお、表1には検討を要するとしたが、一四七〇年に山名「宗全」（教豊でない）名義の使送があった可能性を指摘しておきたい。その根拠の第一は、『海東諸国紀』における山名義安の項目の解説に、「宗全書亦曰、『我所領八ケ州悉与二義安一』」とあって「宗全」名義の書契が存在したらしいこと、第二は、一四七〇年伊勢守政親使送に対して出された朝鮮側の返書に、最近頻繁に朝鮮にやってきた王城大臣使の名義が列挙され、そのなかに山名教豊と並んで山名宗全が挙げられていることである（これは先の『海東諸国紀』に見えた「教豊＝宗全」の理解と相矛盾するが、より現実に沿ったもの）。もちろんこれも、存在したとすれば「第二波」に準ずる偽使であったろう。

4　京極持清（生観）・京極生道

　京極殿使送はほぼ一貫して京極持清の名義であった。初度通交時（一四五八年）の自称は「日本国京極京兆尹江岐雲三州刺史住京極佐々木氏兼大膳大夫源持清」であるが、「京兆尹」（京職大夫の唐名）が何を指すのかは分からない(28)。ただし、とくに不自然な点は見当たらず、偽使と見なす積極的根拠もない。また、一四六二年の通交名義は「京極殿」以外不明であるが、当時、持清本人は出家入道して「生観」と号しており（『碧山日録』寛正元年六月二十四日条）、それ以後の通交名義（一四六三・七三年）が「生観」だったことから見て、やはり「生観」ではなかったろうか。なお、現実の京極生観は一四七〇年に没しており(29)、最後の使行（一四七三年）は無条件に偽使と見なせる（「王城大臣使の第二波」）。携行した書契のなかで、朝鮮国王のことを「皇帝陛下」と呼んでいることも不審である（『朝鮮成宗実録』四年三月癸卯条）。

さて、右のうち、一四五八・六二年の通交例については真偽の判断を留保せざるをえないが、一四六三年の通交例には注目しておきたい。これは、名義に不自然な点が見当たらないばかりか、日本側史料で真使と確認できる日本国王使（正使俊超西堂・副使梵高首座）と同行していたからである。しかも、この日本国王使に同行したのは京極生観使送だけではなかった。左武衛義廉・九州都元帥源教直の使送も同行し、この三者の名義が国王使のもたらした国書に明記されていた。この点だけ見れば、京極生観をはじめ左武衛・都元帥も真使であったと考えるのが順当であろう。だが、結論からいえばそうは言えないのである。この点は、やや複雑な考証が必要なので、節を改め一括して考えることとしたい。

なお、一四六七年には源生道なる名義の使送が通交し、漂流人を送還した。「生観」の誤植の可能性もあるが、正しかったとしても、京極生道なる人物は国内で確認することができない。いずれにせよ偽使と考えるのが妥当であろう〔関周一 一九九一年：四頁〕[30]。

5 左武衛義敏・義廉

左武衛殿使送は、前述した通り一四四四年の副書進呈を最後に一時絶えるが、一四六〇年になると「左武衛原義敏〔ママ〕」使送が復活する。一四五〇年代半ば以降の「王城大臣使の第一波」の部類である。家永遵嗣氏はこの使行について、「義敏は……斯波氏の「印」を持って大内氏〔教弘〕のもとに逃れ、この「印」を用いることにより朝鮮政府から正式の斯波氏として処遇された」、義敏は「大内氏の保護を受けつつ博多にいて貿易活動に従事していた」と推測している〔家永 一九九五年a：二五〇頁〕。義敏は一四六五年ごろに赦免されて上京しているが、それ以後義敏名義の通交は見られない。もし家永氏の説くように、義敏がこの印鑑を使って貿易活動に従事したのならば、この一四六〇年左武衛使送は真使ということになる。真偽を判断するのにはやや根拠不足であるが、義敏が何らかの形で関わった可能性は完全には否定できない。多少なりとも真使の可能性がある、とだけ指摘しておこう。

ところで、この「印」とは、かつて朝鮮側が左武衛殿＝斯波氏に与えた印鑑のことである（註8参照）。そしてこの印鑑は、次の一四六三年左武衛義廉名義の使送の段階で、紛失していたことが確認できる（当然、家永氏の説くように義敏が持って大内氏のもとに留寓していた可能性もある）。それを示すのが、寛正三年（一四六二）二月十七日付け、天竜寺住持宛ての斯波義廉書状案（『蜷川家文書』）である（田中 一九八二年a：九九頁、家永 一九九五年a：二五一頁）。この斯波義廉書状の内容は、次のようであった。――足利義政の「朝鮮国通信事」（日本国王使＝天竜寺勧進請経船派遣のこと）を承り、その「副書」を調進すべきだけれども、「近年当家多レ故、而先代印子已令二紛失一」てしまった。したがって「書尾不レ捺レ印」という趣旨を朝鮮側に伝え、「重見レ授二新印一者、向後秘重」し、使節の往来に使用したい、と。ただし、ここには「副書」が作られたとしか書いていないのであって、使節が組まれたかどうかの確証はない。この点は、一四六三年の左武衛義廉使送の真偽に関わるだけに、十分注意しておきたい（真偽の考証については次節を参照）。

さて、一四六三年の段階で斯波義廉が要請した新印給与は、次回の一四七一年左武衛義廉使送（正使西華西堂）の書契に新印給与に対する謝辞が記されているから、どうやら実現したらしい（田中 一九八二年a：一〇〇頁）。だが、この一四七一年書契には同時に、その新給の印鑑を焼失してしまったことも記されていた。焼失の事実があったかどうかは不明だが、少なくともこの一四七一年書契に件の新印が捺されていなかったことだけは確実である。すなわち、現実の斯波氏とは無関係の偽使であっても構わないのである。そして、この使節が「王城大臣使の第二波」に属するものであった以上、偽使と見なすのが順当と思われる。いずれにせよ、次節1にて詳しく補足することにしたい。

なお、朝鮮側が左武衛殿に再び新印を給することはなかった。前述の牙符制が布かれた際、巨酋のうち大内氏（通信符）や少弐氏（図書）は牙符制の対象外とされたが、左武衛殿は他の王城大臣と同様、牙符制の対象者とされたのである。

6　右武衛義堯

残る牙符制対象の主要名義は右武衛殿である。(31) 右武衛殿は、一四二九年道鎮名義（第五回）を最後に途絶え、一四六七年に義堯が一回だけ通交している。これは一四七〇年からの「第二波」には含まれないので、無条件に偽使と見なすわけにはいかない。ただ、『海東諸国紀』に載せる使者道誾（『朝鮮世祖実録』十三年正月乙亥条）の言によれば、「義堯之父曾為二右武衛西海道九州総管一」といい、『海東諸国紀』の著者申叔舟も「蓋是道鎮之後歟」と推測するのみである。しかも使者は、義堯の系譜について右のこと以外「不レ能レ言二詳細一」、という。

田中健夫氏はこの「義堯」を義鏡と同一人かとするが（田中　一九九一年：一三二頁註九）、「義堯」は実在の義堯本人を指していると考えて良かろう（「渋川系図」）。(32) 家永遵嗣氏の見解では、右の遣使は義堯がすでに「義鏡の養嗣子になっている」ことを示すという（家永　一九九五年a：二五一頁）。しかし、先の『海東諸国紀』の記事を見る限り、使者道誾と「義堯」との関係はきわめて希薄に感ずる。しかも彼は、一四四六・四九年の二度、宗貞盛の遣朝鮮使節にもなっているので（『朝鮮世宗実録』二十八年十二月己未・三十一年八月丙寅条）、偽使と見なし、現実世界を反映していないと考えるのが自然であろう。

7　小　括

以上、十五世紀の王城大臣使について真偽の判断を個別に行なってきた。京極・左武衛の一四六三年次通交については考察を次節に委ね、山名・京極・左武衛の通交数例および右武衛道鎮の全通交例の真偽に関しては真偽の判断を保留してきた。だがやはり、「第一波」が畠山義忠使送（偽使）を皮切りに突然通交を開始した点から見ても、「第一波」以来「第二波」までの王城大臣使はすべて偽使であったと結論すべきであろう。そして確実に〝真の王城大臣使〟といいうるのは、「初期の通交」の一四三一年左武衛義淳使送のみであったと考えたい（ただし、一四六〇年左武衛義敏使送については、真使の可能性があるということを付言しておきたい）。

また、偽使名義の作り方を見ると、いくつかのパターンがあり、さらにそれが組み合わされていたことも判明する。

①　親族の世代や官途の新旧などについて、偽名と実在者との間にズレが設定されていること。

②　モデルの実在者の一字を変えて偽名を作り出すこと。とりわけ、諱のうち本宗家の通字の方が変えられ、現実の一族と峻別する工夫が施されていた。

③　日本の国制上、枢要な地位にあることを騙って厚遇を引き出すこと。

などである。王城大臣使のうち、①〜③を組み合せてもっとも複雑かつ精巧な偽使名義の体系を作り出したのは、ほかでもない「管提」畠山殿であった。

このようにして偽使名義づくりは〝進展〟したのであり、これによって現実との乖離が徐々に進んでいったと考えられる。そして、その〝進展〟の画期としては、くりかえし述べてきたように、一四五五年からの「第一波」と、一四七〇年からの「第二波」との二つが認められるだろう。

なお興味深いのは、この二つの画期がともに京都周辺の政治情況に明確に対応している、という事実である。すなわち、前者は享徳三年（一四五四）の畠山政長・義就の家督争い、後者はこの両者の実力抗争に端を発する応仁・文明の乱（一四六七〜七七年）である。いずれも幕政の混乱を招いた政治史上の重大な画期であり、それぞれに偽使通交の〝進展〟の画期が対応している。これは果して偶然であろうか。筆者はそうは考えない。むしろ、偽使派遣勢力が中央の政治情勢をどのように見ていたのかが投影されていると考えたい。前述の通り、享徳三年の畠山氏の家督争いは「管提」畠山義忠の偽使通交に結び付き、応仁・文明の乱は大量の偽使通交を惹き起こす契機となったと考える。そこで、次節においては、これらの点も含め、偽使通交を可能にした背景・条件が何であったかを探ってみたい。そして最終的に、偽使派遣勢力の実体を確定し――とうぜん対馬が最有力候補と考えられるが――、また偽王城大臣使の通交が十六世紀初頭にいったん途絶える原因についても明らかにしていきたい。

三　偽王城大臣使の通交条件

1　偽使通交の条件

【α】外交制度と外交儀礼

偽使派遣勢力が偽使通交を成り立たせえた条件のまず第一点は、偽使派遣勢力と目される対馬が地理的位置のみならず、外交制度・外交儀礼面において、非常に有利な立場にあったということである。制度的な要素としては、朝鮮に通交する使船に対して対馬島主が必ず発給することになっていた、渡航証明書の「文引」を挙げることができる。

文引は、朝鮮への渡航資格のあるものに対してのみ、対馬島主が発給することになっていた。もし対馬島主が偽使創作に関わっていれば、文引のチェック機能はまったく働かない。それどころか偽使に通交の保障すら与えたはずである。対馬に委ねた朝鮮側の通交統制が裏目に出た結果ともいえよう。

いま一つの外交儀礼的な要素が、外交文書の作成である。日朝間でもっぱら用いられた外交文書は、「書契」と呼ばれる書簡型文書で、漢文で書かれる決まりであった。しかも、差出人と同等クラス（「敵礼」という）の宛先人を指定しなくてはならないので、朝鮮王朝の国政システムに通じている必要もあった。こうした教養に通暁していたのが、中世の日本においては五山派の禅僧であり、彼らが室町幕府の外交活動を担っていたことについてはすでによく知られている。

偽使派遣勢力と目される対馬においても、禅僧を確保できるか否かはやはり決定的な問題であった。一四五〇年代後半「第一波」のころは、対馬の宗貞盛が文引などを掌らせた、対馬船越の梅林寺初代鉄歓が有力な候補であろう（『寛政重修諸家譜』巻五〇一―宗貞盛条）〔荒野　一九八八年：一六九～一七〇頁参照〕。また、一四六三年以後は確実に、対馬で偽使創作に関与していたと思われる人物がいる。それは、「朝鮮書翰僧ノ始祖」（川本達『西山寺縁起』）と呼ばれる仰之梵高である。

仰之梵高は、一四六三年日本国王使（左武衛義廉使送ら同行）の副使として朝鮮に通交した、天竜寺妙智院系（夢窓派華蔵門派）の五山僧である（唐坊長秋『十九公実録』「円通公実録」嘉吉三年癸亥条）。使命である大蔵経の獲得を果した帰途、対馬島主宗貞国に請われて対馬に留錫することとなり〔泉澄一　一九七三年：三〇頁以下〕、梅林寺に景徳庵を開捌して住した（『異国使僧小録』等堅条）。「宗氏の歴史を考察する際の基本史料」といわれる、宗氏の系譜・事跡を記した「順叟大居士即月大姉肖像賛幷序」は、梵高の記した現存唯一の同時代史料である〔長　一九八七年：二〇頁、

泉 一九七三年：三二頁〕。彼については、また、自身で朝鮮へ渡航したことが『実録』によって確認できる（『朝鮮成宗実録』十六年十月乙酉条など）。さらに『十九公実録』には「妙智院僧仰之」が「幹㆓文事㆒」していたとあり、梵高が対馬において文引・書契の業務を担当していたことはほぼ疑いない〔泉 一九七三年：四四頁〕。後世の代表的「朝鮮書翰僧」の景轍玄蘇は、対馬佐賀に梵高の遺蹟を訪ねており（『仙巣稿』）〔泉 一九七三年：四二頁〕、梵高が梅林寺一世鉄歓から以酊庵玄蘇を結ぶ対馬「外交僧」の系譜〔荒野 一九八八年：一七〇頁〕上にあったことは間違いないだろう。(33) それゆえ先述の通り、仰之梵高が対馬において偽使書契の作成に携わっていたと考えられるのである。

そしてこのように考えれば、これまで保留してきた一四六三年左武衛義廉・京極生観使送（国王使・九州都元帥教直使送と同時通交）の真偽も自然と見えてくるであろう。京極生観の使送は、前述したように名義上不自然な点がなく、その真偽を確定することは困難であった。ところが、九州都元帥教直名義の使送は、実はほぼ一貫して偽使ないし通交権の対馬所有と考えられるものである。(34) また、左武衛義廉使送については、前述の通り、国王使に「副書」を添えたことまでは確認できるが、使節そのものが組まれた確証は見出せない。つまり、対馬人などが副書の存在に託け、その使節になりすまして通交した可能性は十分考えられるのである。

だが、そのような情況が実際にありうるのだろうか。左武衛・京極・九州都元帥の使送が偽使であって、真の国王使と混在していたなどということがありうるのか。しかもややこしいことに、国王使のもたらした国書（書契）には「義廉・生観・教直」の名義が明記されていたのである（『朝鮮世祖実録』九年七月辛丑条）。全文を引用しておこう。

日本国王、遣使来献土宜、其書曰、「宝隣比年、音耗疎闊、天遼海隔、何勝㆓企渇㆒、今差㆔天竜俊超西堂、及梵高首座等、為㆓正・副使㆒、以修㆓前好㆒、爰数年前、遣㆓使船㆒、貴国謂、近当㆘納㆓包匭於大明庭㆒、以謝㆗前歳行使不軌之罪㆖、雖㆑然陋邦、近年東伐南征、不㆑遑㆓軍事㆒、是故、未㆑克㆑践㆓其言㆒、因循至㆑今、頗似㆑失㆓豚魚信㆒也、　陛下曽伝二一書于来使一、承以僉知中枢院事宋処倹・大護軍李宗実、為三報聘使者一、海上忽遇二颶風一、両船漂没、書中所レ載件件方物、雖レ不レ達二此方一、既領二礼意之厚一、因就二海濱諸国一、窮三捜其事一、而皆無レ知、以レ故、不レ能下還二其漂船一、且葬中其遺屍上、命二吾天竜禅寺一、設二水陸大斎会一、為二二子一資三薦冥福一而已、天竜禅寺者、廼祖宗創業、而陋邦植福霊場也、近頃、遭二回禄之変一、未レ復二旧観一、是故、年穀不レ稔、災殃数臻、今将レ営二僧堂一、不レ仮二助於大邦一、肯以難レ成焉、**窃命二義廉・生観・教直等一、令レ致二意於執事一**、大凡吾邦、事レ仏為レ善者、乃所三以獲二貴国之毘盧法宝一也、夫得二一蔵一、其賜大也、矧応レ求以為レ常、陋邦所レ伏也、往者、建仁之古刹、獲レ賜二万緡一、輪奐改美、今又天竜満堂之海衆、蒙二陛下庇蔭一、豈不下望二西北一而致中祝於万歳上乎、不腆土宜、具如二別幅一、春寒尚残、若時保嗇一、

別幅、「綵画扇一百把・長刀二柄・大刀一十把・大紅漆木車椀大小計七十事・大紅漆淺方盆大小計二十事・紅漆黒漆雑色木桶二箇」、

左武衛将軍源義廉・光禄卿源生観・九州都元帥元〔源〕教直等、亦遣人来献土物、

（『朝鮮世祖実録』九年〈一四六三〉七月辛丑条）

そもそも、このときの国書を起草したのは、京都五山僧の益之宗箴である（『蔭凉軒日録』寛正三年二月十二日条）。残念ながらこの国書は日本側史料のどこにも引用されていないため、益之の起草時に右の三名義が書き込んであったかどうかは分からない。だが、幸いなことに『蔭凉軒日録』には国書の内容の用件が三点挙げられている[35]。こちらも史料を掲げておこう（傍線の種類はそれぞれの要件に対応）。

天竜寺為二僧堂勧進一被レ遣二使于朝鮮国一、其書中可レ被レ載之件々事有二三ケ条一、一曰、建仁寺奉加一万貫御礼謝之事、二曰、渡唐船遅々之事、三曰、自二高麗国一来朝之船遇二颶風一破損之事、或謝、或吊、或説、可レ諭之事、書

證可レ伸否之事伺レ之、為レ然之由、被二仰出一、就二于書文一倩二先院主東岳和尚一、東岳又倩二集箴首座一、令二斯文製一、
仍伺二此件々一也、

（『蔭涼軒日録』寛正三年〈一四六二〉二月十二日条）

ここには、明らかに、天竜寺再造の「執事」（奉行のことか）に任命されたという右の三名義にも副使の存在にも触れた箇所がないのである（そればかりか、この三名が天竜寺造営奉行に任じたという国内史料上の所見もない）（矛盾の一）。さらに、朝鮮に届いた国書のなかには、前後に朝鮮国王を「陛下」と呼んだ箇所があった（高橋 一九八七年a：三五五頁）。これは朝鮮国王への臣従（上下関係）を意味し、国書書出部分の他称の通例が「朝鮮国王殿下」（対等関係）であることと大きな懸隔を見せる（矛盾の二）。この二つの矛盾点を整合的に理解するには、どう考えるべきであろうか。

やはり、益之宗箴の作った国書が、朝鮮王朝に届けられるまでの間に改竄されたと考えるべきであろう。誰かが三つの通交使節名義をこの国書に書き加えたとすれば、それは三起の偽使が安全裡に通交できるようにするためであり、朝鮮国王への臣従姿勢を強めたのは、下手《したて》に出ることで相手の疑惑をかわすためであったと考えられる。つまり、一四六三年の真の国王使には、往路の段階から左武衛・京極・九州都元帥の偽使が混在していたのである。偽使の創出・派遣主体はおそらく対馬宗氏で、国書の改竄主としては、京都に還らず対馬に残った国王副使仰之梵高こそがもっともふさわしかろう。

この理解の方向が正しいと許されるならば、「第二波」に属する一四七一年左武衛義廉使送も仰之梵高が絡んだ偽使と見なすべきである。一四七一年の左武衛義廉書契に、「我本朝寛正三年壬午、天竜禅師再造之事、而遠致二聘問一、義廉忝捧二副書一」と前回一四六三年通交の事跡を明記し、また新印給与に対する謝辞を含んでいた（前述）のは、やはり仰之梵高の関与あってこそであろう。仰之梵高であれば、前回通交の新印要請について、国王副使の立場から交

渉の経過の一部始終を知っていたはずだからである。

かくて筆者は、仰之梵高が「王城大臣使の第二波」以前からの対馬における、偽使創作の主要スタッフであったと考える。たとえばこのようにして、偽使派遣勢力は外交制度・外交儀礼上のブレインを抱え込むことに成功していたのではないだろうか。

【β】貿易資本と通交主体

偽使通交の条件の第二点は、経済的な貿易資本の問題である。とくに集団で偽使が通交した一四七〇年以後の「王城大臣使の第二波」は、多大な資本なしでは考えられない。この現象を理解するには、偽使派遣主体として対馬勢力だけでなく、他の勢力の幅広い参加を想定することが必要である。そこでここでは、比較的材料の豊富な畠山義勝使送に注目して、偽使派遣勢力の正体について探ってみよう。

井原今朝男氏によれば、義勝使送の第二回通交（一四七三）の主導権を握ったのは使僧良心であったという〔井原一九九九年：二〇六頁〕。応仁遣明使節に加わった外遊経験をもとに、[36]今次の朝鮮使節行で良心が主導権を握ったことは十分考えられる。しかし、良心が連続する畠山義勝使送すべての運営者であったり、「畠山義勝」名義の発明者であった〔田中　一九九一年：一二三頁註四〕わけではもちろんあるまい。良心が義勝使送に参加したと史料上確認できるのは第二回通交時のみだからである。そればかりか、第四回の通交（一四八〇年）になると、文明八年（一四七六）遣明使節に参加した良心が死亡したことを報じているのである。この第四回通交時、朝鮮側に提出された書契を掲げよう。とくに段落③に注目されたい。

① ……本邦久二干戈一、今両殿下和二親于洛下一、而称二東西主一、吾西主義見、以下臣之与二貴国一好上、命有レ以二令古之他

日一、特遣二専使一、厚二幣帛一、以致二聘礼一者也、

②（中略—本節2に後掲）

③丁酉歳〔一四七七〕、吾国遣二進貢船於大明国一、以二吾徒良心一副二貢船一、帰時、到二貴済州島一、其官吏無レ故繋縛、禁二囚良心等二十人一、将レ当レ死、万計以脱レ之、雖レ然良心不レ達レ国、遂死亡、夫雖レ云二敵国一、行李之往来、仮レ路而過者、古今通義、矧貴国・本邦、同事二大明一、而通二列国之好一、如三魯・衛称二兄弟一、且雖レ不レ怨二吾国一、不レ畏二大明之返詔一者何哉、且又吾能登州、遥与二貴国一相向、以レ是、曾以レ有二漂流人一、先人保愛以送二達之一、因レ之、盟弱〔約カ〕不二相渝一、于レ前以二良心一為二専使一、遣二貴国一、貴国為レ知下臣之属徒良心、脱二済州之難一時、備二具表文一、投二之於別吏一、令上奏二礼曹大人一、如貴国律令之厳、豈有レ懸レ之乎、

④両殿急欲レ遣二大明進貢船一、西主之船、臣〔義勝〕并大内君其承レ命、宗金嫡孫宗茂信、任二総船主之職一、彼已受二貴国之栄官一而就レ下、臣之因レ承二官命一、今使船差二遣副使宗茂信一、後来、令レ定二貴国辺備以往之律令一、伏庶幾、永々無レ窮、不レ渝二帯礪之盟一、俯賜二恕察一、……」

（『朝鮮成宗実録』十一年七月癸未条）

③によると、再度遣明船に加わった良心が帰り途に済州島に至るや、故なく官吏に捕縛・禁囚された。良心は命からがら逃げ出したものの、最後には帰国できないまま死んでしまった。そして同じく明に朝貢する「敵国」「列国」（対等な国家）として、遣明使節の往来に道を貸すのは古今の通義でないかと非難する内容だ。ただ、良心が遣明船に同乗していた徴証は他に探せず、またここに報告された一件も不明のままである(37)。真偽のほどは不明であるが、ともかくもこの記事によって、義勝使送の主体と良心とが深く関与していることが判明する。そして、有力な主体が良心の他にあることも明らかとなった。

そこで注目したいのが、段落④に登場する「宗金嫡孫宗茂信」である。「宗金」は十五世紀前半に活躍した博多の

有力商人でもあり、朝鮮の信頼もかなり篤かった（有光保茂 一九三七年、有光友學 一九七〇年、佐伯弘次 一九九九年など参照）。その宗金の嫡孫で、「大明進貢船」「総船主」の大任を担う宗茂信を、「今回義勝使送の副使として差し遣わすので、今後は（以前の僧良心のようなことにならないように）辺備を徹底して戴きたい」、というのである。[38] この使行でもっとも利益を享受するのは、ほかでもないこの宗茂信本人であろう。したがって、彼こそこの偽使の主体ないしその一部と目されるのである。

時期は前後するが、「畠山殿」使節に関与していた宗金一族は、嫡孫の宗茂信だけではなかった。やはり宗金の孫である三未三甫羅が、「甲午年」（一四七四年）、「畠山殿押物」として渡航していた。[39] 対馬島主宗貞国の側近ともいうべき立場の立石国長が、一四七六年、来島中の対馬島宣慰使金自貞に伝えた貞国の言によると、三未三甫羅は船が毀れて「本土」へ帰国できなくなってしまった、そこで彼の画才を愛でた島主宗貞国は、彼を対馬に留めることとし、歳遣船を分与せんとした、という（『朝鮮成宗実録』七年七月丁卯条）。[40]

しかし、貞国の言葉を額面どおり受け取って「船が毀れたから三未三甫羅が帰国できない」というのではあまりに不自然である。おそらくこれは、博多商人三未三甫羅が対馬を活動拠点の一つとしていたことを示唆し、博多商人が対馬における偽使創出に深く関与していたことを窺わせてくれるものである。

ふたたび前掲書契に戻ると、段落④には、当時の博多に影響力を持った「大内君」（大内氏）の名称が現れている。④を要約すれば、「臣」畠山義勝と「大内君」とが協同し、「西主」義見（段落①）による遣明船を請負うが、その「総船主職」を、今次の義勝使送副官の宗茂信に委ねる――という内容である。「義見」とは足利義視に仮託した偽名であろう（訓読みによる音通であるため、朝鮮側では起こり得ない変化・相違である）。

このように、博多商人（宗茂信・三未三甫羅）が畠山殿使送を担った点、大内氏の対明貿易への意欲が影響している点を考えると、少なくとも畠山殿使送が対馬宗氏だけによって作られたとは考えにくい。大内氏が直接関与したとまでは確言できないが、かなりの影響力を持っていたのではないか[41]。その媒介役としては、博多商人がもっともふさわしいだろう。

多くの博多商人が受職人となって朝鮮に直接通交した事実〔田中 一九五九年、有光 一九七〇年〕や、朝鮮から輸入した貿易品の販路を考えれば、博多商人の朝鮮貿易への関心は一般に高かったと考えられる[42]。とりわけ、「第二波」の前後の時期、①応仁度遣明船など日明貿易から博多商人が閉め出されており、貿易権の拡大に躍起になっていたであろうこと、②主家の少弐頼忠を擁して宗貞国が筑前博多地域に入部（一四六九〜七一年）していた事実は無視できまい（『海東諸国紀』日本国紀―筑前州―小弐殿条）。とくに後者②に関して、従来、偽使問題と貞国博多進軍との関係はほとんど指摘されていないが、この間、偽使創作をめぐって対馬宗氏と博多商人との間に緊密な関係が築かれていた可能性は大だろう〔橋本 二〇〇二年b（本書第四章）参看〕。史料上は、宗金系の博多商人と畠山殿使送についてしか明確にできないが、一連の偽王城大臣使も《対馬主導―博多商人協力》のかたちで作り出されていたのではなかろうか。そして、《博多商人主導―対馬協力》のかたちで創出されたとおぼしい、十五世紀後半の「琉球国王使」の事例〔橋本 一九九七年b〕（本書第二章）も加えれば、対馬―博多勢力は一貫して偽使派遣の協同勢力であったことになる。

【γ】 京都における争乱の影響

第三点は、応仁・文明の乱に顕著な、在京有力守護の家督争いの与えた影響である。これまで畿内の争乱が日朝関係に与えた影響は明らかでなかったが、これこそ真の名義人や現実の幕府に偽使通交が露見しないための最大の客観的前提条件であった。

現実の在京有力守護は、もともと単独・直接の使節派遣の指向が低かったと思われるが（本章「はじめに」参照）、過去に通交実績のある斯波氏や、日明貿易に活躍した細川氏などが実際に使船を遣わしてくる可能性は完全には否定し切れない。ところが、偽使名義のモデルが争乱に忙殺され、対外貿易への意欲が弱まれば、偽使派遣勢力にとっては安心して偽使を通交させられたはずである。たとえば、応仁・文明の乱中の一四七七年には、領国の位置からして偽使の可能性が低いはずの大内氏でさえ、偽使が通交している(43)。時あたかも大内政弘の上洛・交戦期に当たることに留意したい。つまり、偽使派遣勢力は京都の争乱を見据えることによって、より大胆な偽使通交を、安全裡に展開することができたのである。この推測の傍証となるのが、次の規伯玄方（景轍玄蘇の法嗣）による覚書である(44)。

朝鮮・日本、古来隣国通好、有二約条一。昔者、日本禁中及公方管領諸官宰臣之使、直遣レ之。至二中古一、日本使介〔价〕之人、疎二彼国之礼儀一、粛拝・宴享之間、為二相争一、有レ玷《きず》二和好一。故憑二伏対馬主一、遣二箚符銅印一、令下島人作二使宦〔官〕一超レ海調上所レ用。然毎歳従二公方家一使者下レ島、必薫〔董〕二其交義〔誼〕一、受二其所レ収之物一。其後及二畠山氏兄弟諍乱一、日本諸方通使相絶矣。対馬幸受二其銅印一、私遣二使船一受二接待一、致二所務一歴年。

かつて日本の朝廷・幕府は直接朝鮮に遣使していたが、あるとき使人（日本国王使？）が朝鮮の礼儀を知らないために「粛拝・宴享」で争いを起こしてしまった。そのため交隣関係に傷がつき、朝廷・幕府は対馬島主に依頼して、「箚符銅印」を遣わして対馬島人に代わりに使節を艤装させた。その後、「畠山兄弟」の争い――おそらく畠山政長と義就の家督争い――が始まると、日本諸方の遣使は絶えてしまい、対馬宗氏は各名義人の銅印を譲り受けて遣使するようになった……。

畠山政長・義就を「兄弟」と誤認している点から見て、どれだけ事実を反映しているのか疑問であり、また「粛拝・宴享」の争いや「簽符銅印」が具体的に何を指すのか不明である。だが、まったくの作り話とも言えないであろう。ここには、偽使派遣勢力のある〝記憶〟が表れているのである。それは、本章でも縷々前述してきたように、享徳期以来、応仁・文明の乱にまで発展した畠山氏の家督争いを契機として、「第一波」「第二波」の偽使を創出してきた、という〝記憶〟である。(45) いうまでもなく、未曾有の内乱である応仁・文明の乱は、「王城大臣使の第二波」の契機として重要だが、(46) 畠山氏の内訌こそが偽使派遣勢力の意識に深く刻み込まれていた点は特筆されるべきだろう。

【δ】朝鮮からの使節の途絶

第四点は、「第一波」「第二波」の時期を通じて、朝鮮側が幕府権力と直接に遣使通交せず、偽使通交の確実な証拠を摑む方途を欠いたことである。すなわち、一四四三年通信使から日本本土への実際の遣使が絶え、生の日本情報を朝鮮人が入手することがなくなったことを指す。

こうした事情に至った理由はさまざまに考えられるが、日本による一四四三年通信使接待の不手際・冷遇や、一四五九年通信使の海難事故による挫折（三宅英利 一九八六年：九五頁以下）などから、通信使派遣が朝鮮国内で疎んじられたこと、そしてさらに重要なのが、「島主言ㇾ『可㆓遣使㆒』則遣ㇾ之、言ㇾ『不ㇾ得㆓護送㆒』則止ㇾ之、一従㆓島主指揮㆒」（『朝鮮成宗実録』十年七月戊辰条）、つまり遣使の可否は島主次第、という実情である。偽使派遣勢力にしてみれば、朝鮮からの遣使が京都の幕府に到達することはまことに都合が悪い。それは、名義人本人や室町幕府に偽使通交が露見する危険を孕んでいるからである。(47)

それゆえ、日本への通信使派遣が現実化してくると、偽使派遣勢力は安穏としていられない。その典型例が、一四七九年の通信使（正使李亨元・副使李季仝）派遣時の出来事であった。結果としてこの通信使は対馬にまでしか行けなかったのだが、それは正使が病に斃れたためばかりでなく（『朝鮮成宗実録』十年九月乙丑条）、対馬側の情報工作による面が大きかった。すなわち、「南路兵乱により使行不可能」という通達である（『朝鮮成宗実録』十年七月戊辰条）。この「兵乱」とは、「今春三月已来、畠山右衛門督、拠㆓紀伊・和泉・河内・摂津四州㆒、以叛逆」（『朝鮮成宗実録』十年七月己卯条）、「畠山殿、自㆓三月㆒与㆓国王㆒構㆑釁、退保㆓南海要路㆒、人・物不㆑通、通信使、護送為㆑難」（『朝鮮成宗実録』十年七月壬午条）、というものであった(48)。

しかし、この記事の内容と合致するような史実を日本国内で見出すことはできない。そればかりか、「畠山右衛門督」とは第二節で確認した通り、偽使名義の畠山右金吾督義就のことである（そのモデルが実在の右衛門佐義就）。おそらくすべて、対馬が通信使派遣を阻止するために作り上げた虚偽の口実であろう。

すなわち、偽使派遣勢力は《虚像の王城大臣》を作り上げることによって、王城大臣使が正当な使節であるとの印象を朝鮮王朝に持たせようとした。そして内乱を騙らって朝鮮王朝の通信使行を阻止し、その《虚像》が暴かれるのを避けようとしたのである。こうして、「第一波」「第二波」以来の偽使派遣勢力の牙城は守られていったと考える。

2　王城大臣使の通交途絶

以上、四点に渉って偽使通交を成り立たせた背景と条件とを挙げてきた。だが、これだけの条件を以てしても、王城大臣使が十六世紀初頭に途絶してしまうのは何故だろうか。

その理由について長正統氏は、「かつて巨酋として通交していた諸氏が、応仁・文明乱以後、没落したことによ」り、「成宗中期以後、ほとんどすべて姿を消してしまう」、と推測した〔長 一九六六年：八四頁〕。しかし、この推断は、「第一波」に関すると同様、「第二波」の性格――なかんずく偽使であること――を究明せずに下されたもので、妥当とは言いがたい。

結論からいえば、偽使通交を許さなくなった条件とは、「はじめに」で触れた牙符制にこそ求められる。たとえ間接的であるにせよ、牙符制が結果的に偽王城大臣使の通交を阻害したのである（実際、朝鮮王朝ではそのように認識する者がいた――『朝鮮成宗実録』十八年四月癸巳条）。

その傍証の一つが、一四八〇年畠山義勝使送の書契である。本節1に前引した書契のうち、中略した②の部分を左に示すので、偽使派遣勢力が牙符制の成立にどう対応したのかを見てみよう。

窃聞、往歳国使回時、割二信符一以遣二洛下之諸大人一、其回船避二南兵一、赴二北海一、為二風波一吹漂、不レ知レ所レ行、去歳、伝聞、船到二北狄之国一、即遣二使船一以索レ之、其使命未レ帰、実不レ知二其有無一、仮其舟船雖レ無レ恙、返書・幣物、恐々難レ全、此使介〔价〕回時、審二其書中之趣一、書以賜、可レ奏レ之、

（『朝鮮成宗実録』十一年七月癸未条）

先年、日本国使の帰国の際に「信符を割いたもの」（＝牙符）を「洛下之諸大人」（幕府有力者のことか）に遣わしたというが、その国使は帰途、瀬戸内海の戦乱を避けて日本海ルートを取った。ところが風に流され、行方知れずとなってしまった。去年、船が「北狄の国」に到ったと伝え聞き、使船を派遣して探し求めているが、まだ戻ってこない。たとえその船が無事であっても、返書や礼物が無事かどうかは不安である。その返書の内容さえ教えてくれれば、こちらから日本国王（＝室町殿）に奏上しよう――。

冒頭の「国使」とはいうまでもなく「信符」＝牙符を造給された一四七四年日本国王使（正球）のことで、行方知れずになったということはありえない。というのは、正球の牙符回送に触れた国書がのちに京都五山僧景徐周麟によって作られており（『翰林葫蘆集』）、正球が最終的に京都まで戻ったことは確実だからである。(49) したがってこの一四八〇年畠山義勝書契の眼目は、恐らく、牙符が散逸したかの印象を朝鮮に持たせることにあったのではなかろうか。少

なくとも、右畠山義勝使行が牙符を携行しなかったことの言い訳にはなったであろう。右の書契が書かれた時期は、ちょうど牙符発給（一四七四年）と牙符制発効（一四八二年）との中間である。偽使通交を阻まれた偽使派遣勢力の歯ぎしりが伝わってくるかのようである。

果して一四八二年には、前述の通り、日本国王使の栄弘が「第一牙符」をもたらし、牙符制が発効してしまう（『朝鮮成宗実録』十三年四月丁未条）。もちろん、偽使派遣勢力が手をこまねいていたとは考えられない。一四八七年の日本国王使（等堅首座）には、飯尾「永承」名義の使送が同行しており、これは牙符制を回避するために講じた対策（偽使通交のテストパターン）の一つであったと考えられる。[50]しかし、この使送は牙符を携行しておらず、またそれを理由に朝鮮側から上京＝通交を拒否されてしまう（『朝鮮成宗実録』十八年四月甲申条）。結局、偽使派遣勢力は牙符制を骨抜きにすることができなかった。したがって、彼らはこの永承使送の例により、牙符なしに王城大臣使を通交させることは最早できない、と認識したはずである。しかし、それでも彼らは諦めなかった。

実はこれまで注目されてこなかったのだが、一五〇九年に「日本国王近侍人」の政親使送の通交例が見られる。この「政親」が架空名義「伊勢守政親」であることは、『海東諸国紀』伊勢守条の「国王近侍之長」なる説明文言と較べれば自明だろう。注目すべきは、この使送が確かに「符験」＝牙符を携行している点である（『朝鮮中宗実録』四年八月戊辰条）。つまり、この時点で偽使派遣勢力は少なくとも一つ、確実に牙符を入手できていたことになる。

ところが、これ以後、三浦の乱（一五一〇年）を挟んで、偽王城大臣使の通交は十六世紀の後半まで途絶えてしまう。[51]この理由については本書第五章で詳細に論ずるが、ごく単純化して言えば、対馬宗氏が王城大臣使を通交させるのに十分な数の牙符を入手できておらず、より甚大な利益を生む偽日本国王使の通交の方を優先させていたからである。[52]その証拠に、十六世紀を通じて、対馬宗氏が主導した日本国王使が朝鮮に多数渡航することになる。

このように、実在守護の没落が通交途絶を招いたとする長正統氏の説明はやはり誤りであり、日朝牙符制が桎梏となって王城大臣使の通交は十六世紀半ばまで途絶した、と見るのが正しい。

おわりに

本章の結論を一言で言えば、これまでおおむね真使であることを疑われなかった十五世紀段階の王城大臣使が、初期・一部の例外（一四三一・一四六〇年左武衛殿使送）を除き、すべて偽使であり、朝鮮側の見ていた「日本国」（室町幕府体制）像が《虚像》の寄せ集めに過ぎなかった、ということになるだろう（厳密に言えば右武衛殿使送のすべてと、山名・京極名義の二使送の真偽は不明であるが）。一四五五年、朝鮮側が厚くもてなす「管提」（管領）の畠山殿を皮切りに偽王城大臣使の通交が開始され（「第一波」）、一四七〇年には応仁・文明の乱を契機に名義を変更し、まったくの《虚像》としての王城大臣使が通交するようになった（「第二波」）。その実質的な通交主体は、対馬・博多商人らの偽使派遣勢力であったと考えられる。朝鮮王朝側も、通交してくる使節の名義がよもや実在しない人物だとは思いもしなかったろう。この事実はさまざまな論点を孕んでおり、とくに政治過程論的な面からの考察は本書第五章に譲るが、最後にここで日朝関係史の研究史と関わる次の三点を指摘して章を閉じることとしたい。

第一点は、おもに高橋公明・村井章介両氏の間で行なわれてきた、中世日本人の朝鮮観をめぐる論争に関してである。一四六〇年代後半〜七〇年代前半に興った、朝鮮世祖王朝の仏教的奇瑞を慶賀する《朝鮮遣使ブーム》の背景に、《朝鮮大国観》――朝鮮を偉大な国と見なす観念――があったかなかったかが、この論争の一つの重要な焦点であった。《朝鮮大国観》の存在を広く認める立場が高橋氏〔一九八二年a・一九八七年a〕で、否定する立場が村井氏〔一九八八年〕である。村井氏は、経済的関心に基づく「通交者の情報収集能力の高さ、情勢の変化に対応する敏感さ」こそが重要な背景で、《朝鮮大国観》を措定する必然性はないと論じていた〔村井 一九八八年：七〇・三五四頁〕。だが、残念ながら両氏とも、日本各地からと見られる使節の真偽を捨象したまま、一般論的に通交者の動機を論じてきたと言わざるをえない〔最近、長節子氏も同様の問題意識を表明している〔長 二〇〇二年b〕〕。それゆえ、《遣使ブーム》の通交者自体が徹底的に再検討されるには至らなかったのである。

ところが、本章の作業を経てみると、《遣使ブーム》の中核を占めた一四七〇年の日本国王使・王城大臣使がすべて偽使であったことは明らかである。しかもそれが大規模に展開しえたのは、応仁・文明の乱という政治混乱のゆえであった。つまり、《遣使ブーム》には、朝鮮側の政治過程や対外政策の変化と同様、あるいはそれ以上に、日本側の政治社会情況の影響が大きかったと考えられる。《遣使ブーム》から朝鮮認識の問題を一般的に論ずることが果して妥当なのか、素朴な疑問を感じずにはいられない。むしろ、《遣使ブーム》とは、偽使通交を容易にする好条件の揃った特殊な時期の歴史現象だったのであり、基本的には偽使問題の一環として複眼的に捉えかえさねばならないのではないか。

第二点は、室町時代の日本経済と国際貿易との関係についてである。たとえば、永原慶二氏は、「第二波」に属する伊勢守政親や京極生観らが大量の木綿を朝鮮王朝に求めている事実に注目し、「兵衣としての木綿」という、木綿の使用目的が明確に示されている最初の史料だと高く評価した。幕府や大名が、応仁・文明の乱を契機に需要の高まった兵衣〔＝木綿〕を朝鮮に求めた、という見解である〔永原 一九九〇年：一〇八頁以下〕。また、北九州・南九州・畿内など複合的市場構造を持つ日本本土と、「単一的市場構造」の朝鮮半島とを放射線状に結びつけ、各地域の産業の発展段階的格差を貿易の問題に直結させようというのが田村洋幸氏の議論である〔田村 一九六七年・一九九二年〕。

本章冒頭でも触れたように、田村氏は、経済的に成長した在京守護勢力が、独自に貿易活動をするために遣使したのが王城大臣使だと考えていた〔田村 一九六七年：四〇五頁〕。

永原説も田村説も、それぞれの地域領主名義の朝鮮通交が真正のもので、各地域社会が朝鮮半島と直接に通交・接触していた、という前提に立っている。しかし、〝王城大臣使は基本的に偽使であった〟という本章の結論から見れば、畿内の先進地帯の経済的成長が王城大臣使の朝鮮通交を惹き起こしたわけでもなければ、畿内における戦争用兵衣の需要の高まりが直接に木綿輸入の拡大をもたらしたわけでもない（間接的な関係性があったことまでは否定しないが）。直接的には、対馬―博多地域の人間たちが、貿易制限を強める朝鮮王朝に対抗するために採った手段が偽使創出だったのである。偽王城大臣使の通交は、名義人やそのモデルと何の接点もないことを今一度確認しておきたい。となれば、室町期日本社会における朝鮮物資の流入を一手に引き受けていたのは、偽使派遣勢力とほぼ重なる対馬―博多地域の人びとであったことになる。すなわち、国際交易とつながる遠隔地流通は、このように分業化・セクション化されていたのである。偽使問題の解明は、中世日本の流通商業史研究にも資すると言うことができよう。

第三点は、「多元的な日朝関係」における、室町幕府外交権の位置についてである。繰り返しになるが、本章の検討結果によると、現実の在京守護など幕府有力者たちは、原則的に朝鮮に直接使船を遣わさなかったということになろう。やはり、本章冒頭で取り上げた土岐持益の例（美濃一宮請経船）のように、幕府有力者が朝鮮から大蔵経を獲得しようとする場合、通常は日本国王使（室町殿の遣朝鮮使）の名義を借りていたのではないだろうか〔橋本 一九九七年c参看〕。また、本章で唯一直接の真使と認めた一四三一年左武衛義淳使送が朝鮮に通交しえたのは、朝鮮礼曹からのアプローチが先にあったからである。斯波氏は三管領家のなかでも最高格、足利家との強烈な同列意識を有していた家柄であり〔今谷 一九九二年：五四頁〕、そうした点が、右の積極的対応＝使節派遣の背景にあった可能性は十分考えられる。

こうして見ると、本章で主題とした日朝牙符制について、単に偽使問題との関連のみで取り上げるのはもはや不十分である。すなわち、室町殿（義政）による、外交関係の編制の一方策、外交権強化の一階梯として捉え返さねばならない。

朝鮮側は、偽王城大臣使の通交を途絶するため牙符制を施行したのだから、各牙符が「王城大臣」（幕府有力者）に配付され、各王城大臣使が牙符を携行してくるものと考えていた。つまり、日本国王使が牙符を携行することなど、本来必要ではなかった。ところが、幕府―室町殿義政の方は、まったく異なる利用法を考えていたらしいのである。すなわち、①一四八二年の牙符制の発効後、ある時期まで日本国王使（将軍名義の遣朝鮮使）のみが朝鮮に牙符をもたらしたこと（表8参看）、②第一牙符をもたらした日本国王使栄弘が牙符を朝鮮に返納しようとしたこと（これに対して朝鮮側は査証した牙符を使者栄弘に返還した―『続善隣』2号、『朝鮮成宗実録』五年十二月丙申条）から推測すると、義政の念頭にあった牙符制の運用モデルとは、まさしく日明勘合であったと思われる（周知の通り、日明勘合は査証後、明側に返納される決まりであった）。折りしも当時は、明朝の規制強化や貿易収入の減少などで日明勘合貿易が不振となり、その代替としての日朝貿易に幕府周辺の関心が高まっていた。それゆえ、将軍足利義政は、博多や対馬の偽使派遣勢力を封じ込めるというよりも、現実の「王城大臣」（幕府有力者）の直接遣使を阻止する必要にむしろ迫られていたのではないか。彼の念頭には、現実の幕府有力者に日朝牙符を配布することなど、まったくなかったものと思われる。

やはり、そうした意味で、現実の「王城大臣」――《実像》の幕府有力者――らは、室町殿の対朝鮮外交権のもとに編制されていたと言わねばならない。また、幕府―室町殿の側も、それを強烈に意識していたと言えるだろう。

「多元的通交関係」を特徴とする室町期日朝関係においても、室町幕府の外交権に何らかの求心性を認めねばならないのである(53)。日朝牙符制という符験制を通じて偽使派遣勢力が対決を迫られた相手とは、実のところ、室町幕府外交権そのものであった。

註

（1）「日本国王」とは国家外交権（代表権）保有者としての幕府権力首長（室町殿）を意味し、将軍の在職如何とは関係ない。「巨酋」とは大内・少弐・畠山・細川などの有力守護大名のことである。「諸酋」は一般に、中小領主・海賊・商人などを指している。いずれも朝鮮側の呼び方である。

（2）一四七一年、対馬島主宗貞国への礼曹書契の一節に、「近者、称二王城大臣之使一、歳不レ下二十数一、処々稽留」とある（『朝鮮成宗実録』二年四月癸亥条）。ここに見える「王城大臣之使」なる概念は、『朝鮮王朝実録』を通覧する限り、外交文書上の自称ではない。使者たちが口頭で「我々は王城大臣の使節だ」と名乗った可能性はもちろんあるが、むしろ朝鮮王朝側が彼ら通交者をまとめて「王城大臣之使」と呼んだということではないか。本書では、自称・他称のいずれかという問題はなお残すとはいえ、この時期に特徴的に表れる使節の類型を指して「王城大臣使」と呼ぶこととしたい。この点に関しては、六反田豊氏の御示教を得た。

（3）石井正敏氏は、この部分を「細川・伊勢両氏の一族が義政の号を詐称して、朝鮮との通交に必要な印章の入手を図ったもの」と解釈するが〔田中 一九九五年：五七六頁補註（一八七頁3）〕、細川・伊勢使送そのものが偽使だったのでやや不正確であろう。恐らく、この偽使事件の確認は、おおよそ次のような経緯でなされたと推測される。――①朝鮮側が一四七〇年の使行群を偽日本国王使・偽王城大臣使と断定（偽国王使は後述のように細川勝氏使送として遇される）。②翌一四七一年、日本からの本物の日本国王使（光以蔵主）に、前年の「細川・伊勢」の遣使の有無を問い質す。③この疑問を光以らが幕府に持ち帰り、幕府の認可のない偽使であったことを確認。④横川景三が「細川・伊勢」の偽使通交の事実を認める国書（『善隣』中37号）を書き、一四七四年日本国王使（正球）に託した。

（4）最近の長節子氏の研究によれば、もともと国王使としてやってきた心苑東堂らを細川勝氏の使節として処遇したのは、あくまで日本向けのことであって、朝鮮国内向けにはあくまで日本国王使として処遇されたという。心苑らが偽使だと知っていたのは、国王成宗と申叔舟らごく少数の礼曹の官僚だけであっただろう、とも推測する〔長 二〇〇二年b：三四頁〕。

（5）客観的に見れば、正使心苑東堂の「東堂」は前例がなく、疑わしい。法階としての「東堂」とは、五山の住持に昇った高僧のことで〔今枝 一九七〇年：三六九頁〕、この時期の日本国王使を見てもせいぜい「西堂」（十刹・諸山の住持）止まりである。ちなみに、十六世紀の偽日本国王使となった禅僧には「東堂」が頻出する（本書第五章参照）。僭称と見なして間違いあるまい。竹田和夫氏の御教示によれば、この頃、地方の禅僧たちが五山に陞らぬまま東堂を名乗ることはよくあることで、五山制度が崩れてきた表れだという。

（6）翌一四七一年四月、対馬島主宗貞国への礼曹書契のなかの一節に、「近者、称二王城大臣之使一、歳不レ下二十数一、処々稽留、前年秋間還レ浦、至二今年春一尽不レ回」とある（『朝鮮成宗実録』二年四月癸亥条）。ここ一年ほど、のべ十数もの名義の王城大臣使が来朝し、しかも帰国せず浦所に滞留しているというのは、一四七〇年から起こっている現象を指す。正球が見た書契とは、一四七〇年以後の王城大臣使のもたらしたものであろう。

（7）右武衛殿については、九州探題在職中（在九州）を「王城大臣」と表現するのは不適当なので、その時期を除外した。具体的には、一四二四年、源道鎮（満頼）が書契にて「不意有二訟事一入京去、其後、在二其王城一」と伝えた通交例以後しか拾っていない。同様に、一四二〇年に道鎮を継いで九州探題となり（『朝鮮世宗実録』二年十二月癸卯条）、一四三四年筑後に死去した源義俊名義の通交例もすべて除外している。

（8）この使節は、前年（一四三〇）帰国の日本国王使（宗金）に委ねられた礼曹書契（『朝鮮世宗実録』十二年二月庚寅条）に応ずる形で派遣された。それは書中で宗金を介しての礼物授受に触れている点から明らかである。つまり、左武衛の直接遣使の呼び水となったのが、ほかでもない右の礼曹からの書契だったのである。なお、斯波氏は、歴代通用と思われる朝鮮通信用の「印子」を朝鮮王朝から造給されていた（『蜷川家文書』寛正三年二月十七日付け斯波義廉書状案）〔田中 一九八二年a：九九頁、家永 一九九五年a：二五〇頁〕。この「印子」の造給年がいつであったか史料上不明だが、筆者は、この一四三一年の左武衛殿使送に対して造給されたか、あるいはこの遣使の契機となった一四三〇年日本国王使（宗金）の帰国に礼曹書契とともに託されたか、いずれかしかないと考えている（敢えて言えば恐らく前者であろう）。それは、後述するようにこれ以降の王城大臣使はすべて偽使と考えられ、恐らくその偽使のモデルとなった真使が存在したはずであるから、この一四三一年左武衛殿使送こそがその唯一のモデルであったと推測するためである。

(9) 「京極多賀豊後州源高忠」は、京極の重臣多賀高忠のことで、京極家本宗の生観＝持清の「同母兄」（京極一族）と名乗っているが、二木謙一氏によればこれを裏付ける根拠はないという〔二木 一九八五年：二六一～二六二頁〕。

(10) 甲斐氏は斯波氏被官で越前国守護代を世襲したが、当該期確認されるのは政盛（のち敏光、寛正六年八月までに死去）なる人物でなく、信久（敏光息、初名千菊丸）ないし久光（将教息?）であった（小泉義博〔一九七四年b：一一～一三頁〕および家永遵嗣氏の御教示による）。しかも、この政盛は敏光の初名であって、すでに名前が変っていたとすれば、後述する畠山義忠（通交時すでに法名賢良）の例と同様、通交当時の実名を用いていないという「矛盾」を有することになる。もちろん、これは甲斐政盛使送が偽使であることの証左と考えられる。

(11) 『海東諸国紀』右武衛殿条に「文正元年〔一四六六〕丙戌京城渋河源朝臣義尭、来朝」とある「文正元年」は、おそらく使節がもたらした書契の日付であろう。ソウルに到着したのは一四六七年正月であり、書契には前年末近くの日付が記されていたと考える。やや予断めくが、一般に、『海東諸国紀』の倭人通交者の「来朝」年次は、このようにソウルに実際に到着した年月でなく書契（外交文書）に記されていたものであった可能性が高い。

(12) ここで言う〝通交名義〟とは、朝鮮側史料の『海東諸国紀』・『実録』所載のものだが、これは恐らく使節自身がもたらした書契中の表記の引き写し（ないし抄引）であろう。それゆえ、日朝史料に見える人名を単純に比較して異同を論じても問題ないと考える。

(13) 寿藺が京都にまで来たことが事実であることは、すでに高橋公明氏により推測されているが〔高橋 一九九一年：三五七頁〕、ここではこれを補強しておきたい。瑞渓周鳳撰『綿谷瓞禅師行状』に、「此時伝高麗書者、東福門下僧」なので「華岳和尚」が国書執筆を拒む綿谷周瓞に国書執筆を勧めた、とある点である。この「華岳和尚」は東福寺常喜庵塔主華岳建冑のことであるが、その名義を騙る使節が一四七〇年偽日本国王使とともに朝鮮にやって来ていたのである（『海東諸国紀』山城州条）〔高橋公明 一九九一年：三五九頁〕。華岳建冑が偽国王使創出に関与したのか否か、あるいは建冑使送自体が真使か偽使かはまったく不明だが、彼がこのときの幕府の国王使派遣計画に深く関与していたことは間違いなく、この点は寿藺らが少なくとも京都東福寺にまで来ていたことを傍証してくれる。

(14) 『尊卑分脉』、「細川系図」（『続群書類従』第五輯下）など。

(15) これと関わるものとして、一四五七年の「日本国総管府源勝元」なる名義の使送があるが、偽使であろう。「総管府」という職名の意味については、後掲註22参照。

(16)「伊勢系図」、「勢州系図」、「伊勢系図（別本）」（『続群書類従』第六輯上）。

(17)さらに言えば、伊勢守政親の肩書きに「日本国王懐守」（「王」字）が含まれていることも幕府の認可のなかったことを示している。室町幕府は「日本国源某」（「王」字なし）を自称の通例としており（高橋一九九二年a、田中一九九六年：第二章）、「国王」号を用いるはずがないからである。

(18)この使節が牙符制に関して物議を醸した様子はない（『朝鮮成宗実録』十年十二月甲戌条）。後述するように、牙符制が発効するのは一四八二年以降だから、とりたてて矛盾はないと考える。

(19)『続群書類従』第五輯上。『津川本畠山家系図』（翻刻：今谷一九八六年）。なお東四柳（一九七二年）参照。

(20)『国史大辞典』「畠山義統」（小川信氏執筆）。なお、米原（一九七六年）七五頁以下も参看のこと。

(21)『看聞日記』嘉吉三年（一四四三）五月十八日条に「畠山修理大夫入道」、『永光寺文書』文安二年（一四四四）七月十九日付け書状の差出に「沙弥」（花押により義忠と同定—『七尾市史』〈第五巻〉一三三頁）、『尭孝法印日記』文安三年正月二十日条に「畠山修理大夫入道〈賢良〉」とある。なお米原（一九七六年：五四頁）参看。

(22)一四五七年「日本国総管府源勝元」の「総管府」も、一見、幕府管領のように思えるのだが、管領と見なすことはできない。それは、これが「管領」「管提」と一致しない肩書きであり、また先述の通り朝鮮側の認識でも細川勝元の遣使通交が認められていないからである。つまり、「総管府源勝元」が実在の幕府管領細川勝元である（長正統一九六六年：六一頁）ということはありえず、源勝元使送そのものが偽使だったのである（本章註15参照）。「総管府」と「管提」とは、偽使名義体系上、齟齬しないように巧みに仕組まれていたと考えられる。

(23)義忠生前の一四五五年、義統と義就とはそれぞれ左衛門佐・右衛門佐の官途を同時に得ている（『斎藤基恒日記』康正元年二月七日条）。

(24)一四八〇年の畠山義勝書契のなかに、かつて漂流人を朝鮮に送還したとあるが、畠山殿使送には漂流民送還の事例が見あたらない。ただ、王城大臣使では一四六七年京極生道使送だけが漂流民送還を果たしていた（関二〇〇二年a：表7参看）。京極生道使送が偽使と見られる点については後述の通りで、偽使派遣勢力が偽使名義を混同してしまった可能性もある。

(25)『大日本史料』八編之六—文明五年三月十八日条—山名持豊〈宗全〉卒伝参照。

(26)『大日本史料』八編之一―応仁元年九月九日条―山名教豊卒伝。
(27)一四七〇・七三年山名教豊使送が偽使である傍証を示しておく。前者一四七〇年の使命は、伯耆国万福寺の大蔵経求請で、これを命じたのが「我国皇源義政」だというのだが(『朝鮮成宗実録』元年九月甲午条)、東軍義政と西軍宗全との関係を考えればありえないことである。後者一四七三年の使命も伯耆国万福禅寺の勧進で(『朝鮮成宗実録』四年七月乙卯条)、前回一四七〇年の偽使と連動している。関周一氏の指摘によると、伯耆国に万福寺なる禅院は確認できず〔関 一九九四年a:二五四頁註42〕、畠山義勝における能登国天徳寺(実在せず)の事例と相似形を成すという〔関 一九九四年a:二五四頁註43、井原 一九九九年:二〇六頁〕。また、後者一四七三年の書契では、朝鮮国王のことを「皇帝陛下」と呼んでいる(『朝鮮成宗実録』四年七月乙卯条)。いずれも偽使たることの徴証と言えよう。
(28)あるいは、宝徳元年(一四四九)~文正元年(一四六六)再任中の侍所所司のことか。『大日本史料』八編之三―文明二年八月四日条―大膳大夫京極持清卒伝参照。また今谷〔一九八六年:二四頁以下〕参照。
(29)『大日本史料』八編之三―文明二年八月四日条―大膳大夫京極持清卒伝参照。
(30)この一四六七年京極源生道使行に加わった四良衛門正秀なる人物は、一四七二年には上松浦波多島源納の正使として朝鮮に通交している(『朝鮮成宗実録』三年六月辛未条)〔高橋 一九八七年a:三五八頁以下〕。
(31)甲斐氏については本章註10参照。また牙符制対象となった使節にはほかに一四八六年永承(飯尾為修の法名)使送があるが、これについては本章三節2にて後述。
(32)『続群書類従』第五輯上。
(33)『十九公実録』によれば、対馬の梅林寺(初代鉄歓)の第二代が仰之梵高であった。なお、鉄歓や仰之梵高など対馬の外交僧の系譜に関しては、伊藤幸司〔二〇〇二年c〕の紹介と整理とが行き届いており、参照されたい。
(34)「九州都元帥」とは九州探題のことで、現実には「右武衛殿」と同じ渋川氏である。しかし、朝鮮側はこれらを同一視できず、九州都元帥を受図書人・歳遣船定約者(『朝鮮成宗実録』元年九月丙子条)として、右武衛殿を牙符制対象の王城大臣使(本章「はじめに」参照)として、区別した。一四八七年には、九州都元帥源政教(日本側系図には見いだせない)が教直から代替わりしたということで図書改給を朝鮮政府に要請したが、その要請を行なったのが、九州都元帥使送と同時に通交した対馬島主特送であった(『朝鮮成宗実録』十八年二月丁丑条)。これはすなわち、源教直・政教名義の通交権が対馬に実質的に担保されていたことを暗示する。最近では、藤川誠（一九九九年）・荒木和憲（二〇〇三年）も同様の見解を示し、積極的に偽使と断定している。

なお、美術史学界で著名な画僧霊彩は、このとき九州都元帥源教直の使者の一人として朝鮮に渡っていた。美術史学界では余りきちんと読まれていないようだが、当該史料の白文と訓み下しとは以下の通りである。「源教直使者霊彩、画白衣観音以進、伝曰『世子書筵、依　文宗朝故事、賓客進講日、則台諫入参』――源教直の使者霊彩、白衣観音を画きて以て進む。〔＊国王〕伝して曰く、『世子〔＊王世子〕の書筵〔＊講義・勉強〕は文宗朝の故事に依り、賓客〔＊世子侍講院、正二品〕進講の日は則ち台諫〔＊司憲府と司諫院〕入参せよ』と」（『朝鮮世祖実録』九年閏七月庚辰条）。後半の「伝して曰く……」以下は霊彩の話題とはまったく別の事柄で（本来であれば項目立ての印「○」が頭に入っても良い）、この頃、世祖王が熱心に取り組んでいた王世子（のちの成宗）の教育方針に関わる記事である。前半は、やや癖のある朝鮮漢文ではあるけれども、これ以外に訓み下すことはできない。美術史家の山下裕二氏が懸念するように、「「源教直の使者」（霊彩とは別人）が「霊彩が描いた白衣観音図」を献上したと読める可能性」（山下　二〇〇〇年：四四一頁）は、絶無であり、霊彩は朝鮮入りしたと銘記する安輝濬氏（一九七七年）・守屋正彦氏（一九七九年）の見解が正しい。霊彩は、偽使の片棒を担いで自ら朝鮮に渡り、その際に「白衣観音」を描き進献したのである（もちろん世祖代観音現像への「祝賀」の意を込めて）。

(35)　①一四五七年朝鮮よりの建仁寺奉加一万貫文に対する謝礼、②一四五八年朝鮮王朝に通交の仲介をしてもらった遣明船の派遣が遅延していることへの弁明、③一四五九年朝鮮通信使の海難事故に関する件（『蔭涼軒日録』寛正三年二月十二日条）。

(36)　良心は、雪舟等楊や桂庵玄樹らとともに、総土管を博多商人宗金の子・性春が務める応仁度遣明使船に乗り込んでいた（『戊子入明記』・『天開図画楼記』）。

(37)　朝鮮政府が正使治部に渡した返書には、囚禁事件などはじめからなく、情報そのものが誤りだったという主張になっている（『朝鮮成宗実録』十一年八月戊午条）。

(38)　ところが、次の文明十五年度遣明船は堺商人の請負になってしまったので、博多商人の宗茂信が遣明使船「総船主職」となることはなかった。

(39)　三未三甫羅は一四七九年琉球国王副使としても朝鮮に渡航している（『朝鮮成宗実録』十年五月辛未条）（有光　一九七〇年：五一頁）。ただしこの宗金孫三未三甫羅と宗金嫡孫宗茂信の関係は不明である。

(40)　三未三甫羅が「押物」として参加した一四七四年畠山殿使送が、七月の畠山義就（『朝鮮成宗実録』五年七月丙辰条）と、十二月の義勝（同十二月乙巳条）とのいずれを指すのか、確たる証拠はない〔有光 一九七〇年：五一頁参看〕。

（41） 対馬宗氏は伝統的に少弐氏の被官の地位を守り、筑前守護職をめぐって、大内氏とは宿敵の立場にあった。しかし、文明十年（一四七八）の段階になると、少弐氏を見限って有力な大内氏と結託するに至る（『朝鮮成宗実録』十年四月丁未・五月戊辰条、『正任記』文明十年十月十二日条）〔佐伯 一九七八年：三二〇頁・三二六頁以下〕。これが偽使派遣体制の安定強化をもたらしたことは十分想定できる。なお最近、関周一氏は、この事件を対馬―博多関係の安定化を招いたものとして大きく評価しているが〔関 二〇〇二年a：二三一頁〕、同様の視点に立つものと言えよう。また、長節子氏は、著書『中世日朝関係と対馬』〔長 一九八七年〕収録段階で省略した旧稿の一部分〔長 一九六六年：四五頁〕にて、宗氏と大内氏との密接な関係は応永年間――宗貞茂と大内義弘――にまで遡ることを指摘していた〔高橋 一九八八年：七四頁参看〕。本来の主君である少弐氏を相対化する場合、大内氏との関係が浮上するという構図は、すでにこの段階から見られるわけである。

（42） ほかならぬ宗茂信自身、官職「司果」を受けた受職人である（『朝鮮中宗実録』九年十一月己未条）。

（43） 一四七九年、大内政弘使送（長門安国寺〈＝東隆寺〉請経使）として朝鮮に渡った僧瑞興が、「大内殿入二王都一後、専不レ通二信於貴国一、近間称二大内使一往来者皆虚也」と語り、礼曹が提示した一四七七年の書契を見て、「此亦詐也、無二貴国右符一、其詐可レ知」と指摘している（『朝鮮成宗実録』十年四月丁未条）。「右符」とは通信符の右側（右隻）のことである。なお、この使僧瑞興が真使であったことは、彼が大内氏の意向で朝鮮側に水牛を求請した点に求められる。それは、同時期に大内政弘が水牛を朝廷に進献しており（『大日本史料』八編之六―文明九年十一月十一日条）〔今谷 一九九二年：二八〇頁〕、大内領国の水牛が払底していたことが推測されるからである。また瑞興は、後の長享元年（一四八七）、大内氏と密接な関係を持つ長門東隆寺の住持に任じることになるので〔伊藤 二〇〇二年a：一四八頁〕、大内氏の息のかかった存在と見て間違いない。

（44） 引用は雨森芳洲直筆の『送使約条私記』（滋賀県伊香郡高月町芳洲書院蔵）に抄引された規伯玄方撰『家康公命和睦朝鮮対馬約条相定次第并対馬送使私記』による（テキストの参照は米谷均氏の便宜による）。同史料の性格については、田代和生〔一九八一年：五四頁註38〕・中村栄孝〔一九六九年b：二二四頁〕を参照のこと。

（45） 松浦霞沼は著書『朝鮮通交大紀』に先と同じ引用文を引き（若干文字に異同あり）、続けて次のようなコメントを載せている。――「これに拠るに俗の伝ふる処、以前我州人諸殿の図書船と称し、毎年朝鮮へ渡りしといふ事、其の拠り所なきにあらず。但此の諸方の使通ぜざりしを幸いなりとし、其の銅印を用い、使と称して彼国へ至り、其の接待を受け所務を私せしなどいふ、いかがしき事也」。後段の否定的部分（傍線）は対馬藩の〝公式発言〟であった可能性も考慮すべきだろう。

(46)　「第二波」に登場する王城大臣のモデルについては、すべて在京・交戦状態が確認できる（『大日本史料』八編など参看）。このように、交戦状態にも拘わらず逆に頻繁に遣使（偽使）が現れる例としては、十五世紀後半の肥後菊池殿使送を挙げることができる〔青木 一九九三年：一五～一六頁、橋本 二〇〇二年b（本書第三章）参看〕。一四七〇年代初頭に王朝交替のあった琉球王国（第一尚氏王朝から第二尚氏王朝へ）と、朝鮮に通交した「琉球国王使」（ほとんど偽使と言えるもの）の関係も、同様の事例と見なせるのではないか〔橋本 一九九七年b（本書第二章）〕。本文で真偽の判断を保留した一四六三年京極生観（持清）使送についても、まさに同じ年、現実の生観が山名持豊と大規模な紛争を起こしており〔新田英治 二〇〇一年、清水 二〇〇四年：九二～九三頁〕、やはり類例と見なせると考える。なお、本書序章も参照のこと。

(47)　一四七九年通信使の停廃をめぐる朝鮮政府内の議論において、ある大臣は、「彼〔＊日本〕嘗称二甚使一絡二繹我国一者、皆貞国詐術也、今我信使到二日本一面二質之一、則其偽乃現、故不レ欲二我使之得一レ達也」と述べ、この間の事情を喝破していた（『朝鮮成宗実録』十年七月戊辰条）。

(48)　そのため対馬島主宗貞国は南路（瀬戸内海ルート）を避け北路（日本海ルート）を採るべしと進言したが、副使らは北路が「風水険悪」との情報も得て踏み切れずにいる（『朝鮮成宗実録』十年七月戊辰条）。この通信使行の顛末については三宅英利〔一九八六年：一一四～一一六頁〕に詳しい。

(49)　ただし、正球の帰国はかなり遅れたらしく、次回の一四七四年に横川景三が製した国王書契（国書）には、正球の帰国の遅れを案ずる文言が記されたほどだ（『善隣』中38号・『朝鮮成宗実録』六年八月丁亥条）。実は、対馬島主が正球を拘束していたのである。対馬島主より朝鮮王朝への報告によると、「一連の偽使に文引を発給したことが正球の発言によって暴かれ、朝鮮への面目を逸したので正球を拘束した」のだという（『朝鮮成宗実録』六年八月己亥条）。対馬を核とする偽使派遣勢力は、正球から直接、牙符に関する情報を得たものと思われる。逆に、使僧正球は、対馬の偽使工作疑惑について、室町幕府から相当言い含められてきた蓋然性が高い。

(50)　飯尾氏名義の通交例としては、一四七〇年偽日本国王使と同時に朝鮮にやってきた「之種」使送が確認される（『海東諸国紀』）。「寿蔺護送」が名目なので、恐らくこれも偽使であろう（しかし長節子氏は真使であると判定を下す〔長 二〇〇二年b：三七頁〕）。なお、ちなみにこの「永承」のモデル（幕府奉行人飯尾永承〔為修〕本人）は、「長病」が原因で一四八七年十月に死去している（『蔭涼軒日録』長享元年十月九日条）。偽使派遣勢力が彼の寿命を長くない（偽使派遣が容易である）と判断し、同名の偽使を創出した可能性も否定できないのではないか。また、伊藤幸司氏によれば、「永承」使送が同行した日本国王使の等堅首座は、対馬の外交文書起草僧・仰之梵高と同門の夢窓派華蔵門派であり〔伊藤 二〇〇二年a：八四〜八五頁〕、こうした人間関係が偽使通交の背景にあったことは間違いない。

（51） 最初に復活したものは、一五四八年の畠山源義忠使送だが（正使嘯岳昌虎—『朝鮮明宗実録』三年三月癸巳条・『高源寺略縁起』）、このころの畠山氏に義忠なる人物は存在しない。以後の王城大臣使も、偽書用の印鑑の存在から対馬による偽使と判明する〔田代・米谷 一九九五年〕。

（52） 一五〇九年の政親使送は、牙符だけでなく、国王書契も携行していた。すなわち、一四八七年の永承使送（国王使随従型）とは異なるタイプの偽使通交のテストパターン（国王副書携行型）であった。このパターンはこれを限りにいったん途切れるが、十六世紀後半になると再出現し、頻繁に繰り返された（『朝鮮送使国次之書契覚』〔翻刻：田中 一九八二年a〕）。

（53） その背景に、「日本国（王）源某」（室町殿の外交称号）が大蔵経を確実に獲得しうる通交名義であったことが関係していたことは間違いなく、こうした点については村井章介〔一九八八年：第X章〕や関周一〔一九九七年a〕、拙稿〔橋本 一九九七年c〕などを参照のこと。

第二章　朝鮮への「琉球国王使」と書契—割印制

はじめに

十五世紀の東アジア国際秩序は、明を中心とする冊封体制（ないし朝貢貿易体制）から成り立っていた。このシステムの基礎にあったのは、〝人臣ニ外交ナシ〟の定型句に象徴される、〝冊封—朝貢—海禁〟の論理である。この論理は、原則的に、中国皇帝に認証（冊封）された国王だけが外交活動（朝貢）を許され、沿海の住民たちは「下海」「私交」「通蕃」を禁圧される（海禁）というものであった。その結果、環シナ海の海商の多くが自由な交易を阻害され、密貿易に身を投じたり、公的な外交使節に付随する公貿易・私貿易に期待を寄せたりするようになった。

こうした海商たちの意向を汲みとって、環シナ海の貿易センターとも言い得る地位を誇ったのが琉球王国である。琉球王国は、明との朝貢—回賜関係を機軸に据え、またその明からの強力な後押しのもと、環シナ海地域の中継貿易を国家事業として盛んに行なった〔小葉田　一九九三年、東恩納　一九七九年、高良　一九八九年ａ〕。そのなかで、朝鮮との関係はどうであったろうか。

これまでの先学の共通認識は、だいたい次のようなものと言って良いと思う。すなわち、琉球側は朝鮮王朝との貿易に積極的であったが、倭寇などのリスクが大きいため、十五世紀中期には直接の貿易船派遣をやめて、九州・対馬の商人を雇う間接貿易方式に切り換えた〔高良 一九九三年：九九頁〕……。

だが、問題は、この後、十五世紀後半の朝鮮への「琉球国王使」である。使節の性格をめぐって、研究史上、評価が分かれているのが現状である。

表3に示したように、一四七一年以後の『朝鮮王朝実録』には、実際に在位した国王（尚円・尚宣威・尚真）と異なる名義（尚徳・尚円）の使節が出現している。この〝王名のズレ〟という現象が、使節の性格を捉えがたくしているわけである。現在、使節の評価に関して三つの学説が鼎立する。

ⓐ 偽使説を唱えるのが、東恩納寛惇氏〔一九七九年a〕・小葉田淳氏〔一九九三年〕・田中健夫氏〔一九七五年：第二部第二章〕・村井章介氏〔一九八八年：第Ⅷ章〕の各論者である。なかでも、東恩納氏は博多商人が、田中氏は博多・対馬地域の海商が創出したものだと特定する（表3で人名をゴチックにしたものは博多人と史料上わかるもの）。また田中・村井両氏は、使節が琉球地域と無関係であったとしたが、ⓑ これに対して高橋公明氏〔一九八七年b・一九九二年b〕は、「偽使」と認めつつも、第二尚氏王朝とは親密ではない琉球人勢力が偽使に関与したとする。ⓐとⓑでは、琉球勢力が関与したのか否かが論点となっている。

一方、ⓐ・ⓑの偽使説に異議を唱えたものとして、ⓒ 和田久徳氏〔一九九二年a〕の琉球王国の真使説がある。和田説は、これまで扱われなかった割符制（＝符験制、通交資格証明制度のこと。本章ではその形状から割印制と呼ぶ）の問題にはじめてメスを入れた点で画期的だが、その解釈には矛盾が多く（後述）、全面的な再検討を要する。

そこで本章では、次の三つの方法を取って、この〝偽使問題〟を考えていくこととしたい。

一つは、偽使が通交しえたのかどうかの客観的条件を明らかにする方法である。使節の真偽を論ずる際に、この問題をなおざりにすることはできない。そのためには、符験制の運用方法や実態的効力を明らかにする必要がある。

表3　15世紀後半，朝鮮への「琉球国王使」

年　次		実在の王名	『朝鮮王朝実録』に登場する通交名義と使者名		後　掲 表4対応
1467	世祖13	尚　徳	琉球国王(尚徳)	同照・東渾(自端？)	No. 24
1471	成宗2	尚　円	琉球国王尚徳	自端西堂・**平左衛門尉信重**ら	No. 28
1477	成宗8	尚宣威	琉球国王尚徳	内原里主・新右衛門尉	No. 30
1479	成宗10	尚　真	琉球国王尚徳	**新時羅・三未三甫羅・也而羅**ら	No. 31
1480	成宗11	尚　真	琉球国王尚徳	敬宗・(同照)	No. 33
1483	成宗14	尚　真	琉球国王尚円	**新四郎・耶次郎**	No. 34
1491	成宗22	尚　真	琉球国王尚円	**耶次郎**・五郎三郎	No. 35
1493	成宗24	尚　真	琉球国王尚円	**梵慶・也次郎**	No. 36
1494	成宗25	尚　真	琉球国中山府主	天章・皮古三甫羅	No. 37
1500	燕山君6	尚　真	琉球中山王尚真	梁広・梁椿	No. 38

＊第一尚氏①尚徳（1469年没）・第二尚氏①尚円（1476年没）・③尚真（在位1477～1526年）

二つは、しかしながら真偽の判定にとどまらず、使節主体の動機や行動内容を分析する方法である。これは村井章介氏のアプローチにならうもので、《倭人海商》の国際的活動の一面を浮き彫りにすることにつながってこよう〔村井　一九八八年：第Ⅷ章〕。第一点とともに、対馬や博多を中心とする《倭人海商》がどのように符験制と向き合ったのかについて考えていきたい。

三つは、符験制が成立するには、ふつう当事国同士の契約が必要であることに鑑み、朝鮮王朝側と比べてあまり論じられることのなかった琉球王国側の外交姿勢（具体的には外交文書様式の選択）を検討する方法である。

琉球王国は、東アジア国際秩序のなかの一独立国であって[1]、外交文書にはその独自な外交姿勢が影響しているはずである。一例を挙げよう。朝鮮と琉球は、明という宗主国を同じくする、敵礼（対等）関係の隣国同士である。ところが、琉球から朝鮮への外交文書が「咨文」であったのに対し、朝鮮から琉球への返書が咨文ではなく「書契」であった例が存在するのである[2]。この「咨文」とは、明で用いられた公文書の一様式で、二品以上の対等な官庁間でやりとりされた〔高橋　一九八二年b：八三頁〕。琉球王府はこれを朝鮮国王への外交文書に転用したわけである。

一方の「書契」は個人間の書簡の様式を転用したもので、あくまでもプライヴェイトな色彩が濃い。このように咨文と書契とは、その性格からみて対極に位置する文書様式だと言っても良い。したがって右の事例は、隣国の交換する外交文書の様式が必ずしも一致しないことのみならず、当該各国が自国特有の〝交隣観〟に基づいて文書様式を選択していたことを示唆しよう。(3) 朝鮮王朝に対して琉球王国がいかなる外交文書様式を用いたのかについては、小葉田淳氏や高橋公明氏の先駆的な研究があるのみで〔小葉田 一九九三年、高橋 一九八二年b〕、これらを批判的に発展させていく必要がある。

分析の順序としては、まず第一節で問題の割印制について適用例などを逐次総合的に再検討し、第二節にて割印制が朝鮮―琉球の国家間に結ばれたのかどうか、使節主体にとっていかなる意味を持っていたのか確定する。最後に第三節で、これらを踏まえ、当該期使行の性格の把握につとめることとしたい。なお、十五世紀を中心とする朝鮮王朝に通交した琉球使の前後関係については、表4を参照されたい。本文中では、表4のNo.28、成宗二年（一四七一）の琉球国王尚徳名義の使送を、〔No.28（一四七一）尚徳〕のように略記することとする。

一　割印制の沿革――発足から崩壊まで

1　割印の発足と形状と

〔No.28（一四七一）尚徳〕の正使は自端西堂、副使は博多商人平左衛門尉信重である。この使節は以下の二通の書契〔A・B〕を呈している（『朝鮮成宗実録』二年十一月庚子条）。適宜段落分けして示そう。

琉球国王尚徳遣二僧自端西堂等一来聘、

其書契〔A〕曰、「尚徳誠惶誠恐頓首、奉二書朝鮮国王殿下一、①先王〔＊朝鮮国王世祖〕晏駕吊礼、差二遣使僧自端西堂一、令下梵妙兜楼、仰二擄区々志万一一云上、且承聞、登霞之刻〔＊朝鮮国王成宗即位〕、仏身応現、諸天雨華、寔是観自在薩埵〔＊観音菩薩〕、自受二用法楽一也、輿情所レ仰也、尚徳之乃翁、亦成化五年八月十八日薨、亦匪レ攀二先王龍髯一乎、且乃翁遺言云、『通二好於貴国一、則終始貞吉』、此言終身銘レ心、不二敢忘一、故敝邑雖レ多レ虞、建二立一寺一、充レ望献レ陵、亦教二苾蒭衆〔＊僧侶〕勤行一、②密希賜二先王之絵像曁尊号、并精舎之宸翰額一、則所謂我願既満、衆望亦足也、青鵞雨滌、伏惟二鴻慈一、特賜二鑑察一、不備」、

又書契〔B〕曰、「当今即位之初、岳面生二喜色一、河水宣二政声一、尚徳伏願、東夷東・西夷西《ママ》、遣二使于遠一、南蛮南・北狄北、重二駅《訳カ》于今一、抑亦自二前朝一南蛮国王遣二使於敝邑一曰、『遥聞二朝鮮図《国》之風一、懐景慕情日久矣、欲レ通二好於貴国一、南州之貨物、則上邦〔＊朝鮮王朝〕之所レ不レ重、雖レ然、儻得二政府之注券一、則任二注文件件一、可二進貢一』云云、仍前度紬子・木綿等之賜、厚霑恩霈、剰敝邑使者不幸而有二一船失火之変一、遂不レ伝二達厚貺一、彼罪人挙レ国放逐耳、且亦経二略南蛮国王之中心一、靡レ不二歉然一、矧又不レ愧二政府深旨一乎、雖レ然、信重啓二上紬子一万匹・木綿一万匹一、沐二朝恩一、則南人百拝百拝、③爰平左衛門尉信重、乃以二貴国臣一請レ為二使者一、蓋用二内縁一耳、懇得二高明深旨一、則不二亦幸一耶、④且伝聞、処二敝邑之海島一者、大小偽二作書券一、以為二日本国中之書史《吏カ》一、煩二上邦之官受一、敝邑所レ不レ知也、敢請レ勿二信受一、以レ故、剖符二枚則上進、亦二枚留、以為二後證一、皆平左衛門尉信重之所二諳定一、可二啓上一者歟、若亦不レ密而処二海島一者聞伝、則海涯処処、敝邑之使者不レ安、但高明攸レ察也、不腆土宜、件件在二別幅一、孟夏天涼、為レ国保重、不備」、

長文にわたるが、両書契の要点は右の①〜④であり、符験制（＝割印制）を提案したのは④以下である。ところど

ころ不可解だが、あえて意訳すると次のようになるだろう。――〔A〕「①先王＝朝鮮国王世祖の弔いのため、僧自端西堂を遣わす。②亡くなった朝鮮先王＝世祖を弔うために創建した琉球の寺刹に、世祖王の肖像と尊号、扁額を戴きたい」、〔B〕「③朝鮮王朝の臣下（受図書人―『海東諸国紀』筑前州条）である平左衛門尉信重を使者として遣わす。④伝え聞くところ、琉球近海で諸勢力が外交文書を偽作して日本国内の「書史《〔書吏カ〕》」（文書起草者?）になりすまし、上邦（朝鮮）の官に受理の煩いを強いているというが、わが国（琉球）の関知しないことであり、それを本物として受け取ることはしないでほしい。それゆえ、「剖符二枚」を進上し、また二枚を（こちらに）留めて、後々の証明手段とするのはどうか。すべて平左衛門尉信重が諳んじているので、彼から申し上げさせたい」。

書契〔A〕（①・②）はいかにも胡散臭い内容の書契であるが、ここでは割印制に焦点を絞って考えてみたい。右の引用史料に見える「剖符」の具体的な形状については、ここからはよく分からないが、関連する記述を後の『朝鮮成宗実録』から拾ってみると、「割我印篆之半片」（同八年六月辛丑条）・「印刻之左券」（同十年六月丙辰条）・「符験之印信半隻」「着印右隻」（同二十四年六月辛未条）とあり、印鑑を半折した形の〝割印〟だったことが分かる。(4)「琉球」側に「右隻」、朝鮮側に「左券」が置かれたらしい。もちろん、左右を照合する対象は外交文書に捺された印影である。したがって、当初、平左衛門尉信重らによって想定されていた符験制とは、「琉球」と朝鮮とに割符を二枚ずつ分置し、左右の印影を突き合せる形式の符験制――割印制――であったと結論しうる。以下、本論ではこの符験制を「割印制」と通称することにしたい。

ただし、篆文であること以外、史料から具体的な印文を知ることはできない。「剖符二枚」とある二枚が、同じ印文であったかどうかすら不明である。

遣使内容	進　　物	回　礼　品	典拠(代表的なもの)
朝鮮被虜人送還	進貢礼物(方物とも) 被虜男女８口		８月丁卯・是年条
朝鮮被虜人送還	礼物 被虜男女 12 名		９月丙午
朝鮮被虜人・漂流民送還	方物 被虜人・漂流民９名		８月乙酉
温沙道ら 15 人亡命(うち７人朝覲・朝参) ※温沙道は 10 月に死没			２月癸巳・４月壬辰・閏５月丙申・10月丁巳
	礼物		10 月丙午
朝鮮被虜女送還	婦女呉加ら３名 胡椒・象牙・白礬・蘇木		９月庚寅
朝鮮被虜人送還	被虜人 14 名 礼物		10 月壬子
	８丹木・白礬・金襴・段子・青磁器など	白苧布・黒麻布・白紬布など ※帰国時(？)遭風船敗により漂失、溺死者 70 余名	８月辛卯・戊戌
	礼物(偽使ゆえ拒否)		正月丙戌
前年琉球への漂流人送還使の帰国に梁回の書簡を預る			閏 12 月壬戌
	蘇木・胡椒など	正布	11 月庚午・壬申・乙亥・丙子
見様(見本)小船進上		米豆 50 石	７月己巳
朝鮮人刷還	龍徳(元珍孫女)ら６名	綿紬２匹・麻布４匹	７月戊申
朝鮮漂流人刷還	卜麻寧・田皆２名 日本・琉球国地図		４月辛亥・７月己未
朝鮮漂流人刷還 大蔵経請求	花錫・蘇木・銅鑞鉄	大蔵経 綿布・綿紬	８月戊辰・９月戊寅
済州漂流人送還	韓金光ら５名		７月乙亥
朝鮮漂流人刷還	卜山ら数名	虎豹皮・紬綿布・寝席	２月乙卯・閏２月壬申・５月己亥・甲辰

表 4　琉球使リスト

No.	年　　次	派遣名義人	使　　者	外交文書
1	太祖元年(1392)	琉球国中山王察度	通事李善ら	称臣奉書
2	太祖 3 年(1394)	琉球国中山王察度		箋
3	太祖 6 年(1397)	琉球国中山王察度		致書
4	太祖 7 年(1398)	(山南王温沙道)		
5	定宗 2 年(1400)	琉球国王察度		箋
6	太宗 9 年(1409)	琉球国中山王思紹	阿乃佳結制ら	咨
7	太宗10年(1410)	琉球国中山王思紹	模都結制	咨
8	世宗即位年(1418)	琉球国王二男賀通連		致書(左右議政宛て)
9	世宗 5 年(1423)	琉球国	※使人・書契・図書は非琉球→偽使と認定	書契
10	世宗12年(1430)	琉球国長史梁回	朝鮮通事金源珍(帰国)	謹書(執礼官宛て)
11	世宗13年(1431)	中山王尚巴志	夏礼久・宜普結制 早田六郎次郎(船主)	咨文(『歴代宝案』1-40-10 にも咨文あり)
12	世宗15年(1433)		琉球国船匠	
13	世宗19年(1437)		金元珍[＝金源珍](帰国)	
14	端宗元年(1453)	琉球国中山王尚金福	**道安**	咨文
15	世祖元年(1455)	(琉球)国王尚泰久	**道安**	書契
16	世祖 3 年(1457)	琉球国王(尚泰久)	**道安**ら 15 人	
17	世祖 4 年(1458)	琉球国王(尚泰久)	吾羅沙也文	書契

遣使内容	進　　物	回　礼　品	典拠(代表的なもの)
朝鮮漂流人刷還 友仲僧病死 ※副官人病気で対馬人頓沙也文の子が偽装代行	何遂1名 錫・蘇木・胡椒など		3月丙申・癸卯・戊申・乙卯・5月己丑
咨文に「日本人宗久」派遣 朝鮮漂流人送還	何卜山・婦人倭志 沈香・木香・蘇木など	同上？	3月戊戌・8月丙子
	土物		9月丙申・甲辰 『海』影印361頁
朝鮮漂流人送還	孔佳ら2人 丹木・鑞鉄・象牙・香木・胡椒など		5月己巳 ※朝鮮返書：『歴代宝案』1-39-03
朝鮮漂流人送還	姜廻ら8人 錫・蘇木・檀香・象牙・天竺酒・胡椒など	大蔵経・苧布・麻布・綿紬・人参・松子・虎豹熊皮・焼酒・精蜜など膨大	12月戊辰・戊寅 翌8年正月辛亥 ※朝鮮、返書にて鸚鵡・孔雀将来要求
			※ No.24と同一遣使か『海』影印364頁
鸚鵡など進献	鸚鵡・大鶏・胡椒・犀角・書籍・沈香・天竺酒など	綿布・苧布・麻布・人参・虎豹皮・綿紬・法華経ほか膨大	3月庚午・7月丙子 ※朝鮮返書：『歴代宝案』にあり(1-39-06)
仏教的祥瑞の祝辞あり ※対馬島主特送例で接待	土物(天竺酒・香・硯・扇子少量)		5月乙亥・6月庚戌
			『海』影印364頁
	土宜		6月丙子 『海』影印364頁
割印制を提案→発足 ※『歴代宝案』1-41-17咨文と別内容		綿紬・苧布・麻布・虎豹皮・人参・大蔵経など膨大	11月庚子・戊申・12月庚辰
符験(割印)なく接待拒否		※減半給料し送還	正月甲寅
割印契合	丹木・胡椒・丁香・砂糖・水牛角・天竺酒・魚台皮・孔雀羽など		6月辛丑
久辺国の初見(説明あり)	胡椒・硫黄・丹木各5斤のみ	正布・綿布・苧布・麻布・虎皮(少量) ※大蔵経賜与せず	11月庚申・12月戊子
済州島人漂流民送還	金非衣ら3人 猿・胡椒・鑞子・白檀・鬱金・香	綿紬・苧布・麻布・坐子・人参・綿布など ※大蔵経賜与せず	5月辛未・6月乙未・丁未・7月辛巳

No.	年　　次	派遣名義人	使　　者	外交文書
18	世祖4年(1458)	琉球国王(尚泰久)	友仲僧ら8人 ※咨文に「日本人泉殿」派遣→『実録』：「泉殿不来，友仲僧代来	咨文
19	世祖4年(1458)	琉球国王(尚泰久)	宗久	咨文
20	世祖5年(1459)	琉球国王(尚泰久)	而羅洒毛ら6人(対馬貝鮒・護軍時羅洒毛？)	
21	世祖7年(1461)	琉球国王(尚徳)	徳源	致書
22	世祖7年(1461)	琉球国中山王(尚徳)	普須古・蔡璟	咨文
23	世祖12年(1466)	琉球国王尚徳		
24	世祖13年(1467)	琉球国王(尚徳)	同照・東渾(自端？)	
25	世祖14年(1468)	琉球国王弟閔意	古都老・而難洒毛(No.20と同一人物か)	
26	世祖14年(1468)	琉球国総守将李金玉		
27	成宗元年(1470)	琉球国中平田大島平州守等悶意	仁叟和尚ら6人	
28	成宗2年(1471)	琉球国王尚徳 ※尚徳は1469没	自端西堂・**平左衛門尉信重**・啓閩蔵主ら23人	書契
29	成宗3年(1472)	琉球国喜里主		
30	成宗8年(1477)	琉球国王尚徳	内原里主・新右衛門尉	(奉)書→書契
*1	成宗9年(1478)	久辺国主李獲	閔富	書
31	成宗10年(1479)	琉球国王尚徳	**新時羅・三未三甫羅**・要時羅・**也而羅**・皮古仇羅(合219人)	書契

遣使内容	進　　物	回　礼　品	典拠(代表的なもの)
※王名を「尚元」と証言か	土宜		4月丁巳
割印契合 王名疑問視 朝鮮漂流人送還	朝鮮漂流人両三人 胡椒・沈香・絵・少糖・椰子・甘草など 銅銭・綿紬・綿布を要求	綿紬・苧布・麻布・正布・綿布・人参など ※大蔵経賜与せず	6月丙辰・7月丙戌
国名疑問視			2月丙午
大蔵経・綿紬・綿布を要求	香・胡椒・桂心・鬱金・浜椰子など	※大蔵経賜与せず	12月丁丑
安国寺奉納のため大蔵経要求	劔刀・丁香・檳茛香・象牙のみ	大蔵経不帙一部・綿紬・苧布・麻布など	12月甲辰・翌23年3月癸酉
大蔵経求請 割印なし疑問視	丹木・胡椒・丁香・烏梅・鑞鉄など ※「商買物」の付記あり	土宜 「商買物」(黄金・銅鐵・木香・朱紅)への対価は不明	6月戊辰・辛未・甲戌・丙子・己丑・7月丁未
名義・「新符」要求に疑問	椰子苗・胡椒・砂糖・白檀・丁子・南蛮瑠璃など16種		3月戊申・5月戊戌
興国寺奉納のため大蔵経要求	錦・段子・象牙・犀角・牛角・錫・胡椒・蘇木など膨大		11月戊午・丁卯・翌7年正月己未・辛未
			7月辛丑
前の琉球国王書契印文と不同→修答せず 巨酋使例にて接待 ※伊勢守政親使と同行			8月戊辰
丁亥年(1467)例[No. 25]により対馬島主特送使例をもって接待			3月壬寅
大内殿が五島の朝鮮漂流人を救出したことを報告 ※大内殿使(仁叔)も同行，同趣旨を報告			9月癸亥

影印とは，岩波文庫版『海東諸国紀』の影印部分を指す．

球に似た風俗をもつという久辺国主名義の遣使である．

No.	年　　次	派遣名義人	使　　者	外交文書
32	成宗11年(1480)	琉球国総守李国円子・総安子・円長子		
33	成宗11年(1480)	琉球国王尚徳	敬宗・(同照)	書契
*2	成宗13年(1482)	久辺国主李獲	中務衛	
34	成宗14年(1483)	琉球国王尚円 ※尚円は1476没	**新四郎・耶次郎**	書契
35	成宗22年(1491)	琉球国王尚円	**耶次郎**[＝**也次郎**]・五郎三郎	(奉)書→書契
36	成宗24年(1493)	琉球国王尚円	**梵慶・也次郎**	書契
37	成宗25年(1494)	琉球国中山府主	天章・皮古三甫羅(平茂続の子)	書契
38	燕山君6年(1500)	琉球国中山王	梁広・梁椿(28歳) ※梁椿の年齢は中宗29年4月庚申による	咨文(普須古・蔡璟に言及)
39	燕山君11年(1505)	琉球国王	※使者「非本国人」ゆえ倭人と認定→琉球使と認めず	書契
40	中宗4年(1509)	等閔意		書契(琉球国王名義・等閔意名義各1通)
41	中宗14年(1519)	琉球国平田大島平州守		
42	中宗19年(1524)	琉球国等閔意	国次(都船主)	

註1)　典拠のうち，明記のないものは『朝鮮王朝実録』(韓国国史編纂委員会) による．『海』
「『歴代宝案』1-40-10」とあるのは，『歴代宝案』第1集巻40－10号文書のこと．

註2)　★をつけたものは「琉球使」とはいえないが，王府との関連で重要なもの．*1・*2は琉

註3)　使者 (実際の通交者) で博多人と分かるものは，人名をゴチックとした．

註4)　貿易品は全体の傾向を知るために，原則的に代表的な品目のみ掲げた．

2　割印制の適用例

右のように提案された割印制を朝鮮側が快く受け入れたことは、このときの返書に「特㆔送符験㆒、以為㆓後日之験㆒、謹已領受」（『朝鮮成宗実録』二年十二月庚辰条）とあることから窺える。そして、割印発足の次に来朝した［№29（一四七二）琉球国喜里主］は、「琉球国王符験已来、今無㆓符験㆒、不㆑宜㆓接遇㆒」、つまり符験が不備だと朝鮮礼曹に判断されたことによって送還された（『朝鮮成宗実録』三年正月甲寅条）。割印が照合できないから通交を拒否する、という適用の仕方は、割印制に信頼を置いていなければ考えられない現象であろう。

その割印制適用の具体例を知るために、以下、来朝した琉球国王使について順に見ておくことにしよう。

［№30（一四七七）尚徳］の正使内原里主、副使新右衛門尉がもたらした書契には、

……成化六年、適仮㆓道於日域㆒、専倩㆓冷泉津嘉善大夫同知中枢府事信重㆒、以奉㆓書　殿下㆒、……申《かさネテ》差㆔遣陋邦家臣内原里主一介〔价カ〕㆒、以為㆓信使㆒、副㆔裨新右衛門尉㆓而為㆓先〔伻カ〕容㆒、……抑亦先㆑是、割㆓我印篆㆒之半片、投㆓置于　殿下㆒、以㆑為㆓将来使者之見給㆒、為㆓往来之信㆒、今也、二件者〔＊内原里主・新右衛門尉〕齎㆓其半篆㆒、以干㆑謁㆓于　殿下〔＊朝鮮国王〕㆒、其契㆔合符節㆒也、……

と、割印を捺印したことが明記してあった（『朝鮮成宗実録』八年六月辛丑条）。割印の照合（＝勘合）が行なわれたのであろう。

［№31（一四七九）尚徳］の書契（『朝鮮成宗実録』十年六月丁未条）には、かかる明記はないが、後の史料によると、割印は確かに捺印されていた（『朝鮮成宗実録』二十四年六月辛未条―後述）。同使行は漂流済州人を送還し、政府の接待を受けている（なお、第三節で関連史料に触れる）。

［№32（一四八〇）琉球国総守李国円子・総安子・円長子］は、外交文書が『朝鮮王朝実録』に載せられておらず、呈した土宜（土産物）の受け容れられたことが分かるのみである（『朝鮮成宗実録』十一年四月丁巳条）。割印つきの外交文書を携行したのか、さもなくばどのようにして通交しえたのか、よく分からない。一連の琉球国王使とは別系統の使節だとも考えられる。(5)

［№33（一四八〇）尚徳］の使行は、特徴的で注目に値する。まず「書啓」（「書契」ヵ―『朝鮮成宗実録』十一年六月己未条参照）の内容を見てみよう（『朝鮮成宗実録』十一年六月丙辰条）。

琉球国王尚徳、遣二敬宗一来聘、其書啓曰、「……更告、印刻之左券、奉三置于　殿下（＊朝鮮国王）二以合レ符者、今後可レ闕レ員也、後来修二鄰好一、則何以為レ信乎、請謀二于回介〔价ヵ〕一、以賜二示諭一為レ幸、抑亦上国（＊朝鮮）黎民両三員、為二打頭風一、失二柂於中流一、以造三託于陋邦（＊琉球）之海澨二、犒以二賓讌之礼一、為二之衣一、為二之食一、而仮二途於扶桑一、以俾レ還二于上国（＊朝鮮）一、……」、

ここでは第一に、割印のなくなる事態を危惧し、それに代わるものの提示を今回は朝鮮側に求め、第二に、漂流人の送還を告げ、しかもそれが日本経由であることを明記している。第一の点については、朝鮮からの返書にその点に触れた記事がなく（『朝鮮成宗実録』十一年七月丙戌条）、割印制をその後も維持するべきものとされたらしい。当該使節派遣勢力の出鼻は挫かれたと言えようか。ちょうどこの翌月、偽の畠山義勝使送がもたらした書契が、室町幕府―朝鮮王朝間で定約された日朝牙符の行方不明になったことを告げており（『朝鮮成宗実録』十一年七月癸未条―実際はまったくの虚言、本書第一章三節2参看）、やはり右の「琉球国王使」書契と同じ目的で作られたものと考えられる。この裏にいかなる事情が存在するのかについては、本書終章にて触れることとしよう。第二点は、おそらく使船の乗員や使行のメンバーに日本人が混ざっていたことに関する、偽使派遣勢力側の弁明と思われる。

そして、もっとも興味深い点は、この使節が、王名「尚徳」や干支年号について疑問を呈されていることである（『朝鮮成宗実録』十一年六月己未条）。

〔＊朝鮮国王〕御二経筵一、講訖、同知事礼曹判書李承召啓曰、「前者有下賚二琉球国王書契一而来上、其国王名尚徳、其後変称二尚元一、今敬宗賚書、又称二尚徳一、且云二成化十五年庚子一、其書未レ可レ信也、琉球使者類、非二其国人一、倭人行販而到、因受二書契一而来、今敬宗亦未レ可レ信也、本曹〔＊礼曹〕慰宴之時、願問二書契之辞一、以験二信否一」、上曰、「其問レ之、然不レ可二窮詰一也」、

以前来朝した琉球国王の書契は「尚徳」が名義で、その後変わって「尚元」となった。ところが今回の使僧敬宗がもたらした書契はどういうわけか「尚徳」に戻っている。また、書契の差出し年「成化十五年庚子」は、正しくは「己亥」であり、いずれも不審だと言うのである。王名については、朝鮮国王の外交上の配慮から詰問されることはなかったが、使節の敬宗は、尚徳→尚元→尚徳と変転した点について婉曲に質問されたはずである。そのためであろう、次の使行〔№34（一四八三）尚円〕から王名が変わっている。しかし残念ながら、「尚元」の名を語った使行がどれであったか、史料上は分からない[6]。

〔№34〕では、いま述べたように差出名義が尚円に変わっていた（『朝鮮成宗実録』十四年十二月丁丑条）。しかしこの「尚円」も、それまでの尚徳名義と同様、実は失当である。尚円はすでに一四七六年に死んでいるからだ（『中山世譜』巻六―尚円王紀）。ただ、のちの史料（『朝鮮成宗実録』二十四年六月辛未条）によって、この〔№34〕使行でも確実に割印制が履行されていたことが判明する。

3　割印制の崩壊過程

［№35（一四九一）尚円］（正使耶次郎［＝也次郎］）は、来朝時の史料からは分からないが、のちの史料から、割印制を遵守していたと考えられる（後掲史料【六月九日】③B）[7]。

次の［№36（一四九三）尚円］（梵慶・也次郎）は、それぞれ割印制に反する外交文書を一通ずつもたらし（『朝鮮成宗実録』二十四年六月戊辰条）、朝鮮側から偽使と認定される。

その関連史料には、［№36］の真偽をめぐる朝鮮政府内の議論が載せられており、割印制施行下の文書様式、捺印の情況など、書契の書面や割印制の運用に関して分かることが少なくない。そこで、冗長になるのはやむを得ないが、議論の推移を一通りなぞっておきたい。

【六月九日】（『朝鮮成宗実録』二十四年六月辛未条）

①　承政院（国王の秘書官庁）が「琉球国使臣、皆非二本国人一、乃中間興販之徒、臣等取三往年書契与二今来書契一観レ之、印文頓殊、也次郎去歳来朝、是必居二九州一之間、偽二造図書一、興利為レ事者也」、つまり也次郎が致した書契は以前のものと比べると印文が異なる、これは也次郎が日本の九州で「図書」（「琉球国王」の私印、実名の上などに捺したか）を偽造したからだ、との憶測を国王に啓上する。

②　国王は、「雖二或如一レ之、豈可レ顕三言之一、今回答書契、略言二印跡不同之意一可也」と答え、事を荒だてないようにせよとの姿勢を示す。

③　左承旨（国王の秘書官）の金応箕が、印跡の違いの疑惑について徹底追及するよう国王に強請。次の二つの問題点を詳しく説明してくれる（以下の引用史料では、傍線——が往年の琉球国王の図書（個人印）、〰〰が偽造疑惑の対象となった図書（個人印）に相当し、═══を割印制に関する文言に付した）。

A也次郎受二琉球国王書契一而来者、凡三度、初来［№34（一四八三）尚円］書契印文、則与二前日他使臣賫来書

契印文㆓同、而後来［No.35（一四九一）尚円］書契及今来［No.36（一四九三）尚円］書契印文、字画大小頓殊、

B且前来書契内、幷録㆘送㆓符験印信半隻㆒之詞㆖、故其使臣来㆓泊浦所㆒、則必先合㆓符験㆒、而後接待、今無㆓此語㆒、尤難㆑信也、

Aからは、［No.34］以前と［No.35・36］とで、書契の印文（国王図書印影）が異なることが読み取れる。Bでは、「前来」書契（［No.35］）には「符験の印信半隻を捺印して送る」の文言があったのに、今回［No.36］の書契にはその文言すらない。そのため真使とは断じがたい、と主張している。［No.36］は割印制に違反していたのだろう。

④　都承旨（秘書官トップ）の曹偉も、原則論に立って「臣意以為、回答書契、明諭㆘無㆓符験㆒難㆑信之意㆖、而答賜亦差減何如」（符験なしを答書に明記、回賜を減額）と意見。

⑤　国王は「詐偽明甚、還㆓給賚来物件㆒、勿㆓接待㆒何如、其問㆓於礼曹㆒」と応じた。

⑥　礼曹から情報を得た左承旨金応箕は、半印右隻印影のある［No.28（一四七一）尚徳］の書契の実物を、国王に直に提示して力説した。

C将㆘成化六年（一四七〇）琉球国王尚徳所㆑送着㆓印右隻㆒書契㆖、以入、仍啓曰、「尚徳送㆓此書㆒、其後書契亦着㆓此印㆒以送、則以為㆓憑験㆒而接待、今尚円所㆑送印迹、与㆓尚徳㆒有㆑異、而無㆓相合之事㆒矣」、

ここに見える成化六年書契とは、文書の年付けが成化六年という意味であって、前後の使行例から［No.28］の書契であると容易に判明する。左承旨金応箕は、彼らが真書だと信じている［No.28（一四七一）尚徳］以降の書契の国王図書印と、今次［No.36（一四九三）尚円］書契の印影とが異なり、とても同じものとは認めがたい、と国王に訴えたわけである。

⑦　一方、礼曹は「然前㆑此彼之遣使、有㆑偽者、我雖㆑洞㆓知之㆒、猶不㆓与弁㆒而接㆓待之㆒」と過去の事例を啓し、同

様に柔軟な対応を提案（その「有偽」の遣使とは、③のAを参看することで［№35（一四九一）尚徳］であると確定できる）。こうした礼曹の姿勢は、文引（朝鮮への渡航証明書）を（偽使と知りつつも故意に？）発給した対馬島主を追い詰めまいとする、政治外交的配慮によるものであろう。礼曹案は、琉球国王使に対して略例で答礼を行ない、常倭（普通の倭人通交者）の扱いで接待するというものだった。

⑧ 国王は礼曹啓をもっとも適切であるとし、大臣らにさらに議論するよう指示。

⑨ 議論の結果、領議政（宰相）尹弼商ら大臣の大勢を占めたのが、

也次郎等賫来琉球国王印跡、不レ成二篆文一、与二成化己亥〔一四七九〕年漂流人解送書契内印跡一不レ同、詐偽明甚、遣二礼曹郎庁一、語以二印跡詐偽之故一、而彼若強弁不レ服、則出二示前後印跡一、以質レ之、仍語以、「汝之賫来印跡、有二詐偽一、不レ可二接待一、然汝等遠渉二滄海一、艱苦而来、国家特包二容之一」、依二巨酋使送例一接待、只給二回賜一、而勿レ聴二助縁求請一何如、

という意見である。礼曹郎庁（属僚のこと）を派遣し、印跡に詐偽のあったことを伝え、強弁すれば実物を見せて問い質せば良い、としている。この意見から判明することは、第一に今次［№36］書契の図書印跡が「不成篆文」、つまり篆書体ではないこと、第二に漂流済州人を刷還した［№31（一四七九）尚徳］（書契には恐らく篆文の印鑑を捺印）を朝鮮側は真使と受け止めており、その書契の図書印を真正視していること、である。

⑩ 国王は右の意見を至当とし、対馬には琉球国書の印跡に疑いがあることを修書し諭すのが良かろうとする。大臣らもこれに賛同。

【六月十二日】（『朝鮮成宗実録』二十四年六月甲戌条）

礼曹の啓があり、礼曹が派遣した郎庁と琉球国王使の梵慶・也次郎とのやりとりが国王に報告された。郎庁が、

［No.31（一四七九）・No.34（一四八三）］と［No.36（一四九三）］とで印跡が異なる点、「一国の主が二印を用いることがあるのか」という点を問い詰めたところ、梵慶・也次郎は「書契印文の同・不同については、封書されているのだから知ったことではない。国王がいくつ印章を使っているのか他土（博多）の人である私が知るわけがない」と開き直る始末である〔村井 一九八八年：第Ⅷ章三五二頁〕。これを受けて礼曹（判書か）が提案した処遇は、

也次郎等欲レ受二答書一甚懇、今若拒而不レ従、則獣心之輩、不レ計二曲直一、懐レ憤必矣、姑従二其請一、〔＊琉球〕国王処、以乙《両国通交已久、第無二左契一、惟以二印信一為レ験、今来也次郎・梵慶等齎到書契印跡、不レ成二篆文一、其与二已前書契一大不二相同一、未レ可下以二信使一待上レ之》之意甲、修書答レ之、并諭二対馬島主一、命レ議二于大臣一、

琉球国王へ印文不信を答書し、対馬島主に注意を促す内容で、大臣・国王も承認した。

【六月十四日】（『朝鮮成宗実録』二十四年六月丙子条）

礼曹の書啓があり、右の処遇に沿った二度目の郎官（属僚）派遣の事後報告がなされた。それによると、朝鮮政府から偽使だと断定されても、也次郎は国王使例の待遇を要求し、琉球の大臣が印章を間違えて捺したとか、従来通り謁見をさせて欲しいとか、あくまで厚顔な姿勢を崩さなかった……。

いずれにせよ、この議論のなかで、《両国通交已久、第無二左契一、惟以二印信一為レ験》という文言が引き出されたのは極めて重要と言えよう。なぜなら、これは事実上の割印制撤廃宣言であり、むしろ朝堂の関心は割印の有無よりも国王印（図書印）の有無の方に移ってしまったのだから。このあと、朝鮮側は、「観二賚来書契一、則其印文、与二前来印文一不レ同」、「慮レ有二詐偽於其間一」（『朝鮮成宗実録』二十四年七月丁未条）という内容の答書を作り、やんわりと牽制している。

二　割印・書契と博多商人・対馬宗氏

1　書契に捺された割印と図書印

本項では、上述した朝鮮政府内の議論に表れた印章・文書に関する区々の情報をもとに、外交文書の〝紙面〟の実態を復元してみたい。ただし、事の関連上、〝王名のズレ〟の問題を割印の印文に帰着させて理解しようとした和田久徳説について、その問題点を指摘しておく必要があろう。その前提や考証には疑問が多いからである。

和田久徳氏は、とくに何の根拠も示さずに割印の印文を「王の名」と断定し〔和田　一九九二年ａ：五二頁〕、この解釈に基づいて、大略、左図のような結論を導いている〔和田　一九九二年ａ：六一〜六二頁・六五頁〕（図は筆者が作成）。

表中の№	28…………33・34・35・36
国王名義	←尚徳→（28〜33）　←尚円→（34〜36）
割印刻銘	←［尚徳］→（28〜34）　←［尚円］→（35・36）

しかし、以下の四点から、この和田説は成り立たないと考える。

第一に、和田説の大前提に関して、〝王名（諱）を印文にしてそれを割くこと〟がありうるのか。東アジアの伝統文化である印鑑に、国王が自身の諱を刻むこと、ましてやそれを半分に割くことなど、およそ考えられない〔米谷均氏の御示唆による）。

第二に、［№35］以後、「新しい割符が使用された」（和田　一九九二年ａ：六二頁）（傍点橋本）と言えるのか。史料からは、これまでの割印とは異なる印鑑（さしあたり形状も不明だと言うほかない）が捺されていたことしか指摘できないはずである。

第三に、「新しい割符」の解釈から、必然的に［№34］の書契名義（尚円）と割印王名（尚徳）が齟齬してくる。ところが和田氏は別の箇所で、割印が延長して利用され、その印文（諱）に書契名義を合せたために〝王名のズレ〟が生じたと推測している（和田　一九九二年ａ：六一・六五頁）。もし、この見解が正しいならば、［№34］名義は尚円でなく、〝割印印文の王名〟と同じ「尚徳」でなければならないはずである。この矛盾をどう説明するのか。やはり、いささか牽強付会な解釈ではなかろうか。

第四に、［№36］は、和田説では合法の「新しい割符」を携行しているはずだが、「以前の書契の印跡と不同であることがくり返し指摘されている」ため「偽使と見なされても無理ないかもしれない」とする（和田　一九九二年ａ：七〇頁以下）。しかし、符験制を遵守したのに偽使扱いされることがありうるだろうか。むしろ、符験制を遵守しなかったからこそ偽使扱いされたのではないか。

――以上の如き疑点を残す和田説の問題点は、とどのつまり、割印の印文を王名に直結させてしまったことにある。むしろ、王名のズレと書面の印影とは切り離して考えねばならないのである。このことを前提に、前節で紹介した「琉球国王」書契の書面に関する分析を加えていくこととしよう。

まず、**【六月九日】**（『朝鮮成宗実録』二十四年六月辛未条）①において、割印のことでなく、「図書」の異同や偽造が話題になっていたことに留意せねばならない。一般に、「図書」とは、通常、朝鮮から倭人に与えられた銅印のことで、多く実名を刻し、書契の実名の上に捺され、通交権の徴証とされていた。ここでの「図書」とは、明らかに琉球国王の実名の上に捺すような印であろうから、朝鮮国王の書契で言えば「爲政以徳」印、日本国王（室町殿）の書契で言えば「徳有鄰」印に当たるものである〔田中 一九八二年ａ：一二九頁註23、米谷 二〇〇二年ａ：六一頁参看〕。しかし、史料上、図書印の印文については不明とせざるを得ない。

さて、このように「図書」が話題になっていたことに注意して、後段の③・⑨などを丁寧に読むと、「琉球国王」書契の書面に捺されていた印の種類や異同の情況がよく見えて来る。すなわち、第一に、［No.34（一四八三）尚円］（也次郎第一回通交）と［No.35（一四九一）尚円］（也次郎第二回通交）とは割印を書契に捺していたが、［No.36（一四九三）尚円］（也次郎第三回通交）は割印を捺していなかったこと（③B）。つまり、前二者は割印制を遵守していたが、後者は遵守していなかった。第二に、［No.34］以前と［No.35・No.36］とでは、異なる「図書」（国王印）を使用していたこと（③A）。前者は篆文であったが、後者は篆文を成していなかったという（⑨）。要するに、後者は非常に出来の悪い偽造図書印であったわけである。

以上の分析結果を図示すると、以下のようになろう。

表中のNo.	28…………33・34	35・36
国王印（図書）	←（篆文印）→	←（非篆文印）→
割印	←（有）→（28〜35）	×（無）（36）

つまり、朝鮮王朝としては、［No.35］の時点で国王印（図書印）の変化に気づいていたが、割印が捺されていたこともあって一応信用していた。しかし、［No.36］の書契を見てみると、その割印すらも捺されていなかった。[8] そのた

め、同使節に対する信用は完全に失墜し、「琉球国王使」也次郎は偽使と看破されてしまったわけである。

2　琉球王国からの咨文

さて、ここで外交文書の様式の問題に目を向けてみよう。「琉球国王使」の真偽評価が分かれている時期に「琉球国王使」が朝鮮王朝へもたらした外交文書の様式は、すべて書契様式であった（［No.28］から［No.36］については前節までの考察を、［No.37］については本章註20を参照）。それでは、この時期以外に「琉球国王使」が携えてきた外交文書は、どんな様式のものだったのだろうか。

割印制施行期以前、琉球から朝鮮への外交文書は、ほとんど「書」や「咨」「咨文」として『朝鮮王朝実録』に登場する〔高橋　一九八二年b：九五頁註67〕[9]。もちろん、「咨」は咨文のことだと無条件に等置できるわけだが、厄介なことに、「書」（実際には「致書」―表4「外交文書」欄参照）は書契と限らず、咨文のことを指している場合もある[10]。そのため、文書の分類には細心の注意が必要である。

その峻別に取りかかる前に、そもそも琉球王国側は、交隣外交をどのような外交文書で行なおうとしていたのか、考えておく必要がある。まず参看すべきは、琉球側の外交文書集『歴代宝案』であろう。これまでの概説では、第一集の巻三九「移彝回咨」には朝鮮国および暹羅（アユタヤ朝）ほか東南アジア諸国から琉球国への咨文を、巻四〇・四一「移彝咨」には琉球からそれらの国々へ出された咨文をそれぞれ収載するとされてきた〔高瀬　一九八五年：三六頁、和田　一九九二年b：七〇三頁〕。

ところが、巻三九「移彝回咨」には、書契様式の朝鮮国書（一四三一年）が収められているのである（1―39―2号文書）[11]〔小葉田　一九九三年：増補部分二九頁〕[12]。これを例外と捉えたり、『歴代宝案』編纂者のミスと考えたりすることは、もちろん不可能ではない。しかしむしろ、第一尚氏王朝以下の琉球王国が〝交隣外交〟を咨文の交換によって行なうもの、とアプリオリに捉えていたと解釈すれば、整合的に理解できるのではないか。

対朝鮮外交に限定しつつも、さらに検討を進めていこう。琉球中山国第一尚氏王朝が誕生する一四〇六年から、割印制開始の一四七一年まで、『朝鮮王朝実録』に文書様式の区別（「致書」のみのものは除く）が明記された琉球国書を抜き出してみると、

一四〇九年	琉球国中山王思紹	阿乃佳結制	咨	［No.6］
一四一〇年	琉球国中山王思紹	模都結制	咨	［No.7］
一四三一年	琉球国中山王尚巴志	夏礼久	咨	［No.11］
一四五三年	琉球国王尚金福	道安	咨文	［No.14］
一四五五年	琉球国王尚泰久	道安	書契	［No.15］
一四五八年	琉球国王（尚泰久）	吾羅沙也文	書契	［No.17］
一四五八年	琉球国王（尚泰久）	友仲僧	咨文	［No.18］
一四五八年	琉球国王（尚泰久）	宗久	咨文	［No.19］
一四六一年	琉球国中山王（尚徳）	普須古	咨	［No.22］

の九例となる。［No.15・No.17］のみが書契で、あとはすべて咨文様式である。ただし、［No.15・No.17］に関しては道安ら、博多商人勢力の偽書ないし独自作成文書の疑いが強く[13]、琉球本国からの外交文書の確実な例とは見なし得ない。一方、確実に琉球本国からの咨文と言いうるのは、『歴代宝案』にて同文を確認しうる［No.11］のみである（1―40―10号文書）[14]。他の例については、『歴代宝案』にて裏付けが取れないので安易に真偽を論ずることはできないが、咨

文様式の傾向が圧倒的であることは注目すべき特徴であろう。興味深いのは、この傾向と符節を合せる例として、『歴代宝案』に、朝鮮王朝へは届かなかった成化六年（一四七〇）四月一日付けの朝鮮国宛咨文が存在することである（1―41―17号文書―次節にて詳述）。

また、この〝咨文による交隣〟が、書契―割印制の崩壊後の真使において復活した点も重要である。［No.38（一五〇〇）琉球国中山王尚真］（梁広・梁椿）は、咨文を携えて来朝したが（『燕山君日記』六年十一月丁卯条）[15]、その文中で、琉球王国の外交関係者しか知りえないはずの［No.22（一四六一）琉球国中山王］（普須古・蔡璟）について触れていた。［No.22］は真使であるから[16]、［No.38］も真使と考えるべきである。その両真使が、いずれも咨文を携えてきたのである。琉球王国の〝咨文外交〟の志向は自ずと明らかではなかろうか。

以上の考察から推測すると、琉球王国本国が朝鮮に向けて出した外交文書とは、一貫して咨文様式であったと思われる。つまり、『朝鮮王朝実録』に「致書」として現れたとしても、本物であればそれは書契でなく咨文の様式（形態）であり、書契様式の外交文書は偽書の疑いが濃厚ということになる[17]。

そうなると、割印発案の使行［No.28］を機に文書様式・性格が転換し――咨文（公的文書）から書契（私的文書）へ――、偽書が登場するに至ったことが想定されねばならない。

ともあれ、この転換はおそらく朝鮮側にとって好都合なものだった。なぜなら、朝鮮側は交隣関係を「書契」の交換で行なうべきだと考えていたからである（前述―『朝鮮世宗実録』十三年十一月丙子条）。このことと、様式上の変化に対する疑問とで、どちらが勝っていたか知るよしもないが、前述のように割印制が好意的に受け容れられたことから見て、［No.28］の書契が朝鮮側に問題視されることはなかったものと思われる。

3　割印の保管場所と「琉球国王使」の主体

以上の分析が正しいとすれば、研究史上、真偽の評価が分かれている「琉球国王使」は、〝名義のズレ〟ばかりでなく、咨文と書契という〝文書様式の違い〟までも問題として抱えこんでしまう。前述の通り、書契の方は本物だと確実視できないからである。そしてこの問題は、その書契に捺される印鑑としての割印と、密接かつ不可分である。割印がだれの関心のもとにつくられ、どこに保管されたかについて、確定しなければならない。

割印を発案した［No.28（一四七一）尚徳］が携えてきた書契は二通あり、すでに前掲した（〈A〉・〈B〉―第一節1参看）。ところで、東恩納寛惇氏以来指摘されているのが、その書契と時間的に重なる、『歴代宝案』所載の朝鮮国宛咨文（成化六年〈一四七〇〉四月一日付け、1―41―17号文書）の存在である（東恩納 一九七九年：九七〜一〇二頁）。

琉球国王尚徳　奉レ復二
朝鮮国王殿下一、比蒙二頒恵一、敢不二拝嘉一、且審二
賢王起居益康一、甚慰二傾企一、雖下敝邦与二
貴国一隔中江漢之遠上、而聘献之礼未二嘗或輟一、非二
王之不レ鄙二於孤一、能如レ是乎、近因二日本国商船一、致二書信并礼儀一、倶已収受、銘二刻於心一、茲因二其帰順一、遣二新右
衛門尉平義重一、聊致二土儀一、另申二別幅一、少酬二厚貺之万一一、笑留惟幸、更希
順序保嗇、
右　咨二
朝鮮国一

成化陸年肆月初一日　〔以下別幅略〕

文面の様式は書契そのものであるが、最後の「右咨／朝鮮国」という文言から、やはり咨文様式と定義すべきである。内容は書信・礼儀への謝辞で、正使「新右衛門尉平義重」が明記してある。小葉田氏の指摘通り、「朝鮮の実録には、この咨文も新左《ママ》衛門尉平義重の名も見え」ず、この咨文が件の書契二通〔A〕〔B〕へ改作された点はほとんど疑いがない〔小葉田 一九九三年：増補部分九頁〕。それればかりでなく、新右衛門尉義重から平左衛門尉信重へ、使者そのものもすりかわったのであろう。(18) 以後の一連の書契様式は、このすりかえによって開始されたと考えたい。

この経緯を素直に解釈すれば、割印とは、琉球王国側の意向とはまったく関係なしに、博多商人平左衛門尉信重自身が作製し、朝鮮側に提案したものではないだろうか。

琉球王国から使行を嘱託された新右衛門尉義重が、平左衛門尉信重にその権益を譲って［№28］が成ったとするなら、新右衛門尉は、博多商人もしくはそれに近い勢力であろう。彼と同一人物と思われる新右衛門尉が副使を務める［№30（一四七七）尚徳］が、博多商人主体であった蓋然性は極めて高い。

また、王名が疑われた［№33（一四八〇）尚円］〈敬宗〉の本来の正使は、使行の途上で死没した、同照なる人物だった〈『朝鮮成宗実録』十一年七月丙戌条〉。同照は、［№24（一四六七）尚徳〈実在王名と一致〉］の正使も務めていたが、そのときの副使東渾は、割印発案時の［№28］正使自端西堂と同一人物と考えられている〈仮にそうでなくても、自端が［№24］に参加していたこと自体は確実である——申叔舟『保閑齋集』巻九—七言詩韻〉〈小葉田 一九九三年：一三頁、村井 一九九五年：第五章一九四～一九六頁〉。この自端なる僧は、［№28］で博多商人平左衛門尉信重と同行しているから、明らかに博多商人の利害を代弁しうる立場にある。その自端と［№24］で同行した同照も、同様の立場にあった可能性は高い。すると、［№33］も、博多商人が使節の実質的主体であったと考えるのがもっとも自然であろう。

したがって、筆者は、次のような条件も勘案して、割印の保管場所が博多で、使節主体（主導部）は一貫して博多商人であり、そしてこれに対馬宗氏が朝鮮渡海の便宜を積極的に与えていた、と考える。

第一に、朝鮮王朝との間に契約を結んだ符験を独自に抱え込んでいれば、朝鮮王朝から常に正式な琉球国王使と認められることが期待できる。博多商人は、こうした符験制の実を見抜いて、割印制を考案したのではないか。割印を発案する二年前の長享元年（一四六九）、大内氏（実際には博多商人）が日明貿易の成化勘合を奪取する事件があり（『蔭凉軒日録』同年十月二十九日条）、符験を手にして、自前で使節を造り上げるモデルがあった事実を重視したい。[19]

第二に、［№28（一四七一）］使送自端西堂らが割印制を提案した当時、対馬島主の宗貞国が筑前博多方面に進軍していたという事情である（一四六九〜七一年――『海東諸国紀』日本国紀―筑前州―小弐殿条）。この頃、偽日本国王使や偽王城大臣使が数多く創出されるほか（橋本 一九九七年a〔本書第一章〕）、朝鮮王朝の仏教的祥瑞を〝慶賀〟する大量の偽使が朝鮮に送り込まれていた（長 二〇〇二年b）。こうした組織的な偽使派遣体制を維持するには、言うまでもなく多くの貿易資本が必要であり、これに応えうる博多商人がこぞって参加したはずである。もちろん、朝鮮に安全裡に通交するには、対馬宗氏が発給する文引（渡航証明書）が必須であった。[20] 朝鮮王朝の通交制限が緩んだ千載一遇のチャンスに、対馬宗氏と博多商人との蜜月が訪れていたとしても不思議ではない（この点については本書第四章も参照のこと）。ところが、［№35（一四九一）］から［№36（一四九三）］までの間に、何らかの事情で割印が失われてしまったらしく、[21] 偽使の馬脚を現すことになってしまった。

第三に、割印制創案の背景として、琉球国王使名義の争奪戦があったことが考えられる。博多・薩摩・対馬などの勢力が競合していたことは、表4に示した、［*1・*2］「久辺国」の使節の存在からも裏付けられる。この使節の素性については、「薩摩商人による創作」説（村井 一九八八年：第Ⅷ章三四四頁）が現在もっとも有力である。割印制により、間違いなく博多商人は優位に立ち得たであろう。

第四に、琉球本国からの咨文を偽作するよりも、日朝通交であまねく造られていた書契を作ることのほうが、技術的に容易だったと考えられる。それゆえ、博多商人主導・対馬宗氏協力型の「琉球国王使」は、（咨文でなく）書契を携えて朝鮮に通交することにしたのであろう。当時の対馬—博多地域には、一四六六年日本国王使副使を務めた仰之梵高やその弟子の古澗梵慶（［A36］正使、夢窓派華蔵門派）など、書契を偽造するに足る人材が確実に存在したことも（橋本　一九九七年a（本書第一章）、伊藤幸司　二〇〇二年a：九〇頁・一〇二頁註108・二〇〇二年c）、付け加えておく。

三　「琉球国王使」の成立条件

1　琉球王国と博多商人新四郎の関係

前節では、割印が博多商人の発案・運用するものだと結論した。すると、問題の十五世紀後半は、やはり、琉球とは何の関係もない単純素朴な「偽使の時代」（田中　一九七五年：第二部第二章三〇八頁）だったのだろうか。この点を再検討してみたい。

そこで、［№38（一五〇〇）琉球国中山王尚真］正使梁広・副使梁椿が来朝した際の、梁広らと朝鮮礼曹とのやりとりを窺ってみよう（『燕山君日記』六年十一月壬戌条）。

〔＊上官人梁広〕又云、「昔我国人来レ此、後四十年、我亦来レ此耳」、考二謄録一、則彼国使臣之来、在二辛巳年一、

梁広らが四〇年前に「我国人」が来朝したというので、礼曹は謄録を調べ、「辛巳年」（一四六一）に使節を確認し

た。［№22］普須古・蔡璟の使行である。梁広らが致した咨文に記されていた、「普須古・蔡璟」の名とも合致する（前述―『燕山君日記』六年十一月丁卯条）。村井章介氏は、この史料をもとに、一四六一～「一五〇〇年までの四〇年間、琉球使の渡航はなかったと、琉球使・朝鮮政府の双方が認めている」と解釈した。それゆえ「この間に属する四回の琉球使――一四七一、七九、八三、九一年――がニセモノであることは、これで明らかである」、とも結論づけた（村井 一九八八年：第Ⅷ章三四九頁、田中 一九七五年：三〇九頁）。

だが、右の梁広の発言のみから、ここまで言うことには無理がある。和田久徳氏が指摘したように、この部分は「我が国人すなわち琉球人の来鮮を言ったので、この間の「琉球国王使臣」をいずれも偽使として否定した意味ではないと解すべき」だからである（和田 一九九二年a：六四頁）。

しかしながら、これまでの考察から一連の使行をトータルに評価すれば、偽使説の方が有利であることは間違いない。もちろん、明らかに琉球の本島との接触が想定される［№31（一四七九）尚徳］の済州島人漂流民の送還は、高橋氏の第二尚氏王朝外の琉球勢力関与説や、和田氏の真使説[22]にとって有利であるが、全体から見ればむしろ例外に属する。琉球王府と偽使勢力との関係次第によっては、単純な偽使説のヴァリエイションとして矛盾なく説明できるかも知れない。

琉球王国と博多商人との関係を知るうえで唯一恰好の材料が、ほかでもないその済州島人漂流民（金非衣・姜茂・李正の三名）を送還した［№31（一四七九）尚徳］に関する記録である（『朝鮮成宗実録』十年六月乙未条）。この記録には、使節となる博多商人と琉球王国とが漂流人をめぐって接触したことが、若干ではあるけれども記されている。使行の利害関係からある程度解放されている漂流人の証言がソースとなっているので、かなり信用のおける史料であろう[23]。それればかりか、当時の朝鮮王朝の大臣たちは、この使節を本物だと頭から思いこんでいた（前述の史料【六月九日】⑨―『燕山君日記』七年正月己未条）。しかし、現代の我々は、正使新四郎の言動について差し引いて考える姿勢を忘れてはならない。

新四郎は、入港地の塩浦で、「琉球国王から書契を受けた」と宣慰使李則に告げている（『朝鮮成宗実録』十年五月辛未条）。しかし、本章第二節2での考察を踏まえると、この書契（『朝鮮成宗実録』十年六月丁未条）が本物であるとは俄かに容認しがたい。本物の咨文をこの書契にすりかえたとか、最初から書契を偽造したとか、さまざまな可能性を考えるべきであろう。そこで、漂流人の金非衣の証言（『朝鮮成宗実録』十年六月乙未条）から、琉球国王が新四郎に送還を託する場面を確認しておきたい。

適有二日本覇家臺（＊博多）人新伊四郎（＊新四郎）等一、以二商販一来到、請二于国王一曰、「我国（＊日本）与二朝鮮一通レ好、願下率二此人一、保護還帰上」、国王許レ之、且曰、「在レ途備加二撫恤一、領回」、仍賜二俺等、銭一万五千文、胡椒一百五十斤、青染布・唐縣布各三匹一、又賜二三朔糧米五百六十斤、塩醤魚醢・莞席・漆木器・食案等物件一、

これによれば、新四郎は琉球国王に漂流人送還の請負を許され、道中の撫恤をも命じられている。そして、金非衣らは「銭一万五千文、胡椒一百五十斤……」など、旅費に相当する物件を国王から与えられた。これは、琉球王府が公式な送還として位置付けていたこと、つまり、琉球王国が新四郎らを正式の外交使節として雇ったことを示すだろう。

史料的根拠は何もないが、外交文書の咨文（琉球国中山王名義）が新四郎らに渡されたと想定したい。そして、彼らは割印制という一貫性を持たせるために、また自らの要求を直に反映させるために、漂流人送還と大蔵経一部の要請を骨子とする書契を造り上げ、朝鮮にもたらしたのではあるまいか。筆者は、［No.31］が〝国書すりかえ型偽使〟であったと考える。

2　朝鮮までの行程と博多商人新四郎の拠点

漂流人金非衣らの証言（『朝鮮成宗実録』十年六月乙未条）によって、琉球国を出発して以後の行程を辿ることができる。そこには、博多商人新四郎らが「琉球国王使」行を成り立たせるための、一般的な歴史的条件も垣間見えてくる。

【①薩摩州】　琉球を八月一日（前年＝一四七八）に出帆して四昼夜、日本の薩摩州に至る。漂流人たちは、一ヶ月ほど新四郎の「旧主人」（問ないし商人宿か）のそばに投宿し、薩摩州太守（島津忠昌）から二度、太守の自邸にて饋餉された。博多商人新四郎が、薩摩州の太守（守護）と深い関係をもっていたことはほぼ間違いない。薩摩の商人との競合や角逐だけが従来強調されてきたが、あるいは協調関係の側面を暗示するものであろう。

【②打家西浦】　新四郎が別船を買い、岸に沿って北上、「氷骨（肥後）」（『朝鮮成宗実録』十年五月辛未条）の「打家西浦（高瀬浦）[24]」に至り、そこから陸路で博多を目指す。

【③博多】　山谷険しい陸路を二日（十二日の誤植？〔橋本 二〇〇二年d（本書第三章）註8〕）にして、一行は博多に入る。副官人三未三甫羅らは、船で博多に先回りし、琉球国王から預った礼物や旅費に当たる貿易品を運び込んでいた。

四郎等率二俺等一、投二其家一、饋二酒飯殽饌一甚豊、上官・副官二人、輪次供饋、日三時、大内殿所レ送主将、再邀二俺等及四郎一、饋二酒殽一、所レ居瓦屋甚壮麗、庭下侍立者三十余人、皆佩レ刀、門外軍士屯レ廬者、不レ知二其数一、俺等見下主将往攻二小二殿一、擁レ兵而出上、……凡四日、戦勝而還、……新伊四郎等、以二兵乱未一レ息、恐レ有下逃竄者、潜居二海島一、出而剽掠上、以レ故、留六朔、待二兵乱平定一、至二今年二月一、

漂流人たちは新四郎らの自邸に寄宿し、時下、少弐氏と抗争中だった大内氏の代官（筑前守護代陶弘護か）と接触している。したがって、博多地域で優勢にあった大内氏勢力と新四郎らとが、密接な関係を保持していたことが窺える。兵乱の余波による航海中の海賊を恐れ、今年（一四七九）の二月まで博多周辺に留まっていた。

【④軾賀（志賀島）】　博多から船で志賀島へ渡る。島で一泊し、翌早朝、出帆する。

【⑤一岐島】　日暮れ頃には、壱岐へ到着した。島には人家が多かったという。新四郎らは、やはり「主人」家に漂流人を投宿させ、琉球国王から預った食糧で彼らの食事を賄った。滞在は三日、対馬へ向って船に乗る。

【⑥対馬島草那浦】　夕方遅くに、一行は草那浦《ツオナカイ》《ゾウナカイ》（曾《そ》浦浦《うらカイ》か）に至った。[25]

　四郎等、将㆓俺等㆒投㆓其旧主人家㆒、其主乃四郎叔父、用㆓所㆑賷粮饌㆒、供饋、主人亦饋㆑酒、……以㆘島主留㆓難行状㆒、風亦不㆖便、故留連㆓二朔㆒、至㆓四月不㆑記日㆒、

ここでも漂流人は「旧主人」の家に投宿したが、とくに興味深いのは、その主人が「四郎叔父」であるということである。姻戚とも考えられるが、あるいは博多商人新四郎の本貫を示しているのかもしれない。漂流人らは、行状（文引＝渡航証明書）発給に難色を示す対馬島主の意向や、風待ちなどのために、二ヶ月ほど滞留を余儀なくされている。

【⑦沙浦】　東風をまって、沙浦《サカイ》（佐賀《さか》か）に至り、二日ほど逗留。

【⑧都伊沙只浦（豊崎浦）】　岸に沿い豊崎に至り、二日間東風を俟つ。早朝に出船し、暮れには塩浦に至った。無事送還は達成されたのである。

以上の記述から分かることは、博多商人と一口にいっても、親類縁者や商人宿・問などを通じて各地に拠点を持っていたこと、それにより商業ネットワークを確立させていたことである。とくに、新四郎の本貫は、博多なのか、対

馬なのか、あるいは別の土地なのか、とても容易には判断できない。当時の商人の持っていたマージナルな特質がよく現れているように思う。おそらく、新四郎らは博多を根拠地としながら、琉球・薩摩・対馬・朝鮮を股にかけた、広汎な商業活動を展開していたのではあるまいか。

3 「偽使の時代」再考

十五世紀後半期の「琉球国王使」の主体が日本人（博多商人）で、書契が日本人の手になるものと考えられる以上、「琉球国王使」らしさの最後の砦は、やはり進物品の品目ということになる。表4の「進物」欄を一瞥すれば分かるように、十五世紀を通じて、胡椒・丹木・丁香などの南方物資が共通していた。「琉球国王使」といった場合、少なくとも貿易品に関しては、琉球との関係が完全に切れているとは考えられない（高橋 一九九二年c：一九三頁）。だが、前項で見た、「博多商人」新四郎のネットワークさえあれば、薩摩あたりで南方物産を入手することは十分可能だから、琉球の王府や諸勢力の関与を必ずしも前提せねばならぬわけでもない。

一方、「琉球国王使」たちが朝鮮で得ようとしたものは何だったか。表4「回賜品」欄に示すものは、「琉球国王」の進物への対価であり、品目は基本的に朝鮮側が決定するものであった。ここには公貿易・私貿易の員数が入っていないので、(26) 彼らの本音を窺い知ることは難しい。しかし、その回賜品および私貿易の対価の内容にまで容喙した使節が存在した。それは、［№35（一四九一）尚円］正使耶次郎（＝也次郎）、副使五郎三郎、および、［№36（一四九三）尚円］梵慶・也次郎、であった。

前者がもたらした書契は国王印（図書印）に難があったはずだが（第二節参照）、符験用の割印が捺されていた効果か、「大蔵経不帙一部」を貰うことに成功している。書契の文面には「これまで二回、日本人の新四郎を遣わして大蔵経を求めているのに、朝鮮側はまったく応じてくれない。今度こそは頂戴したい」とあからさまな要求が記されていた（『朝鮮成宗実録』二十二年十二月甲辰条）。婉曲な表現を好む外交文書の性格から考えれば、脅迫といっても良いほどの内容である。さらに、正使也次郎は、自らが持ち込んだ銅の対価に綿布のみ受けたいと強請し、叶わなければ還らない、と駄々をこねてもいた（『朝鮮成宗実録』二十三年二月庚戌条）。対応に困った朝鮮政府が折れて蔵経の賜給に決着したのであろう。「不帙」だったことに、妥協の結果が窺えるような気がしてならない。また、後者のもたらした書契でも、「緜布若干匹・白苧布一千匹・虎皮豹皮二百張」と具体的な要求数値が挙げられていた（『朝鮮成宗実録』二十四年六月戊辰条）。本来なら無礼窮まりない行為であろう。

ともあれ、ここで要求されている大蔵経・綿布は、当時、日本国王使をはじめとする多くの倭使が要求した品目と一致している。彼らの利害関心は、日本国内の販路にあったと見て間違いない。もちろん、これが琉球王国の主体的な中継貿易策に沿ったものとも考えられるが、逆に博多商人の裁量がすべてだった可能性も捨て切れない……。

このように、琉球王府との関係が確定できない情況で、使行を成り立たせうる確実な条件がただ一つある。ほかでもない割印制である。割印が博多商人の管轄下にある限り、真書をすりかえたり、最初から勝手に偽書を創出したりなど、さまざまなタイプの使節を造り上げることが可能である。つまり、書契—割印制とは、博多商人による最終的な偽使創作を保障する制度と考えられる。

恐らく、割印制施行期を単純な「真使の時代」「偽使の時代」とするのは妥当でなく、むしろ〝フレキシブルな偽使体制の時代〟と捉えるべきであろう。そこでは、国書書き替え型や完全独自偽作型などの複数タイプの《偽使》が想定されなければならないし、その意味でしか「偽琉球使の時代」はありえない。

ところで、この「《偽使》の時代」の期間、琉球人主体の真使と鉢合せにならなかったことは不思議である。当時、琉球王国自身は、朝鮮市場にあまり期待・関心を寄せていなかったと推測するほかあるまい。また、他主体の「偽琉球国王使」が見られないのも疑問である。使行の最終寄港地・対馬の調整工作によるとも考えられるが、琉球王国の内情にも注目すべき事実がある。それは琉球国王の日本人観と王国の国制に関するもので、漂流人送還が博多商人新四郎の請け負いとなった経緯に現れた。漂流人金非衣の証言（『朝鮮成宗実録』十年六月乙未条）から引用してみよう。

俺等凡留三朔、語二通事一、請レ還二本国〔＊朝鮮〕一、通事達二国王〔＊琉球国王〕一、国王答曰、「日本人性悪、不レ可レ保、欲レ遣二你江南一」、俺等、前レ此問二於通事一、知二日本近・江南遠一、故請レ往二日本国一、

琉球国王は、日本人が信用ならないので、彼らを江南経由で朝鮮に送還しようと構想していた。しかし、漂流人たちは、すでに「通事」によって江南よりも日本が近いことを知らされていたため、日本経由の使行を自ら願い出た。この「通事」は、証言の別の部分に「其通事、必使二日本人在レ国者為一レ之」とあって、日本人である。信用ならないはずの日本商人に、最終的に使行が嘱託された点を重視すると、通事は「日本は江南より近い」と吹き込んだだけでなく、博多商人が有利になるよう、周旋していた可能性もある。あるいは、一度ならず長期的に、博多商人勢力と共謀していたとも考えられる(27)。

おわりに

本章では、①日本を除く他の東・東南アジア諸国に対するのと同様に、琉球王国が朝鮮王朝に対しても咨文による交隣関係を原則としたこと、②博多商人が琉球王府とは独立に割印制を考案して朝鮮王朝と契約を結び、③その割印を用いて書契を偽作したこと、それにより、④琉球本国と関わらなくても使行を成り立たせえたこと、などを推測し

てきた。

驚くべきことは、博多商人を主とする偽使勢力が、国家間の符験制契約の機先を制し、自ら符験制を造り上げたということである。これまで、既存の符験（図書＝銅印など）を盗み、偽使通交に用いた例などは報告されてきたが、偽使主体そのものが符験制を造り上げて定約した例は、おそらくこれが最初で最後であろう。この割印制の構想そのものには、かなり高度な経験値が必要とされたはずである。しかしながら、最後に也次郎が馬脚を現したように、合理性や一貫性という点で問題があった〔村井 一九八八年：第Ⅷ章三五二頁〕（あるいは偽使派遣勢力の何らかの内部事情があったのかも知れない）。しかも、偽の「琉球国王使」の書契―割印制が効果を発揮しえたのは、《倭人海商》の博多商人が当時の東アジア国際慣行を熟知していたからではない。朝鮮王朝側の交隣原則――書契による交隣――とたまたま合致していたからに過ぎないのである。[28]

なお残念ながら、偽使勢力が王名をズラした積極的な理由は最後まで見付けられなかった。ただ彼らにとってみれば、すでに何度か通交を成就させ、それなりに信用を得ている通交名義をわざわざ更新する必然性はどこにもあるまい。やはり、「琉球国王使」が《偽使》であればこそ、名義を更新することには消極的にならざるをえなかったと思われる。

さて、このあと、割印制の体制が完全に崩壊したのち、一五二四年の「琉球国等閑意」使送〔長 二〇〇二年b：二一頁〕まで、対馬人によると思われる偽琉球使が頻繁に通交した（表4参照）。一方、琉球本国が朝鮮王朝との直接通交を再開するのは、遅く十六世紀後半になってからである〔小葉田 一九九三年：増補部分一四頁以下〕。その通交とは、両国が中国へ向けて派遣した朝貢使節同士が北京で行き合わせた際に、漂流人刷還などを行なうものであった。[29] そこでは、公貿易・私貿易こそ期待できないものの、各種の《偽使》や倭寇・海寇勢力を危惧する必要がまったくない。

この点から見て、琉球王府はもっとも安全で確実な外交形態を目指したのであろう。

註

(1) 琉球王国を東アジア国際社会のなかの独立国とみる、高良倉吉氏の見解〔高良 一九八九年a：エピローグ・一九八九年b：第3章〕に従いたい。なお、村井〔一九九五年：第五章一八三〜一八六頁〕参照。

(2) 「咨文」は『歴代宝案』第1集巻40の10号文書（以下、「1―40―10号文書」のごとく略記）、「書契」は『歴代宝案』1―39―2号文書。これらについては、第二節2にて詳述。

(3) 古代東アジアの外交文書に関して、石井正敏氏が「文書の様式は必ずしも一定」せず、「国際情勢に応じて変化する」と指摘したのは示唆的である〔石井 一九九二年：三一八頁〕。

(4) 以下、本文で述べるように、本章では「割印」の語を用いることとする。もちろん、史料の引用に関してはその限りでない。「割符」の表現は史料用語ではなく、先行研究で使用されているのみである。

(5) 〔№32〕名義の肩書「総守」は、〔№26（一四六八）総守将李金玉〕にも現れる。

(6) あるいは別系統とも考えられる、〔№32（一四八〇）琉球国総守李国円子ら〕の可能性もある。和田久徳氏は、「尚元は朝鮮漢字音で尚円と音通であるから、尚円のことで」、「これ以前に至った使者の口から、当時の国王である尚円の名が洩らされたのであろう」〔和田 一九九二年a：六一頁〕とする。すなわち、〔№32〕が琉球から渡来した真使である可能性を示唆したのだろう。なお本章註5参照。筆者は真偽の判断を留保するが、敢えて言えば偽使だと考える。

(7) 以下の行論においては、とくに図書印（琉球国王の私印）の存在について長節子氏の御教示を得た。そのご指摘に基づいて、旧稿の本節部分を大幅に訂正したことを明記しておく。

(8) 割印がどんな形状・印文の印鑑なのか確証はないが、私は、大内氏が朝鮮から造給された「通信符」（銅製割印の通交証明手段）〔田中 一九八二年a：一〇四頁註7〕と同形態であったと考える。理由は、第一に、いずれも書契一幅に割印右隻一種が捺されたと考えられること（『朝鮮成宗実録』十年四月丁未条）。第二に、〔№30（一四七七）尚徳〕の副使新右衛門尉と同じ名乗りの人物が、一四九三年に大内氏の朝鮮遣使副使となっている例があること（『朝鮮成宗実録』二十四年十月甲子条―ただし割印制発案以前でないのが難点）、である。ただし、本章が問題とする「琉球国王使」の割印が書契内のどこにどのように捺されたのかはまったく想像もつかない。

(9) 琉球国中山王察度の時代の［No.2（一三九四）］・［No.5（一四〇〇）］の二度、「箋」の例がある（『朝鮮太祖実録』九年九月庚寅条・『朝鮮定宗実録』二年十月丙午条）〔高橋 一九八二年b：九四頁註56〕。箋とは、皇太子・皇后に出す上行文書のことである。『海東諸国紀』琉球国紀も「其書、或箋、或咨、或致書、格例不レ一」と指摘している。だが、箋は別にして、この指摘は、一四二〇年代に琉球王国が外交文書行政の格式をあるていど定めたと考えられること（『歴代宝案』は一四二四年以後連年の文書を採取する）と、まったく矛盾している。偽書が混入していた可能性を想定すべきであろう。

(10) 例えば［No.38（一五〇〇）琉球国中山王尚真］（『燕山君日記』六年十一月丁卯条―本章註14参照）。本章では、朝鮮王朝の「書」という概念把握に沿った、高橋公明氏の範疇化＝「書式外交文書」を採用することができない。この「書式外交文書」という概念規定は、書契や書簡と、文面・文体が書契に似た咨文とを同列視してしまうものなので〔高橋 一九八二年b：八八〜八九頁〕、外交文書の物理的形態や様式――とくに本章では琉球王国の文書行政態勢――を論ずるうえで厳密さを欠くと考えるからである。もちろん、「咨式外交文書」「書式外交文書」という概念区分は、本章の考察とは別次元で有効なものであり、完全に否定する意図はない。

(11) 『朝鮮世宗実録』十三年十二月丁酉条所載の「書」と同文。

(12) この「書契」は、［No.11（一四三一）中山王尚巴志］（夏礼久ら）が致した「咨文」（1―40―10号文書、『朝鮮世宗実録』十三年十一月庚午条）への返書に当たる。しかし、朝鮮政府の議論（『朝鮮世宗実録』十三年十一月丙子条）を経て、最終的に「咨文」ではなく「書契」という文書様式に決定したものである（『朝鮮世宗実録』十三年十二月丁酉条）〔高橋 一九八二年b：八八頁〕。

本章「はじめに」参照。

(13) 【六月十二日】の也次郎（偽使勢力）の発言に、「道安、累受二琉球国王書契一」なる表現が出てくるので、道安の携えてきた書契（［No.15（一四五五）琉球国王尚泰久］―『朝鮮世祖実録』元年八月戊辰条）が偽書ないし道安作成文書である可能性は強いだろう。その道安は、［No.14（一四五三）琉球国王尚金福］にて咨文を致して漂流人を刷還したが（『朝鮮端宗実録』元年四月辛亥条）、［No.15］・［No.16（一四五七）琉球国王］でも引き続いて漂流朝鮮人を刷還した（後者の文書様式は不明）。ところが、［No.16］にて刷還した漂流人は金光など五名にとどまり、未刷還者が卜山ら四名あることも伝えていた（外交文書の文中に載せるか）。恐らく良民韓金光らと（彼らの）「私奴」卜山らとの間の身分差（参照『朝鮮世祖実録』三年七月乙亥条）が、送還時期の違いに帰結したのだろう。さて、その卜山らを刷還したのが、続く［№17（一四五八）琉球国王］（吾羅沙也文）である。かつ同使行が書契をもたらしていた点も注目したい。少なくとも［№16・№17］は連動した偽使（ないし琉球王国の了解なしに道安ら博多商人グループが勝手に仕立てた使節）と考えられ、結論的には［№15・№16・№17］が偽使（ないし独自に〝水増し〟した使節）で、書契様式の偽書（ないし独自作成文書）をもたらしたものと考える。なお最近、佐伯弘次氏は、［№15（一四五五）］・［№16（一四五七）］の使節を、（とくに後者に関して）琉球王国の意を汲んだ「偽使」ではないかとしたが〔佐伯 二〇〇三年：四〇頁〕、右記から分かる通り、基本的に筆者も同様の考えである。

(14) 『朝鮮王朝実録』の地の文では「国王書」と表記されているが、引用された「書」の本文に、「咨文」であると明記されている。なお、小葉田〔一九九三年：増補部分一二頁〕参照。

(15) 本章註13参照。

(16) ［№22（一四六一）］（普須古・蔡璟）の帰国に当たって、朝鮮国王は返書のなかで鸚鵡と孔雀の将来を要求した（『朝鮮世祖実録』八年正月辛亥条）。この返書自体は『歴代宝案』に載せていないが、その後の［№24（一四六七）琉球国王（尚徳）］がこの要望に沿って鸚鵡・大鶏を進献したこと（『朝鮮世祖実録』十三年三月庚午・七月丙子条）、この［№24］への朝鮮返書が『歴代宝案』に収められていること、などから、［№24］および［№22］は確かに真使だと見なしうるのである。

(17) 文面はともかく、咨文がどんな様式だったか、実はよく分からない。文書の日付年号の字上に、明からの「国王印」＝「琉球国中山王之印」を捺したものらしい〔小葉田 一九九三年：二〇四頁〕。また恐らく、文書書面の奥に飛白体で「咨」と大書（ないし印刷）されていただろう。なお、「致書」の例でも、特に［№21（一四六一）］のものは、それに対する朝鮮返書が『歴代宝案』に残っており（1―39―3号文書）、真書・真使であった可能性が高い。だとすれば文書の形態は書契でなくやはり咨文だったのではなかろうか。つまり「致書」文言があるからと言ってただちに書契だとは見なせないのである。

(18) 村井章介・米谷均両氏の御示唆による。この偽作が改作であった傍証の一つとして、［№28（一四七一）尚徳］（自端西堂・平左衛門尉信重）が致した書契に、咨文と同じ「成化六年」が記載されていた事実がある（【六月九日】⑥C）。なお、東恩納寛惇氏は義重と信重とを同一人物だと考えているが〔東恩納 一九七九年a：九七頁〕、同一人物なのになぜ名前を変える必要があったのか、説得的な説明は施されていない。

(19) 前年一四七〇年、偽日本国王使が朝鮮に符験の「金印」再造給を求めて失敗した事件（『朝鮮成宗実録』元年八月庚午条）も、この「琉球国王使」割印制の発想と無関係ではあるまい。いずれも符験を掌中に収めようとする動機が共通しているからである。偶然の連続とは考えにくく、対馬宗氏―博多商人連合の一連の行動として捉えるべきだと思う。詳しくは本書第一章を参照のこと。

(20)　このほか、対馬宗氏との協同関係を示す根拠は、第一に、[№33（一四八〇）]使僧敬宗が一四九九年「日本国巨酋源政尚」の正使ともなっていること（『燕山君日記』五年二月庚午条――藤姓でないが、「政尚」から当時対馬が偽作していた小二殿使と考えられる）、第二に、[№37（一四九四）琉球国中山府主]（天章）の使行に対馬早田氏の一族皮古三甫羅が同行し、携行した書契にて「新符」を要求していること（『朝鮮成宗実録』二十五年三月戊申条）、である。この「新符」の表現は、対馬勢力が割印の存在を知っていたことを意味し、[№37]が偽使であることをも暗示する。

(21)　この期間における博多における大きな争乱といえば、一四九二年、箱崎宮を焼いた（『親長卿記』明応二年十二月十四日条）とされる、少弐政資（初名頼忠）と大内政弘との軍事衝突が挙げられる。あるいはその余波で博多商人保有の割印が失われた可能性もあるが、もとより確証はない。なお、箱崎宮にこじつけるわけではないが、「琉球国王使」証明用の割印を失い、偽使であることの馬脚を顕した也次郎（耶次郎）が「弥次郎」だとすれば、彼は、箱崎宮油座神人で博多奥堂に本拠を構える、有力博多商人の奥堂氏であった可能性も残す。奥堂氏歴代の通称に「弥次郎」が散見されるからである（箱崎宮所蔵「御油座文書写」〔川添　一九五八年〕参看）。

(22)　和田久徳氏は、「必ずしも偽琉球使と呼べそうもないものもある」として、漂流人を送還した[№31]や、わざわざ書契に「非我国人」と記してある[№34]、内原里主の名がみえる[№30]を挙げている〔和田　一九九二年a：六八～六九頁〕。ここでは控え目な表現だが、氏の割符（割印）論から分かるように、和田氏は明確な真使論者である。なお、本文で取り上げられなかったが、真喜志瑤子氏〔一九八六年・一九八七年〕と知名定寛氏〔二〇〇〇年・二〇〇二年〕も真使説を採る。真喜志説は公刊前の和田久徳説に依拠しており、本文以上にコメントする必要はない。知名説はこの時期の琉球使の発言に前後矛盾がないことを根拠にしているが、そもそも真使にあってさえ発言がすべて事実である保障はないので〔橋本　二〇〇四年b：四一頁〕、別の根拠を提示する必要があるように思う。

(23)　高橋公明氏が「漂流人および新四郎がともに琉球王朝と密接な関わりがあったというのは作り話と考えるほかない」〔高橋　一九九二年c：一九三頁〕、と断言する根拠は明らかでない。第二尚氏王朝と偽使との関わりを否定した、自らの結論的前提に引きずられたものではないか。

(24)　高橋公明氏は「打家西浦」をタカソゲと読んで、豊後の高崎山近辺に比定しているが〔高橋　一九九二年ｃ：二〇四頁註85〕、比定地としては肥後の高瀬津が妥当であろう。なお、国際交流史上の高瀬津の位置づけについては、橋本〔二〇〇二年ｄ（本書第三章）〕など参照。

(25)　『海東諸国紀』日本国紀―対馬島条で「所温老浦《ソウンノカイ》」とあるものも、曾浦と比定されている〔田中健夫　一九九一年：二〇六頁〕。「浦」は当時の朝鮮語で「カイ」と訓んだ。なお、上井久義氏はこの「所温老浦」を「沙愁那浦」＝佐須那（『海東諸国紀』）に比定するが〔上井　二〇〇一年：四頁〕、疑問である。さらに付言すると、上井氏が「新四郎」の別表記「新伊四郎」（『朝鮮成宗実録』十年六月乙未条）から「新」＝「新伊」＝「ニイ」＝仁位（対馬）とするのは〔上井　二〇〇一年：三頁〕、ニイが日本語の訓読みであること、筆記者が朝鮮人であることから見て、これまた疑問である。

(26)　中近世の日朝貿易には、①使節による進上（封進）とそれへの回賜、②官営の公貿易、③双方の商人同士による私貿易、の三形態が存在していた。琉球国王使もこれに準じたと考えられる。なお、右の貿易三形態については田中健夫〔一九五九年：第三章〕・村井章介〔一九九三年：一二七頁以下〕に詳しい。

(27)　通事を日本人とする漂流人の認識は、我々が常識として持っている、久米村の中国系通事の存在と「矛盾」する。あるいは、倭人勢力が首里・那覇近辺に扶植されていた可能性も考えられよう。この点も含め、琉球国政における日本人《ヤマトンチュ》勢力の位置については今後も検討が必要である。

(28)　いささか細かい話になるが、書契―割印制は、朝鮮側の華夷意識を満足させてもいただろう。〝偽の「琉球国王」（博多商人）側に右隻、朝鮮国王側に左券〟の礼的意味は、朝鮮が上位、琉球が下位ということである。朝鮮はそこに朝貢的姿勢を読み取ったのではなかろうか（本章註8参照）。

(29)　このとき、朝鮮が咨文で交隣に臨んだ点は興味深く、機会を改めて論じてみたい。また本章では、重要な論点である①文書様式「咨文」・「書契」の差異、ならびに、②琉球王国の外交文書行政全体における朝鮮通交の位置付けについて、十分な議論を展開できなかった。いずれも後考を待ちたいと思う。

第三章　肥後地域の国際交流と偽使問題

はじめに

本章では、中世日本における《地域》研究のケイススタディとして、肥後地域の国際交流について考察する。なぜ肥後地域の国際交流をここで取り上げるかといえば、内海と目される有明海域が、実は海外に開けた九州・沖縄の海上交通路と密接に関係していたからである。具体的には、十四・十五世紀における肥後菊池氏の対外交流について、港湾都市高瀬津や菊池氏の帰依した禅宗勢力の動向を絡めて検討してみたい。これまでにも高瀬津や肥後の禅宗勢力に関する研究は存在するが、それを菊池氏の対外関係という視点から通時的に検討したものは比較的少ないからである。また、その国際交流のうち、どこまでが実際に菊池氏の関わった交流と見なせるのかどうか、いわゆる偽使問題についても積極的に論及していきたい。菊池氏名義の朝鮮通交の実態に関する研究としては、従来、阿蘇品保夫氏〔一九九〇年〕・青木勝士氏〔一九九三年〕の論稿が存在し、筆者も多くの点で学ばせて戴いたが、偽使問題の解釈にまだ再考の余地があると考えたため、改めて取り上げる必要を感じた。

本章でとくに注目する肥後の代表的な港町・高瀬津（高瀬湊）については、森山恒雄氏〔一九八三年・一九八七年・一九八八年〕や田辺哲夫氏〔一九八八年〕、工藤敬一氏〔一九八八年〕、青木勝士氏〔一九九三年〕らの優れた研究がある。

そのなかで、港湾内部の都市的景観、権力との関係といった問題はかなりの程度解明されており、とくに青木氏の最新の研究によってそれは頂点に達したと言える〔青木 二〇〇三年〕。また、肥後における禅宗勢力——曹洞宗や臨済宗——の分布・位置付けや守護菊池氏との関係に関しては、広瀬良弘氏〔一九八八年〕や佐藤秀孝氏〔一九八四・一九九〇年〕、上田純一氏〔二〇〇〇年〕らの研究が非常に参考になる。こうした先行研究の成果に学びながら、所期の課題——肥後地域・菊池氏の国際交流——に関して筆者なりの考察を深めていきたい。

一　十四世紀——高瀬津の登場と〝南島路〟

1　博多・河尻・高瀬——曹洞宗の展開

十四世紀中葉から、肥後の対外交流の起点として、高瀬津に関する史料が散見されるようになる〔詳細は後述〕(1)。この前後の対外交流の窓口といえば、博多一極集中と言っても過言でない状況である〔榎本 二〇〇一年d参看〕。おそらく、博多が前代以来の国際交易都市の性格を引き継いで、集散港《エンポウリアム》的役割を誇ったことがその背景にあるのだろう。博多こそが中世国際交易最大のターミナルであった、という先学の指摘〔大庭 一九九九年〕はほぼ疑いようもあるまい。

もちろん、有明海に面した港湾がまったく国際交流と無縁だったわけでもあるまい。本章で着目する肥後の高瀬津に先行しては、同じく肥後の河尻がまず候補となろう。河尻には、肥後の曹洞宗の総本山的存在、大慈寺が存在する。言うまでもなく曹洞宗も、中国仏教との密接な連関のもとに教線の拡大を図っていた。一二二七年秋、入宋した道元は博多に帰国したと普通言われるが、この肥後河尻に帰著したという説もある（『道元禅師行録』）。後世の付会の可能性は否定できないが、そうであればなおのこと、ある時期以降、河尻が日中交流の窓口と仮想されていたことが窺える。また、十六世紀中葉の『日本一鑑』「桴海図経」巻三に見える「白河湊」は、やはりこの河尻と思われる。

このほかには、『長秋記』長承二年（一一三三）八月十三日条に見える「宋船」の入港地とおぼしい、肥前国神崎荘の津＝蒲田津〔服部 二〇〇三年〕を挙げることができよう〔森克己 一九七五年a、竹内理三 一九七三年、服部 二〇〇三年、大庭 一九九九年など〕。ただしこれについては、博多津来着説も根強く〔長沼賢海 一九七六年、五味文彦 一九八八年、山内晋次 二〇〇三年：第二部第一章、石井正敏 一九九八年a〕、いまだ決着を見ていない。問題の宋船が「神崎荘領」となった経緯が不明であり、現在のところ、神崎荘の津に漂着したことによって寄船・寄物行為を蒙ったとか〔大庭 一九九九年〕、倉敷地での管理貿易のため博多に来たとか〔五味 一九八八年、山内 二〇〇三年：第二部第一章、石井 一九九八年aなど〕、それぞれの説明がなされているのが現状だ。このほかに貿易船が来た可能性が高い有明海沿いの湊としては、服部英雄氏が紹介した、仁和寺領の杵島荘津が挙げられよう〔久安年間、杵島荘から仁和寺に孔雀が献上された〕〔服部 二〇〇三年〕。ただしこれらについては、山内晋次氏が指摘するように、当時の通常の外洋航海型貿易船（ジャンク）が全長三〇メートル前後の大きさであること、それが当時の湊（港）に一定期間とどまれるのかどうかということ、こうした点をクリアしなくては、解決できないと思われる〔山内 二〇〇三年：一三七〜一三八頁〕。今後、海事史・船舶工学や歴史地理学との密接な協業作業が求められていると言えよう。

しかし、いずれにしても、当時の国際交流の拠点は、筑前博多優位であることは大勢として誤りないと思われる。以下、曹洞僧関係の渡航事例を瞥見してみることとしよう。

道元の法嗣、寒巌義尹は二度の入元を経験している。初度は一二五三〜一二五四（？）年、二度目は一二六四〜一二六七年。後者の入元においては、南浦紹明と同行した可能性が高く（南浦も同年に帰国）、そうだとすれば博多に帰着した可能性が高い（「帰朝、且住ニ博多聖福寺一、継住ニ肥之後州一」―『寒巌禅師略伝』）。その後、義尹は、栄西が開創した博多聖福寺に寓居したが、一二八三年までに肥後に入り、宇土に三日山如来寺、河尻に大梁山大慈寺などを開創する。義尹はその後終生永平寺に戻ることがなかったらしく、紹明ともども、九州で活動を続けた（佐藤　一九九〇年：一五五頁）[2]。なお、肥後に拠点を築いた寒巌義尹の法流を、特に「肥後法皇派」と呼んでいる。

その寒巌義尹の法孫無聞普聡・能翁玄慧も、年次不明ながら入元を果たしている（佐藤　一九八四年：二八三頁）。普聡は、肥後大慈寺住持愚谷常賢の法嗣。一方の玄慧は、肥後法泉寺の仁叟浄熙（？～一三六四）のもとから南遊し、帰国して再び浄熙に参じたという（『日本洞上聯燈録』巻二）（佐藤　一九八四年：二八三頁）。両者ともに入元の経緯や時期は不明だが、肥後の曹洞宗に入元僧が続出したことは注目に値しよう[3]。

また、高瀬で広福寺を開くことになる入元僧の大智も、後に明峰素哲の法を嗣ぐとはいえ、受業の師は寒巌義尹であった（中尾　一九九一年：二〇八頁）。大智の入元は一三一四～二三ないし二四年頃である（広瀬　一九八八年：第二章三節）。入元時の出発地は不明だが、帰国時のことは遭難したためによく記録に残っている。すなわち、在元十年の間に諸師に相見し、帰国時には元の朝廷に申請して英宗の詔により元船に搭乗したが、難破し高麗に漂着。高麗国王

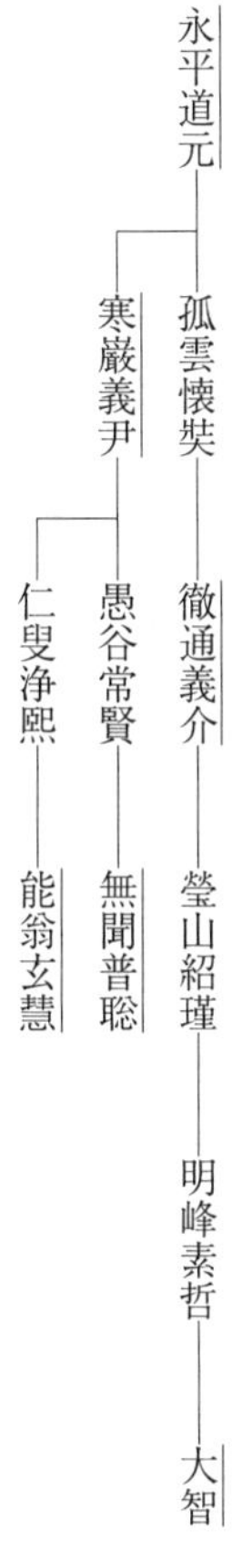

図3　曹洞宗永平下法系略図（傍線は入宋・入元僧）

は、船の修理を命じて帰国させ（『高麗史』忠粛王十一年七月癸丑条）、大智は加賀国宮腰津に辿り着いた（『日本洞上聯燈録』巻二）。大智はそのまま能登の洞谷山永光寺に瑩山紹瑾に参じ、その後、紹瑾の高弟、大乗寺明峰素哲の法を嗣ぐ。のち、大智は加賀と肥後とを頻繁に往返し、高瀬北方の石貫に広福寺を開山する（一三三〇年）〔広瀬　一九八八年：二一九頁、水野　一九七八年：三四〜三五頁〕。この広福寺が菊池氏の庇護を受け、港湾都市高瀬の経営の起点となったと考えられる。なお、大智の作った偈に「送₂僧之₁大元₁」なるものが散見されるが、加賀・能登から中国を目指したのか、肥後高瀬から出航したのか、はたまた博多を経由したのかなど、遺憾ながら不明である。このように、確実に〝有明海経由の国際交流〟と言えるものはほとんど存在しない。

2　高瀬津と〝湊の禅院〟永徳寺

さて、これ以降、冒頭にも述べた通り、高瀬津を用いた海外渡航記事が散見されるようになる。以下、主な事例を紹介しておこう。

【a】臨済宗雪岩派の石屏子介《しっぺいすかい》が、延文二年（一三五七）中国元朝より帰国し、高瀬津に永徳寺を創建した（『肥後国志』・『玉名郡志』）。石屏子介は、かつて中国人とされてきたが、玉村竹二氏により周防の人だと推定されており、のち周防国香積寺を開山する人物である〔玉村　一九八三年：三六一頁〕。この永徳寺は、高瀬津の口を扼する位置にあり、「大倉山」という山号からも、港湾機能と密接な関係にあったことが想像される。

【b】臨済宗幻住派の大拙祖能が、一三五八年、中国元朝の興化県（福建の興化県か─榎本渉氏御教示）より肥後高瀬津に帰朝し、この永徳寺に拠った。『大拙和尚年譜』延文三年戊戌─師四十六歳─至正十七年条は、次のように伝える。

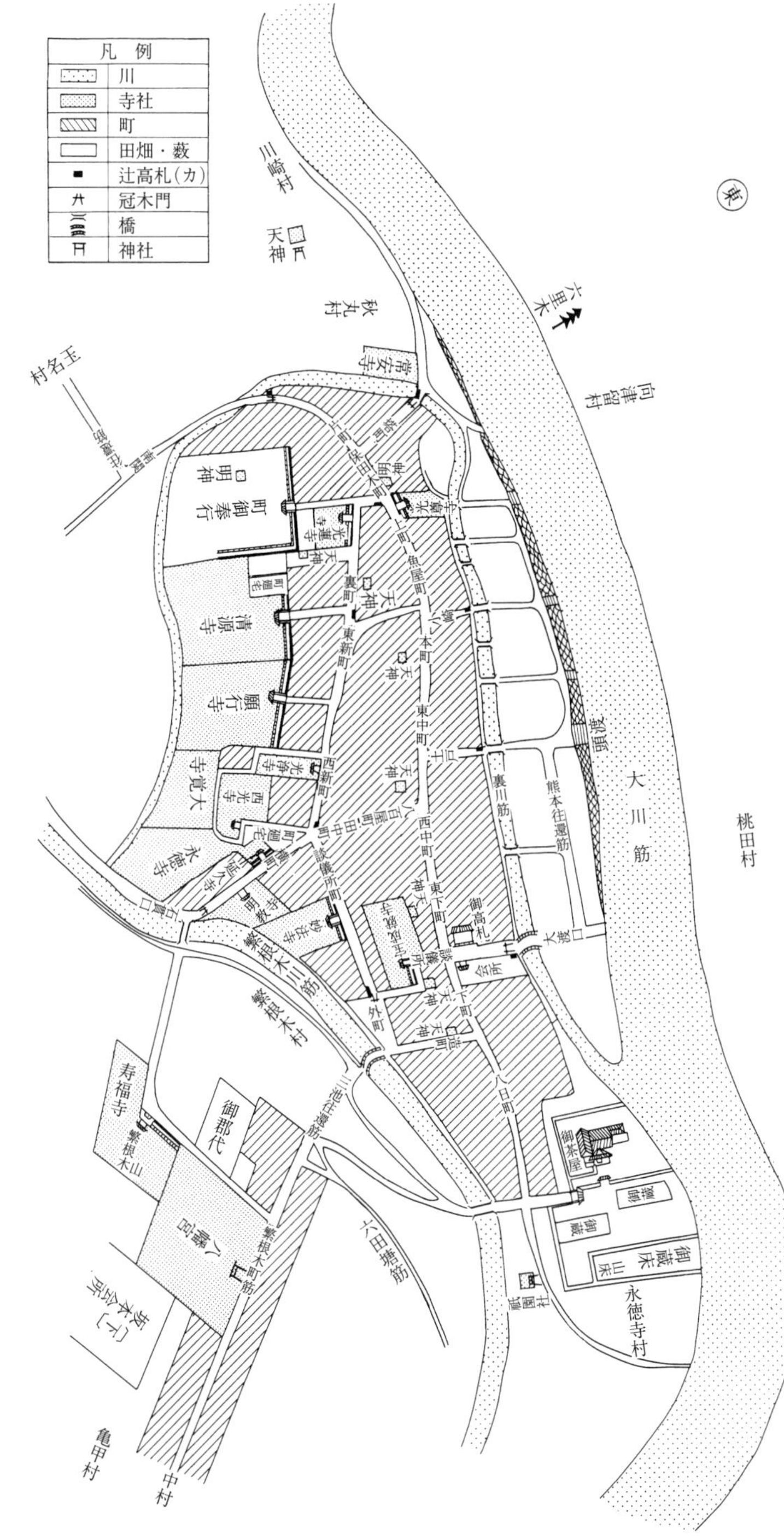

図４　高瀬町図〔概念図〕(『玉名市史　資料編１　絵図・地図』より転載，一部加工)

是年師在二興化一、春三月二日母氏卒。夏五月師与二数十人一、倶上レ舶汎レ海、数日到二薩州甑島一、六月抵二肥後高瀬一、是月師住二永徳小刹一、……

【c】　一三六五〜六六年頃より来日していた宋の文人陸元良（陸仁）が、一三六八年、博多（聖福寺？（上田 二〇〇〇年：七一頁））から高瀬に至り、日本人入元僧の絶海中津・汝霖妙佐・明室梵亮・如心中恕（夢窓派）・大年祥登（大覚派）らとともに中国に帰国した（玉村 一九八三年：各項参看）。『蕉堅稿』「祭寿天錫文」にも「迨二予南遊一、寓二高瀬津一」とあるが、より詳しくは、『空華日用工夫略集』応安元年（一三六八）十二月十七日条に以下のようにある。

津要関〔要関中津、のち絶海中津〕書至。「亡母三十三忌過附二商船一渡海。河南陸仁、字元良、称二雪樵一、蘇州教授。避レ乱漂二泊博多津一已両三年矣。近聞、青巾一統、而江南・両浙稍安、将レ帰。聖福和尚称二賞之一有二錦屛詩一。発津在近」云々。雪樵詩叙曰、「戊申〔一三六八〕夏四月、余自二博多一至二高瀬一、将下附二海航一帰中浙西上。適与二要関上人一会二于永楽蘭若一、遂相共周旋者数日、斯文之誼雅、可レ尚也。……」。

森山恒雄氏はとくに断わりなく絶海中津らが永徳寺に宿したというが（森山 一九八七年：三〇〜三一頁）、右史料最後の部分に現われた「永楽蘭若」こそ、永徳寺（誤記ないし後世の誤写）であろう。『肥後国志』などの地誌類にも、永楽寺なる寺名は高瀬内に見当たらないためだ。しかも、当時の永徳寺の立地（図4東南隅「永徳寺村」「御蔵」参照）からして、出船を待つ際に非常に便利であった。永徳寺は、まさしく〝湊の禅院〟だったのである。(4)

3　高瀬津登場の歴史的背景と〝南島路〟の変容

それでは、なぜこの時期、十四世紀中葉から高瀬津が対外通交の港湾として頻繁に登場するのだろうか。その背景としては、前期倭寇の猖獗と元末明初の混乱とによって東アジア海域が不安定化し、博多—明州（寧波）のハイウェイ〝大洋路〟〔森 一九五五年、榎本 二〇〇一年dなど参照〕を使用することが嫌われたためと考えられる。この時期の大陸情勢の悪化と対外通交の頻度との関係を考察した榎本渉氏によれば、一三五二〜五六年において日元間の僧侶の往来が一例も確認できないのは、元末の内乱の急激な進展によるものだという〔榎本 二〇〇二年a：一一頁〕。

また、周知の通り、一三五〇年、前期倭寇が朝鮮沿岸部から中国山東方面にかけて突如盛んになる（『高麗史』・『高麗史節要』）。琉球方面を洗った倭寇を「考察」（＝想定）した稲村賢敷氏〔稲村 一九五七年：第一編第二章〕や、前期倭寇の正体を日本人のみだと論じた李領《イヨン》氏〔李 一九九九年：第四・五章〕が、倭寇とは、日本国内への軍需物資の供給を目的にした日本人武装集団であった、と揃って主張する（なお、稲村氏は倭寇の統率者を菊池氏と見なすのに対し、李領氏はそれを少弐氏だと推測した）。筆者も、日本国内における戦乱と前期倭寇との関係は皆無であったとは考えない。当時の海商・海寇集団が、戦時（南北朝動乱）の高需要（好景気）に乗じて、「倭寇」活動を展開するのは、むしろ自然なことであろう。ただし、それが日本国内や日朝間のみで完結する問題かと言えば、俄に断定することはできないのではないか〔橋本 二〇〇二年a：五六〜五七頁参看〕。

一三四二年以降、中国では黄河がたびたび氾濫を起こして河南・山東・淮北などの各地に飢餓状態が蔓延し〔杉山 一九九六年：二二〇頁〕、一三五一年には有名な紅巾の乱が勃発、張士誠や方国珍、後に太祖となる朱元璋などが乱立割拠する内乱状態に陥った。大局的に見れば、前掲【a】石屏子介、【b】大拙祖能、【c】陸元良・絶海中津らが、博多でなくわざわざ高瀬津を利用したのも、こうした政情の不安によるものだろう。

とくに【c】の陸元良・絶海中津については具体的に背景を想定しうる。彼らが渡海帰国を思い立った一三六八年（洪武元年）とは、舟山列島の蘭山・秀山（実は一島）を拠点に、海寇勢力が一大叛乱事件を起こした年だからだ。この「蘭秀山の乱」を詳細に検討した藤田明良氏によれば、叛乱の首班である蘭山の王氏、秀山の陳氏は、海上に多大な勢力を有した方国珍の息のかかった存在であり、また、叛乱軍には、舟山列島の他島の者のみならず済州島や高麗沿岸の海上勢力が含まれていた可能性が高いという〔藤田 一九九七年：二四〜二五頁〕。こうした〝国境を超えた〟海上勢力の跳梁ぶりを想定する立場に立つと、前期倭寇の〝正体〟を日麗関係史＝二国史の枠組みのみで解明すること――日本人か朝鮮人かと論断すること――が妥当とは考えがたい。中国大陸の情勢や日本国内での観応擾乱が前期倭寇の呼び水となったことは間違いないと思うが、軍需物資を略奪供給する多民族複合的な海寇こそが、前期倭寇の正体であったと見なすべきであろう。

ともあれ、この一三六八年「蘭秀山の乱」こそ、陸元良らが当初乗るべき博多―明州直行便船が解纜しなかった直接の原因であったと考える。海賊たちが蟠踞する舟山列島を貫通し、明州へ直行する〝大洋路〟を採るのはいかにも危険だからである。それゆえ、陸元良や絶海中津らはおそらく陸路で肥後高瀬津に回り、南下して薩摩西岸域に出る船便を待ったのであろう。

一般的に、高瀬から中国に向かうには、そのまま南下して薩摩西岸に出たと考えられる〔榎本 二〇〇二年a：一六頁〕。すでに見たように、【b】大拙祖能は、福建興化県から出発し、数日にして「薩州甑島」に到り、そこから高瀬津に入っている。季節風さえ利用すれば、逆向きのルートでも十分航行可能であったろう。また、時間はかかるがより着実な航路として、奄美・琉球列島を島伝いに経由するルートも想定される。近年、こうした〝南島路〟がすでに十三世紀段階に存在していたことが、考古学的知見によって実証されている。鹿児島県金峰町万之瀬川沿いの持躰松遺跡と奄美大島宇検村焼内湾口の倉木崎遺跡との二つの遺跡で、ほぼ同じ構成の中国陶磁器群が出土したからである〔宇検村教育委員会 一九九九年〕。あたかも、先述の対外交流記事を裏付けるかの如く、永徳寺河原〔鶴〔津留〕の河原）から十二～十三世紀の青磁破片が大量に採集されているという（筆者未見）〔森山 一九八七年：三一頁〕。すべてとは言わないが、これらの貿易陶磁遺物が福州発の〝南島路〟によってもたらされた可能性は恐らく否定できまい。

なお、この〝南島路〟が薩南・琉球列島の社会に与えた影響についても関説しておく必要があろう。周知の通り、ヤマト地域の中世前期に当たる頃、琉球列島方面一〇〇〇キロをカムィヤキ（亀焼）と呼ばれる類須恵器が流通していた〔池田 二〇〇三年・二〇〇四年、新里 二〇〇三年a・二〇〇三年b〕。二〇〇二年十一月十六日、カムィヤキの産地徳之島伊仙町で開催された「カムィヤキ古窯群シンポジウム」〔赤司 二〇〇四年参照〕においては、カムィヤキの起源と性格、その終焉の時期とが話題の中心となった。これに関して、パネラーの一人、吉岡康暢氏は、カムィヤキとは南九州地域のプロモータが対琉球列島向けに作らせた農産物貯蔵用の焼き物で、終期は恐らく十四世紀中葉まで下るだろう、との見通しを示し、フロアの金武正紀氏からも、那覇市内の消費地遺跡の発掘例でそれは裏付けられるという発言があった。これは、漠然と十三世紀頃までと言われていたカムィヤキの終期を大幅に引き下げる指摘で、注目に値するものである。そして、このカムィヤキの代替物が何かと言えば、単純には言い切れないにせよ、つとに高梨修氏が指摘していたように、おそらく中国からの輸入陶磁器が主であったろう〔高梨 二〇〇〇年：二五六頁〕（右のシンポジウムにおいても吉岡康暢氏および講演者村井章介氏が同様の趣旨を発言）。

となれば、十四世紀中葉のこの時期、薩南・琉球列島に中国陶磁器をもたらした〝南島路〟こそ、本項で話題にした当該期の福建―高瀬ルートに他なるまい。それまで明州（寧波）―博多ルートの〝大洋路〟を往還していた、日用品を含む大量の陶磁器が琉球列島にも供給され、カムィヤキから陶磁器への転換、延いては北山・中山・山南など琉球諸王国の誕生を惹き起こしたのではないか。大仰な言い方をすれば、これは琉球列島の〝文明化〟を招く過程であったと言えるかも知れない。十四世紀中葉の大陸・半島・環シナ海域の動乱は、このようにして、南海の列島社会にも甚大な影響を投げかけていたのである。

4　偽使問題としての「日本国王良懐」

高瀬津を使用したと思われる上掲の渡航例【a】【b】【c】は、何らかの意味で寧波（明州）―博多の〝大洋路〟を使えず、その補助的手段として高瀬津から〝南島路〟に発したものと言える。つまり、肥後高瀬津は、元明交替の混乱期や前期倭寇の猖獗期に、博多に変わる代替港市として副次的に利用されたに過ぎない。対外交易の利を考えれば、菊池氏としても高瀬津に期待をかけていたはずだが、この後、菊池氏の対外交易への努力はほとんど実を結ぶことがなかった。

まず、従来、菊池氏が関与していると言われてきた「日本国王良懐」名義の対明通交は、第一回目の通交を除き、その多くが偽使によるものと考えられ（村井 一九八八年：第Ⅱ・Ⅳ章、橋本 一九九八年b）、菊池氏による対外通交（関与）の実例とは見なせない。

一三七一年の「良懐」名義の第一回遣明使祖来は、確かに南朝＝征西府（懐良親王）の派遣だが、その遣明使の出発地は（高瀬津などでなく）博多としか考えられない。なぜならば、この請封使＝祖来らを呼び込むための明使（楊載・趙秩）自身が、博多に来航していたからである。

この遣明使祖来らの冊封要請（請封）を承けて、一三七一年、明朝の冊封使（仲猷祖闡・無逸克勤）が博多に来日する。だが、九州探題今川了俊の攻勢を受けて、征西府勢力はすでに大宰府・博多から敗走していた。したがって、以後の明使への答使は、基本的に、博多を押さえていた九州探題勢力が派遣を主導していたと見るのがもっとも自然である。そのほかにも偽使と見なしうる例はあり、たとえば次の三例を参照されたい（今川了俊が関わった可能性のあるものは【α】【γ】の二例)。

【α】 一三七六年に通交した「良懐」第二回使節の廷用文珪は山城宝福寺住持であり、後円融天皇の命で通交したと自認している〔村井 一九八八年：第Ⅱ章〕。義満政権の息のかかった派遣、具体的にはやはり今川了俊主導の派遣と考えるべきであろう。ちなみに、了俊は、かつて山城国守護を歴任したことがあるので〔一三六六〜六七年〕、そこですでに接点があったものかもしれない〔佐伯弘次氏の御教示〕。

【β】 一三七九年の「良懐」第三回使節劉宗秩・通事尤虔は、尤虔が一三七四年の島津氏久名義の遣明使にも加わっていたことから、島津氏主導の派遣であった可能性が高い〔ただし、征西府そのものとの密な連絡提携があったか否かは不明〕〔村井 一九八八年：第Ⅱ章〕。

【γ】 一三八一年「良懐」名義の第四回遣明使節如瑤が登場する。だが、系字「如」から別源円旨〔曹洞宗宏智派〕の門弟と考えられ、そうだとすれば別源と関わりの深い朝倉氏―斯波氏、つまりは北朝―義満政権側による派遣であった可能性が考えられる〔橋本 一九九八年b〕。

このように、第二回以降の「良懐」名義の遣明使は、偽使である可能性をまず考慮すべきであり、「良懐」使節が通交しているからといって菊池氏―南朝勢力が実際に対明通交しているとは見なせない。逆に、第一回「良懐」使節は征西府の派遣なので、菊池氏の関与がある程度は見込まれると言えよう。そして、その発着地点が、有明海の高瀬津などでなく、概して当時最大の表玄関・博多であったことを忘れてはならない。つまり、博多を失った征西府―菊池氏は、対外交流から事実上締め出されてしまったのである。

最近、上田純一氏は、「洪武四年〔一三七一〕、征西府遣明使〔祖来〕ら一行が入明するのと相前後して、大方〔正観寺開山大方元恢〕の法嗣である曇聡や裹中元志らも入明している事実」に注目し、「菊池氏は博多禅院との関係強化および大覚派保護という形で、間接的に対明貿易への関与を実現していた」、と推測した（傍点橋本）。曇聡や寰中元志が「入明」した、というのは時期的に見て「入元」の誤解であるが（後述）、菊池氏が一三四〇年頃、菊池武光が菊池に熊耳山正観寺を建立し、博多聖福寺から大方元恢（臨済宗大覚派、博多円覚寺にて秀山元中に法を嗣ぐ）を招いて開山に据えたことは、やはり博多への経路を確保し、対明通交に関与しようとしたためだろう。その意味で、「正観寺建立（大方元恢の招請）の背景に、博多寺院（聖福寺）との関係を強化し日明〔ママ〕貿易を推進させる菊池氏のねらいがあった」、という上田氏の推論は（日元貿易に訂正しさえすれば）十分に首肯しうるが〔上田 二〇〇〇年：一二九頁〕、しかし、上述の通りその目論見は北朝政権―九州探題今川了俊によって阻まれたと言わざるを得ない。

5　曹洞宗から臨済宗へ――菊池氏信仰の重点推移

さて、広瀬良弘氏は、菊池氏の信仰の重心が氏寺聖護寺大智（曹洞宗）から正観寺大方元恢（臨済宗大覚派）へ移った点に注目している。すなわち、菊池武士は大智に深く帰依し、次の惣領任命に大智の「御はからひ」を持ち出すほどであった（『広福寺文書』〈興国五年（一三四四）十月二日付け書状〉）。その後、実力によって武光が惣領の地位に就くと、大宰府掌握を目指して、博多地方に明るい大方元恢を新たに招請、菊池正観寺を創建した（一三四八年正月、武光は征西将軍懐良親王を菊池に迎え、六一年七月には大宰府を占領、征西府を確立することに成功〔森山 一九八七年：三〇頁〕）。この新惣領武光には、「新たな禅僧・新寺建立によって、自らの力を誇示しようという意図があった」らしい〔広瀬 一九八八年：二三四〜二三五頁〕。さらに言えば、武光が、菊池の家政に深く関わり過ぎた高僧大智との距離を取ろうとしたとも考えられる。

その一方で、高瀬氏の祖・武尚が、巨大な禅宗勢力、臨済宗聖一派（東福寺派）との結びつきを図ったことも無視できない。具体的には、固山一鞏（臨済宗聖一派）への帰依である。一三四七年には、菊池武尚が高瀬山清源寺を腹赤から移築し、改めて固山一鞏を開山に請じた（『肥後国志』）（田辺 一九八八年：八頁）。この固山一鞏とは、入元僧蔵山順空（聖一派）の法孫である。蔵山下はそれほど目立った対外交流に活躍した門派ではないようだが、聖一派は概して対外交流に熱心であった（川添 一九八七年、上田 一九八七年、伊藤 二〇〇二年a：第二部第二章など）。そうした点が高瀬氏の高い評価を得たのかもしれない。あるいは、上田純一氏（上田 一九八九年：一六〇頁以下）の強調するような、蔵山―固山（高城寺派）の持った密教的性格が高瀬氏一族に好まれた可能性もある。(5)

さて、先に上田氏が入明僧だとした曇聡も寰中元志も、実際には「入元」僧であった。榎本渉氏の御示教によると、寰中元志は楚石梵琦（一二九六～一三七〇年）に一三六六年以前に参じたと考えられるといい（至正丙午《一三六六》年七月二十五日付け楚石梵琦墨跡（田山方南『続禅林墨跡』七九号））、また曇聡が正観寺開山大方元恢の頂相を携えて入元し、至正二十六年（一三六六）楚石梵琦に著賛してもらった頂相（写）が現在も正観寺に伝わっている（熊本県教育委員会 一九八〇年、熊本県立美術館 一九八二年）。寰中元志の受業の師がやはり正観寺の大方元恢であったから、元志と曇聡とは、同時に入元した可能性が高い。これに加えて、秀山元中（正観寺招請開山）の頂相（写）も同寺に現存し、元中の徒弟仲謙が入元して楚石梵琦に著賛してもらったことが判明する。元明交替混乱期の最中なので、博多から〝大洋路〟を取ったというより、高瀬から〝南島路〟を採ったと考えるのが妥当ではなかろうか。

本章では史料紹介の意味も込めて、この秀山元中・大方元恢の頂相二幅（紙本着色、写）の楚石梵琦製賛文をそれぞれ以下に掲げておく（「正観寺略伝書法」（熊本県立美術館 一九八二年：一〇八頁）を参考に実物写真（熊本県教育委員会 一九八〇年：七八・七九頁）と校合した。読点については西尾賢隆氏の御教示を得た）。

○秀山元中頂相賛

図5　紙本著色　秀山中和尚画像
（菊池市正観寺所蔵）

図6　紙本著色　大方恢和尚画像
（同前）

嘉此秀山、挺然抜俗。』面目見在、精神可掬。』自圓覺主錦屛、由長』興遷聖福。王臣承、緇』素服。接窠源五世、見』佛燈再續。炊無米飯、』飽真參實悟之僧、鼓』無結琴、寫流水高山〔高山流水カ〕』之曲。瞻之仰之、福足』慧足。飜身六十七春』秋、六々依前三十六。先聖福秀山和尚中』禪師遺像、』　徒弟仲謙請賛、』至正甲辰〔一三六四〕冬嘉禾天寧』前住山梵琦　謹題、』

○大方元恢頂相賛

菊池蘊秀、菅族增光。早歷』侍司、稟秀山於築之圓覚、』次掌藏鑰、依嵩山〔居中〕於相之』建長。駕輕車而就熟路、着錦衣而皈故郷。前藤守後』西征、並為檀越、自正觀遷』顕孝、兩□道場。其出也説』妙譚玄、儼臨大衆、其處也』収綸罷釣、高臥閒房。夫是』之謂父秀山祖佛燈、窠源』第六世孫、大方□〔恢カ〕禪師者也。』日本前正觀大方恢和尚』壽像、徒弟曇聡請賛、』至正廿六年〔一三六六〕、歳在丙午、』五月吉旦、』楚石道人　梵琦』謹題、』

二　十五世紀――高瀬津の整備と〝偽使問題〟

1　高瀬津の港湾機能整備

菊池氏の対外交流や国内流通の起点となった高瀬津（高瀬湊）は、応永初年、肥後国が九州探題渋川氏の分国になった関係で、間もなく渋川氏被官板倉宗寿の影響下に入ったらしい（『宝成就寺文書』応永十六年四月七日付け宗寿沙彌寄進状）。だが、遅くとも応永十七年末近くには、高瀬武楯が高瀬支配を回復し、港湾都市としての機能を整備していったと考えられている（『寿福寺文書』応永十七年〈一四一〇〉十一月八日付け高瀬武楯安堵状）〔以上、田辺 一九八八年：八頁、青木　一九九三年：二三頁註81など参照）。ここでは、高瀬研究史上、著名な二通の文書を紹介しておきたい。

第一は、応永二十一年（一四一四）、「当津（＊高瀬津）往邊廻船」が存在し、その「廻船」が「鐵物《かなもの》」を船載していたことを示す次の寄進状である（『寿福寺文書』）。

奉㆓寄進㆒肥後國玉名郡大野別府内中村内繁根木薬師如来並八幡大菩薩御宝前鐵物之事、
右件鐵物等、任㆓先例㆒奉㆓寄進㆒所也、當津往邊廻船之鐵物、如㆑法被㆓召置㆒、可㆑有㆑御㆔定寺社修理析㆒候、仍為㆓後日㆒寄進状、如㆑件、
応永廿一年〈甲午〉十月八日　　大工丹治念性（花押）

従来、「当津往邊廻船」にばかり注目が集まってきたが、「大工職」の問題でも重要と考えるので、筆者なりの読解を試みたい。

寿福寺・繁根木八幡宮（現在、寿福寺は廃寺。現在の繁根木八幡宮横の駐車場に位置した）の大工職に任ずる丹治念性は、かつての大工職が初穂として「鐵物」を繁根木薬師（寿福寺）・八幡宮に寄進したことを先例として、今回も「御宝前」に「鐵物」を寄進した（「鐵物」とは、器物・建具などに取り付ける金具類を指すか）。しかも、今後、高瀬津などを往返する廻船が積載してきたもののうち、寺社修理料としてならば「鐵物」を（すべて）寄進しても良い、という契約内容である。この大工丹治某は、高瀬津などを往返した廻船商人と優先的に「鐵物」や木材などを取り引きする大口の顧客であったと思われ、おそらく、寿福寺で大工職を担保するための交換条件――事実上の任料――として、「鐵物」を寄進することにしたのではないか(6)。このように、十五世紀初頭の高瀬には、寿福寺＝繁根木八幡宮―大工職―廻船商人の間に、契約関係の連鎖が存在していたと考えたい。

第二は、同じ頃、高瀬津に「問」があったことを伝える次の寄進状である（『寿福寺文書』）。

□□〔奉寄カ〕進繁根木寿福寺院主□当國高瀬津中門之内□問析計事、為塩□進之所也、仍執達如レ件、

□〔応〕永廿一年十二月廿三日　　　　相模守〔藤原武楯〕（花押）

□□〔繁根〕木山寿福寺座主権少僧都御房

これによれば、高瀬武楯が高瀬津中門内の「問析」を寿福寺に寄進したことが判明する。工藤敬一氏は、この文書から、「中門の内は現在の八日町筋・造町筋・下町筋と推定され、この辺がすでに当時問料の収取対象となる商業活動の拠点となっていたことがわかる」と言う〔玉名市役所　一九八八年a：一四七頁〕。「問析」なる言葉は珍しく、また上の文字が欠損により不明なので、関料や津料などと同じなのかどうかも検討を要するが、高瀬津中門の内側に「問」があったことだけは確実であろう。既知の「問」関係史料は十六世紀後半のものがほとんどなので〔宇佐見　一九九九年：一〇八頁「問丸一覧表」参看〕、これは流通史の観点からも非常に貴重な史料ということができよう。[7]

以上のような事例から分かる通り、十五世紀の高瀬津は港湾都市としてのインフラストラクチャを充実させつつあったのである。

2　菊池氏は朝鮮王朝に直接遣使したのか

高瀬津が、菊池川の水運を通じて、菊池氏一族の重要な交易拠点となったことはほぼ間違いない。だが、高瀬津を確保できていたからと言って、菊池氏一族が対外交流に活躍した、と即《ただ》ちに評価することもできない。この点を以下、やや詳細に検討することとしよう。

まず想起すべきは、高瀬津が対中国航路への発着点として使われたのが、原則的に博多—明州（寧波）のハイウェイ〝大洋路〟の使用が不可能と判断された十四世紀後半の一時期に限られた、ということである。通常、中国への渡

航口としては、やはり博多が圧倒的なシェアを有していたと考えられる。また、そもそも、十五世紀段階の中国への渡航は、いわゆる勘合貿易システムによって室町幕府に牛耳られていたから、高瀬津を押さえたからと言って菊池氏周辺の人間が容易に独自な対明通交を出来たとは考えがたい。

そうだとすれば、高瀬津を利用した論理的可能性の残る、菊池氏の朝鮮への通交はどうであったか。普通に考えれば、長大な島原半島を迂回してまで高瀬津―対馬―朝鮮三浦《サンポ》ルートを利用するとは考えがたい。やはり、菊池氏が実際に朝鮮へ通交したのだとすれば、青木勝士氏も指摘する通り、菊池から陸路西海道を経由して博多に出るのがもっとも自然な経路だと考えられよう〔青木　一九九三年：二〇～二一頁〕。これを傍証するかのように、一四七八～七九年、「琉球国王使」の博多商人新四郎が、済州島人漂流民金非衣らを朝鮮へ送還する際、正使新四郎ならびに漂流民金非衣らは、海路入った「氷骨」（肥後）の「打家西浦」（高瀬）から、陸路二日で山越えをして博多に入ったという〔『朝鮮成宗実録』十年六月乙未条〕〔橋本　一九九七年b〕〔本書第二章第三節2〕。やはり高瀬から博多へは、よほどの大量貨物でない限り、通常、陸路が使われていたと見たい。(8)

だが、問題は、菊池氏が本当に、あるいはどれだけ朝鮮に直接遣使していたかである。十五世紀後半期、実に頻繁に菊池氏名義の外交使節が朝鮮王朝に通交するが、青木勝士氏が指摘するように、十五世紀後半に菊池氏自体は争乱状態にあり、すべて「真実」（真使）だとは見なし難い〔青木　一九九三年〕。また、菊池氏名義の偽使疑惑事件も起こり、朝鮮側から対馬宗氏に二度も通告（勧告）されたことがあって、その議論を見ても、偽使が存在したこと自体は確実である（後述）。さらに、右に触れた済州島人漂流民の送還に際しても、菊池氏が朝鮮との通交関係を持っていたならば、彼らに保護を与えるなど積極的に関与しても良さそうなものである。漂流民送還に一切タッチしようともしないのは、そもそも現実の菊池氏に朝鮮通交の実績がなく、またほとんど関心がなかったためではなかろうか。

そうしたなかで、青木勝士氏は、一四一七～六三年の間の菊池氏名義の朝鮮通交を真使によるもの（偽使でないもの）と判断した。だが、果たしてそれが妥当な見解だと言えるであろうか。本項では、青木氏の研究成果に学びつつも、この菊池氏名義の偽使問題について正面から再検討を加えてみたい。

まず、『海東諸国紀』日本国紀—肥後州条を参照しておこう。これが、朝鮮側の認識の枠組みを知る上で、まず参照すべき叙述だからである。

【イ】菊池殿

丙子年〔一四五六〕遣使来朝。書称㆓肥筑〔肥後・筑後〕二州太守藤原朝臣菊池為邦㆒、約㆓歳遣一二船㆒、庚寅年〔一四七〇〕又遣㆑使来受㆓図書㆒、所㆑管兵二千余、世号㆓菊池殿㆒、世主㆓肥後州㆒、

【ロ】源藤〔藤原〕為房

乙亥年〔一四五五〕遣使来朝、書称㆓肥後州藤原為房㆒、約㆓歳遣一船㆒、

【ハ】武教

丁丑年〔一四五七〕以㆓武磨㆒称㆑名、使人来朝、以㆓遠処不㆑緊人㆒不㆓接待㆒、丁亥年〔一四六七〕改㆓名武教㆒、来賀㆓観音現像㆒、書称㆓肥後州高瀬郡藤源武教㆒、菊池殿族親、為㆓其管下㆒、居㆓高瀬㆒

【イ】「菊池殿」（菊池為邦）がいわゆる菊池氏の主流と目され、【ロ】〔藤原〕為房は恐らく菊池一族（を模したもの）と見られる。この両者の関係については後で詳しく述べる。【ハ】「武教」は高瀬氏に充てているようだが、すでに『肥後国志』が「按㆓菊池伝記・系図㆒、実菊池武光之二子、時代不㆓符合㆒」と述べているように、実在の高瀬武教とは時代が合わない。偽使名義（名義詐称）の疑いが濃厚だと言えよう。なお、最近、長節子氏によって、朝鮮王朝世祖王治世下の仏教的瑞祥を祝賀する一四六〇年代後半から七〇年代初期の一連の倭人使節が、ほぼすべて対馬によ

る偽使であったという新説が提起された。この高瀬武教名義のそれも、やはり偽使と目されている〔長 二〇〇二年b：一六頁〕。筆者も、この見解を支持したい。

次いで、『朝鮮王朝実録』に窺える菊池氏名義の朝鮮通交記事も見ていくこととしよう。その際、『海東諸国紀』著者の申叔舟がそうしたように（【イ】【ロ】参照）、実名よりも「職名」（肩書き）に注目して整理してみたい（なお、こうした系譜関係を描くべきだとの視点は、田代和生・米谷均両氏の指摘〔田代・米谷 一九九五年：四七頁〕に学んだ）。その結果が次の表5である。

これを見ると、菊池氏の通交名義がかなり複雑な推移を見せていたことが分かる。まず、一四五〇年、「肥筑二州太守」として登場していた為房が、理由不明なものの、一四五五年、「肥後州」藤原為房に転じる。その一方、翌一四五六年段階、「肥筑二州太守」には為邦が任じていた。この点に関して、青木勝士氏は、為房なる実名は国内史料にまったく見られないが、為邦の前名と考えれば整合的に理解しうると判断した〔青木 一九九三年：一七頁〕。つまり、為房も現実に存在した人間（＝菊池為邦）であったという理解である。

しかし、朝鮮側に改名した旨を通報していない点はやはり不自然に思われる。『海東諸国紀』『朝鮮王朝実録』などを見る限り、ある人格が改名した場合は、通交権を保全するため、その旨を朝鮮王朝に通報するのが常套だからである（例えば【ハ】参照）。やはり、為房と為邦とは別人格か、せめても父子と見るべきではないか。そして、為房が国内史料に見られないという事実に照らせば、為房とは、現実の菊池為邦をヒントに偽使派遣勢力が作り上げた架空名義（虚像）であった、と見るのが順当だろう(9)。

また、「肥筑二州太守」為邦は一四五六年の歳遣船定約で一年一両船（【イ】）、「肥後州」為房は一四五五年の歳遣船定約で一年一船（【ロ】）を朝鮮から申し渡されたが、興味深いことに、一四七〇年の時点で歳遣船定約者を朝鮮王朝礼曹（外務省に相当）がリストアップしたなかに、歳遣船一両船の「肥筑二州太守」菊池為邦と並んで、歳遣船一船の「肥後州」為邦が挙げられていた（『朝鮮成宗実録』元年九月丙子条、朝鮮礼曹から対馬宗氏への書契〈外交文書〉のうち）。つまり、朝鮮礼曹の認識では、当時、「肥筑二州太守」の為邦と、「肥後州（守）」の為邦と、〝二人の為邦〟が存在していたのである。

もちろん、容易に想像される通り、これは朝鮮王朝礼曹側の誤認ないし誤記であったろう。というのは、一四七一年までの記事を収める『海東諸国紀』（田中 一九九一年：四二七頁）に、「肥後州」為房が為邦に改名したとか代替わりしたとかの記述がないからである【ロ】。そして、『朝鮮王朝実録』に記載はないものの――『実録』にすべての通交例が記載されているとは限らぬこと（『海東諸国紀』の方が一般的に史料的価値の高いこと）は言うまでもない――、「肥後州」為房名義の通交が『海東諸国紀』編纂時まで続けられていたことはほぼ間違いないと考える。

だが、この対馬への歳遣船定約者リストの提示（一四七〇年）は、偽使派遣勢力に思わぬ波紋を呼んだようだ。一四七三年、「肥後州守」為幸が、「これまで日本国王（室町殿）の陣中にあって通交できなかったが、軍功により為幸という名を賜わった。それゆえ前名為邦を改め、為幸と改名して通交するので図書（通交証明の印鑑）を賜わりたい」、という書契を朝鮮に送ってきたのである（『朝鮮成宗実録』四年五月丙申条）（中村栄孝 一九六五年：五六五頁）。

こうした反応からは、「肥後州」為邦と「肥筑二州太守」為邦とを混同されぬよう、「肥後州」為邦の派遣主体が通交名義を「肥後州守」為幸に切り替えた、と見るのが妥当だろう。となれば、偽使＝「肥後州（守）」（為房―為邦―為幸）の派遣主体としては、先のリストを受け取った対馬宗氏こそが、もっとも疑わしいと考えられる。

一方、「肥筑二州太守」（菊池為房―為邦―重朝）系統の通交例はどのように考えれば良いか。何と言っても、為邦名義の登場の時期が、偽使＝「肥後州守」為房の歳遣船定約（二年一船）の翌年（＝一四五六年）だという点が重要で

表5　菊池殿名義の朝鮮通交一覧（『朝鮮王朝実録』『海東諸国紀』記載）

通交年月日	肥後州・肥後州守	肥筑通守・肥筑二州太守	備　　考
太宗17(1417) 6月乙未	菊　池　殿		菊池肥後守兼朝か
世宗10(1428)正月乙未	藤元調		肥後守兼朝出家名は元朝
文宗即位(1450)10月丁丑		藤原朝臣菊池為房	
世祖元(1455)：『海東』	藤原為房		歳遣船定約（1隻）
世祖2(1456)：『海東』		藤原朝臣菊池為邦	歳遣船定約（1～2隻）
世祖4(1458) 4月乙丑		藤源朝臣菊知為邦	
世祖6(1460) 4月辛亥		菊池藤源為邦	
世祖6(1460) 6月戊辰		藤源朝臣菊池為邦	
世祖8(1462)正月乙卯		藤源朝臣菊池為邦	
世祖9(1463) 6月己卯		菊池藤源朝臣為邦	
世祖9(1463)閏7月辛未		藤源朝臣菊池為邦	
世祖11(1465) 2月戊子		菊池藤原朝臣為邦	
世祖11(1465) 7月壬子		菊池藤源朝臣為邦	
世祖12(1466) 5月戊子		菊池藤原朝臣為邦	
世祖12(1466) 7月丙子		菊池藤源朝臣為邦	同年，現実の為邦は重朝に家督を譲る
世祖13～14(1467～68)		菊池為邦	1468年『爲邦』?図書賜給［典拠：成宗5年11月辛酉条］
叡宗元(1469) 8月壬戌		菊池為邦	
成宗元(1470)：『海東』/8月庚午		**菊池殿/為邦**	『菊池爲邦』図書賜給［典拠：同上］
成宗元(1470) 9月丙子	(為邦［ママ］：歳遣船1)	(菊池為邦：歳遣船1～2)	歳遣船定約再確認
成宗2(1471)11月壬子		**為邦**	
成宗4(1473) 5月丙申	菊池藤原為幸		『爲幸』図書賜給
成宗4(1473)11月辛丑		**為邦**	
成宗4(1473)12月甲申		**為邦**	
成宗5(1474) 6月辛巳	菊池為幸		
成宗5(1474) 8月辛亥		**(為邦)** 重朝	同年11月，為邦・重朝偽使疑惑通告（1） 『爲邦』?図書返上， 『重朝』?図書賜給か
成宗7(1476) 5月癸卯		重朝	同年2月，為邦・重朝偽使疑惑通告（2）
成宗7(1476)10月辛卯		重朝	
成宗7(1476)12月壬申	為幸		
成宗8(1477) 3月戊子	菊池藤原為幸		
成宗8(1477)12月己亥		重朝	
成宗9(1478) 4月乙卯	菊池藤原為幸		

通交年月日	肥後州・肥後州守	肥筑通守・肥筑二州太守	備　　考
成宗10(1479) 6月丙申	菊池為幸		
成宗11(1480)10月癸丑	菊池藤原為幸		
成宗12(1481) 4月丙午	菊池藤原為幸		
成宗12(1481)10月乙巳		重朝	
成宗13(1482) 8月辛酉		重朝	
成宗15(1484)正月丙辰	菊池藤原為幸		
成宗15(1484) 2月丙寅		重朝	
成宗15(1484)12月辛酉	菊[池脱]藤原為幸	重朝	同日条に登場
成宗16(1485)正月庚戌		重朝	
成宗16(1485)11月乙卯	菊池為幸	菊池重朝	同日条に登場
成宗17(1486) 2月辛丑		重朝	
成宗17(1486)11月甲子		重朝	
成宗17(1486)12月癸酉		重朝	上記11月使節と混同か
成宗17(1486)12月庚子	菊池藤原為幸		
成宗19(1488) 5月甲戌		重朝	
成宗19(1488)11月癸酉	菊池藤原為幸		
成宗20(1489)正月壬申		重朝	
成宗21(1490)正月癸亥		菊池藤原重朝	
成宗21(1490) 3月庚午	菊池藤原朝臣為幸		
成宗21(1490)10月壬申		菊池重朝	
成宗22(1491) 4月辛亥	菊池藤原為幸		
成宗23(1492) 3月辛卯		重朝	
成宗23(1492) 4月辛亥	菊池藤原為幸		
成宗24(1493) 2月丙午		重朝	
成宗24(1493)閏5月甲寅	菊池藤原為幸		
成宗25(1494) 3月甲午		重朝	
燕山君元(1495) 3月乙酉		菊池藤原朝臣重朝	
燕山君5(1499) 2月甲午		菊池藤原朝臣重朝	同年10月，現実の重朝が死没
燕山君5(1499)10月戊戌		菊池藤原朝臣重朝	
燕山君8(1502) 7月壬申		菊池藤原朝臣重朝	
燕山君8(1502) 9月庚辰	菊池藤原朝臣為幸	菊池藤源朝臣重朝	同日条に登場
燕山君10(1504) 2月甲寅		菊池藤原朝臣重朝	
燕山君10(1504) 3月丁丑	菊池藤源朝臣為幸		

註）「肥筑通守・肥筑二州太守」欄のゴチックは，前後の派遣主体Aとは別の勢力Bによる派遣のもの．本章二節3参照．

ある。この間の事情を推測するに、偽使派遣勢力の対馬宗氏としては、偽使＝「肥後州守」為房において歳遣船一両船の定約を期待していたのに、期待はずれの結果に終わってしまった。そこで、「肥後州守」（一州支配）でなく「肥筑二州太守」（二州支配）であること（長 二〇〇二年a：三一四頁参看）、また「肥後州守」為房とは別名義であることをアピールすべく、「肥筑二州太守」菊池為邦の名義を作り上げて通交し、思惑通り、歳遣船一年一両船の定約に成功するに至ったのではないか。

そもそも、「肥筑二州太守」なる職名の名義は、架空の為房名義から始まっていたのであり、これは、「肥筑二州太守」系統が一貫して偽使であったことを証明していよう。すなわち、筆者は、一四五六〜六七年の菊池為邦の通交例を真正視することは妥当でなく、一貫して偽使であったと結論する(10)。

3　分裂する菊池為邦―重朝名義の朝鮮通交権

「肥筑二州太守」系統（菊池為房―為邦）が偽使であったとする場合、派遣主体は何者であったろうか。対馬宗氏ないしその周辺と考えるのがもっとも自然であろうが、この点と関連して、一四七四年、非常に不可思議な事件が持ち上がる。一四七〇年以降、菊池為邦名義の通交権が二つに分裂し、それぞれの使節が朝鮮王朝で鉢合せになったのだ。この事件の経緯を伝える、対馬宗氏宛て朝鮮礼曹書契を見てみよう（『朝鮮成宗実録』五年十一月辛酉条）(11)。

一、①肥筑二州太守菊地〔池〕為邦、曾於二庚寅〔一四七〇〕歳一遣使致書曰、「戊子〔一四六八〕所レ賜図書、還使過レ海、値レ風墜失、仍請レ改給一」、廼作二『菊池為邦』四字図書一付回。自後遣使不レ絶、今年復遣二要古也万老及愁・芮老吾難洒毛等一、方来館待。②又有二菊池重朝者一、今年八月、遣二守主師一来、其書曰、「父為邦、去丁亥〔一四六七〕年遣使請二図書一、使者未レ還。而戊子〔一四六八〕二月二十八日、父病死、未レ幾所レ請図書乃到。于レ時適有二国王命一、赴二王城一被レ留、今年〔一四七四〕四月始還二本土一。

聞有下人称中父為邦使者上、飾詐更乞二図書一、毎歳遣使往来。此是姦徒偽造之事。仍将二戊子所レ受図書一送還」。諦二験之一、則果前日所レ賜図書。③且為邦・重朝父子両使人、並時到レ館、問レ之則倶曰、「彼之所レ言詐也」。遠人之事、未レ易二究辯一。……

以下、詳しく翻案してみたい。

①　一四七〇年、肥筑二州太守菊池為邦は、二年前（六八年）に貰った図書（恐らく『爲邦』の二字刻印か、以下仮に『爲邦』と表記）を回航中に紛失してしまったといい、改給を願い出た（なお、このときの通交は自前の印（「私図書」）を外交文書に捺すものであった――『朝鮮成宗実録』元年九月丙子条）。そこで朝鮮政府は『菊池爲邦』の四字が刻印された図書印を授けたところ、以後遣使が絶えなくなった。

②　ところが、菊池重朝なる者からは、今年（七四年）八月、次のように書き送って来た。「父の為邦が七年前（＝一四六七年）に使者を派遣して図書の造給を請うたが、なかなか使者が還らず、翌年（＝一四六八）二月二十八日、父為邦が病死してから程なくしてその使者が戻り、図書（戊子年造給図書『爲邦』）をもたらした。その後、私（重朝）がたまたま「国王」（室町殿）に召されて「王城」（京都）に滞在し、今年（七四年）四月、ようやく菊池の地に戻ると、父為邦の使者を騙って図書を貰い受け、毎年遣使している姦徒がいるという噂を耳にした。戊子年造給の図書（『爲邦』）は返させて戴きたい」（恐らく、新図書印『重朝』の改造給を言外に要請）。朝鮮側が驚いて返還されたその図書（『爲邦』）を点検すると、果たして先年造給した図書印であった。

③　のみならず、為邦（図書『菊池爲邦』使用）・重朝（図書『爲邦』返却）父子の使節が同時にソウル東平館にやってきていたので両者を糾問すると、お互いに相手は嘘を吐いている、という始末。「遠人の事は究めがたい……」――確かにこれが朝鮮政府の本音であったろう。最後の省略部分では、対馬宗氏に対し、真偽問題の解明への協

力を依頼していた。

さて、以上の記事からは、次のような事態の推移が想定される。――（1）朝鮮政府は、一四六八年、図書（『爲邦』）を「肥筑二州太守菊池為邦」使節の派遣主体Aに賜給した。（2）一四六九～七四年、何らかの事情で派遣主体Aは朝鮮に遣使できなくなった（一四六九年八月の通交例は、恐らく図書『爲邦』到着以前に派遣されたものであろう）。（3）これを見越した別の何者かBは、一四七〇年、図書（『爲邦』）を紛失したと朝鮮に報告、四字図書『菊池爲邦』に改給してもらう。以後、派遣主体Bはこの『菊池爲邦』図書を利用して幾度か通交した（表5ゴチック参照、図書使用は四回）。（4）一四七四年、派遣主体Aが通交を再開するに当たり、本物の図書（『爲邦』）を朝鮮に返上し、恐らく新規名義の図書を請求。その後の通交実績から見て（表5参看）、新しい図書印（『重朝』ヵ）は朝鮮王朝から無事賜給されたと考えられる。それと同時に、派遣主体Bは以後、通交権を失ったのであろう。

ここで問題となるのが右の派遣主体A・Bの素性である。一見、Aが現実の菊池為邦で、一四六八～七四年の期間、通交を杜絶しており、今回突然通交権回復に乗り出したのでは……と推測したくなる。だが、当該期の菊池氏に関しては、幕府より筑後国守護職を剝奪されたものの、文明十年前後まで積極的な軍事行動を起こさず平安を保っていたので〔青木　一九九三年：一四頁〕、この期間に朝鮮に遣使できなくなるような積極的事由（障害）を見出せない。また、前項にも述べた通り、「肥筑二州太守」系統は一貫して偽使と考えるべきである。やはり、この菊池為邦名義の朝鮮通交を、現実の菊池氏の動向と関わらせて理解するのは無理であろう。すると、菊池為邦使節の派遣主体A・Bはともに対馬人で、一四六八～七四年頃、Aが対馬に不在であったため事実上の通交権をBに奪われた、ということになる。

では、こうした複雑かつ不可思議な事態が存在しうるのだろうか。また、そもそもこの時期、対馬に不在であったのは誰であろうか。――実は、他ならぬ対馬島主宗貞国がそうであったのである。『海東諸国紀』日本国紀―筑前州―小弐殿条によれば、一四六九～七一年、主家の少弐頼忠を擁して宗貞国が筑前博多に入部していた（一四七一年には、対馬島宣慰使田養民の対馬来島を口実に、少弐頼忠と不和であった宗貞国は勝手に対馬へ帰ってしまうが）[12]。

ここに見られる、〝主家の少弐氏を擁して少弐氏の故地筑前博多に駐留し、一四七一年、対馬島に戻ってきた〟というプロットは、少弐氏を日本国王に、筑前博多を王城（京都）に、対馬を肥後菊池に置き換えれば、前掲史料②の部分と実にそっくりである。想像を逞しくしすぎたと言われるかもしれないが、宗貞国の博多出兵こそが、前掲史料②の証言のヒントになったのではないか[13]。

もし、こうした想定が正しいとすれば、前述した派遣主体Aとは対馬島主宗貞国とともに博多に出陣した対馬島人であり（一四六八年賜給の図書『爲邦』を保持）、BとはA留守中にAに隠れて事実上の通交権を掠め取った対馬島人であったと考えられる[14]。そして、Aは、このBの通交関係を封じ込めるために、それまでの偽使名義＝菊池為邦から、偽使名義＝菊池重朝に切り替えたのだろう。もちろん、それがすでに現実に行なわれていた肥後菊池氏の代替り（一四六六年…為邦→重朝）をモティーフにしていたことはほぼ疑いない。このように、筆者は、その登場時点から、菊池重朝名義の使節が対馬宗氏周辺による偽使であったと考える[15]。

以上の考察をまとめておくと、一四五〇年以降の「肥後州守」「肥筑二州太守」両系統菊池氏の通交は、すべて対馬人による偽使であり、なかんずく一四七〇～七四年（＝島主不在時期）の為邦名義の使節は、すべて〝偽使（A）の偽使（B）〟であった、というのが筆者の結論である[16]。

4　宝徳度遣明船の資金調達に協力した菊池正観寺

さて、菊池氏による直接の対外交流ではないが、菊池正観寺と遣明船派遣事業とが間接的に関係した事例があるので併せて紹介しておこう。しかも、それが正観寺の寺格向上とも関係があるようなのである。

【d】就二当寺造営渡唐幷諸国奉加事一、申沙汰候、仍而門徒被レ望二公文一方者、可レ有二御注進一候、為二其使節一妙《みょう》儔《ちゅう》蔵主下向候、〔春林周藤〕鹿苑院御退時分候間、不レ被レ進レ状候、恐惶敬白、

〔宝徳二年〕十二月十三日　〔天竜寺住持・東岳〕澄昕（花押）

正観寺侍衆禅師　（『正観寺文書』）

【e】雖二同門候一、未二申通一候、以二事之次一令レ申候、抑自二天竜寺一、為二造営一渡唐幷諸国奉加之事、申沙汰候、妙儔蔵主為二使節一、其方下向候、門中被レ望二公文一方様者、被二仰定一、可レ有二注進一候、可レ得二御意一候、恐惶敬白、

〔宝徳二年〕臘月十八日　祥勤（花押）

謹上　正観寺侍衣閣下　（『正観寺文書』）

『熊本縣史料』第一巻四三七頁の頭註に「春林周藤の鹿苑院退院は宝徳二年末なり」「澄昕の天竜寺住持たる宝徳二、三年の頃なるべし」とある通り、【d】【e】が宝徳二年（一四五〇）の文書であることは間違いない。内容は、天竜寺造営のための宝徳度遣明船[17]を準備するため、資金源として天竜寺の公帖を坐公文《ざくもん》として発給するから、同門の希望者のリストを作って注進せよ、というものである。なお、同じ『正観寺文書』の「熊耳山正観寺住持次第」によると、当時の正観寺住持には斯兌なる僧が該当する〔熊本県立美術館　一九八二年：一〇〇頁〕。【e】の差出の祥勤と、この

正観寺斯兌とは「同門」だというので、正観寺開山大方元恢と同じく臨済宗大覚派であろう[18]。

さて、これと符合する記事は、『臥雲日件録抜尤』享徳四年正月五日条、『蔭涼軒日録』文明十九年五月十九日条に見ることができる〔橋本 一九九八年c：五五頁註57〕。それによると、管領畠山徳本（持国）と鹿苑僧録春林周藤とが二人で相談して坐公文の発行を決め、秉払《ひんぽつ》を経ていない僧でも坐公文を受けられるとした。そして、具体的には、細川船の居座《こざ》に任ずることになる粛元寿厳が、一〇六通、うち天竜寺二〇通の公帖を九州で売却したという。当時、南禅寺公帖は一通一一七貫で売られていたとも伝えられている。恐らく、こうした資金調達が奏功して、宝徳三年（一四五一）十月、天竜寺造営を主目的とした遣明船は無事放洋したのであろう。

そのうち正観寺がどれほどの実績を上げたか分からないが、注目すべきことに、この宝徳度遣明船が解纜する二ヶ月前、正観寺は十刹に列せられる。それを示すのが次の室町幕府御教書である。

【f】　肥後国正観寺事、早可レ令レ為二十刹列一之由、所レ被二仰下一也、仍執達如レ件、

宝徳三季八月十二日　沙彌（花押）〔管領畠山徳本カ〕

住持〔斯兌カ〕

（『正観寺文書』）

時期的な近接を考えると、正観寺住持斯兌の宝徳度船経費調達への協力が中央で高く評価されて、正観寺の十刹昇格に繋がったのではないだろうか。正観寺として他にとくに中央にアピールする要素がなかったらしいこと、宝徳度遣明船の派遣前後に寺格が昇格した九州の寺院は正観寺以外に存在しないこと〔今枝 一九七〇年：第二章第二節参看〕が根拠である。なお、同時期、大友氏は、豊後万寿寺の五山位に陞った長老が宝徳度遣明船資金用の南禅寺座公文を購入しようとしたのを非難して、「万寿寺は十刹なのだから、五山位や五山之上《しじょう》位の僧がいるのは宜しくない。それほど南禅長老の格が欲しいなら万寿寺から出ていけ」と言い放ち、結局その長老は南禅公帖を諦めたという〔『臥雲

日件録抜尤』前掲条)。これは美談として伝えられているわけだが、逆に、大友氏以外、坐公文購入に難色を示す人間が当時ほとんどいなかったことを示す。右の坐公文購買に関して、正観寺のみならず、菊池氏自身の関与(後押し)があったことはまず間違いないと思われるが、残念ながら史料的徴証は残っていない(19)。

おわりに

以上、推測に推測を重ねつつ、肥後菊池氏とその周辺の対外交流について論じてきた。結局のところ、その直接的な対外交流は、十四世紀中葉の元明交替・前期倭寇猖獗の一時期、高瀬津を利用したのに限られるに過ぎない。しかし、肥後高瀬と福建地域とを結ぶ〝南島路〟の汎用化は、薩南・琉球列島をカムィヤキの世界から中国陶磁器の世界に変化させる大きな原動力となった可能性がある。また、征西府が博多を押さえていた段階では、第一回「良懐」遣明使節を送ることができたが、没落して博多―大宰府を失うと、第三者による「良懐」名義の偽使が横行するようになった。さらに、十五世紀中葉以降の菊池氏名義の恒常的な日朝通交も、すべて対馬勢力による偽使と考えられ、より限定的(消極的)に捉えるべきだと判断した。非常にストイックな結論と言われるかもしれないが、むしろ港町高瀬そのものの黄金期は十六世紀にやってくる。最後に、十六世紀の概況を箇条書きで展望して、本章の考察を終えることにしよう。

① 菊池重朝の治世は多難を極め、筑後国守護職を回復するどころか、肥後南部の支配権も失っていく。重朝の晩年、及びその死後家督を継いだ武運(のち能運)は、一五〇一年、為邦の弟で自身の叔父に当たる宇土(菊池)為光の叛乱に遭い、一族内部から瓦解していった〔工藤 一九八九年：一一二頁〕。永正年間には、大友氏が菊池政

隆を逐って阿蘇氏（阿蘇惟長、のち菊池武経）を傀儡守護に据えた。もちろん、現実の菊池氏に対外交易を展開するような余力はない。十六世紀中葉以降、菊池重朝・為永名義の偽使が対馬宗氏により恒常的に朝鮮に派遣されていたことがすでに分かっている〔田中 一九五九年・一九八二年a、田代・米谷 一九九五年、米谷 一九九七年a〕。

② 戦国期の高瀬町・高瀬津に関しては、天文段階で津と町とが結合するような形で「惣之市」が存在しており、当時の高瀬には、都市的空間の「楽」に匹敵する自治都市の要素が萌芽していたらしい〔森山 一九八八年：二八頁〕。また、天正段階では、高瀬に「別当」と呼ばれる町衆の代表格がいたことが分かる（『上井覚兼日記』天正十二年〈一五八四〉十月十一日条）。戦国時代の高瀬に、大名権力と渡り合うだけの町共同体の存在があったことが確認できよう。

③ 天文二十年（一五五一）頃には、肥後の直接支配に乗り出した大友義長が、高瀬にも保護と支配とを及ぼしてきた。『山城文書』（天正四年〈一五七六〉カ）正月十一日付け大友宗麟書状には、島津氏（島津義久）と戦う伊東氏（伊東義祐）を支援するために高瀬津から「石火矢」を運び込んだことが伝えられる（靖国神社新遊就館所蔵のものがその実物らしい）。このほか、高瀬広福寺に対して幾度も寺領安堵を行ない、高瀬経営に意欲的に臨んでいた様子が窺える（『広福寺文書』）。

④ 高瀬津には、外国人やキリシタンが数多く立ち寄り、一時的にせよ居住するようにもなっていた。『イエズス会士日本通信』一五七〇年十月十五日（日本暦…元亀元年九月十六日）付け書翰によれば、高瀬にルイス＝デ＝アルメイダの「常に宿泊せし家」があるといい、これは商人宿の類であったと考えられる。加えて興味深いのは、この高瀬周辺には海賊が横行し、宣教師たちが頻繁に被害に遭っていたことだ。ちなみに、高瀬津は、『日本一鑑』（鄭舜功著・一五五六頃成立）「䌫島新編」巻三に「高足〈一曰鷹瀬、地名在肥後〉」として登場するなど、倭

寇研究の類書の類にも頻繁に登場する。倭寇勢力の拠点や平倭詔諭使節の寄港地と想定されていたのだろう。

⑤　高瀬の繁根木神社裏には、永禄十一年（一五六八）十一月十八日付け「補陀落渡海碑」があり、西光坊が施主、計屋□兵衛や遠江道圓行人が大小旦那として、下野国弘圓〔カ〕上人・駿河善心行人らの補陀落渡海に結縁したことが読み取れる。なお、隣接する港町伊倉にも同様の天正四年（一五七六）八月彼岸日付け「補陀落渡海碑」があり、やはり下野の住人夢賢上人が出船したと明記されている〔玉名市役所　一九八八年b：五四・七九〜八〇頁〕。高瀬の近辺は補陀落渡海の名所でもあったわけである。

⑥　室町・戦国期の説経節・古浄瑠璃「安口判官」は、高瀬津に「九州に隠れなき人あき人」源九郎がいたことを記す。もちろん史実と認定することはできないが、森山恒雄氏が言うように、「高瀬津が人身売買の拠点的需給港であったこと」は間違いなかろう〔森山恒雄　一九八七年：三五頁〕。海外への人身売買が深刻な問題として浮上していた戦国期の九州南部において〔高橋公明　一九九二年b、藤木久志　一九九五年〕、高瀬津も海外に開かれた人身売買港の一つであったことが分かる〔ルイス＝フロイス『日本史』第Ⅱ部第三八章〔松田・川崎　一九七八年：二七八頁〕など参照〕。

⑦　十六世紀末、高瀬津は豊臣政権の蔵入地に選ばれる。〃湊の禅院〃永徳寺が移転させられ、蔵入り米の倉庫が旧境内地に設置（転用？）された〔本章註4参照〕。つまり、高瀬津は豊臣政権の朝鮮侵略の兵站基地となったのである〔森山　一九八三年〕。善くも悪しくも、港町高瀬の重要性がよく窺える現象だろう。

註

（1）　田辺哲夫氏によると、「たかせ」〔高瀬〕という地名が文献に初めて現れるのは元亨元年（一三二一）だという〔『阿蘇文書』同年三月三日付け「阿蘇社進納物注文写」〕〔田辺　一九八八年：八頁〕。

（2）寒巌義尹は、北条得宗家や河尻氏の手厚い庇護のもと、河尻大橋の架橋勧進事業を遂行した。これは上田純一氏によればモンゴルの再襲来に備えたものだという〔上田 二〇〇〇年：一九二頁〕。こうした事業を背景に（あるいは対価として）、義尹が教線の拠点、大慈寺を築くに至ったのだろう。なお、この河尻大渡の大橋をはじめ、中世の架橋の諸相については阿蘇品保夫氏の論稿〔阿蘇品 一九九五年〕を参照のこと。

（3）同門の名僧、徹通義介は、法叔寒巌義尹の第一回入宋から程なくして、師の永平寺懐奘の命を受けて入宋する（一二四九～六二年）。天童山景徳寺の如浄（一一六二～一二二七）の頂相や、同山を中心とする中国禅林の禅籍・清規を将来することなどが目的であったという〔佐藤 一九八四年：二八二頁、佐藤 一九九〇年：一五二～一五四頁〕。しかし、入宋場所、帰国地点、ともによく分からない。永平寺から出発し、同寺に戻っているから、日本海航路を使って博多に出て中国に渡航した、と見るのが妥当な線だろう。

（4）幕末期の「高瀬町図」（嘉永七年〔一八五四〕作図、熊本県立図書館蔵）〔『玉名市史 資料編1 絵図・地図』所収〕によれば、近世段階、永徳寺は大覚寺の西隣に存在したが（現在、永徳寺は廃絶）、永徳寺創建当初の所在地はここでなかった。『肥後国志』ほか関連資料を博捜した森山恒雄氏によれば、「鶴の河原」なる小字名を残す永徳寺村（旧名「津留村」）こそが、創建時の永徳寺の所在地であったという。前述の「高瀬町図」にも、「大川筋」（高瀬川）沿い、高瀬町の南端に「永徳寺村」という地名が見える。当初、永徳寺が高瀬湊の口に存在したことは間違いなかろう。森山氏はさらに、近世初頭、「慶長八年十禅寺検地帳」（熊本県立図書館所蔵）に「永徳寺」が見えることを根拠に、豊臣政権が高瀬津に蔵入地を設置した際、高瀬名刹永徳寺が詫摩郡十禅寺村に一度移転させられ（永徳寺の跡地にまさしく蔵を設置）、またその後、江戸時代になって近世永徳寺の場所（石貫口）に再移転させられた、と推測している〔森山 一九八三年：八六頁・九二頁註69〕。なお、現在、この永徳寺は廃寺となり、伽藍の跡形もない。

（5）森山恒雄氏は、清源寺に関して、「文明一七年九月には、……足利義政御教書で諸山に列せられて公帖が出され、〔玉名の〕東福寺慈暘首座が住職となった。従ってここでも、有明海・高瀬津を経由して中央の宗教と文化が輸入されたことは、推定に難くない」〔森山 一九八七年：三一頁〕と述べている（いずれも典拠は『清源寺文書』）。国内文化史・経済史上の意味は確かにその通りだが、そのルートとしては、「有明海・高瀬津」経由よりも、むしろ陸路の博多ルートこそ重要だったのではないか。当時、菊池から博多に出るには、向化倭人藤賢の言によれば十日余り、また一四五一年に朝鮮に通交した菊池為房使節（ただし偽使か）の加羅無羅（金村ヵ、名は為房書契より政満と判明）の言によれば陸行七日であったという（『朝鮮王朝実録』文宗即位年十月丁丑条）

〔青木　一九九三年：二〇頁〕。

（6）すなわち、応永末年頃の高瀬津においては、桜井英治氏の言う「大工職を役職とみ、任免権を確保しようとする寺社の論理」から、「大工職を物権とみ、財産化しようとする職人の論理」に移行しつつあった、ということができよう〔桜井　一九九六年ａ：四六頁参照〕。

（7）なお、一四八二年の対馬島には問（問丸）があったらしいことが、『大和円成寺二合船残録』から窺える〔翻刻：堀池　一九八二年ｂ〕。また、朝鮮半島に対馬島人らが築いた三浦にも、問ないし商人宿と見られるものが存在したらしい。『朝鮮王朝実録』に散見される「主人倭戸」はその表現と見られ（たとえば、一四九三年に日本国王使臣が滞留した「主人倭戸」〔『朝鮮成宗実録』二十四年閏五月辛丑条〕や、本文に後掲する一四七八～七九年、「琉球国王使」博多商人の新四郎らが済州島人漂流民を朝鮮へ送還する過程で散見される「旧主人」〔『朝鮮成宗実録』十年六月乙未条〕など）〔村井　一九九三年：四六頁、橋本　一九九七年ｂ参照〕、また偽の「伊勢守政親」使節〔橋本　一九九七年ａ参照〕が一四七〇年に貨物類を預けた三浦倭人の「三甫羅吾羅」の宅も、「土宇」＝土蔵があったらしいことから〔『朝鮮成宗実録』五年二月甲申・十月庚子条、同八年五月甲戌条〕、やはり同様な存在と考えられる。恐らく、一四六七年に京極殿の使送、四良衛門正秀なる者がもたらした世祖の彫刻の容像の預け置き先として見える、薺浦の五郎時羅の家も〔『朝鮮成宗実録』三年六月辛未条〕、類例ではなかろうか。

（8）この高瀬から博多までの陸行が「二日」というのは短すぎる。漂流民金非衣らの記憶違いか、『朝鮮王朝実録』編纂段階の誤記・誤植か、いずれであろう。正しくは、〝十二日〟あるいは〝二十日〟――つまり「十」字の脱落――だったのではないか。『朝鮮王朝実録』の別の条文には、陸路で十日余りとか七日とか言われているからである（文宗即位年十月丁丑条）。本章註5参照。

（9）一字名を変えて偽使用の架空名義を編み出すことは、頻繁に見られる〔橋本　一九九七年ａ、長　二〇〇二年ｂなど参照〕。

（10）青木勝士説には、菊池為邦名義ならば職名に余りこだわらずに一律に論ずる、という難点があると考える。また、職名・姓・名などの組み合わせからなる『朝鮮王朝実録』所載の通交名義のヴァリエイションは、書契の差出書に基づくのであって、青木説の如く図書（銅印）の刻銘と同一だということなどありえない（刻銘は原則として実名のみ）。なお、一四五〇年代（九代島主宗成職の時代）が偽使大量発生の画期であったろうことを、近年、長節子氏が論じている〔長　二〇〇二年ａ・二〇〇二年ｂ〕。筆者が室町幕府有力者を騙る王城大臣の偽使を論じた際も、その初見の事例（管提畠山修理大夫源義忠）は一四五五年のことであったので〔橋本　一九九七年ａ〕（本書第一章二節2）、偽使登場の時期として決して不自然ではないだろう。

(11) この一四七四年の朝鮮からの問い合わせに対馬宗氏がまったく回答しなかったため、ほぼ同文が『朝鮮成宗実録』七年（一四七六年）二月丙戌条、対馬島宣慰使金自貞賫去事目にも挙げられている〔中村 一九六五年：五六四頁〕。この事目とは、宣慰使の金自貞が対馬宗氏に照会すべき項目群であり、朝鮮側が相当程度この問題を重視していたことが知られるが、対馬側からはかばかしい回答が得られた様子はない。

(12) 佐伯弘次氏によれば、筑前守護小弐頼忠は大宰府へ、守護代宗貞国は住吉へ、そして恐らく博多代官として宗直家が博多へ常駐したと考えられるという〔佐伯 一九七八年：三一九頁〕。

(13) 一四七三年、「肥後州守」菊池為幸（架空名義）が朝鮮政府に書き送ってきた、「菊池の地を離れ、これまで日本国王（室町殿）の陣中にあって通交できなかったが、軍功により為幸という名を賜わった」、という作り話も、やはり宗貞国の博多出兵から本歌取りしたのではあるまいか。このように、現実の人間の動きを偽の人間に置き換えて虚偽のストーリーを仕立て上げることは、遅く天正十五年（一五八七）、偽の右武衛殿使節として朝鮮に渡った対馬人僧天荆によっても繰り返されていた〔米谷 一九九七年a：一七頁・一九九八年a：一七〇頁参看〕。〝偽使の技法〟の一つと言えよう（本書第一章で挙げた畠山氏関係も参照）。

(14) 朝鮮に通交するには島主が発行した文引（渡航証明書）が必要であったことを勘案すれば、この対馬島人Bも島主権力に近い存在であったように思う。それだけの勢力を有した存在としては、島主家に対抗しうる仁位家が第一の候補ともなろうが、この問題に関しては本書次章にて詳論することとしよう。なお、一四七〇年代初頭の日朝関係における偽使問題を論ずる際――いわゆる《朝鮮遣使ブーム》を含めて――、宗貞国一党が博多に進軍していたことに配慮した議論はこれまでほとんど見られない。肥後菊池氏名義の通交権の分裂情況とこうした政治社会情勢との関連性に関しても、同じく本書次章にて詳しく論究したい。

(15) 以上の筆者の見解はあくまで仮説に過ぎないが、現実の重朝が没した一四九三年より後も重朝名義の朝鮮通交が続いていたことから、少なくともある時期より菊池重朝名義の偽使が通交していたことは確実である。

(16) それ以前の菊池氏名義の通交（一四一七年日本国菊池殿・一四二八年肥後州太守藤元調）の真偽がどうなのかは残された課題となる。前者については実名が分からないし、後者については現実の菊池元朝（兼朝法名）と音通しているが、だからと言って真使だとも言い切れない。残念ながら、現段階で真偽の判定は保留せざるを得ない。

(17) 宝徳度遣明船の経営形態などについては、別稿〔橋本 一九九八年c・二〇〇二年c〕に詳述した。またその派遣目的については、伊藤幸司〔二〇〇二年a：第一部第二章〕参照のこと。

(18) この祥勤とは、系字「祥」から見て、大覚派僧大年祥登の法流ではないか(世代的に法孫?)。大年祥登は、本文でも述べたように、絶海中津・汝霖妙佐・明室梵亮らと同道入明したので、博多でなく高瀬を渡航口に利用したことが間違いない。恐らく渡航前の一時期、菊池正観寺に掛搭していたのだろう。

(19) 九州で大々的に坐公文が購買された一四五〇年は、奇しくも「肥筑二州太守」菊池為房の朝鮮通交開始と同じ年である。よって両者を関連付けて、菊池氏がこの為房遣使に関わったと見る向きもあろう。だが、そうだとしても、やはり架空名義の「為房」が使われた理由を説明することができない。仮にこの年、坐公文購買のために菊池氏―肥後禅宗勢力と宗氏―対馬禅宗勢力とが接触することがあったとしても、やはり一四五〇年の菊池為房使節の派遣自体は、対馬の主体的な行動と考えるべきであろう。

第四章　宗貞国の博多出兵と偽使問題

――《朝鮮遣使ブーム》論の再構成に向けて――

はじめに

「偽使」とは、「第三者が、ある人間（実在しなくても良い）の名義を騙ることで外国に通交し、貿易利潤を獲得するための偽りの外交使節」のことである。ある国家間・地域間の通交関係の実態を把握するには、そこに現れた外交使節がいったい如何なる素性の使節であったのか、この点を把握した上で議論を組み立てなければならない。偽使問題研究の第一義的な重要性は、間違いなくこの点にある〔長　二〇〇二年a・二〇〇二年b、橋本　一九九七年a〕。

こうした研究が重要視され始めたきっかけは、高橋公明氏と村井章介氏の間で行なわれた中世日本人の朝鮮観に関する論争（いわゆる「朝鮮観論争」）であろう。高橋氏が《朝鮮遣使ブーム》と名付けた、朝鮮世祖朝の仏教的祥瑞（一四六二～六九年〔高橋　一九八七年a：三五〇～三五一頁〕）を祝賀する《朝鮮遣使ブーム》の通交姿勢を、どのように評価するかで意見が分かれた〔村井　一九八八年：補論1・第Ⅸ章参照〕。

高橋公明氏は、《朝鮮遣使ブーム》に偽使が混じっていたとしても構わないとしながらも、おおむね通交名義通りの真使であると考え、通交者それ自体の現実的な通交姿勢――「朝貢」的姿勢――に注目した〔高橋　一九八七年a〕。

つまり、多くの倭人たちが朝鮮王朝の政治的動向に鋭敏に反応して朝鮮に通交したことを明らかにしたわけである。このように、高橋説は、地域に生きるしたたかな倭人通交者の姿を活写した研究として高く評価し得ると考えられる〔高橋 一九八七年b：七〇頁、関 一九九〇年参看〕。

これに対して村井氏は、大蔵経を朝鮮に求請する偽使たちの実体を「倭人海商」と規定し、彼らの回賜品目当ての経済的・文化的な欲求を重視した。つまり、倭人海商らはわざと朝鮮にへりくだった「朝貢」的姿勢を採ったのであり、単純素朴な「大国観」など想定できない、という結論である〔村井 一九八八年：第Ⅸ章三五二頁以下〕。

その後、研究史は、《朝鮮遣使ブーム》の使節群が真使か偽使かという問題、いわゆる「偽使問題」の解明に進んでいく。そのなかで、筆者の偽王城大臣使論〔橋本 一九九七年a〕（本書第一章）・「偽琉球国王使」論〔橋本 一九九七年b〕（本書第二章）や、長節子氏の夷千島王遐叉使節論〔長 二〇〇二年a：第一部〕・瑞祥祝賀使論〔長 二〇〇二年b〕、ケネス＝ロビンソン氏の偽畠山殿使送論〔ロビンソン 一九九九年〕などが現れた。

とくに長節子氏は、数量的に《朝鮮遣使ブーム》の大部分を占める雑多かつ零細な瑞祥祝賀使群（一四六六〜七一年）を、ほぼすべて対馬島人による偽使であったと推測し、高橋論文の実証性に疑問を呈した。曰く、「一連の使節のほとんど大部分が偽使であってみれば、従来論じられてきた遣使の動機や背景、交流の目的、使節派遣者の朝鮮観に関する議論は、意味を持たなくなろう」〔長 二〇〇二年b：三七〜三八頁〕、と。(1)

長氏自身の「朝鮮観」論はここで述べられていないが、筆者同様、村井章介氏の経済的関心＝動機重視説に近いことは明らかである。このように、高橋公明説のなかで、《朝鮮遣使ブーム》をおおむね真使によるもの、と見なす部分は立ち行かなくなってきたというのが現状であろう。(2)

ところで、本論でも詳しく述べるが、《朝鮮遣使ブーム》の使節群を偽使と見なす論者のなかでも、通交者の主体をめぐっては若干の懸隔がある。つまり、偽使主体＝対馬人のみと考える長節子説と、対馬―博多連合型と見なす筆者の説とである。なお、近年は、関周一氏〔二〇〇二年〕や伊藤幸司氏〔二〇〇二年a・二〇〇二年b〕、松尾弘毅氏〔二〇〇三年〕、荒木和憲氏〔二〇〇三年〕らも、筆者と同様、十五世紀段階の偽使派遣体制における「対馬―博多ライン」を重視している。多数決で決まる問題ではないが、長節子氏の「対馬一元論」への疑問が強まっていることは事実であろう。

本章では、《朝鮮遣使ブーム》のほとんどが偽使によって構成されていた、という研究史の到達点を前提にして、偽使の主体とはどのような人間であったのか、考究していきたい。

一　《朝鮮遣使ブーム》の範疇とその時期区分

長節子氏や筆者の研究は、結果的に、《朝鮮遣使ブーム》の多くを真使と見なす高橋公明説をともに批判する内容となったが、実は、批判としてはそれぞれ時期・対象が若干ずれていた。というのも、高橋氏の唱えた《朝鮮遣使ブーム》と、長氏・筆者の考えている概念や範疇、時期は、いずれも完全には一致しないからである。この点を簡略に図式化すると、以下のようになる。

○高橋公明説の《朝鮮遣使ブーム》――――一四六六年末〜一四七一年
○長節子説の「瑞祥祝賀使」群――――――一四六六年末〜一四七一年初頭
○橋本説の偽王城大臣使・《偽琉球国王使》――一四六九年末〜一四八〇年

つまり、時間軸に沿って整理するだけであるならば、「高橋説⋓（長説＋橋本説）」と言えよう。この点は、本論を進める上でも決して看過し得ぬ重要な点なので、以下、やや詳細に見ておくこととしたい。

　筆者は、《朝鮮遣使ブーム》の中核を、偽日本国王使（心苑東堂・寿藺書記ら一行、実際には細川勝氏使送）をはじめとする王城大臣使だと考えた。王城大臣使とは、室町幕府の有力者、畠山殿・左武衛殿（斯波氏）・細川殿・伊勢守（伊勢氏）などの名義を騙った偽使のことである（「王城大臣」とは『朝鮮王朝実録』に見える総括的呼称）〔橋本 一九九七年ａ〕（本書第一章）。とりわけ、一四七〇〜七一年にかけて朝鮮に現れた偽王城大臣使たちの素行は極めて悪質であり、「近者、称二王城大臣之使一、歳不レ下二十数一、処々稽留、前年秋間還浦、至二今年春一尽不レ回、……、民生困苦、供頓之費、勢将レ不レ支」（『朝鮮成宗実録』二年四月癸亥条）、という深刻な事態を惹き起こしていた。大臣使は、国王使に次ぐランクの使節団であるために供応の費用が嵩み、しかもそれが民衆に転嫁されていたらしい。こうした社会的影響力の甚大さに鑑み、筆者は《朝鮮遣使ブーム》の中核を、こうした偽王城大臣使に置いたのである。

　なお、高橋公明氏は慎重にも《朝鮮遣使ブーム》の範疇に加えていないのだが(3)、一四七一年に通交してきた《偽琉球国王使》（正使…自端西堂、副使…博多商人平左衛門尉信重）も、実は瑞祥祝賀使の範疇で捉えられるものである。携行した書契（外交文書）の文言を見れば、朝鮮国王の仏教的祥瑞を言祝ぐための外交使節であったことは明らかだからである（『朝鮮成宗実録』二年十一月庚子条）。

　この一四七一年《偽琉球国王使》は、〝偽使・偽書防止のために書契に割印を捺す〟という口実で書契―割印制を朝鮮側に提示し、朝鮮王朝との契約（定約）に成功している。偽使派遣勢力が、国家の機先を制して、偽使通交を保障するための符験制（外交資格証明手段）を定約した、空前絶後の例だと言えよう。しかも、通交主体そのものは判明する限りの多くが博多商人であり、また対馬宗氏が文引（渡航証明書）を発給する権限を有していたことを想起すると、この使節は全体的に〝博多商人主導―対馬宗氏協力型の偽使〟であったと考えられる。このとき、琉球王国が朝鮮向けに咨文を出していたことは確実なので（『歴代宝案』第1集41巻17号文書、ただし使節名は新右衛門尉平義重）、恐らく、この「琉球国王使」は〝国書書き替え（咨文→書契）・使節すり替え型（新右衛門尉平義重→平左衛門尉信重）〟の偽使だったと見て間違いない。

なお、これ以後の琉球国王使も、史料上分かる限りでは、やはり博多商人主導型の《偽使》であった（本書表3ゴチック人名参看）。また、割印を捺した書契（外交文書）を携行して通交していたことからも、これらの《偽琉球国王使》が同一勢力によって最終的に仕立て上げられたことは間違いない。なかには、済州島人漂流民の送還を実施した一四七九年の「琉球国王使」（正使…新四郎、副使…三未三甫羅・也而羅［也次郎］ら）のように、琉球王府との明瞭な接触を想定できるものもある。このような、琉球王府との接触が明らかなものや、国書書き替え型偽使、使節すり替え型偽使などをも包含する概念として、筆者は《偽琉球国王使》という括弧付きの表記方法を採ることにしている。既往の偽使説のように、すべてをおしなべて一から作られた偽使と規定してしまうよりも、遥かに的確に当時の朝鮮に通交した「琉球国王使」の実態を表現し得ると考えるからである〔橋本 一九九七年b〕（本書第二章）。

ともあれ、琉球国王使に関しても、一四七一年という年を契機に、博多商人の深く関与する形で《偽使》通交が始まっていたことが分かる。しかも、それが瑞祥祝賀の形式を採っていたことは重要であろう。この点は、決して偶然ではないと考えられる。独立的に扱うべき現象ではあるまい。

一方、長節子氏〔二〇〇二年b〕が《朝鮮遣使ブーム》の中核的存在と考えたのは、筆者の論じた偽王城大臣使の一群や《偽琉球国王使》よりも時期的に先行し、一四六六年以降、朝鮮国王世祖代の仏教的奇瑞を祝賀するために現れた、有象無象の使節群（以下「祝賀使」と呼ぶ）であった。これらの使節は、実際には次の睿宗・成宗代の朝鮮朝廷にこぞって通交（「朝貢」）してきたもので、総計八二名義分にのぼる。長氏によれば、これらの「祝賀使」とは、厳密に言うと、A寿藺・細川勝氏使送・祝賀日本国王使心苑東堂、B祝賀使、C寿藺護送、D宗貞国請、という四種の通交使節から構成されるという。そして、その出現時期の変遷を辿ってみると、祝賀使（B）が受け容れられなくなったために宗貞国請による通交（D）が現れ、最後に真打ちの偽日本国王使（A）とその護衛使節（C）が登場した、と推察されるのだともいう。つまり、これらは基本的にすべて同一ベイスの遣使と考えられるわけである。そして、長氏は、彼らの通交主体をすべて対馬人とし、全体の統括者《プロモータ》を対馬宗氏であった、と結論した。こうした結論の根拠となったのは、大略、次の三点である。

①通交名義が、朝鮮から受け容れられやすいものに偏っていること。――海辺の領主や「海賊大将」と自称する者など、倭寇対策に力を入れていた朝鮮王朝にとって無視できない存在を騙ったと考えられる。

②祝賀使節が自然発生的に生まれたとは考えられないこと。――普段通交している通交者（受職人や歳遣船定約者など）が「祝賀」と称して何度も現れて来ても良さそうなのに、通交して来ないのは却って怪しい。とりわけ、祝賀使の名義のなかに対馬・壱岐の人間が含まれないのは不自然である。偽使派遣統括者の対馬宗氏が、通交名義として「深処倭」（九州以東に住む日本人）の名前を殊更に選んで使用したのは、名義人が朝鮮から遠ければ遠いほど、朝鮮から支給される過海粮（朝鮮から本拠地に帰るまでの食料）が多くなるからだ。

③通交名義のうち、実在したことの分かる人間がごく少数しかいないこと（多くが非実在者・物故者）。――これは、モデルとなった人間に、対馬宗氏らが偽使通交を展開していることを露見しないようにするための工夫であろう。要するに、朝鮮側が通交名義人を突き止められなくするための詐術である（なお、橋本私見によれば、この〝偽使の技法〟は、一四七〇年以降登場した偽王城大臣使でも確認される）。

いずれも説得力に富む指摘であり、大筋で異論はない。とくに、②傍線部の指摘は、盲点を衝かれる思いであった。

長氏の結論する通り、「祝賀使」のほとんどが、他ならぬ対馬島人による過海粮目当ての偽使であった公算は極めて高いと言えよう。

そして、長氏が偽使であると指摘した瑞祥祝賀使の一群は、実質的には一四六七〜七〇年の四年間に集中する（前後の一四六六年と一四七一年とは一例ずつ存するのみ）。ちょうど、博多商人が通交に参画したことの判明する、一四七〇年以降の偽王城大臣使群〔橋本 一九九七年a〕（本書第二章）が現れる直前の時期の出来事である（後掲表6も参照のこと）。やはり、一四七〇年という年が、偽使通交の名義と主体をめぐる何らかの画期であることは間違いないと思われる。それでは、その〝画期〟〝転換点〟とはいかなるものだったのだろうか。節を改めて検討することにしたい。

二 宗貞国の博多出兵と博多商人の動向

一四七〇年を〝画期〟として、なぜ、このような偽使通交上の変化が現れたのだろうか。結論から言えば、恐らくそれは、この時期に——より正確には一四六九年から七一年にかけて——、対馬島主宗貞国が旧来の主家＝少弐頼忠を擁して筑前博多方面に進軍していたためと思われる。一四七〇年以降の偽王城大臣使の大量通交や、一四七一年以降の《偽琉球国王使》の登場の背景に博多商人の参画・関与例が散見されるのは、こうした事態との関連性を考えれば整合的に解釈できるものと思われる。先行研究に学びながら、さらにこの点を考察していこう。

当時の少弐—宗氏による博多支配の状況を詳細に考察した佐伯弘次氏によれば、筑前守護少弐頼忠は大宰府へ、守護代宗貞国は住吉へ、そして恐らくは宗直家（兵部大輔）が博多代官として赴任していた、という〔佐伯 一九七八年‥三一九頁〕。そうした推定の根拠となったのは、筑前博多地区に関して与えられた宗氏の宛行・安堵状の類であり、受給者のなかには、応仁度遣明船の千貫文衆・五百貫文衆（『戊子入明記』）となった有力博多商人＝奥堂右馬大夫の名前も見られる〔「筥崎神社文書」（御油座文書写）文明三年卯月十日付け宗兵部大輔直家安堵状）〔川添　一九五八年‥四五頁参照〕。つまり、対馬宗氏と博多商人の間には、明らかに政治的・経済的接触が認められるわけである。史料上は、奥堂氏の事例しか見当たらないが、こうした対馬宗氏との融和的関係は、他の博多商人においても恐らく存在したであろう。何となれば、少弐―宗体制を安定させる上で、博多都市民・商人との友好関係は必要不可欠だったはずだからである。

当然、宗氏と博多商人との間には、貿易活動上の融和的関係も生じたと想定すべきであろう。博多商人の旧来の土地や得分を安堵するだけでなく、新たな支配者として彼らを魅きつけるには、朝鮮交易に参画させることが現実的かつ有効な手段であったと考えられる。彼らがいかに海外貿易に深い関心を寄せていたかは、例えば、一四六九年、応仁度遣明船の帰国時を狙って日明成化勘合を奪取した事件（『蔭凉軒日録』長享元年十月二十九日条）を想起すれば恐らく十分であろう。結局、彼ら博多商人らは間もなくその日明勘合を幕府に返還せざるをえなかったのだが、いずれにせよ、符験（外交資格証明手段）を手にして、自前で使節を造り上げるモデルが存在したことの意義は大きい。こうした経験があったからこそ、博多商人たちは《偽琉球国王使》そのものの通交を保障する、書契―割印制を自前で発想することができたと考えられるからである〔橋本　一九九七年b〕（本書第二章）。

このような、対外貿易を渇望する博多商人たちのもとに、朝鮮へ通交するために必要不可欠な文引（渡航証明書）の発給権限を持つ対馬島主宗貞国が進軍してきたのであるから、利に聡い彼らがこうした好機を逃すはずはあるまい。恐らく、彼らは対馬宗氏と積極的に結びついて、朝鮮に渡航・通交し、貿易活動を展開することを志向したものと思われる。ゆえに筆者は、宗貞国が博多方面に出兵していた一四六九年から一四七一年にかけて、対馬宗氏と博多商人の間に、朝鮮通交貿易権を媒介とした密接な連携関係が生じたと想定したい。そして、そうした博多商人たちに対して、対馬宗氏が新たに付与した通交権こそ、一四七〇年以降押し寄せた偽王城大臣使の諸名義だったのではなかろうか。

ただし、やや込み入った議論になるが、偽の王城大臣使は、実は《朝鮮遣使ブーム》のさなかに突然現れたわけではない。早くも一四五〇年代中葉、実在の人間の名義（最初のものは能登畠山氏の畠山義忠─ただし当時実在の義忠は出家して法名を「賢良」と名乗る）を騙った偽王城大臣使（「第一波」）が初めて登場し、やがて一四六九～七〇年を境に、実在しない人間の名義を騙る偽王城大臣使の一群（「第二波」）が大挙出現したからである〔橋本 一九九七年ａ〕（本書第一章）。確かに、「第二波」登場以後の段階においても、「第一波」の偽王城大臣使の通交は数例続くわけだが（例えば、一四七〇・七三年山名教豊─『朝鮮成宗実録』元年九月甲午・四年七月乙卯条、一四七四年畠山義就─『朝鮮成宗実録』五年七月丙申条）、通交名義の創出・運用の点から見て、実在人物のモデルを確認しうる「第一波」と、それを確認することができない「第二波」との間には、何某かの差異・懸隔が存在するはずである。この偽王城大臣使の歴史における〝転換点〟が、先述の瑞祥祝賀使（＝長節子論文の対象）と、新参者の王城大臣使（＝拙稿〔橋本 一九九七年ａ〕（本書第一章）の対象）との間にある〝画期〟と密接に関わることは、時間的な一致から見ても恐らく疑いない。

そうだとすれば、「第一波」の名義の通交権を保有・活用する勢力と、「第二波」のそれを獲得・保有する勢力との間には、ある種の棲み分けがなされていた可能性が高いのではないか。逆に言えば、通交権保有者の違いを示す指標が、実在名義人（「第一波」）・架空名義人（「第二波」）という差異だったのではなかろうか。

そして、繰り返しになるが、一四七〇年という年が画期となっているという点、そしてそれが対馬島主宗貞国の筑前博多出兵の時期にぴたりと重なるという点を考えれば、「第一波」と「第二波」との違い――通交名義の変化――は、極論すれば、対馬島人か博多商人かの、通交主体（通交権保有者の主要メンバー）の違いに起因しているのではないか（もちろん例外的事例や対馬・博多の複合的主体の例は存在するとは考えられるが）。すなわち、ここで、一四七〇年以後、博多商人が偽使通交に乗り出した際、彼らに振り当てられた通交名義こそが偽王城大臣使の「第二波」であったのではないか、という推論を提起したいと思う。

それでは、偽王城大臣使の「第二波」や《偽琉球国王使》の通交主体に、対馬島人がどれほど関わっていたのか、という点はどうであろうか。右の推測が成り立つためには、偽王城大臣使の「第二波」などには余り対馬島人が参加していなかったということが証明されなくてはならない。恐らく、この問題に答えるためには、対馬島人が一四七〇～七一年当時、どれほど日朝関係から遠のいていたのか、という点を解き明かす必要があるだろう。

これは、厳密に実証するのが大変難しい問題であるが、ヒントとなる史料が皆無というわけではない。一四六九年末近く（＝宗貞国の発兵直後）、歳遣船がまったく来ないのはどうしたことかと、朝鮮朝廷内で問題になり（申叔舟の発言、「対馬州一年例使船凡五十艘、而今無二一艘来泊一」――『朝鮮睿宗実録』元年十一月丁亥条）、これに答えるべく翌月もたらされた、対馬早田氏の平茂続（受職人）の報告を参照してみよう（『朝鮮成宗実録』即位年十二月己未条）。

小二殿今発レ兵復二旧土博可大（＊博多）一、対馬島主従行、分二本島軍一、為二三番一、毎番七千人、相逓防護、以レ故未レ還二本島一、因レ此年例船隻、不レ得レ来矣、

すなわち、宗貞国の筑前博多出兵――駐屯兵の輪番制――により、歳遣船の途絶という現象が起っていたのだという。そして、多少の誇張はあるかもしれないが、計二万一〇〇〇人ほどの兵が対馬から博多に出兵していたこともここから判明する。恐らく、島主歳遣船を担う船や人員が、博多あたりに繫留されたり駐留したりしているため、歳遣

船を発遣できない状態に陥っていたのではなかろうか。(4)

これまでの対馬をめぐる歴史を振り返れば明らかなように、そもそも対馬には耕地が少なく、つねに食糧問題が仇《あだ》となってきた。そのため、主家の守護少弐氏を擁立して対馬勢力が筑前（「陸地」）に出兵し、土地を横領奪取するということがしばしば見られた〔長 一九八七年、佐伯 一九七八年参看〕。実際、そのために対馬宗氏は少弐氏を必要としたとさえ言えるほどである〔長 一九八七年：二五頁〕。推測するに、対馬島人たちは、この一四六九年からの博多出兵を好機と捉え、先を争うように筑前本土に侵攻していったのではなかろうか。(5)

それでは、歳遣船が朝鮮に通交しなかった時期がいつからいつまでか、という点はどうであろうか。この歳遣船通交の〝空白〟期間の始期については、島主貞国名義の来献土宜記事が見えなくなる七月以後、遅くとも秋以降のことと考えるのがもっとも自然であろう（つまり「一四六九年下半期」と判断して良いと思われる）。一方の終期については、歳遣船の通交記事（＝宗貞国名義の来献土宜記事）が早くも翌一四七〇年正月に安定的に復活するので（表6参看）、歳遣船に用いる船や船頭たちはある程度無事帰島したものと思われる。しかし、対馬船の幾船かは退路確保のため博多港に繫留しておく必要があったはずであろうし、帰島した船も博多と対馬との連絡便に頻用されたことは推測に難くない。すなわち、当時の対馬において、どれほど十分に歳遣船用の船数が確保できたかは、やはり疑問なのである。

なお、宗貞国自身は、主君＝少弐頼忠との不和ならびに対馬島宣慰官田養民の対馬来島により、一四七一年に帰島したということがすでに知られている（『海東諸国紀』参看）。田養民がソウルを辞去するのが一四七〇年九月のことで（『朝鮮成宗実録』元年九月丙子条）、当時の朝鮮王朝の規定では、早ければ十五日ほどで釜山に到着する決まりであったから（『朝鮮成宗実録』二年四月辛亥条参照）、遅くとも年末までに田養民は釜山を出発したものと思われる。したがって、宗貞国の帰国も、それに合わせてのことだとすれば、一四七一年初頭（あるいは前年末）頃であった可能性

表6 《朝鮮遣使ブーム》略年表

年　次	使節名・分類	プロモータ（統括者）	主　　体（通交者）	島主歳遣船（漢数字＝件数）	備　　考
1466 世祖12	祝賀使(1名)	宗成職	対馬人	1月：一 3月：一 (迎蔵主) 4月：一 6月：二 7月：三 8月：三 9月：二 10月：一 11月：一 12月：一	
1467 世祖13	祝賀使(22名) 寿藺護送(5名)	宗成職・貞国	対馬人	8月：一 (宗彦四郎)	
1468 世祖14 睿宗0	祝賀使(11名) 寿藺護送(1名) 宗貞国請(22名)	宗貞国	対馬人	1月：一 (清蔵主) 9月：二 11月：一	
1469 睿宗元 成宗0	宗貞国請(12名)	宗貞国	対馬人	1月：三 3月：一 (中山和尚) 4月：四 5月：一 6月：一	＊下半期？：宗貞国，対馬離島・筑前進駐(→11月段階で歳遣船来ない(11月丁亥条・12月己未条)) ＊特送：6月：一(僧崇悦) ＊特送：12月：二(井彦九郎・平茂続)
1470 成宗元	5月以前？：山名義安 8月：偽日本国王使(細川勝氏)・畠山義勝・伊勢守政親・細川持賢 9月：山名教豊	宗貞国	対馬人＋博多商人？	1月：一 6月：三 7月：三 8月：三 11月：一 12月：三	＊特送：8月：一(津江) ＊特送：9月：一(僧梵賀)
1471 成宗2	寿藺護送(1名) 1月：多賀高忠 6月：甲斐政盛 11月：偽琉球国王使(割印制発案) 12月：左武衛義廉	宗貞国 博多商人	対馬人＋博多商人	1月：三 2月：二 3月：一 4月：二 5月：一 6月：一 12月：一	＊上半期？：宗貞国，帰島 ＊特送：6月：一(津江二郎左衛門) ＊特送：8月：一(宗大膳国幸)

註1) 本表は，高橋公明［1987年］・長節子［2002年b］・橋本雄［1997年a］（本書第一章）などの諸研究を参照し，『朝鮮王朝実録』『海東諸国紀』などから作成した．

註2) 「島主歳遣船」の欄の件数は，いくつかの歳遣船がまとめて来朝した場合や，『朝鮮王朝実録』の記載不備の場合などが考えられるが，成案はない．単純に記事数を掲げただけである．

が高い。
もっとも、佐伯弘次氏によれば、宗貞国は自身が帰国してなお、一定量の対馬軍を筑前地域に残していた〔佐伯一九七八年：三二〇頁〕。貞国の直臣にして早田一族の平茂続（受職人）の報告を見ると、「本島壮士、多従㆓小二殿㆒、往居㆓博多㆒」という（『朝鮮成宗実録』七年七月丁卯条）。やはり、対馬の中小領主層は、「陸地」＝九州の領土を諦め切れなかったのであろう。このように、宗貞国帰島後にあっても、一定数の対馬島人・対馬船は、「陸地」＝筑前博多方面に残留を余儀なくされていた（あるいは進んで残留していた）と考えられる。

そして、当然のことながら、筑前に出兵した対馬島民たちも、いずれは帰島せねばならぬときが来る。そのときのためにも、彼らの通交権（歳遣船の割当て数）は担保されていなければならない。あるいは、出兵の留守中の一族が、苦心して歳遣船の通交権利を維持運営していた可能性も考えておかねばならないだろう。それゆえにこそ、新規参入者たる博多商人に対しては、まさしく新規の通交権を宛わねばならなかったはずである。

やはり、一四七〇年以降に大量発生した偽王城大臣使「第二波」には、対馬島人が含まれていた可能性は否定できないものの、おおむね博多商人らによって担われていたのではないか(6)。また、有力博多商人の資力さえあれば、王城大臣使にふさわしい輸出品などは極めて容易に準備することができたとも思われる。筆者は、偽日本国王使や偽王城大臣使を創出するという構想《アイディア》自体は、筑前博多に進駐していた宗貞国らによるものであったと考えるが、実際の企画・経営には博多商人・禅僧（禅商）らが数多く主体的・積極的に関わっていた、と推測する。

三　通交権の分裂と島主特送船の恒常的出現——対馬島内の政治情勢

さて、対馬島主宗貞国の筑前博多方面出兵は、単に、偽王城大臣使や《偽琉球国王使》の出現を惹き起こしたに過ぎないのであろうか。

実は、対馬島内に与えた影響も、日朝関係を考える上で無視できない影響力を持っていたのである。本節では、宗貞国の博多出兵が日朝関係や対馬島内に与えた影響について、いま少し掘り下げて考えてみたい。具体的には、当該期に特徴的に見られる、朝鮮通交権の分裂事例——あるいは〝偽使の偽使〟の登場——を正面から取り上げ、そこから当時の対馬宗氏権力をめぐる政治外交情況を考えていくことにしよう。

〝偽使の偽使〟の出現、とも言うべき通交権の分裂情況を示す事例は、管見の限り、以下の三件を確認することができる。

(1)　十五世紀後半に登場し、一貫して偽使と見なされる「菊池為邦」名義の通交権が、一四七〇～七四年頃、二つに分裂し、お互いに対立・競合関係にあったという事例（一四七四年に発覚）。

①　一四七〇年、肥筑二州太守菊池為邦は、二年前（六八年）に貰った図書（『爲邦』ヵ）を回航中に紛失してしまったと朝鮮政府に申告、新造の図書『菊池爲邦』を発給された。その後、菊池為邦名義の遣使が頻繁に通交するようになったという（具体例を『朝鮮成宗実録』から拾うと、一四七一年〈成宗二年十一月壬子条〉・七三年〈成宗四年十一月辛丑・十二月甲申条〉、七四年〈成宗五年十一月辛酉条参照〉の四起となる）（表5ゴチック通交例参照）。

② ところが、一四七四年、菊池重朝なる者が朝鮮に通交して、『菊池爲邦』図書の通交者（上述の四起）を「偽使」だと指弾。かつての造給図書『爲邦』（失われたはずの本物）をもたらしたので、彼の証言の正しいことが立証された。

③ こうした経緯から、筆者は、何らかの理由で一四六九～七四年の間、元の通交者（A）が通交を杜絶せざるを得なくなり、その間隙を縫って別の通交者（B）が出現したと想定した。つまり、〝偽使（A）の偽使（B）〟が登場したわけである〔橋本 二〇〇二年b〕（本書第三章二節3）。

(2) 少なくとも当該期の前後は一貫して偽使と見なされる、呼子氏名義の通交権が分裂していた事例（一四七〇年に発覚）。――呼子高が甲申年（世祖十年＝一四六四）に没し、子の義へ図書を改給して約七年も経ったにも拘わらず、昨今の呼子氏の使者は亡父「高」の名義の書契を所持して朝鮮へ渡航してきたという事件である（原文「復賚㆓源高書契㆒而来」、『朝鮮成宗実録』元年九月丙子条）〔松尾 二〇〇二年：二〇頁参照〕。なお、この条文は対馬島宣慰官田養民が対馬宗氏にもたらした書契の引用であり、対馬宗氏に対して照会を依頼する、ないしは嫌疑をかける目的の文章であったと考えられる。

(3) 一四五六年から通交を開始した、肥前上松浦神田《こうだ》能登守源徳（『海東諸国紀』）の名義の通交権が分裂していた事例（一四七〇年に発覚）。――朝鮮朝廷のなかで、「能登守源徳書契所ㇾ印図書、与㆓前受図書㆒不ㇾ同、是必中間詐偽者所ㇾ為也」と言われている（前掲、『朝鮮成宗実録』元年九月丙子条）。この文章自体、朝鮮から対馬宗氏に宛てた書契のものだから婉曲な表現を用いているが、「中間詐偽者」がまさしく対馬島人を指していることは間違いなかろう。なお、同使節は、対馬島人による偽使通交が大量に開始され始める一四五〇年代（宗成職時代）〔長 二〇〇二年a〕に通交が始まったものなので、当初より対馬製の偽使であった可能性が極めて高い。

以上、(1)・(2)・(3)いずれも、朝鮮通交権（＝偽使の通交名義）が不正に流用され、実質的に通交権が分裂していたこと（＝〝偽使の偽使〟の出現）、しかもそれが対馬島主宗貞国の筑前博多出兵期に発生していたことが注目されよう。通交権の分裂・併存・競合という構図は、どうやら、この貞国博多進軍の時期に特有の現象と言えそうである。ただし、残念ながら、史料上の制約によって、それぞれの〝偽使の偽使〟の通交主体は判然としない。いずれも同じ勢力かもしれないし、まったく別の勢力かもしれない。しかし、もともとの偽使が対馬島人によるものであったとすれば（すなわち筆者は長節子氏〔二〇〇二年b〕の説に従う）、その〝偽使の偽使〟も対馬島人であった可能性は極めて大であろう。これほどの通交業務（本物らしい偽使の創出）を島外勢力にこなせるとは到底考え難いからである。

それでは、こうした〝偽使の偽使〟という現象を可能にした、当該期の朝鮮通交システムの〝裏事情〟とは、いかなるものだったのだろうか。具体的に言えば、彼ら〝偽使の偽使〟に朝鮮通交の機会——すべての通交者における文引（渡航証明書）、島主歳遣船における島主名義の書契（外交文書）——を付与していたのは誰だったのか、是非ともこの問題を考えておく必要がある。

そもそも、対馬島内では、当時、文引・書契発給を専掌する人間は複数人存在していたことが確認されている。佐《さ》賀《か》に居する唐人秦盛幸（『海東諸国紀』）や景徳庵の禅僧仰之梵高、宗氏の奉行人古川職次（治部少輔）、「非二日本之人一」宋将（『朝鮮中宗実録』七年閏五月辛巳条）などである〔荒木 二〇〇三年：二五頁註46、伊藤 二〇〇二年c：六頁、橋本 一九九七年a（本書第一章）など参照〕。貞国が島主の地位を襲って間もない一四六八年、府中（島主館）を佐賀から南の厳原に移しているから、朝鮮への渡航船が北の佐賀（上県郡峰町）で文引・書契を受け取り、いちいち南の厳原（下県郡厳原町）に戻って文引・書契に島主の押印を請け、その後でふたたび北上して朝鮮に渡海する、というのも実に非効率的・非現実的な話である。恐らくは、島主印の複製品か、近世日本風に言えば「判紙」、明代中国風に言えば「空印」――要するにあらかじめ署名捺印だけされていて本文を書き込めることができる未完成文書のこと――が、佐賀あたりに置いてあった可能性も十分考えられよう。その場合は、佐賀の秦盛幸や仰之梵高が管理管轄していた可能性が高い。もちろん、直臣の古川氏（基本的に府中在住であったろう）の管理下に対馬島主の図書印（複製ならん）が置かれていた可能性も否定できないが、さきに指摘した航路の順を考えれば、文引・書契の佐賀分置説の方が現実的と思われる。

残念ながら、いまだ実情をつまびらかにできないのであるが、文引や書契の発給業務などに関して言えば、島主印（ないしその複製印）や書契の「判紙」「空印」の類は島主貞国の手許を離れ、おおむね旧府中の佐賀に置かれるなど、システマティックな通交体制が構築されていたと考えたい。こうした推測が許されるならば、当然、島主宗貞国が離島して筑前方面に出兵している間も、従来通り、文引の発給業務は在島の島主印所管者（たとえば秦盛幸ら）に任されていたと考えるべきだろう。

ただし、島主の印鑑や書契・文引の「判紙」「空印」を管理していたからと言って、彼らがまったく独自に文引や書契を発給できていたか否かは、当然、別次元の話である。それでは、貞国が離島していた間の「島主歳遣船」の権利は、誰が継承していたのだろうか。言い換えれば、島主印所管者の秦盛幸・仰之梵高らは、いったい誰の裁量によって文引や書契を完成させ給付していたのだろうか。

ここでまず、宗貞国が離島した一四六九年から、「島主特送船」が突然かつ頻繁に出現するという事実に注目したい。荒木和憲氏の研究によれば、それ以前の島主特送船は一四五三・六一・六四年の三回しかなく、一四六九年以後になると、十六世紀初頭に至るまで、ほぼ毎年通交例が確認できるという〔荒木 二〇〇三年：表1参看〕。しかも、一四六九年から七一年までの八回の特送船のうち、三回は、宗家直臣の津江氏が上官人を務める特送船である（①一四七〇年豆老―『朝鮮成宗実録』元年八月癸亥条、②一四七〇年僧梵賀禅師［津江二郎左衛門息］―同元年九月丙戌条、③一四七一年津江二郎左衛門―同二年六月庚戌条）。津江氏は、ちょうどこの頃、筑前糟屋郡世々《マヽ》奈幾村を宛われており（「延宝二年御判形之写」津江藤右衛門所持分、文明二年八月二十二日付け貞国宛行状、『長崎県史　史料編第一』七八七〜七八八頁）、博多出陣に積極的に活躍していたと考えられる。上記三回の特送船の使人となったのは、この博多にいる津江氏一族の人間であっただろう。少なくとも、筥崎宮造営の助縁を願い出た一四七〇年特送使の「豆老」（津江）は、明らかに貞国の意を直接に受けて、博多地区から朝鮮に渡航した例と見なし得る存在である(7)。

そして、なぜ殊更にこの一四六九年から特送使の恒常的通交が開始するのかと言えば、一般論的な「通交権の拡大目的」という指摘では答えにならない。荒木氏も明快に指摘するように、特送船の経済利益は歳遣船ほど大きくないため、経済的な動機を想定し難いからである〔荒木　二〇〇三年：二〜四頁〕。やはり、博多出兵・対馬離島という非常事態を承けて、島主宗貞国が特に朝鮮に通報したい事由の生じたときに島主特送船を仕立てて発遣した、というのが実情なのではあるまいか。つまり、当時の対馬島には、ある程度、宗貞国の統制から抜け出た人間が朝鮮通交を管轄管理していた可能性が高いと考えられる。

そして、その宗貞国が島主歳遣船などの管理統括権を委託した（せざるを得なかった）相手とは、対馬に残した妻・子（次代島主の材盛〈初名盛貞〉）（『朝鮮成宗実録』元年九月丙子条参看）ではなく、当該期の守護代（≠島主代官ではなかったかと考える。このように考える理由は、ひとえに、島主の代官≠守護代という字義通りの政治的立場そのものにあるが、上述した島主特送船の存在事由を考えれば、容易に首肯しうるであろう。島主家として独自に通交機会を維持するためには、特送船という枠が必要だったほどなのであるから。

さて、実際のところ、この時期の守護代が誰であったのかを見極めるのはいささか難しい。まず、『朝鮮王朝実録』

によれば、「（対馬州）守護代官」の肩書きで通交していたのは、一四六八年以降、宗助六盛俊であった（『朝鮮成宗実録』元年正月癸巳条による）。韓文鍾氏の御教示によれば、一四九四年の通交例までこの肩書きは続くという。

しかし第二に、島内文書を『長崎県史　史料編第一』等によってサーヴェイするだけでも、この宗助六盛俊（豊崎郡主）が当該期の守護代（島主代官）を務めていたという明確な徴証は得られない。むしろ、この一四六八年以降から、守護代職は混乱期に陥っており、現実の島主代官（≒守護代）と通交名義の「守護代官」とは乖離していたと見られるのである。言うなれば、「対馬島主代官宗助六盛俊」名義の偽使（虚偽名義の使節）が登場していたのではあるまいか。

この間に起こった事件と言えば、まず、同一四六八年の、宗貞国の島主襲職と国府の移転と挙げねばなるまい。貞国は、積年対立してきた島主家宗氏と仁位中村家宗氏との、言わば〝手打ち〟のような形で島主に任じた人物である〔長　一九八七年：第一部参照〕。しかし、恐らくこれは〝対等合併〟ではなかった。国府移転先の厳原が仁位よりも南の、対馬島南部の与良郡であったことから分かる通り、もとの根拠地の佐賀（三根郡）から島主家を引き離す意図――島主家の朝鮮通交権益を扼そうとする意図――が垣間見られる。そして、守護（≒島主）を牽制しうる守護代（≒島主代官）には、他ならぬ仁位家宗氏系統が代々任じられてきたのである。こうした歴史的経緯から考えて、やはり仁位家系の何者かが、当時の実質的な朝鮮通交管理権を握っていたと見るべきではなかろうか。(8)

しかし、先述した通り、その何者かを突き止めるのは難しい。守護代の出す遵行状の類がほとんど見られなくなるのと符節を合わせるかのように、一四六九年六月には、島主貞国自身が「うへさま（上様）」＝守護少弐頼忠の意を奉じるという、守護代的な振る舞いさえ見せるからである（「給人足軽百姓御判物写　豊崎郷　西津屋村・河内村」〈享保書上〉対馬歴史民俗資料館所蔵対馬宗家文庫Ａ52、西津屋村中所持分）。当該文書を紹介しておこう。

舟のうりくちかい口の事、うへさまの御はんのむねにまかせ候て志さいあるべからさる状如件、

応仁三

六月十一日　貞国（花押影）

西通夜　阿比留よりあい〔寄合〕

同ちけちう〔地下中〕

恐らく、筑前博多方面に出兵する対馬島主宗貞国としては、〝錦の御旗〟として「守護」少弐氏の存在が必要であり、「守護代」としての立場を明確に打ち出さざるを得なかったのではないか。いまだ仮説の域を出るものではないが、こうした事情が右文書の「うへさま」なる表現につながったと考えたい。

こうなると、このときの「島主代官」は、守護又代としか表現できないことになる。つまり、従来、「守護代＝島主代官」という図式（等式）が当然のように使われてきたが、実際には上引文書のごとき「守護又代＝島主代官」という場合も、時には見られたということである（それゆえ本章では「守護代≠島主代官」と表記してきたのである）。

さて、そうは言っても、従来通りの「島主代官」に当たる立場の人間は依然として存在したであろう（右の文書に即して言えば「守護又代」に相当）。次には、この「島主代官」が誰であったかを押さえておく必要がある。以下、混乱を避けるため、日本の国制的な意味での「守護代」という呼び方は避け、実質的な「島主代官」という呼び名に統一して検討を進める。

長節子氏の研究においてすでに指摘されているように、一四五三～六六年の期間、島主代官を務めていたのは、宗右馬允盛直であった〔長 一九八七年：二一一頁註78〕。ところが、これまでの研究史ではあまり触れられていないようだが、この盛直以降、島主代官職をめぐってやや複雑な継承関係が生じたようなのである。敢えて推論を下せば、島

内で島主代官職をめぐる政争が勃発していたのではないかと考えられる。この点につき、やや詳しく見ておくこととしよう。

まず、宗盛直の後は、盛直の息＝四郎職盛が比較的順調に島主代官職を引き継いだようである（一四七一年六月、宗中務丞宛てに筑前赤間の所領を宛行う。――「御旧判控　佐須郷　阿連村・今里村・久根村・瀬村」〈貞享書上写〉〈文明三〉六月十七日付け宗職盛書下、『長崎県史　史料編第一』六六八頁）（ちなみに前述のように対馬島守護代の地位は一時的に島主貞国が担保）。ところが、盛直―職盛父子に受け継がれたはずの島主代官（守護代）職は、やがて盛直弟（つまり職盛叔父）の宗伊予守茂勝（兵部少輔）に奪われてしまうらしい（文明五年〈一四七三〉六月十三日、茂勝が与良郷竹敷村の高尾某に対して諸公事を免除。――「御判写　与良郷（仮題）」〈享保書上〉〈対馬歴史民俗資料館所蔵宗家文庫資料Ａ61〉竹敷浦弥兵衛所持分、〈文明五〉六月十三日付け宗茂勝遵行状、『長崎県史　史料編第一』六〇二頁）。

そしてその後、文明六年（一四七四）頃になって茂勝兄（異母兄か）の宗彦九郎貞秀（出羽守、佐須郡主）が島主代官（守護代）の地位を襲ったと見て間違いない（一四七四年、宗貞国の礼曹宛て書契のなかで、島主貞国が貞秀に「委以㆓政柄㆒」と明言。――『朝鮮成宗実録』五年十月戊子条）。その後、宣慰使として対馬島を一四七六年に訪れた金自貞も、たびたび「代官宗貞秀」と表記しており（『朝鮮成宗実録』七年七月丁卯条）、やはり実質的にも名目的にも島主代官の地位に就いていたのは宗彦九郎貞秀その人であったと考えられる。(9) 島内文書の分布と内容からも、当該期、貞秀が島主代官（守護代）の立場にあったこともまたほぼ確実である。(10)

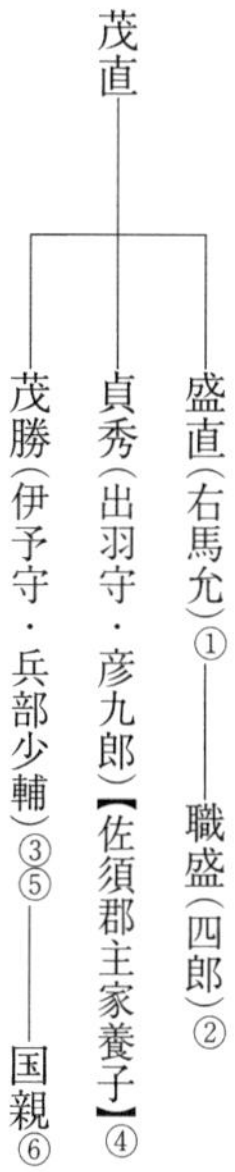

※長節子氏の研究〔長　一九八七年〕にもとづき作成。
丸数字は島主代官就任の順序。

図７　仁位中村系宗氏略系図

そして、やはり島内文書の分布から、遅くとも文明十三年（一四八一）末から文明十五年（一四八三）半ばまでの間に、ふたたび伊予守茂勝が島主代官（守護代）職を奪還し[11]、結局は茂勝流の〝守護代家〟が確立することになったと思われる（その後、息子の摂津守国親が継承）。

以上、一四七〇年代を通じ、仁位中村系宗氏のなかで、島主代官の地位をめぐる複雑な継承関係が見られることを確認した。ここから、島主代官職をめぐる政治的紛争が起こっていたであろうことを推測しても、さほど無理はあるまい。

それでは、なぜ島主代官職が内紛・争奪の対象となったのだろうか。恐らく、この段階の島主代官職にはそれだけの旨みがあったためと考えられる。それこそ、宗貞国不在時の朝鮮通交システムの統轄権そのものだったのではなかろうか[12]。すなわち、島主家宗氏の貞国が離島・出兵して以降、島主代官こそが朝鮮通交システムを牛耳っていたと考えなければ、島主代官職をめぐってこれほどまでの複雑な展開、継承関係の混乱が生じるはずがなかろう。

そうだとすれば――はなはだ迂遠な結論となったが――、貞国離島当時の朝鮮通交システムの統轄権保持者としては、当該期の島主代官であった仁位中村系の宗盛直―職盛父子こそがやはりもっともふさわしい。そして、これも多分に推測の域を出ないが、彼ら盛直―職盛父子＝島主代官が歳遣船発遣管理権を獲得（掌握）し得たのは、先に見た、一四六九年後半の歳遣船途絶を経た後の、七〇年はじめの頃――歳遣船復活の直前期――であったと思われる。恐らく、島内残留組による歳遣船復活要望が強まり、島主宗貞国をして〝留守政府〟にこうした権限を付与させたものであろう。そしてその権限が、貞国の帰島後も完全かつ安定的に島主のもとに回収できず、島主代官の権限として旨みを生じ、内紛を生じさせた、というのが実情ではないか。いずれにしても、架空の「島主代官」宗盛俊名義の朝鮮通交が、こうした対馬島内の内紛情況を糊塗するに十分であったことは想像に難くない。

いささか推論を逞しくし過ぎたかも知れないが、筆者は以上の如く、宗貞国の博多出兵の歴史的影響を考える。こうした理解に基づくと、一四七〇年前後に現れた菊池為邦・呼子高・神田徳などの〝偽使の偽使〟の通交主体は、やはり対馬残留組の島人によるもので、しかも〝留守政府〟(島主代官＝仁位系宗氏、とくに盛直—職盛流)に連なる勢力による使節であったと考えられる。少なくとも、〝留守政府〟から文引＝渡航証明書を受給され得る立場にあったことだけは確かであろう。そして、まったく島内の実情に即さぬ「島主代官」宗盛俊名義の偽使すら登場したことに鑑みると、対馬島内の通交権(通交名義)の多くが、本来その権限を保有しているはずの人間(対馬島人)の手を離れて、純粋に島主—島主代官権力の統轄する動産と化し始めていたことすら想定できよう(これまでの考察に基づけば、後者の守護代官権力こそが主導勢力か)。宗貞国の博多出兵の裏側において、対馬島内で新たな通交体系が構築されつつあったことはほぼ間違いないのではないか[13]。

おわりに

以上、はなはだ推論に頼る部分が多くなったが、宗貞国の筑前博多出兵の影響や歴史的意義について、考察を積み重ねてきた。最後に、簡単なまとめをしておこう。

① 対馬島主宗貞国は、一四六九年下半期、一説によれば二万一〇〇〇人ほどの大軍を率いて筑前博多に出軍した。そのため、船隻や渡航人の人数がこちらに割かれ、朝鮮への歳遣船が一時途絶することになったと考えられる。また、こうした事態ゆえに、博多の貞国が独自に特定目的の朝鮮通交を展開するためには、特送船を仕立てざるを得なくなり、以後、特送船の派遣が恒常化していくきっかけを作った。

② 対馬島主宗貞国の離島・出兵中の〝留守政府〟は、当時の島主代官を務めていた仁位系宗氏の宗盛直—職盛父子がイニシアティヴを握っていたと考えられる。彼らは、文引・書契の発給許可、島主歳遣船の発遣命令などを島主に代わって執行していたであろう。また、文引・書契に捺印するための島主図書印または捺印済みの空文書（「判紙」「空印」）などは、島主貞国の離島とは関係なく、すでに佐賀（旧国府）あたりに分置されていたのではないか。

③ したがって、貞国軍の離島・出兵後に朝鮮に現れた菊池・呼子・神田などの〝偽使の偽使〟——通交権の分裂情況——は、本来の通交権（「図書」）の所持者がいない隙を狙って、残留組の対馬島人が、〝留守政府〟＝仁位家系島主代官（守護代）から文引を請け取って創出したものと考えられる。

④ 筑前出兵・駐留中の宗貞国は、博多商人との融和的関係を結ぶために、有力な博多商人との経済的・政治的連携を強めたと思われる。その結果として生まれたのが、一四七〇年以降の偽王城大臣使群（「第二波」）や《偽琉球国王使》群であろう。つまり、一四七〇年以前の瑞祥祝賀使の通交主体はおおむね対馬人であったと思われる〔長 二〇〇二年b〕のに対して、貞国が筑前に駐留した一四七〇年以後の偽使群には、博多商人の参与が相当程度、認められるのである（もちろん、それぞれ例外はあると考えるが）。

⑤ 一方、筑前博多出兵中、対馬島主宗貞国が島主代官（盛直—職盛父子）に委ねた朝鮮通交システム管理権に関しては、帰国後もなかなか回収できなかったらしく（その実態は不明）、しばらく島主代官職の旨みとなったと考えられる。さればこそ、島主代官職をめぐる仁位系宗氏内の内紛が勃発し、恐らくは職盛→（一時的に島主貞国が「守護代」となる）→茂勝→貞秀→茂勝→国親、という複雑な継承関係に結果したと考えられる。にも拘わらず、『朝鮮王朝実録』に窺えるこの時期の「島主代官」使送は、一貫して宗助六盛俊を名義人とするものであっ

た。つまり、島主代官ですら通交名義と実在現職者名との乖離が存在したこと、それだけシステマティックな朝鮮通交システムが対馬において築かれていたことが窺い知れよう。

以上のように、筆者は、一四六九〜七一年の宗貞国の博多出兵を、さまざまな意味で日朝関係史上の画期的事件だと考えている。そして、表題・冒頭の偽使問題に立ち戻って考えれば、やはり④の点こそが重要だと思われる。何となれば、偽使通交体制の屋台骨とも言うべき「対馬—博多ライン」が実体的に確立するのが、この一四七〇年前後であったからである。

しかも、一四七〇年以降の偽使群に博多商人が関わっていたことを前提にすると、長節子氏〔二〇〇二年ａ〕が周到かつ入念に「対馬人による偽使」説を主張した「夷千島王遐叉」使節の通交主体に関しても、毛色の違う結論を引き出す余地が生まれてくる（ここで「夷千島王遐叉使送」が架空名義の偽使であることは大前提）。というのも、実は、「夷千島王遐叉」使節の現れた一四八二年とは、日朝牙符制の発効年だったからである。この年、第一牙符（朝鮮王朝が作成して幕府に支給した象牙製の割符の第一）を本物の日本国王使栄弘が朝鮮にもたらしたために、牙符制が効力を持ってしまう。これにより、それまで対馬—博多勢力が創出することに成功していた偽王城大臣使の通交は、事実上完全に阻まれることになったわけである。恐らく、こうした事態を承けて、通交名義の数が減るのを恐れた偽使派遣勢力が急場凌ぎに作り上げた新しい偽使が、この怪しげな「夷千島王遐叉」使節だったのではなかろうか（「遐叉」使節が日本国王使栄弘を追いかけるようにして朝鮮に現れ、同時にソウル入りしていること、つまり恐らく連繫プレイを採っていることも参照）〔橋本　二〇〇三年〕[14]。

もし、これが正しいとすると、偽王城大臣使（一四七四・八〇年畠山殿使送）に参加した三未三甫羅や宗茂信（いずれも宗金の孫）〔橋本　一九九七年ａ〕（第一章）、《偽琉球国王使》の使節に二度も加わった経験を持つ新四郎（対馬の

「草那浦」に叔父を持つ）〔橋本 一九九七年b〕（第二章）などの博多商人たちが、何らかの形でこの「遐叉」使節に関わっていた可能性は十分考えられるのではないか。以上はまったくの推測に過ぎないが、いずれにせよ、長節子氏の如く、対馬島人のみで完結させて「夷千島王遐叉」使節の素性を理解することが本当に可能なのか、再考を要しよう。

もちろん、筆者がここで言う「対馬─博多ライン」とは、対馬と博多との間で完結するものではない。とくに、国際的ターミナルである博多は、中世日本きっての大貿易都市である。この大都市を介し、様々なネットワークが国内に（もちろん国外にも）重層的に伸びていたことは忘れてならない〔井原 二〇〇三年参看〕。そのネットワークを無視して、偽使問題や国際関係史を解くことはできないであろう。(15) 人・物・情報の流れは、このように、言葉の厳密な意味での「対馬─博多ライン」のみに収まるものではない。もう一度ひろやかな視点から偽使問題を見直すことが求められているのではなかろうか。

註

（1）筆者も旧稿において同様の問題意識を表明したことがある〔橋本 一九九七年a〕（本書第一章）。

（2）もっとも、高橋公明氏自身は偽使が存在していても構わない、実際の通交者自体の動向を問題にしているのだという〔高橋 一九八七年a・一九八七年b・二〇〇一年〕。したがって、高橋氏の立場に立てば、通交使節の真偽を論ずることは本質的に氏の主張とは関係ない（次元を異にする）、ということになる。この点は、研究史を整理する上でも、高橋説を正確に理解するためにも、注意して置かなくてはならないポイントだろう。

（3）高橋公明氏は偽琉球国王使の出現を、琉球王国における王朝交替（第一尚氏王朝→第二尚氏王朝）と結びつけて解釈しようとしている〔高橋 一九八七年b：七三頁〕。琉球の王朝交替は外交上の混乱を招いたはずであるが、私見によれば、《偽使》を創出する上で好都合な情況を生じた点のみ重要と思われる。つまり、偽使創出に好条件を与えるという、国際関係上の情報論の範疇で捉えるべき現象と考える。

（4）この島主歳遣船は、しかし、具体的な通交実例（時日・人数など）を『朝鮮王朝実録』で限無く裏付けることがまったくできない。サンプル的に、島主名義の来献土宜記事を《朝鮮遣使ブーム》の期間に限って拾ってみたが（表6《朝鮮遣使ブーム》略年表「島主歳遣船」欄）、年間の来献土宜記事は二〇件にも満たない。つまり、朝鮮王朝では、通常、何隻かの歳遣船をまとめて一件として記録していたと想像される（もちろん記録漏れの可能性も多分に考えられるが）。

（5）例えば、荒木和憲氏が紹介した、仁位家の宗職吉の受職に至る経緯は、この点を考える上で興味深い。すなわち、荒木氏の推測によれば、彼は（一四六九年頃ヵ）父盛吉の死を朝鮮政府に報告して、図書（『平盛吉』ヵ）を還納した。ところが、職吉自身の図書を改給されぬまま、貞国とともに博多に出兵したため、通交権を失ってしまった。その二〇年後（一四九〇年頃ヵ）、対馬に帰島した職吉は、貞国の特送使として朝鮮に渡り、受職に成功したという（『朝鮮成宗実録』二十一年正月癸亥・二月乙巳条）〔荒木二〇〇三年〕。強制的に出兵させられた可能性はもちろん否定できぬが、朝鮮通交よりも筑前出兵を優先せざるを得なかった当時の対馬島（人）の政治動向を読みとるには十分なエピソードである。なおもちろん、下地支配を志向する対馬領主層にあっても、朝鮮貿易をまったく手放そうとした訳ではないと考えられる点、銘記しておきたい。

（6）ただし、長節子氏の論稿群を注意深く読めば、長氏がすべての「偽使」を対馬人によるもの、と発言（認識）しているわけでないことは明白である。本章もそのような誤解を助長させるつもりはさらさらない。たとえば、①かつて長氏が論じたような、牧山源正印の所務者塩津留氏がもともとの名義人である牧山氏に名義料を支払っていた事例〔長 一九八七年：第二部第一章〕は、通交権益の一部が原所有者に入る契約形態を取っており、単純に偽使と見なせない事例である（筆者の印象では、「偽使」というよりもむしろ〝真使の亜種〟と見なすべきか）。②また、長節子氏が「偽使主体＝対馬島人」と結論した一連の瑞祥祝賀使は、一四七〇年の宗貞国博多侵攻以前の現象であるので、むしろ博多商人の関与を想定する絶対的必然性も存在しないし、その論拠も見つけることができない（逆にすべてが対馬島人であるという根拠もないが）。長説の如く、多分に対馬主導・実演の偽使と考えることができよう。③さらに、筆者の《偽琉球国王使》論に関しては、懇切な私信を頂戴し、一部の史料解釈の誤り以外は基本的に理解を共有していると書き送って下さった。つまり、長氏も、《偽琉球国王使》を〝博多商人主導―対馬協力型の偽使〟と認識していると思われる。――このように、長節子氏は、全体として、実際にはかなり柔軟な「偽使派遣体制」像を示してきた点を忘れてはならない。しかしながら、後述するように、夷千島王遐叉使節に関しては、一貫して対馬人による偽使という姿勢を崩さない。「長説＝対馬一元論」という、ある種の「誤解」を生じさせる原因の一つでもある。

（7）他の事例（一四六九年僧崇悦―『朝鮮睿宗実録』元年六月己未条、井皮孔古羅（彦九郎）―『朝鮮成宗実録』即位年十二月丁巳条、平茂続―同己未条、一四七一年宗大膳（国幸）―『朝鮮成宗実録』二年八月壬戌条）については博多との関係が明確に確認できないが、在筑前の貞国の意向を受けた使節であった点に変りはない。その限りで、彼らが博多から渡航した特送使であった可能性は高いであろう。

（8）もちろん、一四六八年の府中移転とは、時期的なことを考えると、応仁・文明の乱に乗じて「陸地」（九州）に出兵すべく、政治拠点を南遷したと見て間違いない。ここからも、当時の対馬島主権力・諸勢力が、九州出兵を重視していた様が看て取れる（註5参照）。

（9）注意すべきは、島主代官宗貞秀（仁位中村系）の存在感の大きさに比べて、島主子息（宗材盛）の影の薄いことである。次の二点を参照されたい。

①　宗材盛は、朝鮮向けには「貞秀」という名で登場する。この時期、実名と異なる通交名義が存在する事例というのは珍しくないが〔長　一九八七年：一四一頁〕、島主家宗氏の嫡子が仁位中村家宗氏の一員とまったく同名だというのはやはり余りに奇妙である。これはまったくの推測に過ぎないが、佐須郡主の宗貞秀が、自身の存在感を朝鮮側にアピールするために、材盛の通交名義をわざわざ自分と同じ「貞秀」に変えた（変えさせた）のではないか。あるいは、材盛の通交権（「貞秀」印）が、材盛自身（島主家）の手から離れ、佐須郡主宗貞秀の管理下に入っていた可能性すらあろう。そうだとすれば、佐須の貞秀は相当な実力者であったことになる。

②　一四七六年、朝鮮から宣慰使金自貞が対馬に来島したとき、「島主子貞秀」（＝材盛）は喉の病気を理由に、結局一回も顔を出さなかった。その一方で、金自貞を対馬の住吉浦に迎えて護送（海上警固）したり、島主館で外交儀礼（茶礼）を行なったりするなど、外交面での活躍は目を見張るものがある。さらに彼は、「島主女」も「瘡疹」だからと語って、金自貞に会わせようとしなかった（以上、『朝鮮成宗実録』七年七月丁卯条）。貞秀の発言が真実であった可能性はもちろん否定できないが、むしろ一貫して島主家の人間を朝鮮使節から遠ざけようとする姿勢が窺える。

（10）あくまでサンプル的に示すと、例えば以下のようである。①文明六年二月十一日付け貞秀書下、佐須郡内宛て、『長崎県史　史料編第一』六八一頁、②（文明十年）七月十日付け貞秀書下、豊崎郡内宛て、同上書一二八頁、③（文明十三年）二月廿三日付け貞秀書下、酘豆郡内宛て、同上書六九四頁、④（文明十三年）八月廿二日付け貞秀遵行状、三根郡内宛て、同上書三七五頁、⑤文

明十三年十一月日付け貞秀遵行状、与良郡内宛て、同上書五六八頁。

(11)　宗彦九郎貞秀の守護代としての活動の終見は、現在のところ、文明十三年(一四八一)十一月日付け遵行状、与良郡内宛て(『長崎県史　史料編第一』五六八頁)と見られ、一方、伊予守茂勝の守護代としての活動が見え始めるのは、文明十五年(一四八三)七月二十三日付け遵行状、佐護郡内宛て(同上書二六八頁)である。今後もなお精査が必要であることは言うまでもないが、大勢は動かないであろう。

(12)　次の古文書は、いま具体的な内容をつまびらかにできないものの、島主代官を務めた仁位家宗氏が一時期、一定程度の朝鮮通交管理権その他を有していたことの証左となるものである(「三根郷給人寺社足軽百姓御代々御判物写」〈享保書上〉佐賀村百姓長兵衛所持分、文明十六年八月十六日付け宗茂勝遵行状、『長崎県史　史料編第一』四四〇頁)。長くなるが引用しておこう。

文明元年〔*一四六九〕殿様〔*島主宗貞国〕去筑前国御渡海之時、阿比留太郎左衛門尉御供仕候て、罷渡候、殊肥前国御弓矢ニ付て御供いたし相留候、その忠節ニて、おやの給分もちとまり不残一所も、同文明三年〔*一四七一〕九月、人の売口買口、船の売口買口、切手、山手、まんさう〔*万雑〕諸公事等御扶持として、御判をなされ候間、しゆんきやう〔*遵行〕を可申ために、兄ニて候出羽守〔*宗貞秀〕あいしやう〔*哀傷ヵ〕時分、被見失候間、堅宗彦七〔*宗材盛〕か方をもつて愁訴候ニよつて、請上意〔*宗貞国〕、一筆遣候、何之親類中として、聊之違乱之儀あるへからさるよし被仰出所也、末代無相違可被相抱之由、依仰之状如件、

文明十六年

八月十六日　〈宗伊予守〉茂勝(花押)

阿比留犬法師丸殿

三根郡の阿比留氏が、その博多出兵での功により、島主宗貞国から「御判」にて給分(諸役免除)を安堵された。ところが、当時の守護代宗出羽守貞秀の死(文明十三年末頃か―確実な終見は同年十一月日付け書状、『長崎県史　史料編第一』五六八頁)により、「御判」も失われ、遵行されることもなかった。そこで、現守護代の茂勝は、島主宗貞国実子の材盛方に頼って島主貞国に安堵再給付を愁訴し、島主からの命により事なきを得た、という内容であろう。ここで、文明三年段階の「御判」の内容に、「人の売口買口、舟の売口買口」など、朝鮮通交関係の権益が含まれていること、しかしながら文明十三年までそれが遵行されなかったことは、前守護代貞秀(兄)の朝鮮通交管理権の大きさを示唆するが、逆に現守護代茂勝(弟)の代、文明十六年段階になると、

島主家が勢力を盛り返しつつある様子を看て取れよう。

(13) 註9にて触れた、「宗貞秀」名義による宗材盛の朝鮮通交事例も、実際的には対馬島内でこの頃新たに体系化された朝鮮通交システムの一端ではないかと考えられる。すなわち、「宗貞秀」名義通交に対する材盛の直接的関与はアプリオリに想定できず、むしろ通交権が非人格的な動産と化していたのではないかと思う。

(14) 対馬―博多の偽使派遣勢力にとって、日朝牙符（制）がいかに容易に越えがたい桎梏であったかは、米谷均氏〔一九九七年a・一九九八年a〕や筆者〔橋本　一九九八年a〕（本書第五章）の研究を参照のこと。

(15) 例えば、偽の畠山殿使送に深く関わった信濃出身の僧良心〔井原　一九九九年、村井　一九九七年b〕も、偽の瑞祥祝賀日本国王使を領導してきた長門出身の僧寿藺（『佔畢斎集』巻六「送藺上人還日本序」）も、また駿河国での活動が認められる一方〔渡邊一　一九八五年〕、偽の九州都元帥源教直使節となって朝鮮に赴いた画僧霊彩（本書第一章註34）も、それぞれの出身地・生活圏から単身、直接対馬に乗り込んで島主権力と渡り合ったとは考えがたい。つまり、彼らは、少なくとも都市博多＝博多商人／博多禅僧（禅商）によって媒介されてはじめて、対馬島主権力と接し得たのではなかろうか。

第五章　「二人の将軍」と外交権の分裂

はじめに

「日本国王使」を日本国王使たらしめる究極的な要素は、室町政権による使節への国書と符験の交付であると言えよう（橋本 一九九七年a（本書第一章）・一九九八年c参看）。しかし、このうち、国書は国王印の印影さえ盗み取れれば偽造・改竄が比較的容易であるから、さらに突き詰めれば偽造不可能な符験こそが将軍外交権の象徴であった。ここで言う〝偽造不可能な符験〟とは、日明関係に関しては一四〇二年以来室町殿に保有されていた日明勘合を指し、日朝関係に関しては一四七四年に朝鮮から室町殿に造給された日朝牙符を指す。

日明勘合は、周知の通り、理念的には明皇帝の代替りごとに更新され（永楽勘合・宣徳勘合など）、日本側に一〇〇道（一号〜一〇〇号）ずつ贈られることになっていた。幕府は、渡航する遣明船の各船一艘ごとに勘合を順次配付し、「勘合礼銭」を巻き上げた。そして、使用された勘合（咨文・目録類を書き込んだ勘合料紙）は、渡航時に明政府によって回収される決まりであった（田中健夫 一九八二年a、橋本 一九九八年c・一九九八年eなど参看）。

日朝牙符は、一四七〇年代、日本国王使・王城大臣使の偽使が横行した時代に登場した。すでに本書第一章で詳述したので簡略に述べるが、一四七四年、足利義政の提言に応えて朝鮮王朝が象牙製の割符（牙符第一〜第十の右隻）

を造給、一四八二年、日本国王使の栄弘が第一牙符を朝鮮にもたらしたことでこの牙符制は発効した。以後、対馬―博多の偽使派遣勢力にとって、この牙符制は大きなハードルとなった。この点については、本章でも詳論することとなる。

それはともかく、本書第一章末尾でも述べたように、日朝両国間で牙符制の運用方法に違いがあったことは興味深い。朝鮮側は、偽王城大臣使の通交を途絶したいと考えていたから、各牙符が「王城大臣」（幕府有力者）に配付され、彼ら王城大臣の使送がそれぞれの牙符を携行してくるものと期待していた。いわば〝ＩＤ番号方式〟である。ところが、室町殿足利義政は、偽王城大臣使はおろか、実在の幕府有力者の対朝鮮通交も押さえ込みたいと考えていたため、日明勘合をモデルに日朝牙符制の運用を想定した。これは〝派遣順序交付方式〟と言い換えられよう。(1)

そもそも義政自身が朝鮮側に提案したことによって日朝牙符制が誕生・実現したのである。義政にとって、日朝間に導入された日朝牙符制は、室町殿の朝鮮外交＝貿易権の究極的源泉であり、極めて重要な意味を持っていたと言えよう。(2)このことは、義政の死後八ヶ月も経ったというのに、次の将軍義材が牙符の所在を捕捉しえなかった点に象徴的である（『蔭涼軒日録』延徳二年九月八日・十六日条）。つまり、足利義政は日朝牙符を極秘裡に私蔵していたと見られる。

朝鮮関係に限らず、足利義政は外交権を死ぬまでを手放そうとしなかったことで著名である〔鳥居 一九八七年：四九頁、田中 一九九六年：六三頁〕。田中健夫氏はその理由について、「国王号の所持にともなう勘合船の派遣や銅銭の獲得、大蔵経の求請などの行為」が「経済的な実益をもたらす作用も持っていた」ためと述べている〔田中 一九九六年：六二～六三頁〕。やはり、符験制を通じて義政が外交権の集中に乗り出していたことは間違いあるまい。本章では、こうした義政の外交用符験に賭ける期待・意気込みに注目して、この現象を〝符験外交体制の成立〟と位置付け

てみたいと思う。(3)

ただし、この牙符制導入で将軍義政の獲得した求心性とは、所詮、幕府内部に及ぶに過ぎなかった。義政は、たとえば日朝間の多元的関係そのものには手を着けられず〔田中健夫 一九五九年：第一章、村井章介 一九八八年：三三五頁〕、日琉関係では細川氏が独自に琉球への渡海船を管理することもしばしばだったからである〔『島津家文書』①二七九号―〈文明三年ヵ〉十一月五日付け太田右衛門尉行頼〔細川京兆被官〕奉書〕〔橋本 一九九八年d参照〕。結局、室町殿外交権の「求心性」も、明や朝鮮の側が符験制を設定したこと自体に由来していたことが分かる。やや極論めくが、将軍外交権の求心性とは、外国から保障されていたに過ぎなかったのである。

さて、右に見た〝符験外交体制の成立〟は、同時に〝符験の物権化〟の始まりでもあった。符験さえあれば、莫大な利潤を生む海外交易を営むことが可能になるからである。これを象徴するかのように、義政の次の義材の代以降、将軍の符験＝外交権は、政治的駆引の道具として切り売りされるようになっていく。たとえば、本書第一章「おわりに」でも触れたように、一五〇九年に偽王城大臣使の一つ〔伊勢守政親使送〕が朝鮮通交に成功しており、十六世紀初頭の段階において、すでに偽使派遣勢力が日朝牙符を一部入手していたことは確実である。これを嚆矢として、十六世紀の西南地域では、ほんらい幕府―室町殿が所有すべき符験の分布や使用が其処彼処で確認される。その移転の詳細と経緯とについては第二節にて詳論することとし、次の第一節では、その前提となる、十六世紀における符験――日明勘合・日朝牙符――の分布情況について確かめておくこととしよう。符験がどこにあるかを確かめておけば、その符験がどの段階で動いたのかの必然性を考えやすくなるからである。その上で、第二節にて、近年豊かさを増しつつある戦国期政治史研究に学びながら、政治過程と対外関係・外交権移動の推移について論じ、十五世紀後半から十六世紀前半までの複雑な国際関係史の様相をデッサンすることとしよう。

一 十六世紀における符験の分散情況

1 日明勘合の分布

日明勘合をめぐる細川・大内両氏の争奪戦が、大永度遣明船における寧波の乱（一五二三年）を招いたことはよく知られている〔栢原 一九一四〜一五年、小葉田 一九六九年：第三・四章〕。このときの細川船（正使鸞岡瑞佐）は幕府将軍家の弘治（旧）勘合を持参したが、大内船（正使謙道宗設）は前回の永正度遣明船の帰途掠奪した正徳（新）勘合を携行した（『続善隣』25号）[4]。ここまでは日明勘合の入手経路が明らかなのだが、問題はそれ以後の勘合の使用である。

一五三八年の天文七年度船（大内氏の独占経営）は、弘治・正徳両勘合をもたらし（『策彦和尚初渡集』嘉靖十八年五月二十一日条所引—通事周文衡書簡）〔小葉田 一九六九年：一六一〜一六二頁参看〕、やはり大内氏の独占経営による一五四九年の天文十六年度船では、弘治・正徳両勘合の未使用分（残数）の相当数を明側に返還しているのである。いったい、大内氏はいつ弘治（旧）勘合（残部）を入手したのであろうか。

勘合の問題はこれに止まらない。従来指摘されている通り、十六世紀半ばには大内氏以外の派遣した遣明船が勘合を以て通交を試みていたからである。

一五四四年には大友義鑑の派遣したものと見られる「夷使寿光」、一五四五年には「夷属肥後国」（相良氏）の使僧御俅《しっきゅう》、一五四六年には「夷属豊後国刺史源義鑑」（大友義鑑）の使僧梁清（清梁とも表記）が明側の史料に現れる（『明世宗実録』嘉靖二十三年八月戊辰条、『日本一鑑』「窮河話海」巻七—奉貢条）[5]。いずれも、一〇年一貢の期に及ばないのを理由に明朝から通交を拒絶されたが、「得㆓請勘合於夷王宮㆒」などの記事から察するに、勘合を所持していたことは間違いない。しかしながら、先行研究は、大友・相良両氏がいつ如何なる勘合を入手したのかについて、いずれも見解を留保したままである（小葉田 一九六九年：四五二頁、田中 一九九七年：一六四頁以下など）。そこで、本章では、この課題にも可能な限り挑んでみることとしたい（次節参看）。

2　日朝牙符の分布

次に本項では、日朝牙符の分布について確認していくこととしよう。これまでの研究史の蓄積も皆無に近いため、史料も逐一示し、やや細かく見ていくこととする。

一五〇一年、大内氏方の牙符

前述の通り、牙符制を導入したことによって、将軍義政は対朝鮮外交権を自身に担保することに成功した。牙符制導入以後の遣朝鮮使を日朝双方の史料で比較してみると、ある段階まではおおむね真使であることが確認できる（表7、No.22〜No.26）。

しかし、幕府側史料で確認できるNo.28・No.29の国書二通は、朝鮮へ向けて発遣されたはずなのに、朝鮮側史料にこれと符合する使節が現れてこない。まず、この〝行方不明の国書〟二通を掲げて紹介しておこう。

【No.28】『続善隣』11号（景徐周麟『翰林葫蘆集』所収「遣朝鮮国書」）

日本国源　義高、　奉㆑書

朝鮮国王　殿下㆒、

『朝鮮王朝実録』	自称/使者	備　　考
太宗 9 年 12 月	「日本国王」 /—	議政府左右政丞宛，大蔵経求請 日付：永楽 7 年 6 月 18 日
太宗 11 年正月丁亥	日本国源義持	通信使への答書
世宗 4 年 11 月己巳	「日本国王」 /圭籌	国書改竄の初見か 春屋の塔に蔵経求請
世宗 5 年 12 月壬申	日本国奉三宝弟子道詮 /圭籌知客・梵齢蔵主	大蔵経板求請
世宗 6 年 12 月戊午	日本国道詮	回礼使への答書
世宗 7 年 4 月辛亥	日本国道詮 /虎巌西堂・梵齢蔵主	大蔵経版求請
—	—	この書，遣わされず
世宗 22 年 5 月丙寅	「日本国王」	通信使への答書
世宗 30 年 6 月乙亥	日本国王源義成(義政) /文渓(文渓正祐)	日付：正統 12 年 8 月日 南禅寺蔵経求請 国書書き替えの可能性あり
世宗 32 年 2 月辛卯	日本国源義成 /(敬楞ないし景楞)	大蔵経一部求請
世祖 2 年 3 月甲申	日本国源義政 /承伝首座・梵準蔵主	濃州承国寺蔵経求請
世祖 3 年 3 月戊寅	「日本国王」源義政 /全密西堂・永嵩西堂	建仁寺勧進 国書改竄は明白 往書になぜか拝復文言あり
世祖 4 年 10 月丙寅	日本国源義政 /盧円・柴江	明通交斡旋要求 改竄の事実不明
世祖 5 年 6 月壬子・癸丑	「日本国王」源義政 /秀彌	美濃国一宮蔵経求請
世祖 8 年 10 月庚午	「日本国王源義政」 /(順恵)	多武峯蔵経求請
世祖 9 年 7 月辛丑	「日本国王」 /俊超西堂・梵高首座	天龍寺僧堂修造勧進
世祖 14 年 3 月乙亥	— /融円・宗礼	薬師寺勧進
成宗元年 8 月庚午	「日本国王源義政」 /(心苑東堂・宗紹書記)	金印再造給を要請 寿藺らの引導により通交
成宗 2 年 10 月辛卯	「日本国王源義政」 /光以蔵主	新刻の印使用を通達
成宗 5 年 10 月己酉	「日本国王源義政」 /正球首座	高野山西光院勧進 細川・伊勢偽使明記 牙符制成立

表7　日朝史料における「遣朝鮮国書」比較一覧(15世紀を中心に)

No.	発	五山側記録類	自称/使者	※	着
1	1409	『善隣』中12号	管領源道将(斯波義将) /周護書記・徳林蔵主	—	1409
2	—	—	—	—	1411
3	1422	『善隣』中16号 (厳中周噩)	日本国源義持 /—	×	1422
4	1423	『善隣』中17号 (厳中周噩)	日本国源義持 /籌知客・齢蔵主	△	1423
5	1424	『善隣』中18号 (厳中周噩)	日本国道詮(足利義持)	○	1424
6	—	—	—	—	1425
7	1428	『善隣』中20号	日本国道詮(足利義持)	—	—
8	1440	『善隣』中27号 (季瓊真蘂:『蔭凉』永享12年2月15日)	日本国源義教 /(使者なし;返書を通信使帰国に託す)	○	1440
9	1447	—	— /(文渓:『建内記』文安4年11月26日)	—	1448
10	—	—	—	—	1450
11	—	—	—	—	1456
12	1456	『善隣』中30号	日本国源義政 /永嵩西堂・全密西堂	×	1457
13	1456	『善隣』中31号	日本国源義政 /盧円通事	△	1458
14	1458	『槎客便覧』	(日本国源義政?) /秀彌・清順	—	1459
15	1459	— (天英周賢:『臥雲』長禄3年8月1日)	—	—	1462
16	1462	— (益之宗箴:『蔭凉』寛正3年2月12日)	—	—	1463
17	1466	『善隣』中35号 (綿谷周瓞)	日本国源義政 /正使融円・副使宗礼	—	1468
18	—	— (綿谷,国書執筆拒否:『綿谷行状』)	—	*	1470
19	1470	『善隣』中36号 (綿谷周瓞)	日本国源義政 /光以蔵主	○	1471
20	1472	『補庵京華前集』・『善隣』中37号 (横川景三)	日本国源義政 /正球首座	○	1474

『朝鮮王朝実録』	自称/使者	備　　考
成宗6年8月丁亥	「日本国王源義政」/土官性春	日明旧勘合（景泰勘合）使用の斡旋依頼
成宗13年4月丁未	日本国王源義政/栄弘首座（円成寺蔵経求請）	第一牙符携行明記（日朝史料いずれも）→牙符制発効
成宗18年4月乙未	「日本国王源義政」/等堅首座	越後安国寺蔵経求請
成宗20年8月乙未	「日本国王源義政」/恵仁	般舟三昧院蔵経求請
成宗22年8月戊申	日本国源義材/慶彭首座	筑前妙楽寺蔵経求請
成宗25年4月戊辰	「日本国王源義材」/元匊長老	城南妙勝寺勧進
燕山君3年2月辛丑	日本国源義高/等慶首座	綿紬・木綿・銅銭求請
—	—	—
燕山君8年3月—	「日本国王源義高」/(周般西堂)	求請内容などが日朝史料で一致
—	—	象牙符再造給要請 この書，遣わさず？ 牙符，幕府に2〜3枚所在

書番号は田中［1995年］による），『蔭凉』は『蔭凉軒日録』，『臥雲』は『臥雲日件録抜尤』，
人名は，国書の起草者を表す．

ついては，本文を参照のこと．

部改竄・変更されているもの．

書の存在が確認できず，偽造国書とおぼしきもの（No. 18のみ）．


は（　）内に示した．

よるもの（地の文）で，国書そのままの表記と考えることはできない．

No.	発	五山側記録類	自称/使者	※	着
21	1474	『補庵京華前集』・『善隣』中38号（横川景三）	日本国源義政/土官性春	△	1475
22	—	『翰林葫蘆集』（景徐周麟）	—/光信首座（普門寺蔵経求請）	○	1482
23	1486	『補庵京華新集』・『善隣』下11号（横川景三）	日本国准三后道慶（義政）/等堅首座	○	1487
24	1488	『翰林葫蘆集』（景徐周麟）	日本国源道慶（義政）/恵仁	○	1489
25	1490	『翰林』・『続善隣』12号（景徐周麟）	—/慶彭首座	×	1491
26	1492	『蔭凉』明応元年8月27日（月翁周鏡）	日本国源義材/元匊長老	○	1494
27	—	—	—	—	1497
28	1499?	『翰林』・『続善隣』11号（景徐周麟）	日本国源義高/正安首座（大蔵経求請せず）	—	—
29	1499	『翰林』・『続善隣』20号（景徐周麟）	日本国源義高/正龍首座	△	1502
30	1503	『翰林』・『続善隣』23号（景徐周麟）	日本国義澄/周青首座	—	—

註1）「五山記録類」の『善隣』中・『続善隣』は『善隣国宝記』巻中・『続善隣国宝記』（文
『綿谷行状』は『綿谷瓞禅師行状』，『翰林』は『翰林葫蘆集』を指す．また，（　）内の

註2）※欄は，日朝の史料における遣朝鮮国書の表現を比較した結果を示している．根拠に
「○」…主文の全文が一致するもの（誤植程度のミス含む）．「×」…主文が全部ないし一
「△」…改竄の可能性が非常に高いが確証の得られないもの．「＊」…日本側史料にて国
「—」…日朝史料いずれかを欠き，比較できないもの．

註3）「—」は情報の欠落していることを示すが，他の部分・史料によって復元できるもの

註4）『朝鮮王朝実録』側の「自称」欄に「　」を付したものは，『朝鮮王朝実録』編纂者に

我邦与㆓
貴国㆒修㆓隣好㆒也久矣、以㆑故、聘問僅隔三両年、則弗㆑克㆑無㆓間闊之情㆒、今遣㆓釈正安首座㆒、以奉㆓使命㆒、雅況康
裕否、境内安泰否、我弊邑比年多㆑虞、不㆑遑㆓寧処㆒、仏宇僧廬殆廃壊矣、繇《より》㆑是、常有㆓経蔵之求㆒、聞頃㆓於索捜㆒、
且不㆑求㆑焉、方物財布、庶允㆓使者之請㆒、恵及㆓遐方㆒、徳之至也、不腆土宜、具如㆓別幅㆒、伏希采納、維時海陬雪
消、春声入㆑棹、自愛保重、不宣、

【№29】『続善隣』20号（景徐周麟『翰林葫蘆集』所収「遣朝鮮国書」）

日本国源　義高、奉㆓書　〈明応己未〉（明応八年＝一四九九）
朝鮮国王　殿下㆒
歳晩無㆑它否、凡我発㆑使修㆑好、必需㆓蔵経㆒、是何謂也、我国伽藍、皆安㆓大蔵㆒、為㆓利㆑民安㆑国之宝㆒、以㆑故、昔
者我先君、需㆓印板於貴国㆒、報㆑書曰、「経板只是一本、祖宗所㆑伝、不㆑獲㆑従㆑命」、由㆑是允以㆑賜㆑経為㆑信、従来
久也、弊邑経㆓丁亥〔一四六七〕乱㆒、各寺裡所㆑安十之八九散失矣、国人慊然、今遣㆓正龍首座㆒、以需㆑之、当㆑有㆑所㆓開説㆒、貴
境雖㆑阻㆓洋海㆒、造㆓巨船㆒、通㆓交易㆒者、如㆓駕㆑軽就㆑熟、此乃徳化之使㆑然也、我国多㆑虞、不㆑遑㆑接㆓外賓㆒、聞㆓治
朝風㆒、有㆑所㆑慚焉、且又求㆓珍禽㆒、雖㆑出㆓戯翫㆒、思㆑人愛㆑鳥、常情也、不腆土宜、具如㆓別幅㆒、伏冀照領、天寒雪
下、順時保重、不宣、

№28は年欠であるが、『続本朝通鑑』により、明応八年正月のものと考えられている（田中　一九九五年：二九四頁頭註）。仮にこれに従って表7では№28としておいたが、少なくとも『蔭凉軒日録』などの他の国内史料を参照することにより、これが№26以前のものでないことは確実である。ここでは、№29・№30との前後関係がどうかなどにはあまり拘泥せず、№28が朝鮮王朝に届かなかった、という事実のみ確認しておきたい。そしてその使命は、大蔵経を探

す煩いを慮って今回は蔵経を求めないが、寺院復興の助縁を願いたい、という内容であった（正使が正安首座）。一方、No.29の内容は、やはり蔵経を請求しないが、「珍禽」を求めるというものである（正使は正龍首座）。二通の国書が、幕府内で作られただけで、実際には派遣されなかった、という考え方もあろうが、それは恐らくありえない。なぜなら、景徐周麟の文集『翰林葫蘆集』には、他にも景徐作成の国書が載せてあり、発遣されなかった国書には特に「此書不レ遣」と注記されているからである。この国書二通が何らかの形で朝鮮側に向けて京都を発したことはほぼ間違いないと考える。

ところが、この時期には、右の国書二通（No.28・No.29）に載せる使者の名（正安・正龍）と、まったく異なる「日本国王使」が朝鮮に現れていたのである（表8参照）。すなわち、**一五〇一年弸中・智瞻**（『燕山君日記』七年〈一五〇一〉八月乙亥条など）・**一五〇二年周般西堂・昌琇**（『燕山君日記』八年三月庚寅条など）である。これは、明らかに幕府と直接関係のない、偽の「日本国王使」であろう。

この「国王使」弸中は、一四九三年の明応政変によって将軍位を廃され、当時周防大内氏のもとに流寓していた前将軍足利義稙（初名義材→義尹→義稙。以下義稙に統一）の関与した使節と思われる（長一九六三年：一四五頁・一四七頁註9参看）(6)。というのも、弸中は、他ならぬ義稙の公帖によって後に博多聖福寺住持に出世する人物だからである（『寅闍疏』所収—永正十年〈一五一三〉十月日付け弸中入聖福寺疏）（長一九六三年：一四五頁）(7)。弸中の派遣のバックには、大内氏がいたと見て間違いない。またこのことは同時に、偽使を仕立てていた博多・対馬商人とのつながりも推測させる(8)。しかしながら、ここでの最大の問題は、この一五〇一年「日本国王使」弸中のもたらした牙符が、一体いつ大内氏の手中に収まったのかという点である。

また、一五〇二年の「国王使」周般らの通交に関しては、国書改竄・すり替え型の偽使であった可能性が高い。というのは、周般らは大蔵経を求請しているのだが、実はそれ以外に「珍禽」を朝鮮に求めており、またその可否をめぐる朝鮮朝廷内の議論において、No.29国書に見える表現と酷似した「孔雀羽則戯玩之具耳」という文言が見えるからである。同使送は、何らかの手段で入手したNo.29国書を書き替えて成ったと考えるべきではなかろうか。

すなわち、十六世紀初頭、偽の日本国王使が現れていたことは確実である。従来、一五一〇年三浦の乱以後になって初めて偽日本国王使が恒常的に出現する、と言われてきたが〔中村 一九六九年a：第二章、村井 一九九三年：第Ⅲ章、田代・米谷 一九九五年：八〇頁など〕、そう単純には言い切れないことが看て取れるだろう。[9]

一五〇四年、足利義澄政権による日朝牙符の更新

一方、京都の足利義澄政権（明応政変で成立した新政権）も、日朝牙符に関する動きを見せていた。よく知られているように、一五〇三年、義澄政権は牙符の新造給与を朝鮮に要求するのである（表7、No.30）。

【No.30】『続善隣』23号（景徐周麟『翰林葫蘆集』所収「遣朝鮮国書」）

日本国〔源脱〕義澄、　奉二書

朝鮮国王　殿下一、

海阪春遍、水生風熟、万里一帆、以寄二音耗一、想二動止佳勝一、祝望惟深、仍告、昔在二甲午之歳一、貴国造二象牙符十枚一、各分二一半一、付二我使者一、蓋為二往来之信一也、爾来当二聘問之時一、次第授レ之、獲レ避二嫌疑一、不二亦悦一乎、頃災二于府庫一、既失二牙符一、僅存二両三枚一、為二之奈何一、故差二釈周青首座一、為二専使一、授二其所レ造之一符一、往陳二情実一、願更造二新符一、以付二回价一、然則折二旧符一、無二復用一焉、海路遼闊、縦有二繊偽一、未レ易二窮覈一、惟符可レ憑、思レ之、凡我有二聘問一、雖レ乞二経蔵一、念レ煩二索捜一、今不レ求レ之、但方物件々、許二使者之所レ求、弊邑仰レ恵、感愧交

集、不腆土宜、具如二別幅一、伏希采納、不宣、

龍集癸亥春参月　日

日本国源　義澄

傍線部を見れば分かるように、「災二于府庫一、既失二牙符一」い、牙符が「両三枚」だけ残った状況を報じ、牙符の再給付を求める内容である（正使は周青首座）。これまで、この国書が朝鮮に届いたのかどうかすら明らかでなかったが、実は、この国書は朝鮮にまで届き、しかも牙符は更新（新造給付）されていたことが朝鮮側史料によって確認できる。それは、ある朝鮮官人の文集に載せる次の書契案である。

朝鮮国王奉レ復二日本国王殿下一、専使辱問、具審康吉開慰、ⓐ所レ喩〔輸〕牙符、自二第一一至二第十一、依二前去體様一更造、但其刻誌用二今紀年一、将二左畔十枚一、就二付来使一、惟領留、ⓑ今来第二・第三符回、所レ余旧符、後日使介之来、並見レ還為レ佳、両国修聘、験レ此為レ信、以堅二隣好一、宜レ毋二慢蔵一、ⓒ且以二両符一各授二両使一、同時而来、前無二是例一、亦非二旧約一、雖三数事並委二一使一、何害二於義一、自レ今遣レ信、勿レ授二両符一幸甚、ⓓ源義宗等六人、自二其先世一通二信於我一、今不三必更二給図書一、依二旧約一、受二符験於殿下一以来為レ便、源吉光等三人、以二今来墨印一為レ信、遣船事、既無二古例一、又無二功労一、実難レ副レ命、惟恕量、冀順序珍重、

（『憂亭集』巻四所収—「日本書契」）(10)

これによると、ⓐ日本国王の要請によって、前回甲午年（一四七四年）と同様の形態で現時点の年紀を刻み入れ、牙符十枚の左片の方を日本側に新造給付する、ⓑ今回の第二・第三牙符は回収し、残りの旧牙符は今後の使節派遣の際に朝鮮側へ返却されたい、というのである。旧牙符の場合は、右片が日本側へ渡されたから、左片を日本側に渡す今回の新牙符は、これまでとまったく逆の査照システムである。(11) つまり、牙符の新旧は一目瞭然となり、もはや旧牙符を用いて通交することは不可能となった。

この書契案には年紀がないが、一五〇四年のものと見て間違いない。上引史料のⓑ・ⓒによると、「両使」が同時にそれぞれ第二・第三牙符を携行してきたといい、これは一五〇四年に二つの国王使（表8、No.3・No.4）が「並来」たという史料とうまく符合する（『攷事撮要』下―接待倭人事例―山名殿条、『朝鮮中宗実録』九年十一月甲申条）。そして一五〇四年という年は、一五〇三年付の牙符更新要求の国書の到着時点としてまったく不自然さがない。それどころかむしろ整合的である。つまり、日朝牙符は、一五〇四年に更新されたのである。

すると、基本的に、一五〇四年以前の史料に現れる牙符は旧符で、それ以降の史料に現れる牙符は新符であった、ということになる。朝鮮側史料では、牙符の携行について特記されることがあまりないが、少なくとも日本国王使・王城大臣使の通交に牙符が必要であった点は動かない。十六世紀の「日本国王使」についてまとめた表8を見ても、この事実は確認できるであろう。(12)

一五二三年、対馬宗氏使用の第二牙符

一五二三年日本国王使（表8、No.11、一鶚東堂・堯甫西堂）が第二牙符（「牙符之弟乙」）を携行している。それを示すのが次の史料である（長文なのでとくにゴチック・二重傍線部に注目されたい）。

日本国使臣一鶚東堂・堯甫西堂来朝、其書契云、「日本国源義晴、奉二書于朝鮮国王殿下一、徳等二陰陽一、化同二日月一、為レ政以二唐虞三代之徳一、近者悦、遠者来、治レ国以二孔孟一揆之文一、立二於礼一、成二於楽一、盛哉盛哉、寡人之於レ国也、雖レ尽二心力一、不レ能二国家平治一也、頃有管氏以二四州一叛、自称二四州将軍一、寡人欲レ伐レ之、豈好二兵革一乎、不レ得レ止也、彼四州之大、而雖レ為二四州一、与二八州一同二其地図一、嗚呼非二二十余州之兵一者、其功難レ成也、当二此之時一、宗盛長先二于諸州一、欲レ抽二其忠勤一也、義気可レ愛、前書所謂盛順含二庚午旧恨一、再欲レ興二乱於貴国一、姪盛長

止レ之不レ止、盛長以告二寡人一矣、古今以レ修二隣国之好一、不レ忍レ見レ焉、而命二十島之兵一、合二力於盛長一伐レ之、於レ是十島並盛長兵戦死者、不レ知二其数一、故民謳二大平一、是盛長功也、去年以二正使太原・副使台叔一陳二此事一、言語侏儺、情亦怠慢、而不レ達二聡明一故乎、曾聞二盛順罪一、置二之於相忘之地一者、十有余載、則盛順之生死存亡何有レ損二益於我一乎、此事是也、雖レ然盛順十有余載之後、再欲レ興二乱於貴国一、則置二罪於相忘之地一者不レ然也、故以二**牙符之弟乙**一再陳、以二一鶚東堂一副二堯誧西堂一也、聞先島主、先世蒙二恩栄一不レ解、無レ他、以有レ忠也、至二盛順一舎二旧例一、無レ他、以不レ忠也、天理如レ此也、今盛長抽二忠勤一者、寡人所レ識也、然則以二旧例一賜二盛長一、則至二盛順舎レ旧不二亦宜一乎、賞与レ罰只在三忠与二不忠一而已、掌レ禄有レ功、教三盛長為二東藩一、則彌以属二無為之化一也、然則陋邦与二貴国一唇歯之盟、自二千載一至二万世一矣、雖レ云二盛長一、若以不レ忠、則討三滅之一必矣、右所謂有管氏叛、陋邦不祥莫レ大レ焉、国費亦太繁、祈レ蒙二助縁一矣、不腆土宜並資財、具載二別幅一、一一見二采納一、何幸過レ之乎、恐惶不宣」、

（『朝鮮中宗実録』十八年五月甲午条）

内容をかいつまんで言えば、三浦の乱の当事者であった前島主宗盛順（島内ではすでに義盛と改名）[13]がふたたび朝鮮に対し反乱を起こさんとしたので、現島主宗盛長が中心となって盛順討伐を行なった。また宗盛長は「有管氏」による「四州」の叛乱の討伐にも積極的に参加しているという。そうした事情を将軍「源義晴」が朝鮮国王に報じ、日本国内の争乱が朝鮮王朝にとっても脅威となることから、朝鮮側に助縁（金銭面での助力）を乞うているわけである。

いずれも事実とは認めがたく、対馬側の情報戦略が隠されていると思われる。中村栄孝氏や米谷均氏が指摘するように、対馬側が朝鮮関係の好転を図って行なったプロパガンダ、あるいは対馬島内で起きた政治的混乱を日本国内の動乱に仮託した創作話、と見て良かろう〔中村 一九六五年：七二一頁、米谷 二〇〇二年a：五九〜六〇頁〕。すなわち、この第二牙符による偽日本国王使派遣は、対馬主導でなされた可能性が高いと考えられる。

一五二〇年代、大友氏所管の第一・第二牙符

また、十六世紀には、国内史料でも牙符の所有者（担保者）が確認できる。興味深いことにそれは対馬でなく、大友氏と大内・毛利氏なのである。

まず、大友関係の『由比文書』を掲げよう。

就二高麗渡船一、来春令二相定一候、対州江以二使僧一被レ申候、返書二通令二披閲一遂二披露一候、然者第二符重而渡海以後、第一符可レ渡之由候歟、無二是非一次第候、今度第二之符渡船之事、既諸商人暦〔マヽ〕々以二契約一令二乗船帰朝一之事、無二其隠一候之処、寄二事於左右一被レ申事、更不レ能二信用一候、併外聞実儀無レ曲候、重々以二浄光坊一、被二仰遣一候、万一猶以菟角儀候者、於二其上一可レ被レ成二御思唯〔マヽ〕一之由候、先々対州以納得、無二相違一渡船候様、入魂肝要之由候、猶彼方可レ有二演説一之条、不レ能二巨細一候、恐々謹言、

十二月十三日　　長景（花押）〔＊臼杵長景〕

常清（花押）〔＊津久見常清〕

使用牙符	備考
?	星州安峯寺所蔵本1帙を賜う
?	大蔵経は賜与せず
第2・第3	南湖も参加，宗茂信が指路船主．牙符改給実現
?	
?	8月，壬申約条
?	
?	
?	8月，釜山浦再開
?	少弐・対馬使送と同行
第2	公貿綿布2000同に近し
?	万寿寺助縁求請，商物価1750同
?	大友義鑑の印を求むも拒否さる
?	残経1帙を賜う
?	綿布9000余同に当る
第4	公貿綿布900余同
?	少弐・対馬特送と同行
第2	少弐政尚使送と同行
?	畠山使送（**嘯岳昌虎**）と同行
?	畠山・左武衛使送と同行
?	
第4	第1次図書復活交渉
?	
?	第2次図書復活交渉
?	
?	京極晴広の印を求め，賜与さる

表8　16世紀，朝鮮王朝への「日本国使臣」

No.	名　義	正　使	副　使	都船主	在留期間	使 行 目 的
1	?	**弸中道徳**	智瞻		1501. 8～02. 1	大蔵経の要求
2	源義高	周般	昌琇		1502. 3～6	大蔵経・珍禽，加職要求
3	?	?			1504	牙符新造改給要求
4	?	?			1504	?
5	?	**弸中道徳**	月江	匊将子弟	1511. 4～10	三浦の乱後の請和
6	?	**弸中道徳**		高山長弘	1512. 4～11	三浦の乱後の請和
7	?	南湖	景雪	宗茂信	1514. 11～15. 3	歳遣船の増加等4箇条
8	?	太蔭			1517. 5～8	大蔵経および助縁の求請
9	?	易宗			1521. 4～8	浦所の回復
10	?	太原	台叔		1522. 2～7	三浦還居，対馬島通好
11	源義晴	一鶚	堯甫		1523. 5～9	対馬歳遣船の増加
12	?	景林宗鎮			1525. 4～9	明指揮使袁璡奉還の伝達
13	?	一鶚			1528. 8～29. 5	漂流倭人刷還，商物貿易
14	?	**東陽**			1536. ⑫～37. 4	大蔵経求請
15	源義晴	**安心□楞**	**方室宗諸**	橘盛広	1542. 4～9	漂流明人刷還，銀貿易
16	?	心月受竺	稽囿		1543. 3～44. 4	寧波乱後の明との仲介
17	?	**安心□楞**			1545. 3～11	蛇梁倭変後の請和
18	源義晴	**安心□楞**	**菊心妙金**		1546. 10～47. 4	蛇梁倭変後の請和
19	?	?			1548. 3～10	?
20	?	**安心□楞**	**天友□数**	橘盛広	1552. 5～53. 3	銀・胡椒・丹木等貿易
21	?	天富	**景轍□鞠**		1556. 10～57. 2	商物貿易等10箇条
22	?	**景轍□鞠**			1562. 11～63. 9	請和，薺浦開路
23	?	**景轍□鞠**			1565. 3	?
24	?	?			1567. 5～6	薺浦開路等5箇条
25	?	?			1571. 11	?
26	?	**景轍玄蘇**	柳川調信		1580. 12～81. 5	明への通貢の媒を求む

長秀（花押）〔＊木上長秀〕
右並（花押）〔＊小原右並〕

古庄三河守殿〔＊古庄秀重〕
臼杵安芸守殿〔＊臼杵親連〕

芥川龍男・福川一徳両氏によれば、「発給年代は、加判衆四人の在任期間が重なる大永二年（一五二二）～五年と比定できる」という〔芥川・福川 一九九四年：六〇頁〕。宛所の古庄秀重・臼杵親連は志摩代官である〔西村 一九六二年：三〇五頁〕。対馬側の関連文書がちょうど欠けている時期なので、背景も分からず難解であるが、思い切って意訳すると以下のようになるだろう。

日本国王使の派遣を来春に決定したことを、主君大友義鑑から対馬へ使僧を遣わして伝達した。それに対する宗氏からの返書二通を我々で披見し、義鑑への披露を遂げた。（その対馬からの返書によれば）**第二牙符**をふたたび用いて日本国王使を渡海させ、その後に**第一牙符**を使用しようと考えているらしい。事実ならとんでもないことだ。今回の**第二牙符**による日本国王使渡海の件は、（豊後府内や博多などの？）諸商人の面々が契約によって乗組み、すでに（対馬まで）帰朝したことは明々白々である。それなのに、対馬は彼らの帰国を隠してあれこれ言ってくる。まったく信用のならないことで、面目も誠意もあったものではない。したがって浄光坊（使僧）を派遣し、対馬宗氏へ（**第二牙符**を大友側へ即時に返却するように）重々申し伝えるのである。万一、対馬側が難渋を申し立てるような場合は、当主義鑑にも考えがあるとのことだ。対馬宗氏側が従前の約束を守って相違なく日本国王使

使用牙符	備考
?	
?	通信使黄允吉らと帰国
?	通信使黄允吉らを護送

ある．典拠は『朝鮮王朝実録』・
『憂亭集』・『象村先生集』・『対州
年ａ・2002 年ｂ］も参照．
集』・『策彦和尚再渡集』に所見の

No.	名　義	正　使	副　使	都船主	在留期間	使行目的
27	源義藤	柚谷康広			1587.冬～88.4	朝鮮国王の入朝を求む
28	?	**景轍玄蘇**	宗義智		1589.春～90.4	明侵攻の道を仮る
29	関白秀吉	**景轍玄蘇**	柳川調信		1591.1～6	明侵攻の道を仮る

註1）本表は村井［1993年：157～158頁］表4「三浦の乱後の『日本国使臣』」を補訂したもので『続善隣国宝記』・『異国出契』・『朝鮮送使国次之書契覚』・『朝鮮通交大紀』・『攷事撮要』・西山寺一派開基帳』など．なお，米谷［1998年b：107頁・2002年a：註18］；伊藤［2002

註2）人名をゴチックにしたものは，湖心碩鼎『頤賢録』・『三脚藁』，策彦周良『策彦和尚初渡もの．

船を渡航させるよう、周旋してもらいたい。なお浄光坊から委細の説明があろう。

対馬宗氏は、大友氏の管理下にある第二牙符を借りて偽日本国王使を仕立てたが、契約通りにすぐに第二牙符を大友側に返却しなかったのだろう。対馬宗氏は、帰朝した諸商人を対馬に留め置き、大友氏側には商人らが帰国していないと騙って、その間にもう一度第二牙符を流用しようとしたのではないか。なぜなら、一回分の牙符貸借料で二回の使船を送れば、その分だけ対馬が儲かるからである。大友氏側にしてみれば、これは牙符による通交権益（貿易上分）を犯されることに事実上等しい。(14)

つまり、大友氏側の意向は、もともとの契約通りに「第二牙符→第一牙符」の順で日本国王使を渡航させることであり、対馬側の目論見は、「第二牙符→第二牙符→第一牙符」の順の渡航であったと考える。おそらく、先に見た一五二三年日本国王使（第二牙符携行）も、後者のいずれかの牙符使用に対応するのであろう。(15)いずれにせよ、かなり積極的に大友氏が第一・第二牙符の使用順序に言及している点から見て、第一・第二牙符（時期的に見て新しい牙符）が大友氏の権益下にあったことは明らかである。対馬宗氏は、大友氏から第一・第二牙符を借りて朝鮮通交を実現させていたと考えられる。

一五四二年、大内氏所管の第四牙符

一五四二年、偽使とおぼしい「日本国王使」（表8、No.16）のもたらした書契に、第四牙符の携行が明記されている（『異国出契』、抄引は『朝鮮中宗実録』三十八年四月庚寅条）。時期的に見て、この第四牙符は新しい牙符（左隻）であった。まず国書の内容を見ておきたい。

〔以下三行、一字ズツ上ガルカ〕
日本國王　源　義晴、奉二書

朝鮮國王殿下一、

共聞、

〔一字下ガルカ〕
殿下聖哲　賢明、慈仁睿智、布二政教於邦域一、境静民安、施二徳化于海隅一、時清道直、維時秋涼、

尊候動止、多福、爰遣二正官受竺東堂・副官稽囿西堂一、齎三持第四牙符一、以講二隣好一、幸甚幸甚、抑幣〔弊イ〕邦有二姦濫

之臣一、与二暴逆之徒一同レ心設レ謀、冒レ夜窃入二庫裡〔裏イ〕一、偸二取諸珍貨物幷弘治年勘合一而去矣、仍命二臣僚一雖レ誅三

戮之一、兼以脱レ身、乗レ舩奔竄、不レ知二其所在一也、朕為レ之、命二関西鎮海大内七州太守多々良義隆一、以二軍船

数百隻一、捜三覓嶋々浦〔島イ〕々一、要レ征三討之一、雖レ然、如レ是儻討不レ得而免去、則必然到二

日月於中流一、則悔何及乎、睠夫、

大明一、入二偽貢一、且又侵三凌邉境一者乎、仍径発二使价一、雖三以可二告稟一、海洋遼遠、而風信亦難レ測二遅滞一、而虚費二

貴邦与二弊邦一、廼

大明藩籬之列也、然而

貴邦之於二

大明一、疆域連接、聘問交繁、繇《より》レ韙《これ》二、急遣二使价一、疾聘二

軽船〔舩イ〕一、労紹三价於

貴邦一、捧二卑礼〔札イ〕於

大明一、以啓二區〔區イ〕々〔之旨趣イ〕旨趣之一、宓望、速轉達、賜二回帖一、則誠所二感荷一也、曽
景泰丙子〔一四五六〕年亦勞二
貴邦専价一、以通二書信于
大明一、蓋攀〔擧イ〕二其例一矣、後来弊邦進
貢期二両三歳之中間一、必可レ
奏二達
貴邦紹价之功労一也、萬一又被二逆徒逃去一、有下到二
貴邦之邉海一者上、則傳二言于對馬島一、以蒙二
示諭一、則不レ経レ日而遣二兵船一以討レ之、実善二
于隣一者、蔑以加レ焉、去**天文拾年**〔一五四一〕七月、以二弊邦漂氓之故一、
呈二卑書一、其使价、雖レ曰レ未レ還、弊邦今方二此危急之時一、不レ可レ不二傳奏一、仍重発二使价一、以
呈二事情一也、所レ冀
照察、聊
献二菲薄方物一、具目列二別幅一、
領納惟幸、
若時珎重、不宣、
天文拾一年〔一五四二〕七月　日
日本**國王**　源　義晴

国書全体の要旨は次のようになろう。——盗賊が弘治勘合を幕府の府庫から盗んだので、「日本国王源義晴」は大内義隆に命じて盗賊を捜索・討伐させている。だが、捜索の手を逃れる危険性もあり、賊が弘治勘合を用いて偽使を仕立て、明に朝貢する恐れもある。すぐに明に使船を使わして知らせるべきだが、その機会を持たないので、朝鮮王朝側から明に通達して貰えないだろうか……。

これより以前の、弘治（旧）勘合の細川船と正徳（新）勘合の大内船とが入港権を争った一五二三年の寧波の乱を想起すれば、この書契が幕府（足利義晴—細川晴元政権）サイドの遣明船派遣に不利になるものであることは明らかである。したがって本文書は、細川船の派遣を阻止せんとする意図を持つ、大内側の人間の作ったものと考えられる。右書契が山口ないし対馬（恐らく後者）で作られた偽書であることは、①文中に見える「日本国王」「朕」（ゴチック・二重傍線部）なる表現が本物の国書では通常使われないことや、②「対馬島」が明記されて対馬の存在がアピールされていること、③国書末尾の年付けや文中の特定年の表現に干支でなく日本年号を用いていることなどからも明白である。

そして、ちょうどこの使節と対応する史料が大内氏側の記録で確認できる（「渡唐方進貢物諸色注文〈天文十二年後〉」第四条〔翻刻：牧田 一九九五年〕）。そこには「天文十二、至二高麗国一香積寺渡海」と記されているので、恐らく、使節となった受竺・稽囿（前引史料傍線部）は山口香積寺僧だったのだろう。心月受竺はこれ以前の一五三六年、幕府の公帖をもって周防香積寺に入寺しているので（『鹿苑日録』天文五年九月四日・二十日・二十二日条）、それは恐らく確実である。またちなみに、副使の稽囿西堂は、この四年後の一五四七年、大内義隆自身の使送として朝鮮に到っている（『朝鮮明宗実録』二年十一月丙午条）。両者は、明らかに大内氏の配下の禅僧である。やはり、一五四二年の「日本国王使」は、大内氏主導—対馬協力型の使節であったと見るべきであろう。

なお、以上のことから必然的に、彼らの携行した第四牙符（新符・左隻）が大内氏の手中にあったと推測されるわけだが、それは後掲の毛利博物館所蔵文書によって揺るぎない事実と確認される。

一五五二・五三年、所有者不明の第三牙符（左武衛殿使送の通交）

一五五二・五三年の左武衛殿使送は、連続して第三牙符を携行してきた（『朝鮮明宗実録』八年十一月壬申条）。この左武衛殿使送は、さまざまな問題を孕んでいたため、朝鮮側から嫌疑を懸けられるに至る(16)。そしてその嫌疑を掛けられた一五五二年左武衛殿使送宜春西堂も、次の一五五三年同使送怡天西堂も、同じ第三牙符を持参してきた。そして、副使は二回とも平長幸であった（『朝鮮明宗実録』八年十一月壬申条）。朝鮮側は、一五五二年宜春西堂に対しこちらが嫌疑を掛けたから、対馬が正使だけを入れ替えてまた同じ使節を使わしてきたのだと見抜くに至る。

なお、この平長幸は、中村栄孝氏がかつて指摘した通り、大内殿使送尊海の渡航船主となった宗孫三郎長幸であると考えられる〔中村 一九六五年：七四五頁註7〕。尊海の使船は対馬で調達したものだから（「尊海渡海日記」〔翻刻：中村 一九六五年〕）、とうぜん船主の長幸も対馬人であっただろう。ただし、第三牙符そのものが恒常的に対馬にあったという明証はなく、第三牙符の本来の持ち主――対馬宗氏以前の持ち主――については、別途考える必要がある。

一五六二年、毛利氏所管の第四牙符

一五六二年、毛利氏から対馬宗氏へ第四牙符が貸し出され、日本国王使が仕立てられた。それを示すのが次の二通の文書である。

(1) 一、此内**第四之印割符**、義隆在㆓判形㆒也、**象牙**、右為㆓高麗江之儀㆒正寿院坊主に渡候也、

永禄五年〔一五六二〕七月廿七日　（花押）〔毛利隆元〕

於石州都賀陣所ニ

（「隆元様御書判物」毛利博物館所蔵文書）

(2)

永禄六年〔一五六三〕従二山口一正寿院御使之時

去七月十六日御札今年二月下旬到来則申聞候、殊御太刀一腰、為二馬銭一白銀四両、御懇情之段祝着被レ申候、随而至二朝鮮国一御用之儀被二仰渡一候、必可レ仰二貴意一之由候、雖レ然当時於二彼国一被レ申三渡子細一候之条、依二到来之時儀一従レ是可二申上一候之通、委曲正寿院へ被二申談一候、尤可レ被レ用二直書一候之処、難レ去之躰候之条、先以呈二愚書一候、折節任二現来一箸鷹大一本進献被レ申候、何様為二御礼一可レ被二申上一之由候、猶期二其節一存候、恐々謹言、

三月廿日　盛円

毛利右馬頭殿〔元就〕　依二御忌中一従二役所一此分に候

毛利備中守殿〔隆元〕

（『諸家引着』〔翻刻：西村　一九八四年〕64号）

(1)については、「高麗江之儀」のため第四牙符を正寿院（山口乗福寺の塔頭）に渡した、と解釈できる。傍線部に注目すると、大内義隆が第四牙符（新符・左隻）を所持していたこと、そして毛利氏がこれを引き継いでいたことが判明する。

(2)は(1)に対応する対馬守護代宗盛円返書の写で、対馬側の史料である（『諸家引着』65〜66号も参照のこと）。内容をかいつまんで言えば、「去年七月に毛利から依頼があり、その通りに「日本国王使」を派遣して「御用之儀」を朝鮮側に請求すべきところである。しかし、朝鮮側からいろいろと不都合を言ってきたので、時機を見て「国王使」を派遣したい」、ということになる。つまり、実際のところ、毛利氏の思惑通りには国王使行が実現しなかったのである〔関　二〇〇二年a：二四三頁参看[17]〕。

しかし、こうした交渉のまさに最中の一五六二年十一月、「日本国王使」が朝鮮に通交していた。恐らく、対馬は毛利氏の第四牙符を流用することに成功して（事実上の詐取・簒奪?）「日本国王使」（表8、№22）を仕立てたものと推察される。(18)

小　括

以上から、少なくとも一五二〇年代から六〇年代にかけて、対馬宗氏が「日本国王使」を送るには、新牙符第一・第二を保有する大友氏、新牙符第四を保有する大内氏・毛利氏の協力を仰がなければならなかったことが分かった。このことは、十六世紀に対馬が単独で「日本国王使」を仕立てていた、とする通説に、大きな改変を迫ることになろう。

また、対馬宗氏としても、海上通交の安全や陸地での販路の確保などを考えると、彼らの協力なしに偽使派遣体制を維持することは困難であったと思われる。『大永享禄之比御状幷書状之跡付』『諸家引着』に見える、対馬宗氏と大友・大内・毛利各氏との親密な儀礼的関係〔田中 一九八二年a、西村 一九八四年参看〕は、このような関係を基礎に築かれていたと考えねばなるまい。対馬宗氏はこうして一五二〇年代頃から、大友・大内などの対立抗争から超然とした立場で朝鮮通交の舞台廻しを演じるようになったわけである〔田中 一九八二年a：四一二頁・四三五〜四三六頁、米谷 一九九七年b：五七頁参看〕。

ただしそれは、対馬独りのなせる業ではなかった。大友・大内によって争奪の対象になっていた博多の町人・商人たちこそ、まさしく、中立的な立場を作り出すのにもっとも苦心していたと考えねばなるまい。このように、対馬と博多とは、ある意味で一体の〝政治権力〟〝経済共同体〟だったのであり、両者を峻別して論じることは妥当でない。

そして、こうした対馬―博多関係を基礎にすることによって、大内氏・大友氏などは環シナ海域における活動の根拠を得られたのであった。

それはさておき、ここでの根本的な問題は、大友氏・大内氏がいつどの段階で新牙符を入手したかである。とくに大内氏の場合は、一五〇一年「日本国王使」に用いた牙符が旧符で、一五四二年以降確認される牙符が新符である、という複雑な問題のあることが分かった。

二　政治過程にたどる外交権の分裂情況

1　十六世紀、符験の分散情況

本節では、前節で見たような符験の分布情況をもたらした、歴史的経緯について考察することとしよう。まず、前節での検討結果をごく簡単にまとめると、入手経路が不明な符験は、大略以下のようになる。

①　大友氏の日明勘合。
②　相良氏の日明勘合。
③　大内氏の日明弘治（旧）勘合。
④　一五〇一より前の、大内氏の日朝（旧）牙符。
⑤　一五二〇年代、大友氏の日朝（新）牙符第一・第二。
⑥　一五四二年、大内氏の日朝（新）牙符第四（のち毛利氏が継承）。

⑦　一五五二・五三年、所有者不明の日朝（新）牙符第三（左武衛殿使送が使用）。

以上の符験を、地域権力・地域勢力はいったい何時どのようにして入手したのか。これが問題である。ここであらかじめ推理の見通しを示しておこう。

まず、〝符験外交体制〟を構築した足利義政の意図から考えて、彼の存命中に符験が各勢力に分与されることは考えられない。つまり、義政死後の状況が問題となるわけである。そして、九州地域の各勢力が将軍権力と頻繁に接触するようになるのが、一四九三年明応の政変以後であるという点に注目したい。こうした現象自体は、もちろんこの時期のどこにでも見られるものだが、とりわけ対外貿易に深い関心を持つ九州の地域権力が将軍権力に結びついた点は無視できない。なぜなら、将軍権力の符験（外交権の根拠）が、にわかに政治的意味を帯びてくるからである。将軍の符験が切り売りされる状況として、これ以上ふさわしいものはないであろう。上記したような符験の分散問題を考えるためには、外交権を符験に収斂させた幕府―室町殿側の意図と、これに挑む偽使派遣勢力側の動向とを併せ考えることが必要である。

幸いなことに、明応の政変以後の将軍権力の分裂情況（義稙系 対 義澄―義晴系の対立関係）や、それが国内の政治史に与えた影響に関する研究は、現在かなりの蓄積を持っている〔百瀬 一九七六年、今谷 一九八五年、家永 一九九五年・一九九七年、勝俣 一九九六年、末柄 一九九二年、山田 二〇〇〇年など〕。そうした成果を参考に、本節ではもっぱら政治史的な視点から、上記の分布情況に至るまでの符験移動過程の〝謎解き〟に挑んでみたい。

2　明応～文亀期　足利義澄対義稙

本論では、足利義政没後の段階から説き起こし、国内の政治過程から符験の動きを推測していく。その際、「二人の将軍」の対立を三つの時期に分けて論ずる。まず本項は、第一期の明応~文亀期、足利義澄と義稙との対立期を扱うこととしたい。

足利義稙政権と大内氏

足利義視（義政弟）の子である義稙が、幕府内で弱い立場に立たされていたことは周知の通りだが、それを如実に示すのが、義政の晩年から準備されていた明応度遣明船の経営者の決定過程である。当初は進物の調達が建仁寺、ついで相国寺に委託され、「寺家無力」のため大内氏に変更してほぼ決定となった（『蔭凉軒日録』文明十八年七月二日、文明十九年五月二十七日・六月二十六日・八月二十五日・二十六日、長享二年五月二十八日条、『蔗軒日録』文明十八年八月二十一日条）（小葉田 一九六九年：九一頁参看）。もともと大内氏は応仁・文明の乱以来、義視―義稙父子（西幕府）と近い関係にあったから、同氏が今回の遣明船経営の主導権を握るのはむしろ自然なことである。

だがしかし、勘合交付上をめぐる細川氏の策略によって、一四九〇年九月、大内氏は経営者から外されてしまう[19]。その背景は記録類を見てもよく分からないのだが、結局のところ、幕府の実力者＝細川政元・伊勢貞宗を懐柔するために、足利義視―義稙父子が前言を翻したというのが実情だったようである。ここに、日明勘合（遣明船貿易の権利）が政治の一道具に利用されている状況を看て取ることができよう。では大内氏は手をこまねいていただけだったのだろうか。否、事実はそうではなかった。

この後、義稙は、一四九三年細川政元のクーデタ（明応の政変）によって廃位され、流浪の末[20]、一四九九年、最終的に周防大内氏を頼る。これが、大内―博多―対馬勢力による一五〇一年「日本国王使」朔中派遣の契機となったわけだが（橋本 一九九七年c参照）、問題はその通交に使用された牙符（旧符）の入手経路であった（上記移動経路が不明な符験の④)。

推測するに、もともとこの牙符は、先に大内氏が一四九〇年遣明船経営から排除された際の見返りとして、同氏が将軍義稙に要求したものではなかったろうか。[21] というのも、同じ一四九〇年、朝鮮への日本国王使(博多妙楽寺請経船、正使永年慶彭)が曇華院(義視息女)の肝煎りで準備されているからである。[22] 正使の慶彭は、実は同年、大内政弘の遣朝鮮使を務めており(紀州安楽寺請経船―『朝鮮成宗実録』二十一年九月丁卯条)、同じ彼が正使を務める上の妙楽寺請経船が、大内氏の主導で出されたことは間違いない。[23] 実は、このときに大内方へ牙符が移動したとすれば、すべてを整合的に理解することができるのである。

まず、遣朝鮮船貿易が遣明船貿易の代替となりうるという点は、すでに佐伯弘次氏が指摘している(佐伯 一九八四年:三頁)。[24] 頻繁に使船を派遣さえすれば、遣朝鮮船一回の経営規模の小ささというデメリットは簡単に埋められるからである。やはり、この点を見越して大内氏も義稙に牙符を要求したのではないか。義視―義稙側にとっても、先の遣明船経営問題に関する彌縫策として、大内氏への牙符引き渡しはありうべき選択肢であったろう。

また、すでに長正統・村井章介両氏が一五〇一年日本国王使弸中の名義を「源義材」と推測しているように(長 一九六三年:一四五頁、村井 一九八八年:三三七頁)――恐らく名義は「義尹」であったと思われる――、究極的な派遣主体が、両氏の推測通り足利義稙であったことは十分考えられる。第四牙符を抱えていた大内義興が、この明応九年の段階で、前将軍足利義稙という外交上の〝正統性〟を確保できていたからである。

さらに言えば、使送となった弸中道徳(臨済宗幻住派遠渓下)と大内氏との密接な関係も、一五〇一年「国王使」の背景を考える上では無視できない。長正統氏がつとに指摘したように、周防亡命中の足利義稙は、博多聖福寺関係の幻住派禅僧とも密接な関係を持っていた(長 一九六三年)。すなわち、文亀三年(一五〇三)一華碩由、永正十年

（一五一三）彌中道徳、永正十六年（一五一九）湖心碩鼎（いずれも幻住派遠渓下）に対し、博多聖福寺の公帖を発給していたのである。

まず一華碩由については、『碩由禅師行実』（湖心碩鼎編）を参照。一華碩由が、山口に寓居中の足利義稙の肝煎りで、聖福寺入寺の公帖を親しく受けたことが記されている。

師文安四年〔一四四七〕丁卯三月初四日生、父秦氏、母藤氏、関西筑之前州筥陽県之産也、……文亀三年〔一五〇三〕癸亥、師五十七、前慧林院殿義稙在二防城一日、九州僧徒之中、選二其仁住一レ列刹一、師雖レ未レ秉二払於五岳一、既蒙二勅許一、拝レ帖日、相公一見曰、「此僧威儀堂々、雖レ為二天下僧録一、於二容儀一不レ譲、寔一時之栄也」、師聖福入寺日、自改レ号、号二『雷隠』一、……、

五山において秉払も遂げていない碩由を十刹の聖福寺の住持（西堂）に据えたのだから、義稙は、自身の勢力を聖福寺内に扶植するために、よほどの荒技を振るったことになる。当然、その背景には、義稙を擁する大内義興の推挙があったと見て間違いない。一華碩由は筑前箱崎の有力者秦氏の出身であったから、筥崎宮と関係の深い大内氏（佐伯　一九八四年：九〜一〇頁）にとって、これは至極当然な人事であった。

次に、彌中道徳については、すでに前述したが、以下のように、常庵龍崇の『寅闇疏藁』に公帖授与のことが明記されている（長　一九六三年：一四五頁参看）。言うまでもなく、足利義稙による出世である（東福寺霊雲院所蔵典籍〔東京大学史料編纂所架蔵写真帳〕。史料編纂所架蔵謄写本により校合）。

彌中西堂住聖福〈一字鳳叔壱州安国海印前住〉

前海印鳳叔禅師〔銜イ〕二命高麗一之明年

大壇越大人相公特降二鈞劄一、陞二住榑桑最初禅窟筑前州安国山聖福寺一、於レ是諸刹之櫛二比於輩雒一者聞二斯栄除一、胥

議曰、「……」、永正十年〔一五一三〕十月、

また湖心碩鼎の聖福寺入寺に関しては、『三脚藁』に載せる月舟寿桂の「湖心和尚住聖福疏」に、

京城諸山　謹審

前席大願湖心禅師、光膺二大壇越征夷大将軍鈞命一、董二蒞筑前州安国山聖福禅寺一、於レ是都下諸封聞二斯栄除一不レ勝二欣抃一、削レ牘製レ號、以致二其賀一云、「……」、

永正己卯〔一五一九〕冬十二月　日疏、

南禅〈宗恕〉　天竜〈等安〉　…………　妙光〔*月舟寿桂〕

とある（ただし月舟寿桂の『幻雲疏藁』には見られず）。この征夷大将軍は言うまでもなく足利義稙である。もちろん、上述の弸中道徳も湖心碩鼎も、その推挙を行なったのは大内義興であろう。大内義興は、自家の氏寺である氷上山興隆寺に足利義稙から馬および太刀を寄進させてもおり（『大内氏実録』世家篇大内義興伝―永正十一年甲戌条）、義稙の存在を自身の権力編成に利用していた節がある。

こうして見ると、すでに本章でも前述した通り、一五〇一年の弸中の抜擢が大内義興によるものであったことはおそらく間違いあるまい。大内義興を媒介とした足利義稙と博多幻住派との関係こそ、十六世紀初頭以降の偽日本国王使派遣を可能にした要素だったのである。その際利用された牙符が、かの第四牙符であった蓋然性はきわめて高いと思われる。

以上から筆者は、この一四九〇年の時点で大内氏に少なくとも一つの牙符（第四牙符?[25]）が渡され、これが幕府に返却されぬまま、一五〇一年の「国王使」弸中道徳の通交に流用された、と考えたい。誤解を恐れずに言えば、十六世紀初頭段階、偽使派遣勢力の最大の〝黒幕〟とは、この「流れ公方」足利義稙だったのである。

足利義澄―細川政元政権と大友氏

さて、こうした周防―筑前方面における足利義稙―大内氏の政治的結託、および独自の外交活動に対し、京都の政権はどのように対処したのか。

京都では、細川政元がクーデタ後、足利義澄（初名義高）を将軍に擁立していた。足利義稙―大内氏ラインに対し政治的・軍事的に対抗するためには、九州の他の地域権力と結びつかねばならない。このときクローズアップされたのが、年来、博多や豊前をめぐって大内氏と争っていた大友氏であった(26)。京都の足利義澄―細川政元政権は、大友氏を懐柔する必要に迫られたのである。

たとえばその一つの方法が、遣明船の経営権の付与であった。これまであまり知られていないが、文亀初年、足利義澄政権は大友氏の要請により、勘合を譲渡している。最初に、次の一五〇一年幕府奉行人奉書を見ていただきたい（『大友家文書録』五五九号）。

唐船之事、被二望申一之趣、被二聞召入一畢、於二初度一者、為二御代始御船一可レ被レ渡之、至二其次一者、就二鹿苑院殿百年忌一者、被レ寄二相国寺一之段、宜レ致二存知一、然間於二三ケ度一□被二申請一之旨、可有御成
□

□□〔文亀〕元年〔一五〇一〕閏六月十三日　加賀前司〈在判〉〔*飯尾清房〕
大和守〈在判〉〔*飯尾元行〕

大友備前守殿〔*大友親治〕

これによると、初度の遣明船は義澄代始めの「御船」（公方船）に、次の船は相国寺船に宛てることが決まっているので、「三ケ度」すなわち義澄三回目の遣明船を大友氏に許すのだという。同年十一月十五日付の勝光寺圭甫光瓚

（大友雑掌僧、聖一派）宛て赤沢宗益（細川政元被官）書状にも、「□〔就カ〕二勘合之儀一、尊書之旨、則令二披露一候、内々可レ進之由候、京都時儀相調可レ令レ申候」とあり（『大友家文書録』五八七号）、順調に計画が進行している様子が窺える。また、一五〇三年大友方への赤沢宗益書状（文亀三年〈一五〇三〉カ）には、次のようにある（『大友家文書録』六三三号）。

□勘合之儀申沙汰仕候、先日以二面拝一申合候趣、御調簡要□物之事、年内千貫可レ有二御納一候、此等之趣急度可レ被二仰下一候、□御油断之儀候、恐々謹言、

□日　　宗益〈在判〉　〔＊赤沢宗益〕

□〈□候〉

「勘合之儀」につき、年内に大友が幕府へ千貫を納入することが指示されている。おそらく、一五〇三年頃に、幕府（足利義澄―細川政元政権）から大友氏への勘合交付は実現したと見て間違いなかろう。そして、当時京都の幕府に保有されていた勘合の種類から考えれば、大友氏へ交付された勘合とは、弘治（旧）勘合であったはずである（上記移動経路が不明な符験の①への解答）。

しかし、遣明船のこれまでの渡航の間隔から考えれば、約二〇年後の約束をして大友氏を引き込んだことになる。これが本当に「懐柔策」となりえたかは微妙な問題である。おそらく、これに代わる即時的な権益が必要だったのではなかろうか。

そこでふたたび想起されるのが、遣明船貿易の代替としての遣朝鮮船貿易の権利付与、すなわち日朝牙符の譲渡、である。日明勘合が大友氏のもとに与えられた一五〇三年という年も、一五〇三年足利義澄による牙符更新要請の国書の作成、一五〇四年更新・改給実現、という時期と見事に合致する。しかも、足利義稙―大内方が握っている牙符を無効化するために、牙符の更新を要求したと考えれば整合的である。また何よりも、日朝牙符更新の申請は、大友

氏を通じてでなければ実現不可能であったろう。更新・改給された新牙符が大友氏のもとに留保され、それが以後の「日本国王使」通交に使われたと考えるのが自然ではないか。大友氏のもとに留め置かれた牙符が、新符の全部か一部かは不明だが、第一・第二牙符がそこに含まれていたことは前掲『由比文書』から確実であろう（上記移動経路が不明な符験⑤への解答）。

そして、併せて言及しておけば、新しい第三牙符も大友氏の手許に残った可能性が大きいと考える。なぜなら、牙符の更新を申請したときの日本国王使（足利義澄名義）二起が、旧い第二・第三牙符をそれぞれ携行して同時に来ていたからである（前掲『憂亭集』参照）。この国王使行に大友氏が絶大な援助を与えていたことは疑いなく、そうだとすれば第二・第三牙符を優先的に大友氏の影響下に置く合意が大友氏と将軍義澄との間に出来ていた可能性は高いのではないか。

前述したように、第二牙符が（第一牙符とともに）大友氏の手許に置かれたのであれば、第三牙符についても同様であったと考えるのがもっとも自然であろう。それゆえ、新しい第三牙符もまた、（第一・第二牙符とともに）大友氏の管理下に置かれるようになった、と本章では結論しておきたい（移動経路が不明な符験⑦への解答）。

すると、一五〇四年の「日本国王使」はもとより、三浦の乱後のしばらくの間の「日本国王使」は、大友氏の息のかかった使節だということにもなる（表8、No.3・No.4・No.7の南湖・宗茂信や、No.11・No.13の一鶚など）[27]。少なくとも一五二〇年代までの日朝関係の主導権は、大友氏が握っていたものと考えたい。もちろん対馬宗氏は、その牙符を利用するために、十六世紀初頭から積極的に大友氏と友好的な関係を結ぶに至ったと考えられる。

3　永正〜享禄期　足利義植対義晴

第二期は永正～享禄期、足利義稙と義晴との対立期である。この時期は、一五一〇年三浦の乱（日朝関係）および一五二三年寧波の乱（日明関係）という重要事件を含んでいる。事件の詳細は先行研究に譲るが（中村 一九六五年、村井 一九九三年、栢原 一九一四～一五年、小葉田 一九六九年など）、本項では、これらの国際的事件と絡みつつ、国内の政治過程が主軸となって外交権の徴憑たる符験が移動していたことを確認していきたい。

一五一四年、大内氏の日朝牙符（第四）獲得

一五〇八年、足利義稙は大内義興とともに上洛し、細川高国[28]と結託して将軍に復帰した。そして彼らは一五一一年船岡山の合戦を経て京都の制圧・安定的支配に成功するが、その後の一五一四年、次のような言上状が大内義興から（恐らく幕府奉行人宛てに）提出された（『武家書法式』〔内閣文庫所蔵〕の一分冊）。とくに第一条が本論と直接関わる記事である。

左京大夫雑掌言上

永正十一〔一五一四〕九十一

一　高麗船勘合事、以前申上候処、対㆓高山新左衛門尉㆒既被㆓仰付㆒候之上者、不㆑被㆑及㆓御許容㆒候、但其次事者、於㆓申請㆒者、可㆑被㆓仰出㆒候由、以㆓畠山式部少輔殿㆒申調候、可㆑預㆓御披露㆒事、

一　河上中務少輔　御対面次第事、如㆓彼書状㆒者、対㆓古老国人等㆒、可㆑被㆓御糺明㆒事、

以上

第一条冒頭の「高麗船勘合」は、『蔭凉軒日録』などに窺える当時の人びとの認識から、牙符のことと考えて良かろう。第一条の文意を取ると、〝牙符（の発給）について、大内側から以前将軍義稙に依頼したところ、高山新左衛

門尉に対してすでに発給してしまったので、今回は許されなかった。ただし、その次の回は、こうやって申請しているのだから許可して戴くように、と畠山式部少輔順光（義稙側近）を通じて（内々に）工作している。将軍に（正式に）伺って戴きたい〟となる。つまり、一五一四年より前に「高麗船勘合事」が高山新左衛門尉に「仰付」られ[29]、その次の遣朝鮮使派遣を大内氏が要求していることは明らかである。そして、同じ「雑々書札」に、年欠（永正十二年〈一五一五〉?）で次のごとき文書を載せることから、大内氏の牙符交付申請は度重なるものであったことが分かる。後の牙符使用状況も勘案すると、この交渉を通じて、大内氏の牙符獲得工作は成功したのではないか。

高麗船勘合事、申㆓御沙汰㆒候者所㆑仰候、於㆓子細㆒者以前内々被㆓申入㆒候条、令㆓省略㆒候、恐々謹言、

三月十七日　　義興

伊勢守殿　進之候

もし、大内氏の申請が通って無事に遣朝鮮使を派遣できたとすると、少なくとも大内氏が一五一四・一五一五年以降、新しい牙符を何らかの手段で入手したことになる。果して、新しい牙符を抱えているはずの大友氏―足利義澄ラインが、新しい有効な牙符を大内方に手渡すであろうか。

ところが重要なことに、大友氏は当時、宿敵の将軍義稙―大内氏と和睦していたのである[30]。おそらく、大内氏は将軍義稙の命を以て、大友氏から新牙符を一枚、譲り受けたのではなかろうか（あるいはいったん将軍家のもとに収められた牙符から一枚が頒賜されたか）。すると、一五四二年以降の日朝史料で確認される大内氏の第四牙符（新符・左隻）は、このとき入手したものであった可能性が高い[31]。もとより推測の域を出るものではないが、一応、これを〝移動経路が不明な符験⑥〟に対する解答として挙げておきたい。

一五一六年、大内氏による日明勘合（正徳（新）勘合）永代使用権の獲得

さて、次に注目したいのが日明勘合をめぐる将軍義稙と大内氏の動きである。これまでにも指摘されてきたように、将軍義稙は、一五一六年頃、大内氏に遣明船派遣を永久に管掌させることを明言している。それを示すのが次の四通の御内書および奉行人連署奉書である（(1)〜(3)は『室町家御内書案』（上）所収、(4)は『薩藩旧記雑録』前編二―巻四二―一八二一号〔文書番号は『鹿児島県史料』に拠る、以下同じ〕）。

(1)渡唐船事、代々存知之処、近年相違之旨、棟〔捧カ〕二証文一之条被レ成二御内書一畢、早任二先例一永可レ有二執沙汰一之由、所レ被二仰下一也、仍執達如レ件、

永正十三年〔一五一六〕四月十九日　近江守〔＊飯尾貞連〕

上野介〔＊斎藤時基〕

大内左京大夫殿

(2)渡唐船事、任二先例一執沙汰可二目出一候也、

四月十三日　同御調進〔＊伊勢貞陸〕

大内左京大夫とのへ

(3)所存之趣申条神妙候、返事明順仰下候、定而可二伝達一候、仍渡唐船勘合事、於二子々孫々一而可レ有二進退一候也、

五月廿一日

大内左京大夫とのへ

(4)渡唐船之事、致二警固一於二自然儀一者、無二疎略一者可レ為二神妙一、仍太刀一振、刀一腰遣レ之候、巨細猶大内左京大夫可レ申候也、

〔永正十六年ヵ〕十月十日

島津陸奥守とのへ　〔＊島津勝久〕

恐らく、(1)の奉書に見える「御内書」が、(2)の御内書であろう。[32]また、大内氏が代々勘合を「進退」することを認めた(3)は、大内氏が正徳（新）勘合を手中に収めた時期などから考えて、やはり同年頃に出されたものと思われる。永正度遣明船の帰途（一五一三年）、大内氏は正徳（新）勘合を略奪・確保しているからである〔栢原　一九一五年④：五六頁〕。次の大永度遣明船の派遣準備に際し、大内義興は正徳勘合の保管と使用権利とを将軍義稙に「追認」させたのであろう。これは、勘合一枚ごとの交付ではなく、むしろ勘合全体の委託である。そして、遣明船警固が大内氏を通じて島津氏に命じられていること(4)は、大内氏が同遣明船の事実上の派遣者であったことを物語る〔『薩藩旧記雑録』前編二―巻四二―一九一三・一九一四号、〈永正十六年〉同月日付け大内義興書状・陶弘詮書状参照〕〔小葉田　一九六九年：一三〇頁〕。こうした動向を読めば、いかに足利義稙が大内氏を優遇せざるをえなかったかが分かるだろう。逆に、大内氏にしてみれば、義稙に認めさせたこうした権利をもとに、正徳（新）勘合による遣明船経営を実現しえたのである。

外交権の分裂ふたたび——寧波の乱から戦後復交交渉へ

さて、その足利義稙は、一五二一年三月、細川高国の専横に怒って和泉から淡路へ出奔した。その直後、細川高国は前将軍足利義澄の遺児を擁立して新政権を発足させる。将軍足利義晴である。新将軍義晴は、前将軍義稙と大内氏との間の契約を履行する必然性がまったくないので——というよりむしろ破棄の方向に動いたので——、正徳（新）勘合でなく、幕府の弘治（旧）勘合を用いての遣明船経営に乗り出した。

こうして、義稙―大内―正徳（新）勘合、義晴―細川―弘治（旧）勘合、という組合せの使船グループ二つが中国に渡航することになった。将軍権力の廃立によって、ふたたび外交権の分裂が起こったのである。そしてこれが有名な一五二三年寧波の乱の引き金となったことは言うまでもない(33)。

この事件は、前述の通り、謙道宗設らの大内船三隻（正徳（新）勘合携行）と鸞岡省佐・宋素卿らの細川船一隻（弘治（旧）勘合携行）とが寧波への入港権を争ったことに端を発する。明人の宋素卿は、明側の検査官に賄賂を贈って細川船を先に入港させることに成功したが、これを宗設ら大内船側が怒り、鸞岡省佐を殺したうえ、細川船を焼いてしまったのである。そればかりか大内側は、明の指揮使（辺将）袁璡を拉致して博多にまで連行した。その後の対明交渉には、後述するように細川氏ルートと大内氏ルートの二つが存在したが、後者大内氏ルートの交渉の切り札として、この袁璡の存在が利用されることになる。

それはさておき、寧波の乱を明人の拉致・殺傷事件という大問題にまで発展させてしまった張本は、明らかに大内船である。にも拘わらず、この事件後の遣明船通交で、大内氏が圧倒的な優位を誇ったのにはどういう背景があったのだろうか。そのからくりを解き明かさねばならない。

実はこれも、日明勘合の保管場所がどこであったのか、誰がどの勘合を使用したのかという点から解明することができるのである。対明復交交渉をめぐる細川・大内の競合を、順次見ていくこととしよう。

最初に、一五二五年、大内氏が朝鮮を通じて明との講和に乗り出した。大内義興は、次のような内容の国書を偽造して朝鮮王朝に送ったのである。

日本国王源義晴〔ママ〕書啓略曰、「癸未春〔一五二三〕、進二貢大明国一、弊邦有二奸細之徒一、窺二府庫焼火一、偸二弘治勘合一、竄二居遠島一、渡二茫洋一到二寧波府一、訴二於太監幷三司大人一、我使臣逢レ之欲レ殺、則奸賊盗走、使臣逐レ北、至二余姚県一、武官袁璡為レ之嚮道、於レ是使臣擒二拏袁璡一、同船而渡二陋邦一、来歳艤レ船而奉レ送二袁璡等三員一、伏冀陛下預達二大明上皇之清聴一、而示諭、則不二啻不レ朽之恩霑一」、　（『朝鮮中宗実録』二十年四月乙巳条）

奸賊が弘治勘合（細川船が持っていたもの）を府庫から盗み出して偽使を仕立て、寧波に向ったので、私「源義晴」の使節は追いかけてこれを殺そうとした。さらに逃げる奸賊を追ったところ、武官袁璡が奸賊を手引きしていたので、我が使者は袁璡を捕えて日本まで連れ帰った。来年に船を使わして彼らを送還したいので、朝鮮側から明へ伝えてもらえないだろうか……。つまり、〝寧波の乱時に弘治（旧）勘合を携行した細川船こそ「奸賊」の船であり、身柄を確保した指揮使袁璡を送還したいので明への取り次ぎをして戴きたい〟という内容である。明らかに大内氏側の作った偽造国書であると分かる（表8、№12「日本国王使」景林宗鎮）[34]。

ところが、朝鮮側は論議の末、この明への講和斡旋の要請を拒否してしまう（『朝鮮中宗実録』二十年六月甲寅条）。その結果、大内義興は、寧波の乱後の日明講和交渉で出鼻を挫かれ、京都の足利義晴―細川高国側に一歩遅れを取ることになった。

その足利義晴―細川高国政権（現室町幕府）と明朝との交渉は、一五二五年、明側が琉球経由で義晴政権に接近したことから始まる（『明世宗実録』嘉靖四年六月己亥条）。明側の意向を受けた琉球王国が、天王寺住持檀渓全叢を幕府に派遣してきたのである（『幻雲文集』銘「鶴翁字名幷序」、『猶如昨夢集』巻中―説「檀渓字説」）（小葉田　一九六九年：一四七頁、村井　一九九五年a：一九九～二〇三頁）。おそらく檀渓は、大内領国や瀬戸内海を避け、薩摩・日向から四国南岸へ抜ける南海路を採ったのであろう。

もちろん、足利義晴―細川高国政権としても積極的に講和交渉に臨むことにした。それを示すのが次の御内書である（一五二七年）。

御ふミくハしく見申候、進上の物ともたしかにうけとり候ぬ、又この国と東羅国とわよの事、申とゝのへられ候、めてたく候、

大永七年七月廿四日　　御判在之

りうきう国のよのぬしへ

（『室町家御内書案』（下）所収）

そして、これと同時に、次の一五二七年八月日付の表文(1)と咨文(2)とを檀渓全叢に託し、琉球王国経由で明へ送った。

(1)　日本国王源　義晴

大明一統、歌二
文王徳於周詩一、万歳三呼、徴二
武帝寿於漢史一、論二其封疆一、則隔二
中華一者幾千万里、仰二其光貢一、則耀二扶桑之六十余州一、寝明寝昌、有レ典有レ則、共惟、
大明皇帝陛下、綽々余裕、巍々成功、文物之盛、莫レ過二于今一、治道之興、何愧二于古一、自レ西自レ東、自レ南自レ北、
孰不レ貢二苞茅一哉、繋レ日繋レ月、繋レ時繋レ年、吾唯畏二簡書一耳、庶修二隣好一、式沐二
天恩一、茲自二琉球国一、遠伝二
勅書一、寛宥之敦、不レ忘二側陋一、感戴々々、謹表以
聞、臣源義晴、誠惶誠恐、頓首謹言、

嘉靖六年丁亥八月　日　日本国王臣源義晴

（『続善隣』24号、月舟寿桂『幻雲文集』表「遣大明表」）

(2)　近年吾国、遣二僧瑞佐西堂・宋素卿等一、賫二弘治勘合一而進貢、又聞、西人宗設等窃持二正徳勘合一、号二進貢船一、

蓋了菴悟西堂東帰之時、弊邑多レ虞、干戈梗レ路、以レ故正徳勘合不レ達二東都一、吾即用二弘治勘合一、謹修二職貢一、
示レ不レ怠也、如二
勅諭旨一
宗設等為レ偽、不レ言可レ知矣、大内多々良氏義興幕下臣神氏〔神代カ〕源太郎為二其元悪一、故就二誅戮一、彼所二虜而来〔ママ〕一大
邦之人、前年既発レ船以還レ之、中流遭レ風、船不レ克レ進、尚滞二西鄙一、近日当レ還焉、
大邦所レ留妙賀・素卿、其余生而存者、不レ論二多少一、以レ仁見レ恕、幸甚々々、然則先令三妙賀到二琉球一、自二琉
球一而可レ皈二吾国一、
前代所レ賜金印、頃因二兵乱一失二其所在一、故用二花判一而為レ信、琉球僧所レ知也、伏希二
尊察一、妙賀・素卿皈国之時、賜二新勘合并金印一、則永以為レ宝、
聖徳及レ遠不レ可レ諼焉、吾当二方物件々、随レ例進貢一、妙賀輩両三人、命二管領道永〔細川高国〕一、以遣レ書矣、
右　咨二
礼　部一
嘉靖六年丁亥秋捌月　日　　日本国王臣源　義晴咨

（『続善隣』25号、月舟寿桂『幻雲文集』表「別幅」）

ここでは、宗設（大内船正使）が偽使であり、また正徳（新）勘合がかつて大内方へ奪われたということが報じられている。そのために、幕府―細川氏として、便宜的に弘治（旧）勘合を用いて通交したことも明記している。すなわち、〝弘治（旧）勘合をもって渡航するものは偽使船である〟と謳った、先ほどの一五二五年朝鮮国王宛て「日本国王」書契（＝大内方の偽造国書）とは正反対の内容である。また義晴は、戦乱で失った金印および勘合の新給を要請することも忘れなかった。

とくに強調しておきたいのは、以上の遺明表(1)・咨文(2)により、〝正徳（新）勘合を所持する船は偽使である〟という新たな認識が、明朝側に植え付けられてしまったという点である。これは、正徳（新）勘合しか持っていない大内氏にとってみると、たいへん厄介な事態であったと言える。

これに対して明側は、義晴の金印・勘合要求をただちには容れず、宗設の擒献と指揮袁璡の送還にあくまでこだわった。明朝政府は、義晴の表文・咨文を持ってきた一五三〇年の琉球進貢使の蔡瀚らに対して、かかる明側の姿勢を日本（幕府）へ伝達するよう命じている（『明世宗実録』嘉靖九年三月甲辰条）。

しかし、その後、琉球から幕府（足利義晴―細川高国政権）へ連絡が行ったという徴証はない。恐らく、琉球側は幕府へこの件を伝達しなかったのであろう。このように考えるのは、この間、義晴―高国政権の対明復交交渉のパイプである琉球王国ルートに、大内義興が直接介入していたからである。それは、一五二七年、畿内で起こった政治動乱をきっかけに始まった。

同年三月、三好元長が足利義維（義稙の養子）・細川晴元を奉じて堺に上陸し（＝「堺公方府」の成立〔今谷 一九八五年・二〇〇二年、奥野 一九七五年、山田 二〇〇〇年など参照〕）、足利義晴―細川高国政権が恐慌状態に陥った。義晴政権としては、自身の保身のためにも、積年の宿敵だった大内氏とも手を結んで、このピンチを打開せねばならない。また、堺も義維政権に押さえられた以上、対琉球―明関係を維持することはもはや不可能である。

恐らく、そうした情況を承けて、大内氏は余裕をもって琉球王国に接近したのであろう。一五二七年、大内義興は琉球国王尚清即位の慶賀のために書簡を遣わした。

為ニ国王御即位之御礼一、渡ニ進徳雲軒〈源松都文〔聞〕〉一候、可レ預ニ御心得一候、抑大唐与ニ日本一頗不快之処、従ニ大明国一憑ニ貴国一、被レ渡ニ勅書於日本一候之由、以ニ明星院〈頼求〉一蒙レ仰候、渡唐船事依レ有ニ子細一、当家永代可レ令ニ

取沙汰二之旨、別而蒙二国王宣旨一候上者、対二当家一示預候者可レ令二奏達一候之処、以二天王寺一直御伝達、併彼段無二御存知一之故候歟、此等之次第、其外袁大人帰国事、巨細申二含源松都文一候、能々御尋聞、被レ成二御心副一候者和□候、而□目安申通候事□勿レ異レ他、被レ懸二御意一候は者可レ為二本懐一候、随而扇子五本、得〔徳〕地紙五拾帖進レ之候、狭少之至、為レ恐二此事一、恐惶謹言、

大永七年〈丁亥〉九月十一日　　義興　印

天界寺　衣鉢侍者禅師

（『大内氏実録土台』巻十、『大内氏実録』志一「大内氏壁書・掟書」所収―乃美氏所蔵文書）

これは恐らく、大永七年（一五二七）大内義興が尚清王即位の礼として琉球天界寺に遣わしたときの書簡であろう。〝先日、明が琉球経由で（寧波乱後の復交交渉に関する）勅書を日本国王へ送ったと聞いたが、すでに「日本国王の宣旨」により、大内氏が遣明船派遣のことを取り仕切る手筈になっている。それゆえ今後、日明関係に関する事柄は、必ず大内氏を通すようにしてほしい〟という内容である（秋山　一九三九年：五三六〜五三七頁参看）。袁大人とは、袁璡のことを指すのであろう。つまり、大内氏は、琉球王国と足利義晴―細川高国政権との連絡路を絶って、袁璡の送還をカードに、琉球―大内ルートを作り出そうとしていたのである。

この目論見が成功したことは、その後の一五二八〜二九年、朝廷に対する琉球使僧道球らの贈位加叙（法印・権大僧都）の奏請を、ほかならぬ大内氏（周防浄光寺）が媒介していることからも明らかである（『実隆公記』享禄元年閏九月十三・十四・十九日、享禄二年正月二十三・二十六日・二月七日条、『御湯殿の上の日記』享禄元年閏九月十四日・享禄二年正月二十八日条）（小葉田　一九九三年：四六頁）。琉球側は、京都の朝廷との連絡役として、もはや細川氏ではなく、大内氏を頼っていたのである。[35]

やはり、一五三〇年に明から琉球へ命じられた日本への講和条件通達（宗設の擒献と袁璡の送還と）は、実際には大内氏にもたらされたのであり、前述のごとく、京都の足利義晴―細川高国政権にまでは到達しなかったと見るべきであろう。(36)

それぱかりか大内義興は、さらに琉球―細川ルートの要に位置する、島津氏（主家島津勝久―庶家島津忠朝）との間でも関係強化に乗り出していた。寧波の乱の直後、島津忠朝が大内義興の家臣吉見頼興に出した書状には、「至二此増〔堺カ〕一亦琉球辺御用等示給候者、可レ致二奔走一候」と記されていた（『薩藩旧記雑録』前編二―巻四三―一九八一号）。紙屋敦之氏はこの文言から、島津忠朝には「大内氏のために寧波の乱の解決を琉球を通じて交渉する用意があったのだろう」と推測している〔紙屋 一九九〇年：三二一頁註29〕。前述の大内氏による琉球介入が、こうした島津氏の協力のもとに実現した蓋然性はきわめて高いと思われる。

大内氏は、このようにして寧波の乱後の講和交渉の遅れを取り戻すことに全力を傾け、その結果、足利義晴―細川高国政権の対明交渉ルートを遮断することに成功した。そして、一五三〇年、宿敵の将軍義晴から遣明船経営権の承認を取り付けるに至った。それを示すのが次の文書である（『室町家御内書案』（上）所収―享禄三年三月九日付け幕府奉行人連署奉書）。

渡唐船事、近年有名無実之条、任二先例一可レ被二相調一之条、言上之旨、被二聞召一畢、速可レ被レ致二其沙汰一之由、
所レ被二仰下一也、仍執達如レ件、

享禄三年三月九日　　沙弥〈宗然也〉

能登守〔＊松田亮致〕

大内左京大夫殿〔＊大内義隆〕

これが、天文年間の大内氏による遣明船派遣――俗に言う「遣明船の独占」――の根拠となったのである。

4　天文期以降の展開

第三期は天文期以降であり、大内氏が宿敵義澄系の将軍義晴と結びついたことで、遣明船派遣をめぐる「二人の将軍」の対立は止揚されたと見ることができる（『策彦和尚初渡集』嘉靖十八年五月二十一日条参照）。

新旧の日明勘合を押さえる大内氏

その大内氏は、一五三八年、天文七年度遣明船（正使湖心碩鼎）を独占的に経営して明に派遣した。このとき正徳（新）勘合とともに所持した弘治（旧）勘合は、おそらく義晴政権から貰い受けたものであろう。なぜ新・旧の両勘合が必要であったかといえば、先程も指摘したように、正徳（新）勘合だけでは、偽使の船と見なされるからである。弘治（旧）・正徳（新）ともに揃うことによって、寧波争貢事件の〝主犯〟大内氏と日本国王（幕府義晴政権）との関係が好転したことも、明朝にアピールできる〔小葉田　一九六九年：一六一～一六二頁参照〕[37]。

なお、天文期の遣明船は大内氏の独占であったと一般に言われているが、それが自明のものであったわけではない。一五四二年、天文七年度遣明船が帰国すると、にわかに各勢力の遣明船派遣熱が高まったからである。同年には細川氏―堺商人の遣明船準備が噂され、大内氏は政所執事伊勢貞孝を通じ、その「延引」を幕府に求めた（『大館常興日記』天文十年十一月十二日条）。さらに翌四二年、大内義隆は、弘治（旧）勘合を持つ遣明船を賊船と見なすよう明へ通報してもらうため、朝鮮にその旨を記した偽造国書を送っている（前述、表8、№16「日本国王使」心月受竺〈周防山口香積寺僧〉）。言うまでもなく自身の対明通交独占を図るためである（ただし、朝鮮側は通報を拒否――『朝鮮中宗実録』三十八年五月己未条）。

たしかに、この直後、一五四四年「夷僧寿光」（大友氏使僧ヵ）、一五四五年「夷属肥後国」（相良氏）使僧御俅《しっきゅう》、一五四六年「夷属豊後国刺史源義鑑」（大友義鑑）使僧梁清（清梁とも記す）が明に通交を試みており（本章第一節1前述）、上述した大内氏の焦燥感が現実の裏付けを持つものだった可能性は高い。またこのことは逆に、大友・相良の持つ勘合が、恐らくはいずれも弘治（旧）勘合であったことを暗示する。

推測するに、大友氏の弘治（旧）勘合は、一五〇三年頃、ときの室町幕府（足利義澄―細川政元政権）から受け取ったものと見て間違いなかろう（本章第一節2参照）。それまでに勘合を使用した確固たる大友氏経営遣明船の事例が見当たらないためである。その一方で、相良氏が弘治（旧）勘合を入手した経路（上記移動経路が不明な符験の②）は明確には分からない。相良氏はかねて大友氏から「披官（ママ）」扱いされているほど、大友氏の強い影響下にあったが、基本的に敵対・対立関係にあったと見るのが妥当であり、応仁・文明の乱以降、周防大内氏と政治的行動を共にする関係にあった（服部英雄 一九八〇年：一一～一二頁）。もちろん、依然として大友氏との接点も切れたわけではなく、大友氏のもとに唐船が来た情報を聞き付けて唐物（輸入薬種）を無心するなど（『相良家文書』四八二・四八三号）（田中健夫 一九九七年：一五一～一五二頁）、相良氏は〝両面外交〟に徹していた。それゆえ、相良氏が本当に大友氏から弘治（旧）勘合を入手したと見て良いのか、確証が得られないのである。

ただし、先程述べたように、やはり相良氏は弘治（旧）勘合を用いたと考えるべきであろうし、また大友氏にとっても、当該期、相良氏を大内氏から引き離して懐柔する必要があった。それは、相良氏当主の長唯が、天文十四年（一五四五）、大内氏の仲介により従五位下・宮内少輔に叙位任官され、将軍義晴から偏諱を受けて義滋と名乗るなど（『相良家文書』四〇一・四一三・四一四号、『史料綜覧』巻十―天文十四年四月二日条参看）、急速に大内氏寄りの独立路線を歩み始めたからである。(38) これは、明らかに相良氏の〝大友氏の被官〟的立場からの脱却を意味する（服部 一九八〇年：一四頁）。大友氏がこれに対して強い抗議の姿勢を見せたことは周知のことだろう（『相良家文書』三六六号）（相田二郎 一九四九年：五〇四頁、加藤秀幸 一九七一年：二六頁、服部 一九八〇年：一四頁など参看）。大内氏が叙位任官と将軍偏諱の餌をまいたのだから、これに匹敵する代価を用意せねば、大友氏も相良氏を抱き込むことは叶わない。いずれにせよ、大内氏も大友氏も、相良氏との間に盤石な政治的同盟関係を築くことに成功していなかった点は注目されて良い。確実な裏付け史料こそないものの、相良氏は、こうした巧妙な〝外交政策〟によって、大友氏から遣明船経営・発遣に必要な弘治（旧）勘合を引き出すことに成功したのではないか。一応、このように推測しておこう。

さて、このような各勢力の遣明船派遣熱に対抗すべく、大内氏はどのような策に出たのであろうか。それがやはり、有効な勘合の独占だったのである。大内氏は一五四七年の天文十六年度遣明船（正使策彦周良）に弘治（旧）勘合および正徳（新）勘合の残部（それぞれ一五道・四〇道）を持たせ、最新の「嘉靖勘合」に更新して貰おうとした（『策彦和尚二番渡唐』〔翻刻：牧田 一九五五年〕嘉靖二十八年七月三十日条、『皇明経世文編』巻二四四―徐文貞公集「覆処日本国貢例」、『明世宗実録』嘉靖二十八年六月甲寅条）（小葉田 一九六九年：一八九～二〇二頁）。つまり、これによって大友・相良の持つ弘治（旧）勘合が無効となることが期待されたのである。大内氏がこの弘治（旧）勘合の残部をどこから持ってきたかといえば、間違いなく幕府であろう。情況から見て、大内氏（義隆、当時大宰大弐）は、幕府内外（周辺）で細川氏に伍する六角氏（当主定頼）(39)を通じ、弘治（旧）勘合を引き出したものと思われる。

　大宰大弐言上之勘合之儀、種々依二御馳走一被レ成二〔冨森左京亮〕御内書一候、於二定頼一悉存候、併御入魂故候、急与従レ是御礼可二申入一候、先延引にて乍レ次染レ筆候、委曲冨左申候条、不レ能二巨細一候、恐々謹言、

　二月十五日　　弾正少弼定頼（花押）〔＊六角定頼〕

謹上　大館左衛門佐殿　〔＊大館晴光〕　（「狩野亨吉氏蒐集文書」東京大学史料編纂所架蔵影写本）

『蜷川親俊日記』天文十一年六月八日条に簡単だが関連記事――六角氏雑掌僧が勘合の事につき上洛した件――のあること、『石山本願寺日記』天文十二年二月十四日条に本願寺が大内義隆よりの瑪瑙（進貢品の一つ）調達要請を断る記事があること――逆に言えば遣明船派遣準備が始まっていたこと――から、天文十一年ないし十二年、恐らくは後者の文書と考えられる。(40) 右文書により、大内氏の弘治（旧）勘合取得は成功したと見て間違いない。天文十六年度遣明船の副使が六角の雑掌僧慈光院（竺斎寿文）であったことも、六角方との提携とその成功とを推測させる。(41)

そして、これを裏付けるように、天文十四年（一五四五）、大内氏は幕府義晴政権に対して勘合の頒与を謝しており（『後鑑』―「幕府申次日記」同年三月十四日条）、まさしくこの勘合が幕府所蔵の弘治（旧）勘合であったことも示唆してくれる（以上、移動経路が不明な符験③への解答）。大内氏は、幕府から得た一五枚の弘治勘合をすべて明朝に返納し、正徳勘合についても後証のための一〇枚を除く四〇枚を返納して、容されれば「嘉靖勘合」に更新し、もって自身の遣明船経営の独占を確固たるものとしようとしたのである（前掲「覆処日本国貢例」、『明世宗実録』嘉靖二十八年六月甲寅条）。

その結果、一五五六年大友義鎮の使僧清授、一五五七年同使僧徳陽、一五五八年「日本国属周防国」（毛利氏？）の使僧龍喜（＝煕春龍喜〈村井章介 一九九五年：四三～四四頁注8、伊藤幸司 二〇〇二年a：二〇〇頁〉）は、いずれも貢期に違うとの理由で通交を拒否された。とくに一五五七年の大友使僧徳陽は、「無二印信勘合一」「非二正使一」という理由が明記されている点が重要である（『明世宗実録』嘉靖三十六年八月甲辰条、『日本一鑑』「窮河話海」巻七―奉貢条）。これは大友氏の弘治勘合そのものが失われていたというよりも、むしろ通交に有効な正徳勘合がなかったことを示すのであろう。端的に言って、彼らは名実ともに偽の遣明使だったのである。恐らく、結果的には通説通り、大内氏が滅亡したことによって、正式な遣明船貿易が途絶したことは間違いない。[42] だがそれは、（大内氏サイドの曰く）宋素卿子宋一なる者が奪ったという、行方不明の弘治勘合の捜索・返納に明朝側が最後までこだわったために起こった〝結果〟に過ぎない。そうした〝こだわり〟さえなければ、大友氏や相良氏などが対明通交を成就させ得た可能性は十分存在した。やはり、地域権力にとっての遣明船準備の最大のネックは、明朝から贈られ、厳格に運用されることで求心的な将軍外交権を作り上げていた、あの日明勘合だったのである。[43]

それでは、なぜ無効の勘合を携えてまで、大友・相良氏らは遣明船を派遣しつづけたのだろうか。もちろん、彼らは真剣に通交することを望んでいたのかもしれない。だが、通交を拒否された一五四四年大友遣明船（寿光ら）の三号船が、寧波以外で密貿易をしていた事実〔村井　一九九七年a：一一七頁〕を考えると、勘合所持の本当の理由は、明側官憲に摑まったときの言い逃れのためであった可能性があるのではないか。ここまで来ると、もはや諸民族混在・密貿易横行を特徴とするいわゆる《倭寇的状況》〔荒野　一九八七年：一八四〜二一三頁〕も同然である。従来言われている通り、一五四〇年代、溢れ出る日本銀に魅き付けられて、中国商人たちも続々と日本に渡航してくるようになる。すなわち、日明双方の（あるいは混在型の）密貿易船が環シナ海を往来するようになったのである。[44]

博多聖福寺・幻住派僧による偽日本国王使

さて、日朝関係の展開はどうであったろうか。天文期以降には、対馬宗氏が大友・大内（のち毛利）の対立から巧みに超越して、自在に「日本国王使」を派遣していたようである〔米谷均　一九九七年b：五七頁参照〕。これを裏付けるかのように、十六世紀中・後期、朝鮮に現れた「日本国王使」（「日本国使臣」）には、ほぼ一貫して博多聖福寺周辺の禅僧たちの活躍が目立つ。ここでは、管見の限りでその点を確認しておこう（表8ゴチック人名および図8幻住派略法系図を参照）。

まず**東陽**（表8、No.14）は、博多聖福寺新篁院湖心碩鼎（天文七年度遣明船の正使）の遺稿集『三脚藁』（規伯玄方編）に「東陽小祥忌」があり、湖心に近い立場の禅僧、すなわち聖福寺の住僧であった可能性が強い。

安心□楞（No.15・No.17・No.18・No.20）は、長正統氏によって硼中の法孫であることが指摘されているが（金安国『慕斎集』）（長 一九六三年：一四六頁）、No.18で安心の副使を務めている**菊心妙金**（法諱は『頤賢録』（丹波高源寺文書）参照）とともに、おそらく博多聖福寺の住僧であっただろう。というのは、策彦周良の『策彦和尚初渡集』の博多の場面に「安心」・「菊心」がしばしば顔を見せ（天文七年七月二十六日・八月十三日条など）、湖心碩鼎の『頤賢録』坤にも「安心西堂」と現れるからである。そして、やはり湖心の『三脚藁』（規伯玄方編）には「於二安国山一安心西堂入牌」と見え、僧安心のアイデンティティが聖福寺にあったことが分かる（安国山は聖福寺の山号）。そうだとすれば、博多聖福寺僧の安心が正使を務める一五四二年日本国王使が、八万両もの銀を朝鮮にもたらしたこと（田中 一九五九年：二〇六頁、村井 一九九三年：一六一頁以下）も納得がいく。博多聖福寺僧ならば、石見銀山を経営する博多豪商神谷氏と密接なつながりがあるはずだからである（長 一九六三年：一四一～一四二頁参看）。湖心らと神谷氏との関係は、『策彦和尚初渡集』や『頤賢録』などを参照することにより、確証が得られる（橋本 一九九九年）。なお、これまで、聖福寺僧の安心が対馬西山寺に住山した安心（元亀年間頃所住）と同一人物であるか定見がなかったが（米谷 二〇〇〇年、伊藤 二〇〇二年a：三一〇頁註123参看）、最近見つかった『対州西山寺一派開基帳』（対馬西山寺文書）により、両者は同一人であることが判明した。

次の**天友□数**（No.20副使）は、朝鮮において客死した人物だが（『朝鮮明宗実録』八年三月庚寅条）、『頤賢録』坤に「悼下天友数公於二高麗一寂上」なる弔偈があるので、もともと湖心碩鼎と親しい間柄であったのだろう。

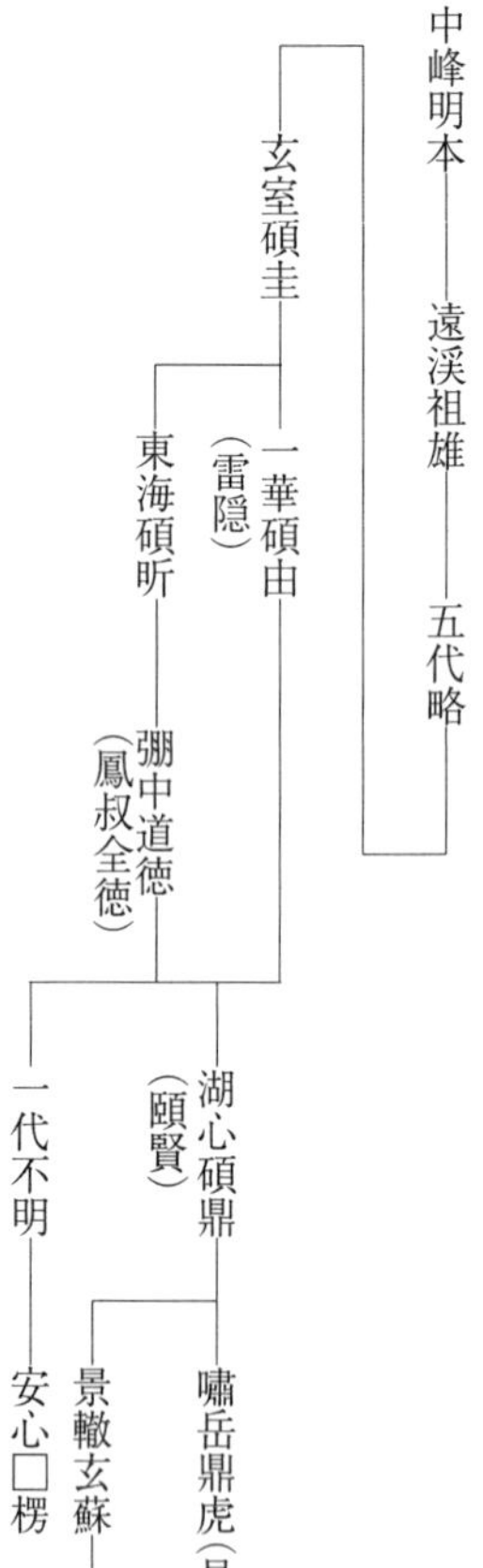

図8　幻住派略法系図

そして長正統氏も謎とした**景轍**（№21副使・№22・№23）は、出自・法系ともに不明だが、『策彦和尚再渡集』嘉靖二十六年十一月六日条や『対州西山寺一派開基帳』（対馬西山寺文書）に見える**景轍□鞆**その人に違いない。当時博多や対馬を拠点に活動していた禅僧と思われる。なお、日本国王使ではないが、一五四八年日本国王使（№19）と同行した畠山殿使送の**嘯岳昌虎**は、博多の出身で、のち湖心碩鼎の法嗣となって鼎虎と法諱（系字）を改める、聖福寺門下の幻住派僧であった（『高源寺略縁起』〔東京大学史料編纂所架蔵写本〕および『洞春開山嘯岳鼎虎禅師語録』巻末行状参照）。

以上、いずれも博多聖福寺周辺の禅僧で、とりわけ幻住派僧の多いことが特徴と言えよう。しかも彼らの多くは、対朝鮮貿易ばかりでなく、遣明船貿易にも参加していた。彼らは、いわば僧体の博多商人——博多の禅商[45]——として、聖福寺を中心とするネットワークのなかで活動していたのである。

そして、天文十年（一五四一）、足利義晴政権が「高麗国勘合事、於㆓対馬国㆒数ケ年令㆓抑留㆒之次第、曲事候、不日被㆓相尋㆒之、可㆑有㆓御進上㆒」（正月二十七日付け大館晴光書状、『大友家文書録』一〇一二号—伊川健二氏御教示）と大

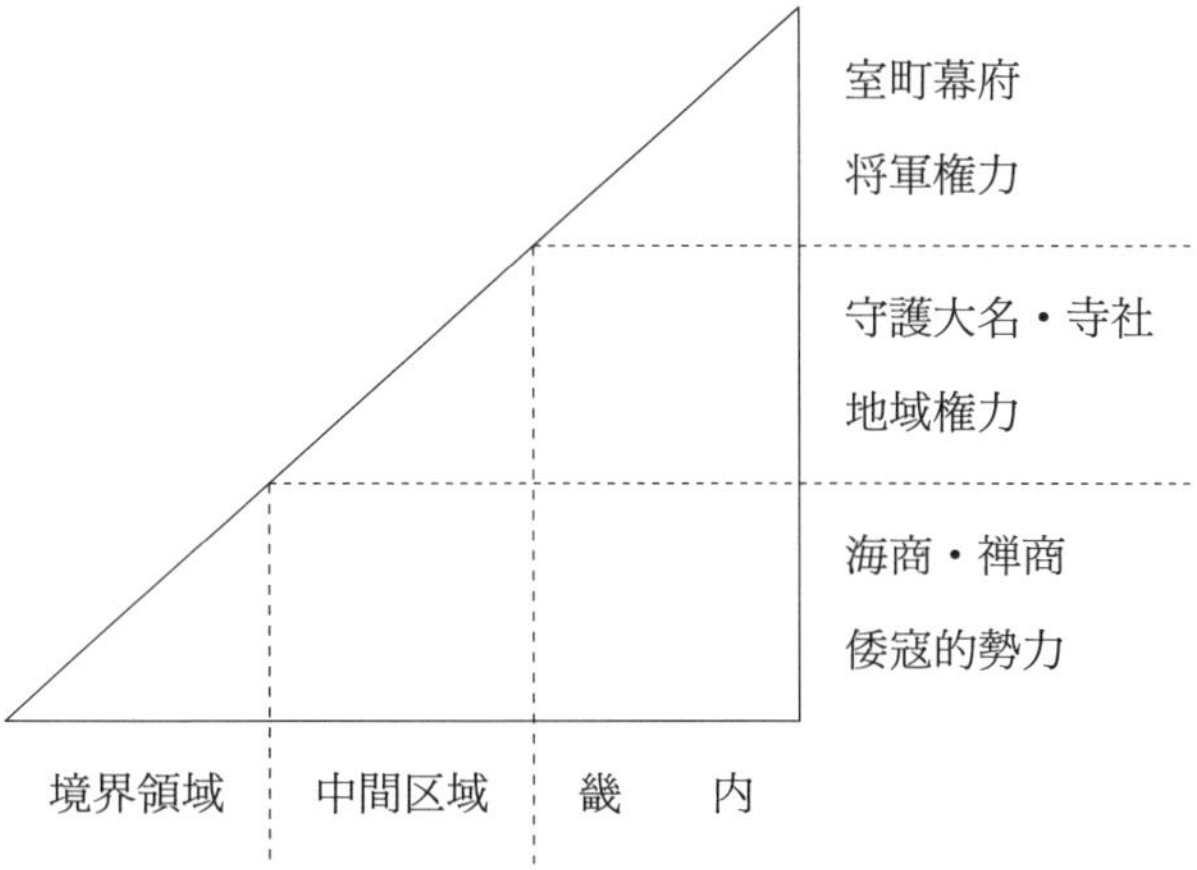

図9　室町・戦国期の国際関係の構図

友方に命じているところから見ても、天文期以降になると、日朝牙符は事実上対馬により恒常的に保管されていたのではないか。対馬―博多勢力の「日本国王使」創作は、密貿易や通交権拡大工作の屋台骨として、豊臣秀吉の朝鮮侵略前夜まで続けられた〔村井 一九九三年Ⅲ・一九九九年b、田代・米谷 一九九五年、米谷 一九九八年a〕。

おわりに

　以上、十五世紀末から十六世紀中葉にかけての国内の政治過程を軸に、符験の移動について論じてきた。外交権の存在が、その経済的求心性ゆえに、政治的な抗争と無縁でいられなかった点は、もはやこれで明らかであろう。将軍権力にとって、まさに〝最後の切り札〟が符験であり、延いては室町幕府の外交権そのものだったのである。

　また、従来、応仁・文明の乱以後の政治史と外交史の接点といえば、日明貿易をめぐる大内氏と細川氏の対立だけが注目されてきたが、それ以上に――日朝関係史も関連するという意味で――大内氏と大友氏の対立が大きな位置を占めていたことが明らかになった。このことから逆に、将軍権力と九州の地域権力との関係を見る際、「外交権」という視点が不可欠だという点も闡明できたのではないか。大内氏と大友氏との対立関係が、戦国時代前期九州地域史の焦点であったことは周知の通りである。

さらに、本章の考察によって、中世後期の日本の国際関係の主軸が、《幕府外交》から《地域交流》へと転回した契機も判明しただろう。幕府外交使船派遣体制を論じた別稿〔橋本 一九九八年c〕の考察結果も参考にすると、いわゆる《幕府外交》は、もともと幕府—将軍権力のみでは成り立たず、地域権力・倭寇的勢力など、より下層の勢力群を編成して成り立っていた。例えば、幕府は地域権力・倭寇的勢力双方の協力が必要で、地域権力は倭寇的勢力との協業が不可欠であったように（前頁の図9を参照）。むしろ、こうした下位の地域権力・倭寇的勢力などへの依拠なしには、室町幕府外交が成り立たなかったとさえ言える。こうした情況のなか、応仁・文明の乱以降の国内動乱によって将軍権力が弱体化していくと、自身の保身のために符験（外交権の徴憑）が地域権力に切り売りされて、外交貿易活動のイニシアティヴは、自然と下位権力に奪われていった。とりわけ、明応政変以降のめまぐるしい室町殿（将軍）の交代劇は、符験が保身のための〝切り札〟とされたことからも分かるように、中世国際関係の構造変動に大きな影響を及ぼした。それゆえにこそ、戦国期の政治史的転回は、同時に対外関係史の構造変動でもあったと見なしうるのである。

註

（1） すなわち、牙符制の運用方法に関する理解は日朝間で齟齬があったということになる。ただし、実際の運用方法については関連史料も皆無なので確実なことは分からない。だが敢えて推測すれば、幕府の牙符（右隻）は「日本国王使」の派遣ごとに番号順にもたらされ、査照された後、朝鮮王朝から使者（幕府）に返還されたのではなかろうか。少なくとも、義政・義材の段階ではこのような日・朝折衷案方式の運用形態であったと考えたい。

（2） 念のために付言しておくと、この段階まで日朝国家間に符験が必要なかったことから、室町殿に国家主権的な正統性が確立していたなどと即断することはできない。西日本地域の他勢力が将軍外交権を侵害（争奪・奪取）しなかったのは、放射線状・多元的な通交体系のなか、それぞれが通交権を保有していて、その必要がなかったからである。

（3） 応仁・文明の乱が終息したのちに、乱中途絶していた琉球船の畿内来航を島津氏に催促したという事実（『島津家文書』①二八一号―文明十二年二月十一日付け奉行人布施英基奉書）〔喜舎場 一九九三年：一四七頁〕を見ても、義政が外交権の集中をかなり意図的に行なっていたことが窺える。なぜなら、琉球船が畿内の幕府に「朝貢」することは、日琉関係上の外交権が将軍に収斂していることを可視化するものだからである。拙稿〔橋本 二〇〇〇年b〕参照。

（4） なお、大内氏がこれ以前に帰国途上で勘合を奪ったことは、一四六九年の成化勘合の例がある。ただし、この成化勘合はのちに幕府に返納された。『蔭凉軒日録』長享元年十月二十九日条参照。

（5） 一五四四年寿光については村井〔一九九七年a：一一六〜一二〇頁〕、その他については小葉田〔一九六九年：第八章〕・田中〔一九九七年：一六六頁〕などを参照のこと。

（6） 筆者は、旧稿（本書第一章原論文）のなかでこの一五〇一年使節弸中を偽日本国王使としたが〔橋本一九九七年a：七一頁〕、使節そのものに前将軍の使命ないし関与があったとすれば、やや不適当な表現となる。ただ、将軍権力の分裂という情況下では、真偽を論じること自体あまり意味をなさないので、もはやそうした形の議論は避けたいと思う。むしろ、使節がどのような人間で、いかなる手続きを経て通交していたのかこそが問題なのである。また逆にこうした実証作業の積み重ねの先に、当時の国際通交システムの実相が見えてくるものと考える。

（7） 弸中道徳は、鳳叔全徳とも名乗っていた〔長 一九六三年：一四五頁、玉村 一九七九年：八八一頁、村井 一九九五年：一五六頁参看〕。なお、近年、伊藤幸司氏は、弸中が遠渓祖雄の法流（幻住派遠渓下）のみならず夢庵顕一の「法孫」でもあることから――世代の懸隔は「拝塔嗣法」によるとすることで説明をつける――、幻住派無隠下の流れも汲んでいたのではないかと指摘する。これが正しければ、弸中道徳（鳳叔全徳）と大内氏の関係はだいぶん前にまで遡ることになり（無隠下は応永年間から大内氏と関係）、実に魅力的な学説である〔伊藤 二〇〇二年a：第三部第二章〕。また伊藤氏は、弸中道徳を遠渓下での僧名、鳳叔全徳を無隠下での僧名ではないかと推測する〔伊藤 二〇〇二年a：三〇二頁註27〕。

（8） 一四七八年、対馬宗氏と大内氏は政治的に結託するが〔佐伯 一九七八年：三二〇頁以下〕、それが当時の偽使派遣と密接に関連していたと思われる点は、別稿〔橋本　一九九七年ａ〕（本書第一章註41）参照のこと。また最近、関周一氏はこの両者の結託を、博多―対馬地域の政治的安定をもたらしたものと高く評価する〔関　二〇〇二年ａ：第六章第三節〕。

（9）　そして、朝鮮王朝側から見ても、日本国王使の質的変化は明らかであった。魚叔権著『攷事撮要』下―接待倭人事例―山名殿条によれば、一五〇一年の周般西堂（実際の通交者は弸中と思われる）の国書の別幅内に初めて「売物」なる呼称が現れ、それ以来「売物」の語が続き、一五一二年三浦の乱の講和使節弸中（偽の日本国王使）がもたらした別幅では「商物」に表現が変っていた、という〔中村　一九六九年ａ：一二七頁註41〕。すなわち、十六世紀初頭から、国書に「売物」「商物」を明記して、貿易を主目的とする「日本国王使」が現れ出したのである。偽使を創出する経済的な動機を想起すれば、至極納得の行く現象であるし、まさしく馬脚をあらわしたに等しいと言えよう。ちなみに、《偽琉球国王使》は、一足早く、すでに一四九三年の段階で「商売物」という言葉を使っていた（『朝鮮成宗実録』二十四年六月戊辰条）。

（10）　『憂亭集』は朝鮮官人金克成（一四七四～一五四〇年）の文集。『影印標点　韓国文集叢刊』十八巻（景仁文化社、一九八八年、ソウル）に収める。なおこの史料の存在は米谷均氏の御教示による。また米谷〔一九九八年ｂ〕も参照のこと。

（11）　一五五〇年、朝鮮に来た畠山殿使送（正使如川西堂・副使楢〔橘カ〕康広）が牙符に代わる「小符」を求めたとき、朝鮮王朝の大臣たちは「国王之使及諸巨酋使送、皆持二左符一、以合験者、乃所三以明二其信一也」と言っている（『朝鮮明宗実録』五年九月癸卯条）。やはり牙符の左片が日本側に渡されたことは確実である。また、引用史料のⓓで畿内巨酋（王城大臣）と思われる「源義宗等六人」の牙符に代わる図書（銅印）を要求している点は、偽使派遣勢力による牙符制切り崩し工作〔米谷　一九九七年ａ：九頁〕が、すでにこの段階（一五〇四年）で行なわれていたことを示す。

（12）　一五〇四年の牙符更新の後には、一五〇九年伊勢守政親使送（偽王城大臣使）の通交が、新造牙符の使用例としてもっとも早い（『朝鮮中宗実録』四年八月戊辰条）。本書第一章第三節2参照。

（13）　永正七年（一五一〇）正月二十一日に、宗盛順は将軍足利義尹の偏諱を受け、義盛と改名している（『御内書案』（乾）―永正六年十二月二十四日付け御内書、『宗氏家譜』など参照）。

（14）　ところで、西村圭子氏は、この文書について、「商人との契約とは、書契の給付か、使送権の委任に対する利益保証と推定され、これ等は豊後において行ったと考えられるが、政所職としては、対馬宗氏との折衝、粧船等についての細部の執行を行っている」と述べている〔西村　一九六二年：三〇五頁〕。だが、「書契」は日本国王書契の偽作に他ならず、対馬において偽作される可能性が大と思われるので、「契約」の内容はむしろ西村説のうち後者に限定すべきであろう。ただしその内容は鮮明でない。大友氏—対馬宗氏の領主間の取り決めなのか、「諸商人」の領主権力に対する上納額などの取り決めなのか、いま一つはっきりしないからである。だが、その内容がいずれか一つでなければならぬこともあるまい。私見では、この文書全体の文脈から考えて、牙符の使用の段取り（および日本国王書契の偽造）に関する大友氏—宗氏間の取り決めが第一にあり、そのうえで大友氏が諸商人を雇い入れたものだと考える。

(15) 表8、No.11が第二牙符を携行し（一五二三年）、No.12が豊後万寿寺改創助縁を求請し（一五二五年）、No.13が大友義鑑の銅印（通交権）を求請している（一五二八年）ことから、これらは大友氏—宗氏の契約下に派遣された「日本国王使」であると考えられる（一五二八年国王使が大友氏関与の偽使であることは米谷〔一九九七年a：一二頁〕も参照）。想像を逞しくすれば、これらが第二・第一牙符による一連の渡航だった可能性もあるだろう。牙符使用の順序に関する自身の希望を対馬側が強引に押し通したのであれば、No.11＝第二牙符、No.12＝第二牙符、No.13＝第一牙符、となる。

(16) この事例は、朝鮮側が偽使問題をどのように捉えていたかがよく分かる好例なので、煩を厭わず紹介しておきたい。話は一五五二年に遡る。同年、左武衛殿使送が一四七二年以来初めて通交を復活し、畠山殿使送とともに朝鮮に渡航してきた。明らかに偽使派遣勢力による偽王城大臣使である。そしてそこで、同使送正使の宣春西堂が偽使の嫌疑を掛けられたとき、次のような朝議が繰り広げられた。

諫院啓曰、「倭奴性本奸狡、唯知二欺詐取一レ利、而不レ知三信義之為二何物一、王者之待レ夷、雖レ曰二一視同仁一、亦有二軽重取舎一焉、彼以二奸狡一欺レ我、而我以二信義一待レ之、雖レ無レ損二於包荒之量一、但見レ堕二於術中一、益啓二其軽侮之心一、則虧三損国体一、所レ係非レ軽、ⓐ頃者日本国王使臣副官、或為二大内殿上官一、或為二畠山殿上官一而来、当時固已疑レ之以謂、対馬島倭、窃取二符験一而来、欺三誣我国一而専二其利一也、及レ今武衛殿所レ送宣春西堂、乃小二殿使送春江西堂、逐年来二我国一者也、畠山・武衛不レ通二我国一、皆近二百年一、而相継出来、且小二与二武衛一相距不レ邇、必無下以二他島之人一為二上官使送一之理上、況礼曹郎庁詰問之時、言辞倒錯、欺詐無レ疑、国家若不レ知二其詐一則已矣、既知二其詐一、則決不レ可二接待一、請二厳レ辞還送、使レ知二其罪一、ⓑ自今以後、為二他島使送一来者、雖レ有二図書・符験一、一切勿レ接、武衛殿卒来訳官、若レ知三其為二春江西堂一、則当下告二鎮将一、具由啓聞、使中朝廷預知而〔ママ〕察上之可也、利二其上来一、到レ京後、始告二礼曹一、至レ為二駭愕一、請下下二禁府一推鞫上」、答曰、「倭人事、已知二奸狡一、不レ宜二接対一、自レ上亦知レ之矣、昨日礼曹之啓、欲二更詰問一、然後定レ議、其奸狡今既顕発、即遣二史官一、収三議于大臣一、訳官如レ啓推鞫」、

（『朝鮮明宗実録』七年六月己卯条）

司諫院の啓によると、日本国王使の正使や副使になっている連中が、あるいは大内殿使送となったり、あるいは畠山殿使送となったりしてやってくる。おそらく、対馬島人が「符験」を盗み取って偽使を送って来ているのではないか（傍線部ⓐ）。今回の左武衛殿使送の宜春西堂は、以前小二殿使送としてきた春江西堂で、何度も朝鮮に通交してくる者だ。小二と武衛とは居所が離れており、同じ人間を使者として送ってくるはずがない。今後は、別の名義の使節としてふたたび現れた者は、たとえ図書や符験（牙符を含む）があったとしても接待を許さないというのはどうか（傍線部ⓑ）、という提案である。――朝鮮側は、対馬が符験を盗み取って恒常的に偽使を仕立てていることを正確に見抜いていたのである。しかし、本章が後段で解き明かすように、事態はもう少し複雑で、対馬のみが偽使派遣の主体ではあり得なかった。宗氏は、大友・大内（のち毛利）の各氏から牙符を借り受けて朝鮮通交を行なっていたのである。

(17)　したがって、正寿院が正使となって朝鮮に渡海したことはありえない。次註参照。

(18)　一五六二年の日本国王使は、いわゆる深処倭名義図書の第一次復活交渉を行なったことで知られる〔中村　一九六九年ａ、田代・米谷　一九九五年、米谷　一九九七年ａ〕。対馬としては、この重要な交渉を行なうに当たり、どうしても毛利氏所管の第四牙符が必要であったはずである。このため、宗氏は大内使送の正寿院を騙らって、その朝鮮渡航を阻み、その上で第四牙符の〝押し借り〟にうまく成功したのであろう。

(19)　今回は、成化勘合をもって渡航するはずであり、成化勘合第三・第四が大内氏に渡された（『蔭凉軒日録』長享二年五月七日・同三年八月二十九日条）。次いで、成化勘合第一・第二が大内氏・細川氏の競望の対象となったが（『蔭凉軒日録』延徳二年七月二日条）、これを射止めたのは細川氏であった（同閏八月十日条）。ところが、細川氏はさらに大内氏を排除しての独占を図り、成化勘合での渡海から、旧い景泰勘合での渡海に切り替えてしまう（『蔭凉軒日録』延徳二年閏八月十六日・十七日条）。細川氏の成化勘合第一・第二は景泰勘合第十・第十一に交換され、同第十二は義視の手元に残された（『蔭凉軒日録』延徳二年九月二十一日条）。こうして大内氏の遣明船経営は完全に阻まれた。

(20)　義稙は、亡命中の越中において、大内・大友・島津三氏に挙兵を呼びかけ、帰国する明応度遣明船三隻を、それぞれ一艘ずつ兵糧として与える旨を約したという（『大乗院寺社雑事記』明応五年四月二十八日条）〔橋本　一九九八年ｃ参看〕（なお最近、義稙の越中在国に触れた研究として、山田康弘〔二〇〇二年：第一章〕・羽田聡〔二〇〇三年〕参照）。明らかに義稙の巻き返し策である。ここでも、遣明船貿易の利益が政治的に利用されようとしていたことが顕著に看て取れる。

(21) 念のため補足しておくと、足利義稙は、一四九三年明応の政変で逃れた際、夜逃げ同前の躰であった〔森田恭二 一九九四年：一八頁〕。その義稙が逃亡の折りに牙符を携帯できたとはとうてい考えられない。

(22) この使節の国書は、一四九〇年十月、曇華院(足利義視息女)―大内政弘ルートで筑前方面へ転送されたと思われる〔橋本 一九九七年c：七〇頁〕。また、博多妙楽寺は博多の息浜部分にあり、本来、大友氏の支配力(影響力)の方が強いはずだが、この例を考えても、当時、息浜では大内氏の影響力がまさっていた可能性が考えられる。

(23) もし仮に、筆者の想定通り幕府が遣使順に牙符の番号を合わせていたとすると(本書第一章末尾)、表7より一四九〇年日本国王使の牙符は旧符第四であったことになる。すると、これが新符第四に交換されて、そのまま大内氏→毛利氏と引き継がれた可能性は十分に考えられよう。本章註31参照。

(24) 佐伯弘次氏の所説は、応永～文安期(盛見～教弘初期)は朝鮮、宝徳～寛正期(教弘期)は明を中心に対外貿易を展開した、というものだが、最近、大内氏の朝鮮通交を通観した須田牧子氏により異論が提出された。須田氏によれば、盛見後期～持世期には朝鮮への直接通交が途絶し、教弘期になってむしろ直接通交が復活して来るという〔須田牧子 二〇〇二年〕。この指摘により、遣明船貿易と遣朝鮮使船貿易とが代替関係にあるという佐伯説(及び卑見)は再検討の必要が生じるが、ありていに言えばそれも一種の程度問題であろう。同一の博多商人が日明貿易にも日朝貿易にも(さらに言えば南海貿易にも)携わっていた事例を勘案するとき(例えば宗金一族)、〝資本を投下して利潤を上げる〟という点で、各貿易の比重は融通し得るはずだからである。なお、佐伯弘次氏は、こうした各貿易関係の互換性・代替性について、大内氏(博多を押さえる地域権力)に関して指摘したが、筆者はこの理解を室町幕府外交にも適用させ得るものと考えている〔橋本 一九九八年c参照〕。

(25) 本章註23参照。

(26) 足利義澄政権は、大友氏を自陣に引き込もうと画策し、一五〇〇年から当主大友親治に対して御内書・奉行人奉書などを頻発している(『大友家文書録』参照)。

(27) 宗茂信は有名な博多商人宗金の嫡孫であり、朝鮮への偽使派遣に少なからぬ役割を果たしていた(本書第一章三節1【β】、一四八〇年、偽使の畠山義勝使送副使を務めた事例)。また、十六世紀には少なくとも二回の偽日本国王使参加が確認できる(表8、No.3ないしNo.4と、No.7と)。

(28) 細川政元暗殺より高国家督就任に至るまでの細川氏の内紛については、森田恭二〔一九九四年：五八～六六頁〕参看。

(29) 時期的に見て、この高山某が関係した「日本国王使」とは、一五一〇年三浦の乱直後のものと考えられる。恐らく、表8、№6（一五一二年「国王使」―正使弸中道徳）の都船主高山《こうやま》長弘と同一人物なのではないか。前述の通り、大友方の人間と思われる。いずれにせよ、三浦の乱後の修好使節（一五一二年「国王使」）について、その通交目的を知っていたかどうかはともかく、室町殿が関与していたことは確実である。通説の如く単純にこれを完全なる偽日本国王使と認定して良いものか、やや疑問を感ずる。

(30) 三浦の乱直後の一五一一年十二月、大内義興の斡旋で、これまで足利義稙―大内義興ラインと敵対していた大友氏が将軍義稙に恭順の意を表している（『増補訂正　編年大友史料』⑭二四二～二四五号）。また一五一六年には大内氏が豊後国万寿寺助縁の遣朝鮮使を計画するなど（『続善隣国宝記』22号）、当時、足利義稙―大内義興ラインと大友義長とは友好的な関係に切り替わっていた。恐らく、一五一一年八月船岡山の合戦での義稙側の勝利（京都制圧）を見て、大友側が態度を軟化させたものと考えるが、大友氏も博多息浜の安定的支配を獲得するなど大内側と取引していたのではないか（『増補訂正　編年大友史料』⑭二四四号に「九州無事」という言葉が見えることも参照）。

(31) さらに推測を重ねれば、この牙符の番号（第四）は、義稙の将軍義材時代に与えられた旧牙符の番号と符合させていたのではないか。大内氏が足利義稙に牙符を要請する際、第四牙符（旧符）をかつて与えられた由緒を持ち出していた可能性は十分考えられよう。本章註23参照。

(32) (1)に見える「証文」とは、一四八六年将軍義政から大内氏に対して出された、「於二後々遣唐船之事一者、可レ被レ仰二付于大内一」の文言を載せる御内書（『蔭凉軒日録』文明十八年五月三十日条）のことであろう。

(33) この寧波の乱の詳細な経過そのものについては、栢原〔一九一五年④：五六頁〕・小葉田〔一九六九年：第四章第二節〕・田中〔一九六一年a：一〇五～一〇七頁〕・佐久間重男〔一九九二年：一五七頁以下〕などを参照のこと。

(34) この一五二五年「日本国王使」が対馬宗氏との積極的な協力のもとに仕立てられたことは言うまでもない。また、正使となった景林宗鎮が仰之梵高の弟子であり、対馬の外交僧であったことについては伊藤〔二〇〇二年a：九〇頁〕参看。なお、この頃は大内殿使送さえもが対馬で仕立てられていた。

(1)礼曹判書沈貞・参判黄孟献・参議金楊震啓曰、「漂流人金必等言、『前日及今之称レ為二日本国及大内殿使臣一者、皆非二本地之人一、皆是対馬島等処人詐称而来者也、且大内殿主謂二我等一曰、《汝国若送二経文及図書一、可二相通好一》』、大凡我国非レ不レ知レ為二

倭人所レ誣也、無二所レ可レ為之事一、待レ之当レ如レ一也、但宜自レ上及二大臣一当下知二此意一、而量中処其求請上、故啓レ之……」、

（『朝鮮中宗実録』二十年〈一五二六〉七月庚申条）

(2)大内そさ〔＊送使〕のすいきょ〔＊推挙〕の事、いづかたより申候共、そのほうがそさ〔＊送使〕まへには、つかはすまじく候、しからば、はやく人をあいかたらひ候て、てうせんこく〔＊朝鮮国〕へわたり候する事、かんようたるべく候、恐々謹言、

七月二十三日　盛長（御判）

嶋居藤左衛門殿

（『三根郷給人寺社足軽百姓御代々御判物写』〈享保書上〉〔『長崎県史　史料編第一』四三七～四三八頁〕）

史料(1)は、博多にいた朝鮮人漂流人が大内殿使送（正使愚室首座―『朝鮮中宗実録』二十年七月乙丑条）によって送還されたときの史料である〔米谷　一九九七年b：五七頁、伊藤二〇〇二年a：九〇頁〕。これによると、日本国王使や大内殿使送と言っても実体は対馬による使節であるが、経典や書籍類を送って来てくれれば、朝鮮と直接に通交往来することも吝かでない、と大内殿は言っていたというのである。対馬宗氏によって、日本国王使のみならず大内殿使送の請負業務が半恒常的に行なわれていた事実を示すものであろう。

もちろん、それは容易に偽使の派遣へと展開しうる。そうした偽使派遣業務の片鱗を窺わせるのが、史料(2)である〔竹内理三　一九五一年：一一一頁〕。これは、島主の宗盛長（島主在任：一五二〇～二六年）が嶋居藤左衛門に対し、推挙（渡航証明書の文引のこと）を優先的に与えるつもりだから、急いで出資者を募って大内名義の送使（使船）を仕立てるように、と指示した文書である。厳密に言えば正式な請負なのか不正な偽使なのかは不明だが、この頃、大内殿使送が対馬島人によって仕立てられていたことは明白である。

(35)　大内義興は享禄元年（一五二八）十二月二十日没。

(36)　それゆえ、琉球側が大内氏からの申し入れを黙殺したとする閔徳基氏の説〔閔　一九九六年：三六七頁〕には首肯できない。なお、大内氏は一五二八年段階に至っても朝鮮ルートの対明交渉を模索していたが、朝鮮側から拒絶され（『朝鮮中宗実録』二十三年七月壬甲条）、琉球ルートしか望みが失くなっていた。

(37)　小葉田淳氏は、他の類船（二号船以下の遣明船）も弘治（旧）勘合・正徳（新）勘合をともに携行したと推測する〔小葉田　一九六九年、一六一頁〕。筆者もこれに従いたい。つまり、〝新旧両勘合査照体制〟の発足である。

(38)　例えば、『相良家文書』の次の二文書を参照。大内氏に「御船唐船」（幕府遣明船）の「奉行」を任せたので、往来の警固を相良氏に命じた、（天文十四年ヵ）十二月二十八日付け幕府奉行人奉書（『相良家文書』四一五号）、及び、それについての請書を大内氏に提出するよう依頼した、（天文十五年）十月十日付け大内氏奉行人奉書（『相良家文書』四二三号）〔田中　一九九七年：一五〇頁参看〕。ただし、これは相良氏と大内氏との密接な関係を物語る史料ではあるが、大内氏が遣明船主導するに当たって必要な助力を求めるために相良氏に積極的に接近したこと、そしてとくに後者文書にて請書をわざわざ相良氏に要求していることから分かる通り、この段階でなお相良―大内関係は盤石なものでなかったことが読み取れる。なお、大内氏を仲介した官位任官・将軍偏諱授受と時期を同じくして、石見銀山の大工銅雲が球磨宮原に下向して銀山開発に成功したことも、大内氏がいかに相良氏を優遇していたかを物語る好個の事例と言えよう（『相良家文書』三九二・三九五・四一七号）〔服部英雄　一九八〇年：一三頁〕。ただしこれも諸刃の剣で、相良氏が当時もっとも人気のあった対外交易品＝日本銀を確保することにより、皮肉にも、大内氏との連繫さえまったく必要としない独自の海外渡航――密貿易――を展開しうる条件を準備してしまったわけである。戦国期相良氏の強さとは、まさに服部英雄氏〔一九八〇年〕が闡明したような、当時の相良氏の巧妙かつ老練な〝対外策〟にこそあったと見なされよう。

(39)　この後、天文十五年（一五四六）十二月十九日、六角定頼は管領代に任ずる。

(40)　年代比定とともに、史料の所在を村井祐樹氏から御教示戴いた。

(41)　小葉田淳氏は六角氏の行動を満遍なく細川晴元寄りと捉えているが〔小葉田　一九六九年：一七八頁〕、以上からそれは妥当とは思えない。足利義晴が六角氏を積極的に登用し、これを細川京兆家に対抗する勢力としていた経緯については、山田〔二〇〇〇年：第三章三節〕を参照されたい。

(42)　一五五八年「周防国」からの使者が貢を拒否された理由も、明朝側があくまでこだわった「行方不明」の弘治勘合を携行・返納できなかったからではないか。なお、本章原論文の旧稿〔橋本　一九九八年ａ〕では、嘉靖勘合の存在を認めていたが、現段階では撤回したい。そもそも嘉靖勘合は、『策彦和尚二番渡唐』嘉靖二十七年七月晦日条に一号だけ与えられたとあるものの、『策彦和尚再渡集』同日条には同趣の記述が見出せないからである。また、一五五三年、漂流して明に到達できなかった大内義長（義隆滅亡後、大友氏から継嗣）の遣明使（吉見正頼）も（『朝鮮明宗実録』八年六月丁亥条参照）、やはり正徳勘合を持参するのみだったのではなかろうか。

(43) もちろん、遣明表や咨文などの通交アイテムを準備することも難問だった。『東福寺諸塔頭幷十刹諸山略伝』（東京大学史料編纂所架蔵謄写本）二三丁によると、月渓聖澄（東福寺二二二世）が、「天正四年（一五七六）丙子、膺㆓ 相公命㆒赴㆓于豊之後州㆒、為㆓大友義統・同義宣㆒、製㆓大明日域通信之書㆒、至㆓于同十七年㆒」という（「相公」とは京都を放逐された足利義昭のことか）。少なくとも一五七六年の時点で大友氏がある程度の遣明表・咨文の作成能力を有していたことは確実である。ただし、そのノウハウの継承にも限界があって、すでに一五五七年の段階で、明朝サイドからは「豊後〔＊大友義鎮〕雖㆑有㆓進貢使物㆒、而実無㆓印信勘合㆒、山口〔＊大内義長（義鎮弟）〕雖㆑有㆓金印回文㆒、而又非㆓国王名称㆒」（『明世宗実録』嘉靖三十六年八月甲辰条）――つまり冊封―朝貢関係の儀礼面をまったく理解できていない！――と喝破されていた〔鹿毛敏夫 二〇〇三年a：二八～二九頁参照〕。

(44) そもそも遣明船の経営構造には、［経営者／客商］の間に抽分銭を［取る／取られる］の内部矛盾があり、商人たちの遠心力が働いていた。彼らは遣明船派遣システムを内部から掘り崩し、結果、事実上の後期倭寇となって密貿易に乗り出していったと思われる〔橋本 一九九八年c〕。

(45) 「禅商」という言葉は、佐伯弘次氏の御教示により知り得た。

第六章　永正度の遣明船と大友氏

——警固・抽分・勘合から——

はじめに

前章において、十五〜十六世紀にかけての政治過程と対外関係との関連性について見てきた。従来の対外関係史研究史の成果を承けつつ、近年の政治史研究の助けも借りて、比較的無理のない推論を積み重ねたつもりである[(1)]。

ところが、前章の論旨に関わる、伊川健二氏の論稿が二〇〇〇年七月に発表された。「中世後期における外国使節と遣外国使節」〔伊川 二〇〇〇年a〕である。そのなかで伊川氏は、室町・戦国期外交史に対する根底からの再検討を目指し、従来未確定だった関係史料の年次比定など、貴重な成果を上げている。これらは、中世対外関係史研究のみならず、九州地域史研究にも裨益する点が多いと思われる。同じ研究領域に関心を持つ者として、筆者も実に多くの事柄を学ばせて戴いたが、同時に、少なからぬ違和感と、卑説に対する「批判」への「反批判」を行なう必要性を感じた。批判と反批判とこそが研究を前進させると信じ、この稿を起こした次第である。さっそく伊川説の検討に入ることとしよう。

まず問題としたいのは、伊川論文が高柳光寿氏〔高柳 一九七〇年b〕や小葉田淳氏〔小葉田 一九四二年〕などの古典的な業績に頻繁に触れながら、密接に関連するはずの近年の研究にはほとんど論及していない点である。これはその必要がないと考えたのか、その紙幅がなかったのか、恐らく後者が原因とは思うが、そのために研究史の到達点が参照されない憾みを遺したという印象を受ける。具体的に言えば、たとえば以下のような問題点を残すに至ったと思われるのである。

応永年間の「南蛮船」と「琉球船」との異同

伊川論文の第一章、応永二十六年（一四一九）の「南蛮船」（『阿多文書』）＝「琉球船」（『老松堂日本行録』・『朝鮮王朝実録』）、という仮説を述べたところで、室町前期の日琉関係を詳細に論じた佐伯弘次氏の研究（佐伯 一九九四年a）を取り上げていない。筆者の理解する限り、佐伯説は、室町幕府が（兵庫辺りで）「琉球船」を拘留したと見ており、[2]伊川説は、薩摩の町田（阿多）氏が「南蛮船」を拘留したと考えている。[3]つまり、「拘留」した主体も場所も異なるわけで、それぞれの行為の対象となった「琉球船」と「南蛮船」とが同一存在だという保障はどこにもない。

なお、この問題については、筆者は現在別の仮説を抱くに至っている。その鍵は、①佐伯氏が紹介した『御内書案』所収―応永二十七年（一四二〇）五月六日付け琉球国代主《よのぬし》書に見える、「去年進上仕候両船、未二下向仕一候」（去年京都に向かった二隻の船がまだ琉球に戻って来ていない）の「両船」という表記と、②町田氏のもとの南蛮船から九州探題渋川義俊への書状が（日本語を解したはずの）琉球人でなく「那弗答」（マライ語で船主の意〔小葉田 一九九三年：四六九頁、村井 二〇〇〇年：二六頁〕）の発したものであること、である。つまり、①は琉球からの船が二隻存在したことを示し、②は町田氏のところに琉球船が居らずに、南蛮船のみが存在していたことを推測させる。このことを敷衍させれば、大胆に次のように推測することも可能だろう。すなわち、旧港からの南蛮船は、沖縄に来て琉球船とともに博多を目指した。琉球船は博多まで難なく辿り着いたが——そこで探題義俊は南蛮船の存在を聞き取った——、南蛮船は漂流か何かの理由で〔高柳 一九七〇年b、小葉田 一九四二年参照〕阿多地方に到達した……というプロットである。そうだとすれば、ここで「琉球船＝南蛮船」（伊川説）とする必要はない。むしろ提起したいのは、このときの船団が、「琉球船＋南蛮船」（各一隻計二隻）だったという仮説である。なお、阿多地方の漂着先としては、現在注目を浴びている万之瀬川河口域〔柳原 一九九九年a・一九九九年b参看〕などが有力な候補となろう。(4)

朝鮮からの通信使が途絶した原因

伊川論文第二章後半の、朝鮮使節来日の途絶理由を考察したところで、これについて触れた先行研究〔田代・米谷 一九九五年、米谷 一九九六年・一九九八年a、橋本 一九九七年a（本書第一章）、村井 一九九九年b、伊藤 二〇〇二年a〕にまったく関説していない。なかでも筆者は、十五世紀後半日朝関係史の偽使問題を扱う過程で、偽使派遣主体と見なされる対馬宗氏が、応仁・文明乱以後の内乱情況を実際以上に喧伝し、朝鮮使節の来日を阻んだことを指摘した。朝鮮使節が室町幕府に接触すると、幕府有力者（細川・伊勢・左武衛など）の名を騙った偽使（偽王城大臣使）を対馬が創出していることが、本物の幕府有力者たちに露見してしまうからである〔橋本 一九九七年a〕（本書第一章第三節1【δ】）。仮に筆者らの指摘する「王城大臣使＝偽使」説が正しくないとしても、朝鮮王朝内で「〔＊対馬〕島主言レ『可二遣使一』則遣レ之、言レ『不レ得二護送一』則止レ之、一従二島主指揮一」（『朝鮮成宗実録』十年七月戊辰条）と言われている事実は無視できまい。朝鮮王朝が日本使行を実現しなかった（できなかった）のは、対馬の工作によるものだったのである。伊川氏は、こうした近年の偽使研究の成果に目もくれず、最後の来日使節となった、一四四三年の通信使行をめぐる情況のみから来日途絶の理由を究明しようとした。

だが、第一に、この議論の枠組み自体が大いに問題である。一四四三年通信使が最後の来日朝鮮使節だという伊川説の「前提」は、結果的にそうなったに過ぎないからである。実は、この後も、朝鮮王朝では通信使派遣が計画され、実行に移されたことさえある（例えば一四六〇年通信使宋処倹一行。彼らは海難事故に遭い使節行を完遂できなかった）（三宅 一九八六年：第一部参看）。このように、過去の遭難事件の恐怖や偽使派遣主体の対馬宗氏による情報工作などの複合的な理由によって、朝鮮使節の来日は途絶したと捉えるべきである。筆者の関わった偽使論は措くとしても、三宅英利氏らの堅実な先行研究で明らかにされた一四四三年以後の朝鮮使節の首途例に関説しないのは、日朝関係史に不案内な読者を惑わしかねぬ不用意な〝論証〟と言わねばならない。[5]

そして第二に、伊川氏の「論証」のプロセスにも疑問がある。伊川説の中核を筆者なりに整理すると、次のようになろうか。――〝「高麗人」迎接用の「要脚」として幕府が諸大名（守護）から徴収する「国役」（『康富記』嘉吉三年五月六日条）を、先々の如く「商売の料」（同六月十九日条）に宛てた、すなわち、これは幕府に「公貿易体制」が存在したことを物語る、しかし諸大名が「国役」支弁に否定的構えを見せて貿易が出来なくなったため、通信使一行は遺恨を遺し、以後、朝鮮王朝は通信使派遣に消極的になった〟と。だが、ここにある「要脚」とは、「公貿易」の費用のことではなく、朝鮮使節の接待費用や運送費のことであろう。「国役」という言葉からも、段銭や人夫役の賦課が想像される（ⓐ『康富記』嘉吉三年六月十九日条、「先規の通り」斯波氏が接待費を出している事例を参照。ⓑこの「先規」としては、『老松堂日本行録』に散見される甲斐氏［斯波被官］の接待事例などを想定しうる。ⓒやや遡るが、永和元年〈一三七五〉に守護赤松義則から矢野荘へ、人夫・伝馬役や警固役が命じられた例〔『相生市史』第八巻上―三八〇号文書―関周一 一九九五年a：三頁、須田牧子 二〇〇四年参照〕は、まさしくこの「国役」の典型例と言えよう）。室町幕府にあっては、守護大名から決済用の貿易資金を調達できるような集金システムなど存在しなかったのではないか。[6]

また、『康富記』嘉吉三年六月十九日条に見える「商売之料」の「料」に関して、伊川氏は明確な解釈を示していないが、恐らくそこで含意されている〃元手・資本・代金〃の意味でなく、中世段階で普通に用いられた〃目的〃の意味で解釈すべきであろう（『日本国語大辞典（第二版）第一三巻』〈小学館、二〇〇二年〉参照）。なぜなら、『康富記』当該条のうち、密接に関わる部分の原文を掲げると、「高麗人申者、非下如二先々一商売之料上也、為二普広院殿御弔一参洛之由申之間、然者可レ被レ入歟之由、諸大名等有二評議一、遂以被レ入云々」（「入る」というのは入京すること）となっており、傍線部の「〇〇之料」と「為〇〇」とが明らかに対になっているからである。「為〇〇」が「〇〇のため」と訓ずるならば、それと対の「〇〇之料」も同じ〃目的〃の意味で取るべきことは言うまでもないことであろう。こうした文構造に注意しながら右引用箇所を解釈すると、〃朝鮮の通信使卞孝文一行が「これまでの通信使が商売目的で来日したのとは違い、今回は普広院殿（足利義教）の弔礼のため来日通信したのだ」と訴え、幕府有力者は彼ら通信使の入京を許可した〃となるはずである。つまり、通信使の入京を拒絶していた当初の態度を幕府が翻した理由は、通信使が先代室町殿＝義教の弔問という名目を強調したからなのであって（橋本二〇〇〇年a：九頁）、日本側の貿易体制のあり方云々とは一切関係がないものと思われる。

以上のように、今回の通信使卞孝文の発言から、〃室町幕府「公貿易体制」の廃止（または停止）を通信使卞孝文らが渋々承認したため、幕府は入京許可を出した（しかし朝鮮側にはしこりを残すことになった）〃と解釈する伊川説（伊川二〇〇〇年a：二五～二六頁）には、やはり相当な無理があるように思う。室町幕府には、明・朝鮮に匹敵する公貿易体制など存在しなかった、と見るのが自然ではなかろうか。

＊　＊　＊

このように、伊川氏と筆者との間には少なからぬ見解の相違があるのだが、本論では、もう一つの大きな論点、

『大友家文書録』に見える日明勘合の移動について正面から再検討することとしたい。十六世紀初頭、大友氏が日明勘合を入手した史料に関して、その入手ルートを、「幕府→大友氏」（橋本説）でなく「細川→大友氏」（伊川説）とした論証の過程（伊川論文の第三章）を問題としたいのである。[7] 以下、鍵となる史料を丁寧に読み解きながら、再検討を進めることとしよう。

なお、伊川説を理解するには、それと密接に関係する伊川氏の別稿「『戊子入明記』に描かれた遣明船」（伊川 二〇〇一年）を参照することも不可欠である。以下の行論では、伊川氏のこの二つの論文を参照しつつ、筆者なりの見解を開陳することにしたい。

一　「中乗」の発見と遣明船警固――『岐部文書』から

【史料A】『岐部文書』七号（『大分縣史料』一〇所収）

猶々、来月於□如何候間、当月中に各首途あるへく候、

渡唐二号船帰朝候之処、中乗与船頭慮外依二喧嘩一、客衆懸乗之儀、不レ及二是非一候、然者方々懸二追手一候之間、於二日州外浦一留置候、弥彼船無二出船一様可レ致二覚悟一候之条、諸浦警固舟之事相催、急度可二差下一候、誠国家外聞題目候、各至二馳走一者、可レ為二一段之軍忠一候、重而日州江遣二飛脚一候、来廿九・卅日之間必可レ有二到来一候、其内船誘等相調、飛脚到来候者、翌日出船之覚悟憑入候、不レ可レ有二油断一之儀候、恐々謹言、

七月十九日　〔大友〕義長（花押）

柳木藤九郎殿

岐部弥太郎殿

富来彦三郎殿

大友義長の花押の編年〔福川 一九九〇年〕と前後の遣明勘合船の年次とを突き合せることにより、伊川氏はこの【史料A】を永正十年（一五一三）のものと比定した。そして、ここに書かれた「二号船」とは了庵桂悟を正使とする永正度遣明船の二号船を指すこと、ここに記されているのは同船が帰国する途上で起きた事件であることを推断した。この重要な指摘により、右の文書を歴史的に位置付けるための途が初めて開かれたと言って良かろう[8]。

その上で伊川氏はこの【史料A】の解釈に入る（以下、①②……は伊川氏の解釈を示す）。

① まず、傍線「中乗」とは船の乗組員であり、何らかの原因で船頭と「中乗」とが「衝突し」た。

② その「喧嘩」の結果、「客衆」が船を「懸乗」り、つまり「船頭の許可なく〔不法に―橋本註〕船を動か」し、大友義長方から「追手を遣わ」されたとする。つまりここで起きたトラブルは、「船員の内輪もめ」だという。

③ だから、その船が逃走した先の外浦が「島津氏の勢力範囲内である……にもかかわらず大友氏の追手が差し向けられた理由は」、「『二号船』自体が大友氏と何らかの関係があったと仮定」しなくては理解できない。「船員の内輪もめ」程度で、大友義長が「日向国まで追手を差し向けるほどに憤激」することは「ありえない」からだ。

④ その「何らかの関係」とは――伊川氏別稿〔二〇〇一年〕で明確に述べられるのだが――、この二号船の抽分銭を、大友氏が取得する権利を持っていた、という関係である。

ここで伊川氏が極めて奇抜な〝新説〟を提出したことに我々は注意しなければならない。氏は、永正度遣明二号船に関して、「細川氏は経営を、大友氏は勘合管理と抽分銭徴収を」分担した、と明確に述べた上で、「船の経営者と抽分銭徴収者は可分な存在である」〔伊川 二〇〇一年：七四～七五頁〕（傍点筆者）という、事実とすれば実に驚くべき見解を提示したのである。

その根拠とされた事例は都合二つである。一つは、本章で取り上げている永正度遣明二号船、もう一つは文明十五年度遣明船である。前者に関する解釈は後段で論ずるように成り立たないと思われ、後者に関するそれも難があり肯えない。後者に関するポイントは、『大乗院寺社雑事記』文明十九年（一四八七）四月十二日条の「大儀之公事」を、同六月二十八日条の「唐船御料足四千貫」と同一視して文明十五年度船の抽分銭のことを意味する、と伊川氏が想定した点にある。まず、四月十二日条文の全体を示し、この点に関して決論をつけておこう。

一、泰九郎昨日自レ堺罷上、無二殊事一云々、但南庄庵〔南昌庵取龍〕小座〔居座〕ト南庄地家**唐船事**有レ之、**大儀之公事**也、南庄庵方ハ物部以下、南庄方ハ香西也、

第一に、『大乗院寺社雑事記』における「大儀」とは、興福寺門跡の得度・受戒・遂業・遂講などの重要な法会類を指すことが多いが〔鈴木良一 一九八三年参看〕、記主尋尊の書きぶりから見ると、ここでは明らかに従来説通りに訴訟のことを意味すると考えられる〔例えば、表現が酷似する文明十九年四月五日条・五月十二日条・十一月十二日条をさしあたり参照〕〔小葉田 一九六九年：二五七頁、伊藤 二〇〇二年a：四〇頁・六三頁註125〕。また、『大乗院寺社雑事記 索引』〔臨川書店〕の全用例を検索して確認してみると、「公事」が訴訟の意の場合は「～与《と》」「出来」「落居」「（公事）辺」「（公事）間」などの表現を伴うことが多く、年貢公物の場合は「沙汰」「懸」「申懸」「免除」「免」「遣」などの表現を伴うことが多い。つまり、右条文で「～ト……」とか「～方ハ……方ハ」と言われているのは、訴訟関係にあった両当事者を表現していると考えるのが妥当である(9)。すなわち、伊川説のごとく「大儀之公事」を抽分銭と読み替えたり、「～方ハ……方ハ」のフレイズを抽分銭の納入先を示す表現だと解したりすることは、普通であれば考えられぬ解釈と思われる。

第二に、『大乗院寺社雑事記』文明十九年六月二十八日条の、東山殿会所造作費用に宛てられた「唐船御料足四千貫」が、伊川説では抽分銭そのものであり、（内裏船居座取竜でなく）細川氏から供出されたものとなっているが、そもそも今次遣明船の内裏船は、貿易上分を東山山荘造営費に宛てることが条件で内裏の経営となったのである。この個別事例をもって、遣明船（ここでは内裏船）抽分銭の徴収権が経営者（内裏）から非経営者（細川氏）に移ったと一般化させるのは妥当でない。そして何より、第一点とも絡むが、細川氏が内裏船の抽分銭を取らねばならぬ（取ることができる）根拠が不明である（もっとも、右の第一点で述べた通り、細川氏が内裏船の抽分銭を取り得たということの説自体、「大儀之公事」を抽分銭と見なし、物部・香西（細川京兆被官）に分納されたとする謬見に基づくものなので、甚だ疑問である）。ちなみに、筆者は、先の「唐船御料足四千貫」を、幕府船の抽分銭ないし貿易得分だと素直に考える。

やはり、経営（貿易）もせずに抽分の権利だけが独立に「流通」した、と見るのは無理なのではないか。常識的に考えて、経営＝貿易活動およびそれに基づく輸入品こそ、抽分行為の根拠だったはずだからである（モノを前にして評価額を査定しなければ「抽分」できないのは当然のことである）。繰り返しになるが、《勘合―経営―抽分》は三位一体・不可分の関係であって、筆者が別稿〔橋本　一九九八年ａ〕（本書第五章冒頭）で述べた〝符験の物権化〟という現象も、あくまでこうした理解に基づいている。

さて、永正度の遣明船に話を戻そう。前掲した【史料Ａ】の解釈が問題である。まず、伊川説①について、この文書を読み解く鍵となる「中乗」を、果たして「中に乗っている人すなわち乗員」〔伊川　二〇〇〇年ａ：二九頁〕と解釈してしまって良いのだろうか。この短い文書のなかで、「中乗」「船頭」「客衆」のように異なる人間類型がことさらに示されているのだから、「喧嘩」の一当事者である「中乗」を、もう少し吟味する必要があったのではないか。[10]

もちろん、ここでまず我々が想起すべきは、勝俣鎮夫氏の画期的な研究以来一躍有名になった、「上乗《うわのり》」という言葉であろう〔勝俣 一九八六年、網野 一九九二年、桜井 一九九六年など参照〕。単純素朴に考えて、この「中乗」とは、「上乗」のことではないか。周知の通り、「上乗」慣行とは、一定額の「礼物」「礼銭」（警固料）と交換に海賊衆（兵士）がその船に乗り込んで、航海の安全を保障する、〝ガード兼パイロット〟というべきものである。筆者は、【史料A】傍線部の「中乗」を、この「上乗」と同じものと考える。字義からいっても何ら問題はないであろう。(11) なお、こうした「中乗」の用例は、近世の九州海事史料に散見されるようである。いまだ精査できていないが、これまでに気がついた限りで二、三の類例を挙げてみよう。

(1) 文禄・慶長の役に出兵した島津忠恒軍の「出水衆中伊東玄宅」の帰国後の報告書〔鹿児島大学附属図書館玉里文庫『諸旧記 上』所収〕〔翻刻：村井 二〇〇〇年b〕によると、一五九八年十一月、露梁《ノリャン》海戦の際、六反帆ばかりの船に「中乗井尻半兵衛」が「手負」の状態で乗っていたという。船全体が「手負」で、もはや「櫓取一人」のみなのでそのように漂流していたのだともいう。情況から見て、この「中乗井尻半兵衛」が一種の兵士であったことは疑いあるまい。

(2) 近世の『五島家文書』〔東京大学史料編纂所架蔵写真帳〕年欠七月二十九日付け覚〔小宮木代良氏御示教、正徳年間頃カ〕に見える「中乗」も、「異国船」に備えた「番船」に乗り込んでいること、水主らの櫓と違い、彼らは「飛道具」を持ち込んでいることから、明らかに船上の警固要員（兵士）と考えられる。

(3) 幕末に近い弘化三年（一八四六）五月、「飛報舩沈没ノ報」とある史料〔東京大学史料編纂所蔵、島津家本『琉球外国関係文書』〕で、「御兵法方足軽」の「前田新蔵」へ「中乗申渡」したとあり、また「中乗足軽壱人」という表現もあることから、中乗は足軽（兵士）が任ずるべき役職だったことが読み取れる。(12)

以上のような事例を見る限り、「中乗」＝兵士＝「上乗」であることはもはや確実であろう。少なくとも戦国期以降の九州地域では、「上乗」のことを「中乗」と呼ぶこともあったのではないか。そして、「中乗＝上乗」であるならば、「中乗」が遣明船に乗り込む警固衆であったことはまず間違いあるまい。つまり、この文書に現れた「中乗」とは、その「二号船」が幕府―守護権力と無関係にまったく独自に雇った警固衆ではなく、豊後守護大友氏を通じて幕府が仰せ付けた、遣明勘合船の公式な警固衆だったのではなかろうか(13)。

仮にそうだとすれば、【史料A】の記事の背景には、次のような流れがあったと考えるべきだろう（以下、ⓐⓑ……は筆者の解釈を示す）。

ⓐ　室町幕府の遣明船警固命令に基づいて、大友氏管下の水軍が、帰国途上の「渡唐二号船」に「中乗」＝警固衆として乗り込んだ。

ⓑ　ところが、「慮外」の「喧嘩」により職務を全うしえず（恐らく法外な――あるいは取ってはならない――礼銭（警固料）を要求したか何かで、船頭と諍いを生じたのだろう）、

ⓒ　客衆たちが遣明船警固衆を振り切って船を操り、日向外浦まで逃げおおせた（ただし船頭の存命如何は不明）。

ⓓ　そのため、大友義長は国東衆（岐部弥太郎ら）に依頼して、「渡唐二号船」を追捕すべく「諸浦」に「警固舟」を準備させた。

このように考えれば、大友義長が「憤激」した理由も分かりやすい。この「渡唐二号船」の「喧嘩」および脱走劇は、自分の領国（領海）を、直下の海賊衆が「警固」できなかったことを露呈するようなものだからだ。確かに、大友氏にとって「国家外聞」に関わる恥さらしである。

以上の考察から、筆者は、大友義長の抱いた「鬱憤」（後掲【史料C】）の中味を《幕府から命じられた「遣明船警固」の職務を完遂できず、あまつさえ直下の海賊衆が警固対象の「渡唐二号船」を捕捉できなかったことによる憤

懣》、と推測する。すなわち、【史料A】の「渡唐二号船」と大友氏との関わりとは、基本的に大友氏による遣明船警固だったのであり、伊川氏のごとく抽分銭を大友氏が徴収したと解釈する必要はなくなる。ごく素直に、永正度遣明二号船は細川氏により経営され、そして恐らく細川氏により抽分されたと考えるべきなのである。

二　堺に帰着する「渡唐二号船」の性格――『旧記雑録』から

続いて伊川健二氏は、従来誤って位置付けられてきた『薩藩旧記雑録』の遣明船関係史料（左に掲出）を、前節で見た船頭・中乗喧嘩一件の関連文書であると指摘している。

【史料B】『薩藩旧記雑録』前編二―巻四三―一九六七号(14)

御書之趣具拝見仕候畢、抑二号船之事、就㆓当津着岸警固之儀㆒蒙㆑仰候、奉㆑得㆓其心㆒候、於㆓于今㆒者客衆各帰国之条、肝要令㆑存候、以㆓此旨㆒宜㆑預㆓御披露㆒候、恐々謹言、

六月廿三日　豊後守忠朝

謹上　寺町石見守殿

【史料C】『薩藩旧記雑録』前編二―巻四三―一九六八号

就㆓二号船之儀㆒、従㆓御屋形様㆒御書幷御添状之趣、具令㆓披見㆒候畢、彼客衆依㆓不慮之錯乱㆒、大友義長雖㆓頻鬱憤之儀候㆒、以㆓無為御入魂㆒各帰国也〔ママ〕、肝要存候、定而時宜可㆑被㆓聞召及㆒之条、不㆑能㆑詳候、恐々謹言、

六月　忠朝

寺町石見守殿

御返報

【史料B・C】に登場する「二号船」・「客衆……錯乱」・「大友義長頻鬱憤」という文言を見れば、伊川氏の指摘するように、先の【史料A】と同一事件に関する史料だということが分かる。伊川氏は、このことから、両文書の年次を永正十一年（一五一四）に比定した。きわめて貴重な成果と言うべきであろう。(15)

ただし、宇田川武久氏の御教示によれば、これらの文書はむしろ【史料A】（七月十九日）と同じ年（永正十年〈一五一三〉）にかけた方が分かりやすいという。確かに、【史料B】によれば、客商たちが六月二十三日現在でいまだに「帰国」しておらず、【史料A】から一年近くも経つというのに帰国していないことになり、いささか不自然である。また、大友氏が国東衆を動かして「二号船」を捕捉する（【史料A】）前に、客商らを畿内ほか各国に帰国させなければ、「寄船」慣行を楯に、大友方海賊衆や島津方などに唐荷（積載品）を奪取されてしまいかねない。「二号船」経営者にとっては実に耐え難い事態と言えよう。それゆえに、島津側に対して遣明二号船のスムーズな強制送還を依頼する【史料B】は、【史料A】から悠長に一年も遅れて出されたと考えるべきではあるまい。以上の点を勘案して、ここでは、さしあたり【史料B・C】ともに一五一三年の文書と推定し、【史料B・C】（六月）→【史料A】（七月）の順で作られた文書だと考えておきたい。

さて、そうだとすると、【史料B】の段階で、本当に永正度遣明「二号船」が日本にまで到着していたのかが問題となってくる（村井章介氏の御示唆）。というのも、一五一三年五月十六日、王守仁（陽明）が永正度遣明正使了庵桂悟に餞の漢詩を送り（『鄰交徴書』初篇之二）、同月十七日には寧波四明《シミン》の張鈾（文訓）が『了庵語録』に後跋を寄せているから（『鄰交徴書』三篇之二）、少なくとも正使了庵の乗り込んだであろう遣明船団一号船は、一五一三年五月中旬末以降に寧波を発ったと考えねばならない。もちろん、「二号船」がこれより早く出発した可能性も皆無ではないが、あまり現実的な想定ではあるまい。仮に、遣明一号船以下がほぼ同時期（五月下旬）に出発したとして、翌月（六月下旬頃）に件の「二号船」船頭・中乗喧嘩一件が豊後・日向海域で起こるということが果たしてあり得ただろうか。――こうした問題点が浮上するわけである。

しかし、結論から言えば、筆者はとくに問題なく、【史料B】の段階ですでに遣明二号船は九州地域まで辿り着いていたと考える。以下、この点について考え得る二つに場合分けして、推論を展開しておくこととしよう。

第一に、一号船以下の一行三隻がほぼ同時に寧波を出発、僅か一ヶ月ほどで博多に到着し、件の「二号船」は（恐らく大友領の息浜から）大友氏麾下の警固衆（「中乗」）に警固されて瀬戸内海方面に向かい（あるいは土佐南回りを目指したか）、豊後水道辺りへ差し掛かったところで例の船頭・中乗喧嘩一件が起こった、という場合。寧波から赤間関までの日数を、史料上判明する限りで二件挙例すると、（α）宝徳度遣明船、寧波安遠駅発…景泰五年（享徳三年〈一四五四〉）六月十五日→（漂流、朝鮮済州島発…七月七日）→博多志賀島発…七月十二日→赤間関着…七月十四日（以上、『釈笑雲入明記』）。（β）天文七年度遣明船、寧波鹽倉門発…嘉靖二十年（天文十年〈一五四一〉）五月二十日頃→小値賀島斑島発…七月九日→赤間関着…七月十一日（以上、『策彦和尚初渡集』）――である。つまり、寧波港を出発してから、済州島に漂到した宝徳度遣明船でさえ、僅か一ヶ月足らずで赤間関にまで到達していたのである（事例α）。また、天文七年度船の場合も、寧波から舟山列島補陀山まではゆっくりと進んだため進度は遅いが、やはり寧波発津後二ヶ月足らずで赤間関に到着している（事例β）。たった二例ではあるが、以上から、問題の永正度遣明船団（「二号船」含む）に関しても、およそ一ヶ月以内に寧波から博多を経由して赤間関を越えることは十分可能であったと考えられる（いずれも、五月以降になれば帰国のための順風（＝「申酉ノ風」）が得られるという楠葉西忍の発言と一致する時期の放洋である――『大乗院寺社雑事記』文明五年六月十七日条参照）。そうだとすれば、すでに右に述べたように、大友氏の勢力下にあった博多息浜あたりから、同氏麾下の警固衆が遣明「二号船」を警固して西進・南下、まもなく船頭・中乗喧嘩一件が起こったと結論づけられよう。

第二に、他の一号船などと寧波を出発したものの、問題の「二号船」だけが漂流などで南島路（琉球列島経由）を採らざるを得なくなり、一年遅れで豊後水道に入った（つまり【史料A・B・C】の年代比定を一年遅らせてすべて一五一四年だと想定する）、という場合（可能性）である（逆に言えば、一年遅らせるために南島路を想定）。しかしそうなると、いったん豊後方面まで北上してから——そうでないとなぜ大友氏麾下の警固衆＝中乗が乗船していたのかを説明できない——、客衆によって「懸乗」された「二号船」がふたたび南下して日向国外浦に繋留した、という不自然な行程を想定せねばならなくなる。論理的にはあり得ない話ではないが、本船が漂流したり南島路を採ったりしたという史料上の痕跡もない以上、また右に見た不自然な行程を勘案しても、いささか突飛な想定と言わざるを得ない。したがって、この第二の可能性は著しく低いものと結論したい。

すなわち以上から、筆者としては、第一の場合を選択し、約一ヶ月という非常に短い時間で寧波から博多、赤間関まで「二号船」は進航し、豊前・豊後に差し掛かったあたりで船頭・中乗喧嘩一件が起こった——というように、事件の全体的経過を推測する。したがって、元の問題に戻れば、【史料B・C】（六月）、【史料A】（七月）は、やはりいずれも一五一三年の文書であったと推定されるわけである。

さて、ふたたび【史料B】の本文を見ると、島津忠朝が、細川方（寺町某は京兆家被官）から問題の「渡唐二号船」の「警固」を依頼されていることが分かる。これほど主体的に「渡唐二号船」に関わっていることから見て、細川氏がこの船に並々ならぬ関心を寄せていたことは明白である。恐らく、この「渡唐二号船」本体は、伊川健二氏の指摘する通り、堺まで帰航したのであろう(16)。つまり、「渡唐二号船」とは、細川京兆家の経営する細川船だったのではないか。[17] そうだとすれば、帰航した「渡唐二号船」の抽分銭は、細川氏に納められたと考えるのがもっとも自然であろう。

そして、【史料C】（細川氏宛の島津側返答）の内容も見てみよう。文中の「御入魂」が、細川氏に対する敬語表現であることは明らかだが、文脈上、この「御入魂」とは、島津氏と細川氏との関係を指すものではあり得ない。むしろ、ここで島津忠朝方は、細川氏に対し、細川氏の大友氏との「御入魂」（懇意なる交渉）をもって「無為」（穏便）に収めて欲しい、と言っているのである。実際、永正十八年（一五二一）八月二十三日には、大友氏の奉行人本庄右述等が島津忠朝に対して「先年二号船帰朝之刻御懇志之御礼」を申し述べており（『薩藩旧記雑録』前編二―巻四二―一九五八号）（鹿毛 二〇〇三年a：六頁）、島津忠朝が大友氏と細川氏との仲介をも積極的に行なっていた様子が窺える。こうした動きを通覧すれば、この遣明「二号船」の経営主体が他ならぬ細川氏であったことはほぼ動かないであろう。こうして、島津忠朝方は、大友氏・細川氏のどちらにも〝貸し〟を作ることに成功したわけである。

このように、「二号船」＝細川船と判明すれば、話は前後するけれども、なぜ博多（息浜ヵ）で大友氏麾下の中乗が「二号船」を警固し始めたのかも容易に納得が行く。博多から豊前までは大内氏が掌握していたが（当時の豊前守護は大内氏）、細川氏と大内氏とは従来、遣明船派遣権利をめぐって対立してきたライヴァルであり、細川氏経営の遣明船（「二号船」）を大内氏方の警固衆に任せるわけには行かなかったはずである。そして、周知の通り、豊前・筑前支配をめぐって大内氏と大友氏とは競合関係にあり、大友氏の幕府への窓口（「取次」）は基本的に細川氏であった。このように考えると、大友氏方の中乗が「二号船」（細川京兆家経営船）に乗っていたとしても、まったく不自然ではないのである（これに対して、遣明一号船は大内氏の息の掛かった了庵桂悟一行を乗せる船であるから、大内氏方が警固衆を配備したと見て間違いあるまい）。

ところが、以上のような史料的状況にも拘わらず、伊川健二氏は〝永正度遣明「二号船」＝細川船〟という結論には進まない。氏は、次節に見る【史料D～F】を根拠にして――その解釈は後述するように甚だ疑問であるが――、「渡唐二号船」の抽分銭が大友氏に納められることになっていた、と述べるのである。すなわち、細川氏がすでに幕府から得ていた一枚の勘合を、大友氏が一〇〇〇貫文で購入し、抽分銭を得る権利を獲得したのだ、という。この点に関して、伊川氏の所説をあらかじめ引用しておく〔伊川 二〇〇〇年a：三三頁〕（段落分け・傍点は橋本による）。

⑤ そんな二号船の勘合を、なぜ大友氏は一〇〇〇貫文の大枚をはたいてまで入手したかは重要な問題である。おそらくは、この頃の勘合そのものに抽分銭徴収の権利証的性格があって、大友氏はそれを購入したのだと考えられる。

⑥ 抽分銭の納入をしない段階で客衆の脱走が起こったことが、大友義長憤激の理由である。

この点は、伊川氏自身も認めるように「重要な問題である」はずだが、それに見合うだけの十分な説明がなされているとは言い難いと思う。

第一に、細川氏がなぜ勘合（＝抽分権利の徴憑）を大友氏に売却したのかについての説得的な説明がない。つまり、せっかく苦労して手に入れた勘合一枚を（『鹿苑日録』明応八年四月十八日・六月二日条など）〔小葉田 一九六九年：一〇二頁以下参照〕、細川氏は何故に僅か一〇〇〇貫文で大友氏に譲らねばならなかったのか。そのまま普通に勘合を用いて使船を一隻経営すれば、帰航時に四〇〇〇貫文程度の抽分銭を手にすることが出来るにも拘わらず、である。この点は最大の疑問である。

第二に、伊川説では当然大友氏に納められるべきだという抽分銭が、その後どうなったのかについての議論がない。大友氏はやむなく泣き寝入りしたのだろうか。あるいは、堺辺りで細川氏が代わりに抽分行為をしてくれたとでもいうのだろうか。

第三に、伊川氏は、この頃の勘合に抽分銭徴収の権利証的性格があるというが、根拠が不明である。これは、大友氏が抽分銭を徴収したという氏の結論（推定）自体に導かれた解釈に他ならないだろう。つまり、一種の循環論法だと思われる。筆者が考えるに、日明勘合には、第一義的に遣明船経営の権利証的性格があるのであって、その上で第二義的に帰国後の抽分実施という契約条件が存在したのではないか。つまり、伊川説の如く本当に経営者と抽分銭徴収者とが分離することがあり得たのかについては、甚だ疑問である。

以上三つの疑問点に対する「解答」を思い付かない筆者としては、永正度の「渡唐二号船」が普通の意味での「細川船」であったという既往説を支持するほかない。細川氏が経営を担当したのであれば、細川氏が抽分銭を徴収したという普通の理解である。そして、前節の検討で見たように、上掲した伊川説⑥も疑問である。筆者の想定する大友義長の「憤激」の理由は、直下の警固活動が細川船の船頭・客衆らによって踏みにじられたことへの怒りにあるからである。

三　大友氏はどこから勘合を得たのか――『大友家文書録』から

次に、「渡唐二号船」を細川船でなく大友船と見なす伊川説の最大の論拠となった、【史料D・E・F】を再検討することにしたい。いずれも『大友家文書録』所収文書である。

【史料D】『大友家文書録』五五九号[18]（文亀元年〈一五〇一〉）

唐船之事、被二望申一之趣、被二聞召入一畢、於二初度一者、為二御代始御船一可レ被レ渡之、至二其次一者、就二鹿苑院殿

百年忌一者、被レ寄二相国寺一之段、宜レ致二存知一、然間於二三ケ度一□被二申請一之旨、可有御成

□

□□〔文亀〕元年〔一五〇一〕閏六月十三日　加賀前司〈在判〉〔＊飯尾清房〕

大和守〈在判〉〔＊飯尾元行〕

大友備前守殿〔＊大友親治〕

【史料E】『大友家文書録』五八七号（文亀元年〈一五〇一〉カ）

□〔就カ〕勘合之儀、尊書之旨、則令二披露一候、内々可レ進之由候、京都時儀相調可レ令レ申候、委細猶勝光寺可レ預二御披露一候、恐々謹言、

十一月十五日　沢蔵軒宗益〈在判〉

謹上　勝光寺〔光瓚〕

【史料F】『大友家文書録』六三三号（文亀三年〈一五〇三〉カ）

□勘合之儀申沙汰仕候、先日以二面拝一申合候趣、御調簡要□物之事、年内千貫可レ有二御納一候、此等之趣急度可レ被二仰下一候、□御油断之儀候、恐々謹言、

□日　宗益〈在判〉〔＊赤沢宗益〕

□〈□候〉

あらかじめ上掲史料の補足をしておくと、【史料D】は室町幕府奉行人奉書、【史料E】は細川被官赤沢宗益から大友方雑掌僧・東福寺派禅僧勝光寺圭甫光瓚への書状、【史料F】は宗益から宛所不明（大友方）の書状である。それぞれの年号は、【史料D】は閏月から文亀元年（一五〇一）であることが確実で、【史料E・F】は、仮に『大友家文

書録』の掲載年次に従い、それぞれ文亀元年・三年と考えている。この点は伊川氏も恐らく同様である。

かつて筆者は、これらの文書を引用して、おおよそ次のように述べた（橋本 一九九八年a：一〇頁）（本書第五章原論文）。

ⓔ 京都では、細川政元がクーデタ後、足利義澄（初名義高）を将軍に擁立していた。ライヴァルの義稙—大内氏ラインに対抗するためには、九州で大内氏と敵対する大友氏と結びつく必要があった。

ⓕ 大友氏を懐柔するために与えられた権益の一つが、遣明船貿易であった。【史料D】によると、初度の遣明船は義澄代始めの「御船」（公方船）に、次の船は相国寺船に宛てがうことが決まっているので、「三ケ度」すなわち義澄三回目の遣明船を大友氏に許すのだという。同年十一月十五日付の勝光寺光瓚宛て赤沢宗益書状（【史料E】）にも、「□〔就カ〕勘合之儀、尊書之旨、則令披露候、内々可進之由候、京都時儀相調可令申候」とあり、計画が進行している様子が窺える。

ⓖ また一五〇三年の赤沢宗益書状（【史料F】引用）には、「勘合之儀」につき年内に一〇〇〇貫を納入するよう指示している。この一五〇三年、大友氏への勘合交付は実現したと見て間違いなかろう。

以上の拙論に対し、大友氏への勘合交付が実現したと見る点では一致するが、伊川氏は大略次のような疑問を投ずる（伊川 二〇〇〇年a：三一〜三二頁）（以下は要旨の紹介であるため、読者におかれては直接原文に当たられたい。傍点も筆者による）。

⑦ 橋本の解釈は、【史料D】と【史料E・F】の間にある性質の違い（発給者の違い）を捨象したもので従えない（【史料D】＝幕府奉行人の連署奉書、【史料E・F】＝細川政元被官赤沢宗益書状）。将軍義澄は、明応政変で細川政元に擁立された経緯をもつ将軍だが、明応末年頃すでに二人のあいだは円滑でなかった。幕府と細川の意志は必

ずしも一枚岩ではない。したがって政元被官が出した【史料E・F】の内容は、幕府の意志を示す【史料D】の内容と異なっている可能性がある。また、【史料E】に見える「内々」という表現は、幕府と細川氏の意思の相違を暗示した表現とも考えられる。「京都時儀」が幕府の時宜か政元のそれかは断定できないものの、【史料E・F】が細川被官から出されている以上、政元の主導権のもとに勘合の譲渡が進められているのだろう。

⑧　また、派遣の二〇年も前に勘合を発給するという橋本の想定も不自然である。この時期は「新旧勘合混用の時代」ともいわれ、その運用は混迷を極めており、二〇年後に派遣予定の遣明船の勘合を発給したならば、その状態に拍車をかけることは明らかだ。

⑨　したがって大友氏が受け取った勘合の枚数は不明だが、細川氏が二号船用の勘合一枚を所持していたことを考えれば、それを大友氏に渡したと考えるのが自然であろう。

以上の伊川説には、深刻な問題点が潜んでいると考えられる。以下、順序立てて指摘し、反駁していくこととしよう。

まず、⑦について言えば、文書発給者の違いが意思の相違と結び付けられているが、それはあくまでも可能性の域を出ないという点である。[19]しかも伊川氏は、「内々」なる表現から将軍義澄と細川政元との意思の相違を読み取り得るというが、根拠がよく分からない。[20]おそらく、氏の所論全体から想像するに、将軍家側に内密に、細川方が大友氏に勘合を送付しようとしているという解釈なのだろう。しかし、そうだとすれば、その解釈では必然的に矛盾が生じる。ポイントは、【史料E】の「京都時儀相調」という記述の解釈である。ここに見える「京都時儀」とは、明らかに細川政元以外の人間の動向を含んだ表現なのであるが、伊川氏はこの部分の解釈を事実上放棄しているのである。

この「京都時儀」とは、「京都時儀相調」という表現から分かる通り、「相調」られる対象（目的語）である。差出の赤沢宗益が「尊書の旨」（大友方の要請）を「披露」して「内々進らすべきの由」を承ったという相手は、素直に考えて当主＝細川政元のことであろうから、[21]この件に関して政元の了承はすでに取り付けられていたと見て間違いない。すなわち、ここで殊更に「相調」えなければならぬ意思とは、明らかに、政元以外の人間のそれを指すと考えるべきである（常識的に考えて、自身の保有する勘合一枚を送ることを、「京都の時儀を相調える」と表現することはあり得まい）。[22]勘合発給に関わって、細川氏以外の人間の動静を「相調」えるとすれば、真っ先に思い浮かべるべき人物は、勘合を大量に保有する別人格、将軍足利義澄その人であろう。

要するに、旧稿（橋本 一九九八年a）（本書第五章原論文）で記し述べた通り、ここでは、幕府将軍家の勘合が大友氏に発給されようとしているのである。[23]そして、【史料E・F】の時間的懸隔は、「京都時儀」（将軍義澄の意思）を「相調」える（大友氏への勘合発給を承諾させる）のに要した時間を示すと考えれば良いのではないか。[24]

このように、伊川説では、〝将軍家に内密に勘合を大友氏へ発送しようとしているのに、将軍家の意向を汲まねばならぬ〟ということになり、矛盾が生じてしまう。やはり、卑見のごとく、将軍家が大友氏へ勘合を発給するよう細川政元が媒介周旋したと考えるのが妥当かつ自然であろう。したがって、伊川説⑨はもはや成り立たないと考える（なお伊川説⑧は氏個人の懸念に過ぎず、実際に「新旧勘合混用の時代」（栢原 一九二〇年③：五九頁）であった）。

また、筆者の想像するに、今回の大友氏への勘合発給は、《遣明船の派遣が決定してから使船経営者のメンバーを決定する》という「原則」[25]に違反する勘合発給だったのではないか。問題の「内々可進」というフレイズは、勘合を競望する他の諸勢力に対して内密に、幕府から大友氏へ《非公式》に勘合を発給する、という意味で解釈すべきであろう（伊川説に含意されるような「幕府に対して内密に」でなく）。ちなみに、『大友家文書録』の編纂者は、【史料D】について「閏月……義高（＝義澄）許渡唐商船事」と記す。現在、破損によって【史料D～F】のすべての文言が読み取れない以上、参考にすべき記載だと思われる。つまり、将軍義澄こそが勘合支給の主体で、大友氏がその受取手であったという理解を示唆するものではないか。

なお最近、本郷和人氏〔一九九八年〕や桜井英治氏〔二〇〇一年：第三章〕が的確に指摘するように、室町幕府においては、室町殿と地方の守護・国人とを取り次ぐ役割を果たした取次や申次などと呼ばれる幕府有力者が存在した（桜井氏はこのシステムを「大名取次制」と呼ぶ）。つまり、【史料E・F】の発給者が細川氏だからと言って、伊川氏の指摘するごとく将軍の意向と異なるというわけではない。遠国である豊後大友氏の幕府への取次役が、この前後の時期、ほぼ恒常的に細川氏であったことは、『大友家文書録』を通覧すれば一目瞭然であろう。【史料E・F】だけを例外的に捉える方がむしろ不自然である。

蛇足ながら最後に、卑説を補強する点にも触れておきたい。他ならぬ伊川氏は、文明八年度遣明船に肥前松浦氏の経営船＝「松浦船」が存在した可能性を指摘し――この点は遣明船研究史上の大きな成果であり、筆者も積極的に支持したい――、その「松浦船」の勘合が、「細川氏の口添え」で（しかも派遣の一六年も前に！）幕府から発給されたことを的確に指摘している〔伊川 二〇〇〇年a：二八頁〕。それならば、【史料D〜F】を解釈する上で、何故この〝細川氏による仲介〟という「先例」が参照されなかったのだろうか。また、日明勘合が、遣明船派遣の一六年前に支給されるのと、二〇年前に発給されるのとでは、いったいどれほどの違いがあるというのだろうか。筆者には不可解というほかない。

おわりに

これまでの検討により、永正度遣明船の二号船は、通説通り単純素朴な意味での「細川船」であったことが確認できたと思う。細川氏が経営も抽分徴収も行なったのであり、大友氏が抽分行為を行なったという徴証はない。また、文亀初年に大友氏が得た日明勘合の種類と枚数に関する卑見は、現段階で撤回する必要がまったくないと判断する。すなわち、細川政元の斡旋によって、礼銭一〇〇〇貫文と引き替えに幕府は大友氏に弘治勘合三枚を発給した。そして、旧稿〔橋本 一九九八年a〕（本書第五章原論文）に記したように、（二〇年後使用されるはずだった）その弘治勘合三枚は、さらに遅れて一五四〇年代の大友船団三隻に用いられたと考える。もちろん、以上はすべて同じ旧稿のなかで述べた卑見の繰り返しに過ぎないが、今回、さまざまな関連資料に関する歴史的認識が深まったことや、とりわけ「中乗」の発見（第一節）など、数多くの付加価値を得られたのは僥倖だった。本論では論旨が拡散してしまうので敢えて触れなかったが、【史料A】『岐部文書』は、遣明船警固がどのように実施されていたのかを知る上で希有の素材である。詳細な検討は後日を期さねばならないが、恐らく、地域権力の領域・領海ごとに警固衆がつき、リレー方式で遣明船を警固したのであろう。(26) 中世社会における〝領海〟観念の存在や〝シマ〟〝霞場〟観念との関連も想起され、興味深い課題である。この点については、今後総合的に検討を加えていくこととしたい。

さて最後に、本章の結論と関連して、伊川氏が論文の後尾で「批判」的言辞を加えた栢原昌三氏〔栢原 一九一四～一五年〕以来の通説的図式――《細川氏対大内氏》――に触れて章を閉じることとしよう。言うまでもなく、この栢原説は、後期日明貿易の推移を述べた枠組みとして、今なお絶大な影響力を持つ学説だからである（高校教科書など参照）。

伊川氏は、栢原氏が右の図式の実例として紹介した長享・延徳年間の勘合をめぐる争いを、「実際に対立しているのは細川氏と幕府であった」として退ける。その上で、「栢原氏がかつて提示した大内氏対細川氏の図式ではなく、幕府対細川氏の構図に九州の諸勢力が取り込まれていた」とも言う〔伊川 二〇〇〇年a：三三〜三四頁〕。

前者の指摘、長享・延徳年間の事例に関して、《細川氏対大内氏》の構図なしに理解することができるのか、筆者には極めて疑問であるが（本書第五章第二節参照）、後者のうち、栢原説の《細川氏対大内氏》の構図が万能でないという点は首肯しうる。この図式が超時代的な構図として成り立たぬことは、細川高国と大内義興の連合作現象（足利義稙の上洛・擁立劇——一五〇八年永正政変）に明白だからである。

それでは、《幕府対細川氏》という、伊川氏の示した「代案」は果たして妥当なのだろうか。確かに、幕府内部ないしその周辺の意思決定の問題としてならば、興味深い指摘である。本章で再検討を加えた文亀初年の大友氏への勘合発給の事例は、確かに、大友氏への勘合支給実現までに三年もかかったことを教えてくれ、この指摘が一定程度有効であることを物語る。だが、結果から見る限り、両者の対立がどれほど・如何なる意味で深刻であったかは疑問である（卑見は、細川氏の意向を受け容れて、結果的に幕府将軍家が大友氏に勘合を発給したと解釈）。また、右の伊川説によってもなお、《細川氏対大内氏》の全体的構図（栢原説）が無効になったとまでは言えまい。貿易と連動した瀬戸内海の制海権の問題も含めて、伊川氏は栢原説（通説）を否定するのであろうか。

むしろ、研究史の根本的な問題点は、《細川氏対大内氏》（栢原説）や《幕府対細川氏》（伊川説）というように、超歴史的に固定された「構図」を措定してしまうこと自体にあると思われる。勘合を要求する勢力は数多く存在するのだから、まず何より、幕府将軍が誰にどのように勘合を発給したかこそが最も重要な論点である。そこから結論を帰納すべきであろう。旧稿において、明応〜文亀年間は《義澄対義稙》、永正〜享禄年間は《義稙対義晴》という構図を見出し、勘合の移動に関する幾つかの仮説を立てたのも、まさにこうした理解に基づいている（本書第五章）[27]。その意味で、伊川氏の視点も不徹底であったと言わねばなるまい。

――以上、伊川説に対して忌憚なく「反批判」の言辞を連ねてきたが、すべて研究の進展を願ってのことであり、他意はない。また最後に、伊川論文のなかでも特筆すべき成果があったことは改めて強調しておきたい。【史料A】『岐部文書』中の「渡唐二号船」が永正度遣明船のそれであること、【史料B・C】『薩藩旧記雑録』所収文書がこの【史料A】の関連史料であること、文明八年度遣明船団に肥前松浦船が存在したであろうこと、などである。今後、筆者も微力を尽くし、当該分野の研究に貢献することを誓って、本章を閉じることとしたい。

註

（1）旧稿〔橋本 一九九八年a〕（本書前章の原論文）に対する書評の労を執って下さった佐伯弘次氏からは、「足利義澄と義稙の対立、足利義稙と義晴の対立がいかに符験すなわち外交権の分散に影響を与えたかが詳細に分析され」ており、「その分析視角と結論は説得的である」という評価を戴いた〔佐伯 一九九九年b：一九二頁〕。なお、同書評で佐伯氏に指摘された諸点を深めようとした試みの一部が本書であるとも言える。どこまでその課題に応え得ているかは心許ないが、中間報告として江湖に供する次第である。

（2）佐伯氏自身が明記しているわけではないが、行論の趣旨や『老松堂日本行録』〔村井 二〇〇〇年c〕の記載から筆者橋本がそう汲み取った。

（3）伊川論文では突然「拘留」と出てくるのでよく分からないが、おそらく、氏が参照した高柳光寿氏の論稿を下敷きにしているのであろう〔高柳 一九七〇年b：七五三頁参看〕。

（4）この阿多地方の湊は、従来その名前が不明であったが、『日本一鑑』「桴海図経」巻二・三に見える「片浦〈押大剌〉」という表現を参考にすることで、阿多浦と呼ばれていたのでないかという仮説を提示したい。すなわち、「押大剌」とはアタラと読み、片浦と場所が近く、発音も似ていたので、『日本一鑑』を著した鄭舜功は両者を混同してしまったのではないか。いずれにせよ、「アタラ」の読みに相応しい湊としては、〝阿多浦〟を想定するのがもっとも妥当ではないかと思うが、如何であろうか。

（5）この他に、実際に通信使が派遣された例として、一四七九年の通信使李亨元一行を挙げることが出来る。ただし同使行は、正使李亨元が対馬で発病し、引き返す途中の巨済島で死去したために中止となった〔三宅 一九八六年：第一部〕。ただしこれも中止の大きな理由は対馬による情報工作――「南路兵乱」により使行不可（『朝鮮成宗実録』十年七月戊辰条）――にあったと考えられる。

（6）さらに言えば、伊川説に言う〝室町幕府の公貿易〟の概念についても、中国・朝鮮の公貿易と何がどのように共通するのか、筆者には想像もつかなかった。ただし、通信使のもたらした「進物」に対する回礼品は、原則として幕府自身＝公方御倉が支出したと考えられる（『蔭凉軒日録』永享十二年二月九日条・六月十五日条）〔橋本 一九九八年c参看〕。

（7）なお、伊川氏は直接の「批判」の対象とした筆者の旧稿（「室町・戦国期の将軍権力と外交権」〔橋本 一九九八年a〕）を明示しているわけではない（氏は関連する別稿〔橋本 一九九八年b〕の方を挙げるが、その論稿に書かれていない点が「批判」されている）。本来ならば、名指しで批判されたわけでもないので反批判を行なう義務もないのだが、研究史の混乱を避けるためにも、敢えて「反批判」の筆を執り、本章にて問題の所在を明らかにすることとした。

（8）伊川氏は触れていないが、宇田川武久氏は当初この文書を永正七・八年（一五一〇・一一）頃に比定していた〔宇田川 一九八三年〕。なお、伊川健二氏は長沼賢海氏が同文書を永正十年に比定したと言うが、誤解である。長沼氏は、積極的に年代比定（特定）を行なわなかったからだ。長沼氏は、この「渡唐二号船」が勘合船であれば、「永正一〇年帰朝の第二船」であったろうと言ったのであって、氏自身は勘合船であることの可能性を否定し、この「渡唐二号船」を密貿易船（＝非勘合船）だと推定するに止まったのである〔長沼 一九七六年：三二〇頁〕。

（9）伊藤幸司氏も指摘しているように、「竜首座（＊堺船居座の取竜）公事に依り」喜侍者（歓甫□喜）が上洛したときの「公事」の原因が、客衆（乗組商人等）による璋書記（圭圃支璋）・喜侍者両人の荷物の「押取」（差し押え）であること（『蔭凉軒日録』文明十八年七月七日条参看）、そしてこの事件が本文の「公事」に相当することは明らかであると思われる〔伊藤 二〇〇二年a：四〇頁参看〕。

（10）宇田川武久氏は、「中乗と船頭は大友氏の海外貿易にたずさわった海運業者であり、客衆とは彼らが口入れをした商人と思われる」と述べ〔宇田川 一九八三年：一三九頁〕、「中乗」≠「船頭」と位置付けた。しかし、これもまた疑問である。なお、旧稿＝本章原論文〔橋本 二〇〇二年b：五四頁〕では、伊川説が「中乗」＝「客衆」と理解していると述べたが、筆者の誤読・誤解であった。ここに訂正し、伊川氏にはお詫び申し上げたい。

（11）弓削島荘関係史料に見える「中立酒肴料」（『東寺百合文書』よ函、貞和五年十二月日付け弓削島庄串方算用状、『愛媛県史』資料編古代・中世―七五〇号）も、並列して記載される「オキ嶋六郎兵士料」「野島酒肴料」に注意すれば、警固衆への広義の酒肴料、という意味に取れるのではないか。なお、念のために補足しておくと、大友家の府内水軍の一つである若林氏に対して、「上乗・水主・武具」を用意するよう大友氏が命じた例があり（『若林家文書』〈天正十四年〉十一月二十一日付け大友義統書状〈鹿毛 二〇〇三年b：翻刻―七一号〉）、「上乗」の語も使用されていたことが分かる。

（12） この事例については、インターネット検索エンジンGoogleを用いて、横山伊徳氏のホームページ（下記アドレス参照）により知り得た。参看、http://www.hi.u-tokyo.ac.jp/personal/yokoyama/okinawa/ok213008.htm。

（13） さらに想像を逞しくすれば、この【史料A】に見える「中乗」は、大友氏直下の海賊衆であった可能性が高い。先行研究によると、【史料A】の宛所の櫛木・岐部・富来らは国東衆といい、在地領主クラスの領主水軍集団、浦辺水軍である。この国東衆は、別府湾岸の「府内水軍」などの大友氏「直轄水軍」に較べると独立性が強く、大友氏との主従関係が薄かった〔福川 一九八二年：三一六頁以下、宇田川 一九八三年：一四一頁以下〕。その在地領主クラスの国東衆に、今回、警固用の出船（準備）が依頼され、しかも、問題の「喧嘩」事件が「国家外聞」に関わるとされているのである。これらの点に注意すれば、問題の事件が起こったときの「中乗」＝唐船警固衆とは、（彼ら国東衆ではなく）大友氏直轄系の水軍により構成されていた蓋然性が高いと思われる。

（14） 文書番号は『鹿児島県史料 旧記雑録 前編二』に拠る。以下同じ。

（15） 小葉田淳氏は、この【史料B・C】を大永度遣明船二号船（堺商人絹川佐渡入道の経営する船）に比定し、「二號船の渡唐は實現しなかつた」と述べており〔小葉田 一九六九年：一三五〜一三七頁〕、これが現在までの定説となっていた。伊川氏の指摘により、小葉田説の誤謬は的確に正されたわけである。ただし、福川一徳氏はすでに【史料A・B・C】が一連の事件に関するものだとすでに指摘していた〔福川 一九八二年：三二〇頁〕。

（16） なお、「客衆」らが「各」々帰国する、とあるので、様々な地域や勢力の商人たちが乗り合わせていたことも確実である。ただ、そうした例はまったく珍しくない。例えば、『戊子入明記』記載の一号船（公方船）の客商リストを参照のこと。また、最近は、博多商人の独占と考えられがちである天文年間の大内船にも堺商人の乗り込んでいたことが、伊藤幸司氏によって〝再発見〟されている〔伊藤 二〇〇二年a：第二部第四章、橋本 二〇〇四年d参照〕。

（17） ここでいう「細川船」とは、《細川氏が幕府将軍家から勘合を獲得し、商人や禅僧らに経営実務を委託し、自身の荷物も積んで、帰国時には抽分銭を徴収する》という、ごく常識的な定義である。細川氏は、膝下の堺の商人たちを軸に、この「渡唐二号船」の経営を請け負わせたのであろう。すると、やはり宇田川氏の御教示通り【史料B・C】は一五一三年の文書と見る方が妥当であると思われる。

(18)　文書番号は『大分縣史料』(三一)に拠る。以下同じ。

(19)　伊川氏が指摘するように、確かに、文亀～永正年間は将軍義澄が成人し、独自の意思を表明して細川政元と「対立」を繰り返す時期であった。しかし、たとえ義澄と政元との仲が円滑でなかったにせよ、その「対立」は《足利義澄―細川政元 対 足利義稙―大内義興》の大枠を超えるほどではありえなかった。足利義澄は、細川政元が暗殺されるまで将軍の位に居座り続け、大内義興の上洛・捲土重来(永正政変)により、初めて政権の座を逐われるからである。つまり、この義澄―政元政権は、存命中の政敵＝足利義稙(義材・義尹)が周防大内氏のもとに留寓しており、常にその上洛に脅えるという切迫した情況に置かれていた。やはり、義澄と政元との二人は、明応政変という血腥い歴史を共有し、政権の枠組みの維持という一線は守っていた、と見るべきなのである〔山田 二〇〇〇年：第三章参照〕。したがって、将軍義澄と対立していることを理由に、細川政元が大友氏と結び付いたと想定するのは、やはり無理があるように思われる。大内氏を牽制するために、その背後にいる大友氏と義澄―政元政権とが結び付いたと見るのがもっとも妥当だろう。

(20)　この「内々」という表現は、すでに筧雅博氏や百瀬今朝雄氏が明らかにしたように、「外様」「公」「公儀」「晴」などと対になる言葉である〔筧 一九八九年、百瀬 二〇〇〇年〕。つまり、この「内々に(勘合を)進らすべし」というのは、大友氏への勘合の発給が《公式》でなく、《非公式》であると言っているに過ぎない。意思の相違云々がなぜここから導かれ得るのか、甚だ理解に苦しむ。それでは、勘合発給の《公式》なあり方とは何であったか。この点は、史料も乏しいので推測に過ぎないが、まず、遣明船派遣が決定してから使船の構成が決まる、つまり、遣明船派遣直前に初めて勘合が配布される、というルールがあったのではないか。この頃、相国寺船が幾度も計画されながらその都度実現しなかったことは、こうした「原則」の存在を想定しなければ理解することができまい。次には、室町殿の御前で交付される、あるいはせめて幕府政所奉行人から発給されるという「原則」が考えられよう〔橋本 一九九七年c〕。日明勘合は、それだけ厳格・厳重に手交されていたのである。

(21)　文亀元年(一五〇一)五月、細川政元が全権を安富元家に委任して隠居する。その状態がこの時期まで続いていた可能性も論理的には存在するが、安富元家に対して赤沢宗益が「披露」するというのも考えがたいので想定から除外した。

(22) 細川氏が所持している勘合を第三者＝大友氏に譲渡する場合、将軍（義澄）の許可が必要であった、とすれば話は別だが、常識的に、これはあり得ないことだろう。

(23) 伊川氏の強調する、「史料Dと史料E・Fの間に横たわる性質の違い」＝「発給者の違い」＝細川政元と幕府の意志とが「異なっている可能性」は、将軍義澄が勘合発給要請を受け容れたという結論から見る限り、取り立てて論ずるほどの違いではなかったのでないか。ただしもちろん、この段階で即ちに、大友氏に勘合が交付されなかったことを見ると、将軍義澄は、なお大友氏に肩入れすること（＝大内氏を完全に敵視すること）を躊躇していた可能性もあろう。この点、当該期の九州政治史を考える上では興味深い。

(24) 念のため補足しておけば、「京都時儀」の「時儀」を「時宜」と殊更に読み替える必要もないと考える。参考までに、たとえば、『南部家文書』年欠（宝徳四年ヵ）九月二十六日、前信濃守孝安（幕府管領斯波家執事二宮氏ヵ）書状（『岩手県中世文書』中巻―87号）に見える、「奥州時儀属無為、殊御本望之由」という一節は、南部家のヘゲモニーによる奥州地域の「平和」、と理解されている〔入間田 一九九九年：六二頁〕。つまり、この「京都時儀」から幕府＝将軍義澄の意向を排除することはできないものと考える。

(25) 本章註20参照。

(26) 『老松堂日本行録』を繙けば、こうしたリレー方式の警固システムが看取できる。なお、最近、こうした問題に迫った論稿として、須田牧子氏の研究〔須田 二〇〇四年〕および拙稿〔橋本 二〇〇五年〕を参照されたい。

(27) こうした視点は、未曾有の将軍廃立が行なわれた明応政変以後、《足利義稙―義維系 対 足利義澄―義晴系》の対立が政治史の基調を成したと見る、最近の研究潮流にも適合的であろう〔勝俣 一九九六年、家永 一九九七年、山田 二〇〇〇年など〕。

終章　本書の総括と展望

一　本書の総括

本書は、「偽使問題」という視角を積極的に導入して、外交権・通交権の所在や、外交主体・通交主体の実像に迫ること、そしてそのことにより、中世後期（室町・戦国期）の国際関係史を構造的・動態的に描くことを目指してきた。従来、偽使の存在自体や出現の背景などは論究されてきたものの、それを阻むために導入された符験（外交資格証明手段）を包括的に検討する作業はあまり熱心になされて来なかった。符験は、本来的に、偽使の通交を規制したい側――多くは《国家》――が設定するものなので、《地域》との軋轢を強める結果をもたらす。したがって、符験制に関する議論が手薄であったことは、そのまま《地域》と《国家》との相克に対する視点が薄弱であったことを意味する。室町幕府外交システムがいかに解体していったのか、《国家外交》（線の関係史）から《地域交流》（面の地域史）への構造的転換はいかにしてなされたのか、といった課題は、まさしくこの「偽使問題」から解明することができるのではなかろうか。本書が「偽使問題」、符験制の問題、さらに換言すれば外交権の所在に関する問題を重視してきた所以である。

また、村井章介氏によって提起された概念、〝《地域》と《国家》との相克〟（村井 一九八八年：第一部）は、本書序章でも述べた通り、近年の対外関係史研究・地域間ネットワーク論に絶大な影響を与えてきたが、中国・朝鮮はともかく、当の中世日本エリアに即した〝《地域》と《国家》との相克〟は長らく宿題のままであった。これについても本書は、室町幕府将軍権力を《国家》の中核と見なし、《地域》の極には対馬―博多ラインを置いて、如上の研究課題に挑んできた。ただし、これだけでは〝《国家》と《地域》の関係史〟は描き切れない。さらに両者の「中間層」とも言うべき西国有力守護の細川氏・大友氏・大内氏（のち毛利氏）の動向に注目することが必要である。彼ら有力地域権力は、《国家》にも《地域》にも属す両義的な存在であり、西日本における対外関係に圧倒的な影響力を保持していたからである。

こうした意味で、本書は確かに「日本中世史」に即した研究ではあるが、決して一昔前のような「一国史」的研究に終始しようとしたものではない。むしろ、中世日本列島内外の各国・各地域の実態に迫ることにより、国際関係史の実像を具体的かつ詳細に描こうと企図したものである。(1)それに成功したか否かは、読者諸賢の厳しい叱正を待つほかないが、最後にここでは、本書の研究を通じて明らかになった諸点をまとめ、今後の課題を示して本書を閉じることとしたい。まず本節では、本文部分との重複を懼れず、また若干の補足も交えて、各章のまとめを紹介していこう。

第一章「王城大臣使の偽使問題と日朝牙符制」では、従来おおむね真使であると無前提に信じられてきた十五世紀後半段階の幕府有力者（畠山・左武衛〔斯波〕・細川・伊勢などの「王城大臣」）名義の朝鮮への使節が、ほぼすべて対馬―博多地域勢力による偽使であったことを明らかにした。研究史上の〝朝鮮観論争（村井―高橋論争）〟（一九八〇年代後半）を克服するためには、まず通交者の実体を把握することが必要であるため、王城大臣使の偽使問題に注目したわけである。一四五五年、朝鮮側が厚遇する「管提」畠山殿使送を皮切りに偽王城大臣使の通交が開始され（「第一波」）、一四七〇年には応仁・文明の乱と対馬宗氏の博多出兵とを機に新たな偽使名義が開発された（「第二波」）。こうした偽使の派遣主体は、使節の顔ぶれや当時の環境を考えると、対馬—博多の中小領主・海商勢力であった可能性が高い。貿易資本や輸入品販路の視点から考えても、博多商人の積極的関与は確実で、対馬—博多ラインの強固な結びつきが想定される。また、大量の偽使を創出するには、外交文書の起草スタッフが当然欠かせないが、一四六三年幕府の遣朝鮮副使であった五山僧仰之梵高が対馬（梅林寺景徳庵）に滞留することで、そうした問題点は解消された[(2)]。

なお、一四五〇年代（島主宗成職時代）以降、対馬による偽使創出が本格化することを長節子氏が指摘しているが〔長 二〇〇二年b〕（偽王城大臣使の登場〔一四五五年〕も同様）、それでは、何故この時期に偽使が大量生産されるようになったのだろうか。これについては、最近、荒木和憲氏が非常に的確な解答を示している。氏によれば、一四四三年、朝鮮政府と宗貞盛との間に癸亥約条が結ばれて島主歳遣船が五〇隻に制限されると、家臣団への知行分の歳遣船が慢性的に不足状態となり、対馬宗氏は新たな通交権獲得の模索を余儀なくされた。その結果生じたのが、一四五〇年代以降の偽使大量創出に他ならなかった、というのである〔荒木 二〇〇四年[(3)]〕。

さて、偽王城大臣使の通交そのものは、象牙製の割符を照合するシステム＝日朝牙符制により、十五・十六世紀の境を最後に十六世紀半ばまで途絶してしまう（正味四〇年ほどの空白）。一四七四年、足利義政の要請により朝鮮王朝が日本国王使正球に牙符を造給し、一四八二年、日本国王使栄弘が第一牙符を携行・通交したことで、日朝牙符制が制度として発効したためである。これ以後、偽使派遣勢力にとって、この日朝牙符制は容易に越えがたいハードルとして屹立することになった（このハードルを切り崩すための彼らの営みについては、本書第五章にて詳述。また十六世紀後半に関しては特に米谷均氏の諸論稿〔米谷 一九九七年a・一九九八年aなど〕を参照されたい）。

第二章「朝鮮への『琉球国王使』と書契—割印制」では、十五世紀後半、朝鮮に現れた「琉球国王使」の実態について究明した。これについても、対馬—博多の偽使派遣勢力が積極的に動き、驚くべきことに琉球王国の機先を制して書契―割印制を朝鮮王朝と契約することに成功した（一四七一年）。その後、彼らは、安全裡に偽使を創出し得る態勢を作り上げる。これにより、その「琉球国王使」に関わる人間が、直接、琉球（王国）方面に出向かなくても、「琉球国王使」を創作することが可能となった。つまり、この頃の「琉球国王使」とは、漂流民送還などの場合に琉球王国との接触が認められるものの、博多・対馬において最終的に完成された外交使節、と定義・理解するのが正しい。すなわち、各使行と琉球（王国）との関係は、個別に理解（推測）するほかないのである。

ところで、古文書学的・外交文書論的な観点から特に興味深いのは、琉球王国が咨文（公式文書）によって交隣外交を実施しようと考えていたのに対して、朝鮮王朝は書契（私的文書）による交隣を善策としていたという点である。それゆえ、対馬―博多勢力の作った偽の書契であっても、あまり疑わずに受け容れてしまったらしい。文書外交に関するこうした相違の背景については、さまざまな事情が考えられるが、少なくとも、明朝を中心とする国際秩序に対して琉球・朝鮮が採った、それぞれのスタンスが反映していることは間違いない。すなわち、琉球は明朝への「朝貢」を笠に着て〝公式〟に諸外国との交隣関係を展開したのに対し、朝鮮は〝朝・日陰結〟（朝鮮と日本とが陰で結託すること）を半ば恒常的に警戒されるなど、(4)あからさまに隣国との関係を持てなかった。それが、琉球の公式な咨文、朝鮮の私的な書契、という外交文書様式の違いに結果したのであろう。

なお、偽使派遣勢力の「琉球国王使」最終偽作体制は、十五世紀の末に、書契に捺す割印も図書印（偽「琉球国王」の個人印）も相継いで失われたために崩壊してしまう（亡失の理由は不明）(5)。

第三章「肥後地域の国際交流と偽使問題」では、十四〜十六世紀、港町高瀬津の歴史的展開を縦軸に、十五世紀後半、菊池氏名義の遣朝鮮使の偽使問題を横軸にして、肥後地域の国際交流の実相を考察した。十四世紀半ば、元明交替・前期倭寇猖獗を契機に〝大洋路〟（明州〔寧波〕―博多ルート）が忌避されると、有明海に面した高瀬は、これに代わる〝南島路〟（福建―琉球―南西諸島ルート）の帰着点として一時的に栄えた。未曾有の活況を呈した〝南島路〟は、亀焼《カムイヤキ》（類須恵器）から中国陶磁器への日用雑器の変化を伴う、琉球列島の〝文明化〟を一挙に推し進めた点でも重要である。また、肥後菊池氏の対外通交については、菊池殿名義の朝鮮遣使の真偽が問題となるわけだが、本章における検討の結果、十五世紀後半以降の菊池殿使送はすべて対馬による偽使であると判明した。とくに、文明年間の宗貞国の博多出兵と相前後して、この菊池氏名義をはじめ、偽使の通交権が分裂した例が確認される事実は、対馬の島内政治と九州本土政治史との絡みでも非常に興味深い現象と言える。

第四章「宗貞国の博多出兵と偽使問題」は、第一～三章の考察結果によって浮上してきた一つの〝画期〟、一四七〇年の持つ意味について検討した章である。本書序章でも述べたように、この年、①新規の名義を中心とする偽王城大臣使の「第二波」が登場（第一章）、②偽の「琉球国王使」を仕立て得る書契―割印制を提案した《偽琉球国王使》が登場（第二章）、肥後菊池氏名義の〝偽使の偽使〟のように、通交権の分裂・競合した偽使が登場（第三章）、といった複数の〝画期〟が認められ、何らかの共時性・関連性が想定される。この当時、玄界灘地域に起こった〝画期〟的な歴史的事件と言えば、対馬島主宗貞国の博多出兵（一四六九年後半～一四七一年初頭）を措いて考えられない。この事件と先の諸現象との関連性を探ったのが本章というわけである。併せて、一四七〇年以前の瑞祥祝賀使を詳論した長節子氏の研究〔長 二〇〇二年b〕と、一四七〇年以後の王城大臣使（「第二波」）に関する筆者の偽使研究（第一～三章）とにうまく架橋し、そのことにより、一四六六年末～一四七一年に興った《朝鮮遣使ブーム》〔高橋 一九八七年a〕の内実を出来る限り正確に把握しようと努めた。

宗貞国の筑前博多方面への出兵によって、対馬島民と博多商人とが直接・密接に関係を持つようになったことは想像に易い。このとき、宗貞国が博多の有力商人に持参した〝手土産〟こそ、まさしく偽王城大臣使（「第二波」）の通交名義であり、また《偽琉球国王使》への積極的便宜供与であっただろう。なぜなら、それまでに島内勢力に知行（既得権）として与えられていたと思われる偽使名義――例えば偽王城大臣使の「第一波」など――を、博多商人らに分割供与するわけには行かなかったはずだからである。このように考えると、偽王城大臣使の通交途絶を図って導入された日朝牙符制が発効したまさにそのとき（一四八二年、第一牙符を持った本物の日本国王使栄弘が朝鮮に通交）、偽使と目される夷千島王遐叉使送（長 二〇〇二年a：第二部）が同時通交したことは、実に示唆的である。つまり、牙符制によって通交権を喪失する博多商人への配慮、具体的には朝鮮通交権の補塡策が、夷千島王遐叉使送の創出だったのではないか。

宗貞国の博多出兵による対馬―博多ラインの緊密化は以上に略述した通りだが、もう一つ忘れてならないのが対馬島内の政治動向である。すなわち、対馬の島主代官職を代々務めてきた仁位中村系宗氏が島主の離島を機に〝内紛〟を勃発させ、その結果、島主代官職が《職盛→茂勝→貞秀→茂勝→国親》と目まぐるしく交替した。にも拘わらず、『朝鮮王朝実録』に窺えるこの時期の「島主代官」使送は、一貫して「宗助六盛俊」を名義人とするものであった（韓文鍾氏の御教示）。つまり、この頃には、島主代官ですら通交名義と実在現職者名との乖離――偽使名義の物権化――が進行していたのであり、逆に言えばそれだけシステマティックな朝鮮通交体制が築かれていたと見て良かろう。

ところで、本書では一貫して対馬―博多ラインの〝一体性〟を強調しているが、もちろんそれだけでは一面的で単純な評価に過ぎない。上記のように、対馬島内部でさえ複雑な利害対立を生じさせていたのである。対馬と博多と、あるいはそれぞれの内部での矛盾を抱えつつも、対馬―博多ラインは《地域》としての成熟度を増していったと評価するのが妥当であろう。本書の随所に述べた通り、対馬が日朝関係を展開する上で、輸出品の入手先であり輸入品の販路である博多との関係が最優先事項であったことは間違いないからである。

第五章「『二人の将軍』と外交権の分裂」では、まず十六世紀段階における符験――日朝牙符・日明勘合――の地域権力への分散・分布情況を明らかにし、次いでそれがどのようにして幕府から彼ら地域権力の手中に収まっていったのかについて、国内政治史・国際情報史の視点から推測を加え、仮説を提示した。十六世紀には大内氏・大友氏・毛利氏などの地域権力が限りなく偽使に近い使船を朝鮮や明に派遣していたが、その通交権の根拠である日朝牙符・日明勘合が、如何にして彼らの手中に収まったのか、これまで厳密に突き止められることがなかったからである。

ここで簡単に結論のみ述べれば、一四九三年、明応政変（将軍廃立事件）で足利将軍家が《義稙―義維》系と《義澄―義晴》系とに分裂し〔勝俣 一九九六年、家永 一九九七年、山田 二〇〇〇年〕、それぞれが自身の保身のために日朝牙符や日明勘合を地域権力にばらまいたというのが事の真相である。そしてそれぞれが互いに相手陣営の保有する符験を無効化するため、国内的な政治工作や国際的な情報操作を行なった。そのため、各種各様の符験が十六世紀の東アジア通交圏では行き交うようになり、国際関係はより複雑化したのである。従来の研究史で移転経路が不分明であった室町幕府旧蔵の符験①～⑦について、符験の種類、移動時期・事由をまとめると、以下のようになる（以下の番号は第五章第二節冒頭のそれに対応）。

① 大友氏の日明勘合……日明弘治勘合三枚。文亀三年（一五〇三）、前将軍足利義稙―大内氏ラインへの対抗上、懐柔策の一つとして現将軍足利義澄―細川政元政権から贈られた。

② 相良氏の日明勘合……日明弘治勘合一枚。一五四〇年代、すでに弘治勘合三枚を入手していた大友氏から一枚譲られたものか。当時、相良氏は大内氏と大友氏を天秤に掛けており、大友氏としては相良氏を懐柔する必要があったからである。

③ 大内氏の日明弘治（旧）勘合……幕府に残っていた日明弘治勘合のすべてか。明朝に弘治勘合を返還して「嘉

靖勘合」に更新するために、天文十一～十二年（一五四二・四三）頃、六角氏を通じて幕府（将軍義晴政権）から獲得した。

④ 一五〇一年「日本国王使」に使用された大内氏の日朝（旧）牙符……第四牙符か。一四九〇年、一度は参画を約束された明応度遣明船経営から大内氏が排除された見返りとして、同年派遣の将軍義稙名義の遣朝鮮使（博多妙楽寺請経使）が使用した牙符をそのまま委譲されたと考える。

⑤ 一五二〇年代、大友氏の影響下で使用された日朝（新）牙符第一・第二……一五〇三年、前将軍足利義稙―大内方が握っている旧牙符を無効化するために、現将軍足利義澄―細川政元政権が大友氏を介して牙符の更新を朝鮮に要請し、それに成功した（ただし旧牙符はその次の日本国王使がまとめて返納することと決められたが、履行の有無については不詳）。その過程で、大友氏の手許に少なくとも更新後の第一・第二牙符が残されたのではなかろうか（なお第三（新）牙符も同様か―後掲⑦参照）。

⑥ 一五四二年、大内氏の影響下で発遣された「日本国王使」の日朝（新）牙符第四（のち毛利氏が継承）……永正十一・十二年（一五一四・一五）頃、大友氏と大内氏とが和睦していた状況下、将軍義稙より頒賜された。すでに大内氏は一五〇一年以前に将軍家から旧牙符一枚（第四ヵ）を委譲されていたから（前掲④）、その〝伝統〟の継承を図り、成功したものと思われる。

⑦ 一五五二・五三年、偽の「左武衛殿」使送が用いた日朝（新）牙符第三……前掲⑤と同時に大友氏の管理下に入った蓋然性が高い。日朝牙符更新時に、大友氏の息のかかった「日本国王使」二起が他ならぬ第二・第三牙符を携行していたからである。

――上述のまとめを見れば分かるように、研究史上もっとも特筆すべきは、従来の対外関係史研究では大内・細川・宗氏ほど陽の目を見なかった大友氏が、日明・日朝関係いずれにおいても無視できぬ役割を果たしていたという事実であろう。博多支配・九州政治史の問題、戦国期幕府政治史の展開とも絡んで、今後なお深める必要性を痛感している。とくに後者に関しては、戦国期に入ってなお幕府将軍権力が求心力を保持していることが指摘されているが〔家永 一九九七年、山田 二〇〇〇年〕、その一つの要素として、室町殿の保有する外交権――即物的にはその徴憑である符験――があったことは恐らく間違いない。政治史と外交史とに架橋するためにも、今後不可欠な視点であろうと考える。

最後の第六章「永正度の遣明船と大友氏」では、第五章原論文〔橋本 一九九八年ａ〕への伊川健二氏の批判に応えるために、主に『大友家文書録』に見える大友氏への勘合委譲の記事に関して再検討を行なった。併せて、伊川論文のなかで疑問に思われる点についても指摘した。当該章で示し得た筆者の見解は以下の通りである。

① 応永二十六年（一四一九）日本にやってきた「南蛮船」二隻について、『阿多文書』に見える「南蛮船」と、『老松堂日本行録』や『朝鮮王朝実録』に登場する「琉球船」とは、もともと同じ一行であったものが、漂流か何かの理由で行き別れになり、それぞれ薩摩と兵庫近辺とに辿り着いたものではないか。つまり、このときの「南蛮船」二隻は、〝南蛮船＋琉球船〟という構成だったと考えられる。

② 朝鮮からの通信使の来日が一四四三年を以て途絶した理由とは、これ以降の通信使派遣（計画）において、過去の使行中の遭難事件の恐怖〔三宅 一九八六年：第一部〕や偽使派遣主体＝対馬宗氏による情報操作（本書第一章）などの諸条件が作用した点にある。伊川説のように、一四四三年の通信使行のみから通交途絶の原因を引き出そうとすることには無理がある。また伊川説は、通信使が幕府との「公貿易」（伊川氏の用語）を行なえなかった点に憾みを遺し、その結果、通信使は途絶したとするのだが、その前提となる史料解釈が疑問である。通信使

の入京に際して、幕府からの徴収に諸大名が反発した「要脚」「国役」とは、通信使の接遇に関わる諸経費であり、伊川説の言うような貿易対価ではなかった。

③　伊川説における拙稿批判の要諦は、〝永正度遣明船の二号船が細川氏の経営で派遣され、帰国時、大友氏によって抽分されることになっていた、それは遣明船の経営者（細川氏）と抽分銭徴収者（大友氏）とは可分な存在だからである〟という点にある。しかし、永正度遣明二号船と大友氏との関わりは、幕府から命令された遣明船警固の役割に過ぎなかった。この理解の鍵となるのは、『岐部文書』に見える遣明二号船の「中乗」の解釈で、九州地域の諸史料に照らしてみると、中世西日本に普遍的な「上乗」（船上の警固衆）と同義であった可能性が高い。つまり、永正度遣明二号船の「中乗」とは、大友氏麾下の遣明船警固衆であったと考えられる。そして常識的に、帰国時の輸入品に対して抽分銭が掛かるのだから、遣明船経営者と抽分銭徴収者とは一致していなければならない。伊川説のように両者が可分の関係だとは、決して考えられない。

④　右の伊川説の根拠とされた史料が、日明勘合の移動に関する『大友家文書録』の三点の文書である（『大分縣史料』三一―五五九・五八七・六三三号）。細川京兆被官沢蔵軒宗益から大友氏雑掌僧勝光寺圭圃光瓉宛て文書（五八七号）中の「内々に（勘合を―橋本註）進らすべし」という表現から、伊川氏は、将軍足利義澄と細川政元との意思の相違を読み取れるとし、それを根拠に細川氏が独自に大友氏への勘合一枚の譲渡を行なったのだと結論づけた。しかし、史料を正確に読めば、大友氏への勘合の譲渡は、細川政元と足利義澄との了承によって初めて実現したとしか解釈できない。「内々」とは「外様」（公式）と対になる〝非公式〟な状態・手続きを意味する言葉で（寛雅博 一九八九年、百瀬今朝雄 二〇〇〇年）、ここでは大友氏への勘合委譲が非公式に――恐らく遣明船計画発表前に譲渡されたという点で非公式に――行なわれたことを意味するに過ぎない。すなわち筆者は、本書第五

章でも述べた通り、足利将軍家から大友氏に対して日明弘治勘合三枚が贈られたと結論する。

二　展望と課題

以上が本書所収の諸論稿のまとめである。随所に本書で得られた新知見や成果を明記したつもりだが、総体としての本研究がいかなる潜在力《ポテンシャル》を持っているのかについては、改めて研究史のなかで到達点と課題とを明示しておく必要があるだろう。そこで次に本節では、本書で中核的に用いた偽使問題研究の成果と意義とを述べ、《地域》と《国家》との関係についてまとめてみたい。そして最後に、若干の展望と課題とについて披瀝し、本書を閉じることとしよう。

1　〝偽使の技法〟

まず、本書でも考察の中心に置いた「偽使」とは、如何にして創出されるものだったのであろうか。ここでは、偽使という現象が歴史的に生成した事由を問うているのでなく（これについては前節のまとめなど参照）、偽使そのものがいかなる〝技法〟によって生み出されたのかを問題にしている。偽使を創出するときに用いられた手法・方法＝〝技法〟を帰納法的に明らかにすることによって、他の偽使事例の検出に関しても参考になる点が大であろう。これは同時に、主に日朝海域に現れた偽使の分類にも通ずるはずである。

そこで本項では、本書の成果に立って、やや踏み込んだかたちで偽使認定基準の試案を提示しておきたい。これまでに積み重ねられてきた諸研究に基づけば、恐らく、以下のような〝偽使の技法〟を抽出することが大方許されるであろう。

Ⓐ 通交名義人（偽使モデル）の実名の一字（しばしば系字）や官職名を変えて、実在の人物と似て非なる虚偽名義を編み出す方法〔橋本 一九九七年a（本書第一章）、ロビンソン 一九九九年など参照〕。

- 一四五五年〜「管提」畠山義忠使送……実在の義忠はすでに出家、沙弥「賢良」を名乗っている。実在の管領は細川勝元。なお「管提」は侍所所司や山城守護ではなく幕府管領を仄めかす架空の肩書き。
- 一四五四年〜「大内道頓教之」使送……実在の大内道頓は「教幸」(6)。
- 一四六〇年〜「右金吾督」畠山義就使送……実在の義就は「右衛門佐」。
- 一四六七年 京極生道使送……実在の沙弥生観（京極家）がモデル。
- 一四七〇年〜 畠山義勝使送……実在の畠山義統がモデル。
- 一四七〇年〜 伊勢守政親使送……実在の幕府政所執事―伊勢貞親がモデル。
- 一四七〇年〜 細川勝氏使送……実在の細川勝元がモデル。

Ⓑ 通交名義人（偽使モデル）の政治的混乱期を狙う方法。以下は、各名義のモデルと関わる政治的事件（抗争）が偽使名義創出の契機になっていたとおぼしき例〔橋本 一九九七年a・一九九七年b・二〇〇二年（本書第一〜三章）参看〕。直後の引用文献は、その政治的事件に関する基本的な研究である。

- 一四五五年、「偽」畠山殿使送の登場……前年、畠山家督相続問題が勃発《政長》対《政久（弥三郎）―義就》〔今谷明 一九八六年、川岡勉 二〇〇二年参看〕。
- 一四七〇〜九〇代の《偽琉球国王使》の登場……一四六九年、第一尚氏から第二尚氏への政権交替〔高良倉吉 一九九三年、高橋公明 一九八七年・一九九二年など参看〕。
- 十五世紀後半段階の「偽」菊池殿使送の登場……肥後守護職をめぐり、肥後菊池氏が幕府や大友氏らと頻りに抗争〔青木勝士　一九九三年など参看〕。

・一四五四年～「大内道頓教之」使送（筆者は偽使と判断）の登場……文明二～三年（一四七〇～七一）、応仁・文明の乱を契機に起こった大内氏一族の内乱が起こる（西軍大内政弘の裏を衝くべく、政弘の伯父道頓教幸が東軍側に就いた）〔佐伯弘次　一九七八年参看〕。

・一四七〇年、「偽」甲斐政盛使送……一四六七年以降、応仁・文明の乱。甲斐氏は三管領筆頭家の斯波氏の被官で、代々越前国守護代を務める家柄(7)〔小泉義博　一九七四年a・一九七四年b参看〕。

・一四八二年、夷千島王遐叉使送……一四五〇年代以降、《安東氏》対《南部氏》の抗争が認められ、〝南部氏の平和〟が動揺し始める（具体的には、一四五六年蠣崎蔵人の乱など）。また一四五七年にはアイヌ首長コシャマインの蜂起が起こるが、蠣崎氏の覇権も、実際はアイヌ勢力に圧され気味であったという〔長節子　二〇〇二年a、入間田・豊見山　二〇〇二年：第一部第5章など〕。

Ⓒ通交名義人が本拠地に不在の時期をねらう方法。

・一四七七年、「偽」大内政弘使送……応仁・文明の乱の期間、大内政弘在京時点に、朝鮮に偽使が通交（一四七九年「真」大内殿使送が偽使であることを発見、朝鮮王朝に申告・暴露）〔橋本　一九九七年a〕。

Ⓓ通交権保持者が本拠地（主に対馬）に不在の時期をねらう方法。

・一四七〇年代前半期に登場した〝偽使の偽使〟の事例群が相当（肥後菊池殿使送や呼子高使送、神田《こうだ》能登守源徳使送の三例〔橋本　二〇〇二年d・二〇〇四年a（本書第三・四章）参看〕）。これは、Ⓒの亜種とも言えるだろう。

Ⓔ偽使派遣体制の危機——朝鮮政府からの通交制限強化——に〝打開策〟として偽使そのものを繰り出す方法。

・一四八二年、日朝牙符制が発効するのと同時に現れた、偽使＝夷千島王遐叉使送〔長　二〇〇二年a：第二部〕。

日朝牙符制に対抗する手段として新規に作られたのが夷千島王遐叉使送ではないか〔橋本 二〇〇二年d（本書第四章）〕。[8]牙符制が発効すれば、日本国王使・王城大臣使の偽使通交が著しく縮小されるので、通交権の補充が必要だったからである。

・一四八七年、「偽」永承（室町幕府政所奉行人飯尾為修法名）使送……牙符（第二牙符ヵ）を持つ日本国王使に付随して渡海・通交した使節。牙符なしで偽王城大臣使を通交させたいと考える対馬宗氏は、牙符を携行した日本国王使に偽王城大臣使（「永承」使送）を随行させるという手段を採ったと考えられる（ところが、朝鮮王朝からは、牙符なしゆえ接待拒否、とされてしまう――『朝鮮成宗実録』十八年四月甲申条）〔橋本 一九九七年a（本書第一章）〕。[9]

・一五〇九年、「偽」（伊勢守）政親使送〔橋本 一九九八年a（本書第一章）〕……牙符のみならず日本国王副書を携行した最初の偽王城大臣使であり、通交に成功したものと思われる（『朝鮮中宗実録』四年八月丁卯条）。これは、どうせ牙符が必要ならば、国王副書を楯に国王使なみの接待を引き出そうという意図から出た第二のテストパターンであろう。しかし恐らく王城大臣使並みの接待しか受けられなかったはずであり、通交貿易上の利益も国王使に比して少なかったため、これを最後に偽王城大臣使は約半世紀、姿を消してしまう。[10]

Ⓕ　偽使派遣体制を守るために情報操作・捏造を行なう方法。

・一四八〇年、畠山義勝使送（架空名義の偽使）。一四七二年に日本国王使正球に日朝牙符十枚が託されたのを承け、恐らくは牙符制の発効を恐れた偽使派遣勢力が、〝その正球は帰路行方不明になったので、代わりに国書の内容を自分から日本国王（室町殿）に伝えよう〟という内容の偽造国書を書き送った際の偽使である。偽使派遣勢力としては、牙符が散逸したという印象を朝鮮王朝に植え付けたかったか、あるいは日朝牙符の運用方法を詳しく知りたかったか、恐らく双方の理由でこの偽使を派遣したのであろう〔橋本 一九九七年a（本書第一章）参看〕。前項で見た牙符制を回避するテストパターンに先行する、原初的なあがきと言えよう。

・一四七九年、朝鮮から幕府への通信使の通交を断念させる情報操作。同年、日本国通信使（正使李亨元・副使李季仝）派遣が計画されると、対馬側は「南路兵乱（瀬戸内海の戦乱――ただし事実無根、橋本註）により使行不可能」と通達し（『朝鮮成宗実録』十年七月戊辰条）、派遣を阻んだのである。結果としてこの通信使は対馬にまでしか行けなかったのだが、それは正使が病に斃れたためというよりも（『朝鮮成宗実録』十年九月乙丑条）、やはり右のような対馬側の情報工作による面が大きかった。通信使が室町幕府に直接通交すれば、偽王城大臣使の存在を暴かれる虞があったからであろう。

・一四八〇年六月、「琉球国王使」が符験たる割印が失われた場合を懼れて、その対応策を示すよう朝鮮側に請うた例。「いま朝鮮―琉球両国で用いている割印（符験）がなくなったら、どうやって使節の査照をすべきでしょうか。琉球に帰国する使者に対して何かお考えをお示しください」（『朝鮮成宗実録』十一年六月丙辰条）。言外に新たな符験の支給を望んでいたと思われるが、朝鮮国王返書中にこれに応じた形跡はない（『朝鮮成宗実録』十一年七月丙戌条）。ちょうどこの翌月、偽の畠山義勝使送が、日朝牙符を持ち帰った国王使正球の行方不明を告げていること（これも言外に新規符験を要求？）に注目すれば、この頃、偽使派遣勢力が独自な符験制の確立に躍起になっていたことさえ推察できよう（「琉球国王使」の割印をめぐる内部争いもあったか？）。[11]

以上のように、偽使派遣勢力は、その時々の情況に対応して〝偽使の技法〟を適宜、応用・発展させてきたということができよう。このほかにも、偽使派遣勢力特有の偽使創出の方法論があるものと思われるが、これについては今後、事例を蒐集して補っていくこととしたい。

2　偽使の認定基準と、真偽のグレイゾーン

それでは、どのようにすれば、ある外交使節を「偽使」と判断することができるのだろうか。上記の〝偽使の技法〟に関する指摘と一部重複するのはやむを得ないが、本書で用いた〝偽使の認定基準〟について、ここで整理しておきたい。今後の偽使認定の参考にもなるはずだからである。

（1）ある外交・通交使節（文書）の名義人が現に実在するかどうか。たとえば、実在しない人間の名を騙る場合は、基本的に偽使と見なして構わないと考える。その名義人が架空の存在である場合はもちろん、故人になった場合や、出家後にも拘わらず出家前の実名を名乗る場合など、外交文書の名義に不自然な点がある場合もこの範疇に加えられよう（前項Ⓐのパターン）。

（2）政治的・軍事的・社会的環境を総合的に勘案して、その名義人（実在者）が、その外交文書を発給し、使節を任命したと見なせるのかどうか。たとえば、国内の戦争や政争に忙殺されている人間が、よほど直接的な軍事支援を引き出そうとでもしない限り、海外向けに使節や文書を準備するなどというのは不自然であろう（前項ⒷⒸⒹのパターン）。ただし、このアプローチは現代の歴史研究者が下す判定であり、恣意や予断の占める割合が高いという難点を十分意識しておかねばならない。

（3）通交使節となった人間の素性（属性や性格）が判明する場合。派遣主体を客観的に同定し得る、もっとも理想的な場合である。ただ遺憾ながら、使節となる人間の階層が低い場合、その属性（禅僧ならば法系・門派など）が判明しないことも少なくない。この課題に本格的に挑んだのが、通交使節（使僧）の法系や複数名義の使行に参加した同一人物などに注目した、村井章介〔一九九五年a：第四章〕や伊藤幸司〔二〇〇二年a・二〇〇二年b〕、

筆者（本書第一・五章）の研究と言えるだろう。

（4）　当時の通常の外交文書の様式や文言に比べて不自然な点があるかどうか。これに関する既往の古文書学的な研究としては、高橋公明〔一九八二年a・一九八二年b〕・橋本〔一九九七年c〕・伊藤〔二〇〇二年c〕・米谷〔二〇〇二年b〕などがある。高橋論文は文書様式・文言について基礎的な検討を行ない、拙論は室町幕府における意志決定過程から文書の作成・交付に至る過程を見通す。伊藤・米谷論文は、中・近世にわたる日朝間の外交文書（書契）に関する様式論的・資料学的な検討を行なった。これまでに分かっている例としては、朝鮮向けの外交文書に、朝鮮国王への朝貢的姿勢を示す文言、「皇」「陛下」などの文字が見られるならば、それは真書における通常の呼びかけ文言が「（国王）殿下」であったことと抵触するので偽書の可能性が高い、といった判断基準が挙げられる。(12)

（5）　極めて特殊な場合であるが、発信時（及びそれに極めて近い時点）の外交文書と、到着時の外交文書とが史料として残っている場合。発着時点の両文書を比較して、真偽・改竄の有無を判定すれば良い。室町時代の日朝国交関係は、比較的良好な素材の揃った稀有なケースである。この具体的な検討結果については、いずれ別稿にて詳論する予定であるが、さしあたり、本書表7を参照されたい。(13)

以上のような〝偽使の認定基準〟を確認できたからと言って、これだけですべての使節の真偽をはっきりと見分けられるわけではない。本書で触れた事例のなかにも、白黒はっきりしない、グレイゾーンに位置する曖昧な使節がいくつも存在するからである。たとえば、次のような事例を見て欲しい。

①　一四六〇年の斯波義敏名義の使送（真偽不明）（本書第一章第二節参看）。当時、義敏は義廉との家督争いに敗れ、周防大内氏の庇護下にあった。その名義を名乗る上記使節の真偽を明快に解く史料は、現在のところ見当たらな

い。だが、一考すべき史料はある。大内政弘の博多出陣に際して記された『正任記』によると、「織田新左衛門尉澄秀〈元弥九郎也／左武衛義敏家人也〉」が大内政弘の博多入部を祝う書状を政弘に捧げたとあって（文明十年〈一四七八〉十月一日条）、主君の義敏が上京（一四六五年）した後も、筑前博多方面に義敏の被官織田澄秀が残っていたらしいのである。このように、斯波義敏が博多方面に足がかりを残し、しかも周防大内氏と密接な政治的連絡を持っていたのだとすれば、義敏が大内氏領博多息浜《おきのはま》の商人と契約関係を結んで貿易に乗り出していた可能性は否定できない。だが逆に、名義人本人＝斯波義敏の動向をリアルタイムで知ることが出来たため、博多―対馬の人間（あるいは家人織田澄秀自身？）が安心して義敏名義の偽使を送り得たのだとも考えられる。真偽いずれの可能性も否定できないだろう。

② 三浦の乱後の請和使節である、一五一二年四月の日本国王使（正使弸中道徳、副使高山《こうやま》長弘）。『武家書法式』所載の「左京大夫雑掌言上」（永正十一年〈一五一四〉九月十一日幕府到着か）によれば、これ以前、「高麗船勘合事」（＝日朝牙符を用いての日本国王使派遣）が高山新左衛門尉なる者に正式に「仰付」られたことが判明し、すなわちこれこそ一五一二年日本国王使（副使高山長弘）であったと考えられる（本書第五章註29参看）。幕府将軍家（復職後の将軍足利義稙）が三浦の乱による日朝通交断絶を知っていたのか、そしてその復交交渉に協力しようとしていたかは甚だ疑わしいが（幕府が対馬と朝鮮との関係に口を挿そうとしたことは一切ない）、少なくとも使行自体は幕府の認知のもと実現されたと見るのが妥当である。ただし、正使は聖福寺を活動の場とする臨済宗幻住派の代表的外交僧弸中道徳であり、使行の主目的も戦後復交交渉であったから、恐らく幕府の意図した通交内容（大蔵経求請など？）とは一切関係がなかったと推測される。幕府側作成の遣朝鮮国書は、存在したとすれば書き替えられたであろうから、やはり一種の偽使――使節は本物だが国書は偽物――と見なすべきなのであろう。

③　一五四〇年代、大友氏が派遣した遣明船団〔村井 一九九七年a、橋本 一九九八年a（本書第五章）、鹿毛 二〇〇三年aなど参看〕。この遣明船は、もともとは幕府から正式に貰った弘治（旧）勘合三枚を用いて派遣されたものである。もっとも、この勘合三枚は、明応度遣明船から三度目の遣明船（一五三〇年頃?）に用いられる予定であったが、寧波の乱（一五二三年）後の断絶を挟んで、天文年間、大内氏が国内的政治工作・国際的情報操作を以て正徳（新）勘合を確保、遣明船経営独占に成功したために無効となってしまった。それでも、明朝中国との通交貿易を目指す大友氏は、一五四〇年代、幕府―大内氏とは独自に遣明船団を送ることとし、すでに公式には無効となった弘治（旧）勘合を使用したものと推量される（うち一枚は相良氏の経営船に用いられたか）〔橋本 一九九八年a（本書第五章）〕。

このように、「偽使問題」研究は、真偽を極め切れない事例にしばしば遭遇する。しかしながら、右の①〜③のようなどっちつかずの例ほど、歴史的に興味深くて、当時の国際関係史の複雑さを垣間見られる素材はない。そして、一見「偽使」と認定される使節において、国王・大臣など名義人本人の接触・関与が僅かでもあるならば、それこそまさしく《国家》と《地域》とのズレや乖離そのものに他ならない。そうした意味で、本書第一章や第二章、第五章で取り上げた「日本国王使」「王城大臣使」「琉球国王使」に関する偽使研究は、〝《国家》と《地域》との関係性〟を探る上で絶好の素材であると思われる。(14)

さて、この項の最後に、「偽使問題」を考える場合、いったい誰が何のために何を「問題」にしているのか、というもっとも根本的な問題についても整理しておきたい。この点が重要なのは、一般に、「問題」とは発見されるものであり、歴史叙述は「構築」されるものだからである〔上野千鶴子 二〇〇一年参照〕。偽使問題研究の立脚点を明らかにするためにも、偽使問題を「問題」視した主体が何かをきちんと押さえておかねばなるまい。本書で考えた「主体」のラインナップは、おおむね以下の三つである（偽使をどのように上手く創出して朝鮮側から利益を引き出すか、という点からすれば、偽使派遣勢力も「主体」の一つに含まれるが、ここでは余りに当然の事柄なので割愛した）。

①　朝鮮王朝政府――朝鮮王朝は、半島に押し寄せてくる日本や琉球からの使節（偽使を含む）に対し、貿易対価や接遇費用を用意せねばならなかった。つまり、経費削減のためにも道義的にも、朝鮮王朝は、出来る限り偽使を摘発・排除せねばならなかったのである（朝鮮王朝にとっての「偽使問題」）。図書（銅製印鑑、随時各勢力に造給）や通信符（一四五三年大内氏向けに造給）、日朝牙符（一四七四年室町幕府向けに造給）などの符験（通交資格証明手段）を造給し、「琉球国王使」とは書契―割印制を定約（一四七一年）、通交査照システムを強化したのは、そのためである（中村 一九六五年・一九六九年、田中 一九五九年・一九七五年、長 一九八七年、橋本 一九九七年a・一九九七年b・一九九八年a（本書第五章））。(15)

②　室町幕府将軍権力――室町殿＝足利義政は、日本国王使光以の往来によって、一四七〇年前後の偽日本国王使・偽王城大臣使の存在を知った（橋本 一九九七年a（本書第一章）、長 二〇〇二年b）。偽使の通交により、自身の外交権を脅かされると懼れた義政は、これら偽使を禁遏するため、一四七四年、日朝間に符験制を敷くことを提案する。これに応じて朝鮮王朝側から提示されたのが、すでに幾度も触れた日朝牙符制である（象牙製の割符〈第一～第十〉を用いた外交資格証明制度）。ところで、この牙符制の運用方法を見ると、足利義政は対馬―博多の偽使派遣勢力を押さえ込むよりも、むしろ現実の幕府有力者の朝鮮通交を阻むことを第一義としていたらしい。日明勘合と同じく、使節の派遣順に番号を合わせて牙符を持たせていたからである（朝鮮側は「王城大臣」（幕府有力者）への牙符分配を想定していたが、義政はそうしなかった（橋本 一九九八年a（本書第五章））。すなわち、室町将軍権力にとっての「偽使問題」とは、第一義的には対幕府内部への〝不信感〟だったのである。

③　現代の歴史研究者――我々現代の歴史研究者は、出来る限り客観的な「真実」「史実」を解明することを目指して、ある外交使節の真偽を検証する。歴史の表舞台に現れにくい〝辺境〟の中小領主や〝下層〟の商人たちに関する、良質な情報を得ることが期待できるからである。しかし、本書序章でも簡単に触れたように、実際のところ我々にとって通交使節の真偽の判定は最終的な課題ではない。本物か偽物か、白か黒かをはっきりさせることは確かに大切だが、むしろ使節自身がいかなる人間なのか、誰の意向を体現しているのかこそが重要であろう。やはり、「偽使問題」という問題視角を通じて、その使節がどのような仕組み・条件下で生み出されたのか、延いては当時の国際交流システムが如何なる構造を持っていたのかを明らかにしていかねばならない。すなわち、「偽使問題」研究とは一つの戦術・方法に他ならないのであり、言うなれば〝方法としての偽使問題〟なのである。[16]

すでに読者も気付いていると思うが、本書の基本的立場は右の③にある。しかし、当時の《国家》や《地域》の動向を考察するためには、この偽使という歴史現象を、当事者たちがどのように捉えていたのかという点（①・②）も窺う必要がある。「偽使問題」は、それぞれの立場から、様々な意味をもって立ち現れていたからだ。むしろ、こうした同時代の複眼的な視点をも取り込むことで、初めて国際関係がリアルかつ立体的に描けるのではなかろうか。[17]

ただしもちろん、厳密に言えば、このほかにも様々な「偽使問題」の立場があり得ただろう。たとえば、対馬宗氏主導の偽使派遣体制を横目で恨めしく見ていた壱岐・五島の諸勢力なども、上記とはまったく異なる「偽使問題」観――対馬への嫉妬？――を持っていたはずである。こうした様々な視点の発掘と検討とは、本書が対馬―博多ラインを主軸にしたことにより生じた課題であり、今後の宿題として重く受け止めておきたい。

3　《国家》と《地域》の相生《そうしょう》と相克――構造としての中世国際関係史

さて、本書における偽使問題研究の意義と内容とについては以上に述べた通りだが、本書におけるもう一つの主要な課題は、中世日本における〝《地域》と《国家》との関係史〟を描くことにあった。ここで、この問題に関して補足も含めて改めて整理を行ない、研究史へのフィードバックを行なっておきたい。

改めて言うまでもなく、偽使を派遣する側――すなわち《国境をまたぐ地域》に生きる人間たち――は、そこにメリットがあるから偽使を創出していた。そのメリットとは、明らかに経済的・貿易的利益であった。言わば、《地域》が《国家》に擦り寄るポーズを取り、渡航先の《国家》から最高の待遇を引き出す詐術が「偽使」なのであった。日朝関係に即してより具体的に言えば、朝鮮への偽使通交により、対馬―博多という《地域》勢力が渡航先の朝鮮国家を騙して経済的利益を手にしたのであり、当然、朝鮮王朝はこうした偽使を封じ込めるべく様々に画策した。そうした意味で、「偽使問題」とは、序章において筆者が批判的言辞を加えた村井章介氏の基本的視座――《地域―対馬》対《国家―朝鮮王朝》という視角（『中世倭人伝』〈村井　一九九三年〉）――と何ら異ならない、と映るかも知れない。

しかしながら、実際、偽使を封じ込めようとしたのは、中世日本の向こう側の朝鮮・中国の国家だけではなかった。これも本文中に述べたように、冊封を受諾して日明勘合制を積極的に活用した足利義満以下歴代の室町殿や、偽日本国王使・偽王城大臣使を封じ込めるべく新たに符験制（日朝牙符制に結実）を発案した足利義政など、自分自身に外交権を集中させ、《国境をまたぐ地域》を移動する人びと――例えば偽使勢力――を禁圧しようとする日本《国家》の首長が確かに存在したからである。こうした点に注目すれば、日明勘合や日朝牙符のあり方、あるいはそれと拮抗して生ずる偽使問題を通じて、中世西日本地域における《国家》と《地域》との関係性を探ることは十分可能であると考える。陰陽五行説の言葉を借りれば、《国家》と《地域》の相生と相克《そうしょう》――協調増幅関係と緊張対抗関係――を看取できるのではないか。

さて、この《国家》と《地域》の相生・相克関係を考える際、ある局面では《国家》に連なり、ある局面では《地域》の一翼を担う、細川氏・大内氏・大友氏など「中間層」的・両義的な地域権力の動向は極めて重要である。彼ら地域権力＝有力西国守護大名は、対馬宗氏・博多商人や後期倭寇勢力よりも室町幕府に政治的・地理的距離が近く、また港湾都市や商人を押さえ、多大な資本を活用することが出来た。彼らはこうした利点を活かして、対外通交貿易への参加（独占）の意欲にも溢れていた。そうであればこそ、明応政変以後、「二人の将軍」が分立するなかで、幕府将軍家保有の外交権――具体的にはその徴憑たる符験――が分裂・四散し、《国境をまたぐ地域》の各地域権力に分有されていったことも、政治史的にはむしろ自然の成り行きであったろう。つまり、中世後期の国際関係史の変動を惹き起こしたのは、間違いなく彼ら西国の地域権力だったのである。そうした意味で、政治史的に戦国時代の始期とされる明応政変は、国際関係史上も最大の〝画期〟と言い得るのではないか。いずれにせよ、このように、地域権力を「中間層」として想定すると、国際関係史の構造的変動ばかりか、〝《国家》と《地域》の関係史〟も捉えやすくなると思われる。

最後に、ややくどくなるが、なぜ国際関係史を「構造的に」捉えなければならないのか、この点に関して、日朝関係史・日明関係史上の〝画期〟〝転換点〟とされる事件を取り上げながら、卑見を提示して、その重要性を確認しておきたい。

日朝関係史の転換点＝「三浦の乱」?

概説書や高校教科書などを見れば分かるように、従来、中世日朝関係史の最大の画期とされてきたのは、一五一〇年「三浦の乱」である。朝鮮半島南岸の三浦居民＝倭人たちが朝鮮の貿易通交制限に抗して起こした事件だが、その結果、日本国王使などを除いて全通交権が無効とされた。貿易によって活きていた対馬の人びとは乱後復交に努力し、徐々に様々な名義の対朝鮮通交権を回復することに成功した。したがって、朝鮮との通交貿易権が、対馬に集中していく契機として、三浦の乱の歴史的意義は限りなく大きい。近世初頭の「柳川一件」（国書書き替え事件〔田代 一九八三年〕）に至る対馬の偽使派遣体制の骨格が、ここでほとんど完成したからである。

しかし、問題は、なぜ三浦の乱後、対馬は通交権を集中独占できたのかという点である。三浦の乱以前から通交権を事実上独占していなければ、乱後の講和交渉のなかで対馬が通交権を「回復」することなど到底出来なかったはずである〔長 一九八七年ａ：二六五頁参照〕。このように考えると、一五一〇年三浦の乱を画期とする通説的理解は、実は対馬─朝鮮間関係のみに注目した歴史理解だと言わざるを得ない。つまり、三浦の乱とは、極論すれば、対馬─朝鮮間の一事件に過ぎないのである。つまり、なぜ・いつから・どのような経緯で対馬宗氏が対朝鮮通交権の占有情況を勝ち得たのかこそが重要であり、その〝画期〟こそ、日朝関係史の構造的な〝転換点〟、延いては《国家外交》から《地域交流》への転換点と呼ぶにふさわしいのではないか。

そこでクローズアップされてくるのが、本書でも正面から扱った、十五世紀後半以降の「日本国王使」である。とくに、三浦の乱後の十六世紀段階における通交権回復交渉では、必ずと言っていいほど日本国王使が要請・交渉主体となっていた〔田代・米谷 一九九五年参看〕。つまり、対馬宗氏の意向を体現するために派遣された「日本国王使」の登場こそ、日朝関係の構造転換を告げるものと考えられるのではなかろうか。なかでも、対馬が（最終的に）偽作・艤装した偽日本国王使の登場がとりわけ重要になって来よう。

なお念のため付言しておくと、朝鮮王朝への「日本国王使」の通交条件としては、従来、「国王」名義の「書契」（いわゆる国書）に捺される印鑑「徳有鄰」が重要視されてきたが（高橋 一九八九年、村井 一九九九年a）、これは妥当な見方ではない。本書第一・五章中にも述べたように、むしろ重要なのは絶対に偽造不可能な象牙製の符験＝日朝牙符の方である（対馬宗氏旧蔵の偽造木印類には「徳有鄰」が四顆も含まれていることに注意（田代・米谷 一九九五年））。この牙符は、（朝鮮王朝側から見れば）「日本国王使」だけでなく、畠山・左武衛・細川ら「王城大臣使」の通交審査にも必要だったので、対馬宗氏の側としては、王城大臣使の通交に必要な複数の牙符を揃えるか、牙符制の対象から王城大臣使を外すか、いずれかの対策を採ることが必要であった。結果として対馬宗氏は、十六世紀後半、そのいずれにも成功するのだが（田代・米谷 一九九五年、米谷 一九九七年a参看）、問題は、十六世紀前半段階において対馬が確保し得た、日朝牙符の入手ルートである。これも本書第五章で論じたことだが、対馬宗氏に複数枚の日朝牙符を融通したのは、間違いなく大内氏・大友氏ら有力西国守護＝地域権力であった。そしてその契機となったのが、幾度も言うように、明応政変以後の「二人の将軍」の併存対立という政治情況であった。決して、対馬宗氏と室町殿との直接交渉により実現したのではない。対馬による偽日本国王使の恒常的創出は、明応政変なしにはあり得なかったのである。

日明関係史の転換点＝「寧波の乱」？

同様の問題は、日明関係史においても容易に探し当てることが出来る。日明関係史の転換点が一五二三年寧波の乱であった、という周知の言説である。ここではこの〝通説〟を問題にしてみたい。

一五二三年、大永度遣明船の大内氏経営船（使節…謙道宗設）が細川氏経営船（使者…鸞岡瑞佐）を、入貢先の寧波

で焼いたのが「寧波の乱」または「寧波争貢事件」である。ところが、概説書や高校教科書によっては〝寧波の乱に勝利したから大内氏がその後の遣明船派遣を独占し得た〟などと説明している例を間々見かける。しかし、大内氏こそがこの事件の主犯＝加害者なので、明朝から強い嫌疑を掛けられたのはむしろ大内氏の方であった。実際のところ、寧波争貢事件を機に不利な立場に立たされたのは、細川氏でなく大内氏だったのである。

それでは何故、大内氏がその後の遣明船派遣を独占することが出来たのか（より正確には「独占しているように見えたのか」）。この点も、本書第五章で考察した、〝刻一刻と変わる有効な勘合はどの年号のもので、なおかつその有効／無効はどのような経緯で変化したのか〟という問題をきちんと追究せずには、到底理解することができない。これまた本書第五章に詳論したように、明応政変によって生まれた「二人の将軍」が、自陣営の西国有力地域権力に各種日明勘合を頒賜し――《義植―義維》系はおおむね大内氏に正徳勘合を、《義澄―義晴》系はおおむね細川氏・大友氏に弘治勘合を与えた――、その勘合を頒賜された各地域権力が、相手陣営の勘合を無効化すべく明朝に対して情報工作をさかんに行なった。こうした複雑な歴史事象が展開した結果、〝大内氏の遣明船独占〟が顕現したのである。決して、寧波において起こった一騒動だけで大内氏の遣明船経営独占が成就したわけではない。やはり、国内政治史や国際的情報論などの視点が従来の研究で不足していたこと、そして構造史として国際関係を見る視点が欠如していたことが、以上のような謬見（予見？）を助長させてきた原因であろう。大内氏や大友氏、細川氏などの地域権力の動向は、当該期の国際関係史を理解する上で無視できない要素なのである。

4　今後の課題

本書で扱った《地域》の核が、究極的には対馬―博多地域に限られたことなど、残された課題は余りに多いが、とくに本研究と密接に関わる三点について最後に指摘し、本書を閉じることとしたい。

第一に、本書では一切触れられなかった、十六世紀後半以降の東アジア国際情勢の問題である。この問題は、本書と直結する時代・地域の問題であるため、とりわけ喫緊な課題だと認識している。

十六世紀後半には、日本の西南地域各所にて「外交権」が多元的に出現したと評価されている〔徳永和喜　一九八〇年〕。たとえば、毛利領国下の高須家が中国福建商人に発給した査証用の船旗〔岸田　一九八八年：六七頁以下参照〕や、島津氏が琉球渡海船に出した印判状〔小葉田　一九九三年：第一編第六章参照〕などは、日本の地域権力の側が独自に設定した「符験＝外交権」に他ならない。

しかし、こうした多元的な独自の「符験」制が存在した延長線上で、朝鮮侵略戦争時の「勘合」復活要求を解釈し切れるかと言えば、そう単純なことではなさそうである。従来、日明講和交渉の際、豊臣秀吉は日明勘合でなく、自身の発給する朱印状を適用して日明貿易を行なおうとしたとされてきたが〔藤木　一九八五年：二四三頁、北島　一九九〇年：一八九頁、橋本　一九九八年a：一八頁〕、この見方には再検討の余地があるのだ。

この件に関する反証としては、まず、豊臣政権の海外通交上の朱印状が見られないという点が挙げられるが、それにも増して重要なのは、『江雲随筆』（日本五山僧江岳元策・雲崖道岱の記録）の勘合復活交渉に関する条目に、「以二金印・勘合一可レ為二照験一事」という記事があることである〔金文子　一九九四年参照〕。この記事を普通に読めば、勘合復活交渉時の「勘合」が、「金印」（「日本国王之印」）を捺す、室町時代の日明勘合貿易の「勘合」や「勘合料紙」〔橋本　一九九八年e〕を指していることは明らかである。もちろん、豊臣政権に属するすべての人間が、室町・戦国期の日明勘合に関するこうした正確な知識を持っていたとは限らないが、政権の中枢に近い人間による記録であるだけに、見過ごすことの出来ない事実と言わねばならない。少なくとも、秀吉とその側近たちは、日明勘合の形状と機能性をある程度理解し、その賜給を明朝に求めていたと推測される。このように、尊大な中華意識を持ったとされる豊臣政権の段階に至っても、中国明朝中心の朝貢貿易システムというのは依然、一定程度の影響を及ぼし続けていたのである。

こうした事実認識のもとに立って、十六世紀後半から十七世紀前半までの中・近世移行期対外関係史の実態解明を急がなくてはならないと思う。これは、近世日本の「自立」の問題と密接に繋がってくるからでもある。

第二に、右と深く関わる点だが、近世東アジア国際社会の前提ともなった、いわゆる《倭寇的状況》に関する反省である。

かつて筆者は、遣明船の経営構造を論ずるなかで、西日本の商人たちが経済的負担の大きい遣明船離れを起こし、それが後期倭寇（密貿易商）へと一部転身していった、という経営構造内矛盾説（＝遣明船貿易商・後期倭寇連続説）を唱えたことがある〔橋本 一九九八年c〕（本書未収録）。最近では、鹿毛敏夫氏も十六世紀大友氏の遣明船に関説して、後期倭寇との同質性・相似性を指摘している〔鹿毛 二〇〇三年a〕。しかし、こうした言わば従来型の《倭寇的状況》観に対して、正面から根本的な見直しを迫ったのが佐伯弘次氏の研究であろう。佐伯氏は、一五五〇年代、対馬が倭寇情報を朝鮮に通報し、有利な対朝鮮通交を展開していたことのみならず、対馬自体が倭寇の標的になっていたことを対馬側史料によって解明した。その上で、後期倭寇の実体が単純に「諸民族混在」とのみは言えず、国内の海賊勢力が主体の集団が少なからず存在したことを指摘したのである（例えばそのなかには瀬戸内海地域の海賊が含まれていたらしい）〔佐伯 一九九七年〕。

思うに、一九八七年に荒野泰典氏が提起した《倭寇的状況》論〔荒野 一九八七年〕が、単純な一国史観への戒めの意味を持っていたことは確かであろう。その史学史的意義の大きさを十分認めた上での話だが、国内史そのものの問題としても、この《倭寇的状況》を捉え直す必要がそろそろ出てきたのではなかろうか。今までよりも、さらに微視的・複眼的な視点から《倭寇的状況》論を展開して行かねばならぬ段階に来たと思われる。そしてこれは、繰り返しになるが、単なる一国史観への回帰などではあり得ない。むしろ佐伯論文の出現により、瀬戸内海〜九州北西部に跋扈した倭寇勢力――いわゆる「海賊衆」――と、中国江南〜九州西南岸に拠点を置く倭寇勢力――いわゆる「後期倭寇」――との、異同・関係性こそが新たな課題として浮上したからである。近年指摘されている、琉球への倭寇（海賊）問題〔上里隆史 二〇〇〇年、真栄平房昭 二〇〇一年〕も、この問題とどう関わるのか――とくに後者の「後期倭寇」勢力との連関性――、興味を引くところであろう。このように、今後ますます《国境をまたぐ地域》の個別地域的研究が必要となってくることは間違いない。筆者も微力ながら今後そうした研究の進展に寄与していきたいと思う。

最後の第三に、国際関係史の観点から、中世日本の《国家》像をどう描くか、という問題である。

まず忘れてならないのは、とくに中世後期段階に特徴的なことなのだが、その外交権の根拠となる符験（外交資格証明手段）が、明・朝鮮との関係において、すべて相手国から与えられるものであった、という厳然たる事実である。つまり、室町殿（幕府将軍権力）の外交権とは、明朝や朝鮮王朝からの保障によって初めて完結するような程度のものに過ぎなかったのである〔橋本 一九九八年a、本書第五章〕。もちろん、こうした見方は相当に極端なものであり、偏った結論だと揶揄されかねない。しかし、従来、国内的な問題ばかりが「国家論」として議論されている現状に一石を投ずるためにも、必要な指摘ではあろう。[18]《国家》とは、国際関係のなかで他からの認証を受ける存在（団体・地域）に他ならない、という古典的な指摘に改めて耳を傾ける必要があるのではないか。[19]

ただし、そうは言っても、〝国内史―内向き〟と〝外交史―外向き〟との分断状態を固定化しようとするのが筆者の本意ではない。むしろ、両者に架橋することによってこそ、構造史としての国際関係史は完成すると確信している

〔橋本 二〇〇〇年b参看〕。そうした観点から問題となるのは、朝廷・天皇（家）外交権と武家政権・室町殿外交権との関係に関する古くて新しい論議であり、また外交・貿易を主宰するための実体的なネットワークのあり方の解明である。前者も後者も、突き詰めれば室町幕府外交体制を包括的に理解することにつながり、とくに後者については、おそらく〝《国家》と《地域》との相生《そうしょう》〟を発見することになるだろう。主に〝相克〟に注目した本書とは、また違った相貌の国際関係史像を結ぶのではないか。こうした問題については、もはや論ずる余裕もなく、挙げて別著に譲ることとしたい。(20)

註

（1） こうした意味で、とくに博多商人の動向に即して佐伯弘次氏が精力的に進めている、十五世紀段階における東アジア通交圏の研究〔佐伯 一九九四年a・一九九六年・一九九九年a・二〇〇〇年・二〇〇三年bなど〕は、従来の「対外関係史」の相貌を新たにしつつあると評価出来よう。

（2） 最近では、伊藤幸司氏により、仰之梵高の弟子たちが対馬―博多の偽使派遣勢力の主要な外交文書偽造スタッフとして活動していたことも指摘されている〔伊藤 二〇〇二年a・二〇〇二年c〕。

（3） 本書第四章末尾でも述べた、一四八二年日朝牙符制の発効→夷千島王遐叉使節の登場、という因果関係の指摘も併せれば、常識的に了解されることであろうが、《朝鮮王朝側の通交規制強化→偽使派遣体制の発展》という一般的傾向が認められるのではないか。

（4） この点に関しては、李啓煌〔一九九七年〕や木村拓〔二〇〇四年〕などにおける整理が参考になる。

（5） 一五〇〇年には真使の琉球国王使（梁広・梁椿）が通交を復活するが、一四六八年以降に現れた巨酋クラスの偽使「琉球国中平田大島平州守等悶意」使送（対馬創出の偽使〔長 二〇〇二年b〕）が一五二〇年代まで通交を続けていた。

（6） 須田牧子氏は、（α）大内道頓教之の「之」は「幸」に音通すること、（β）対馬宗氏が朝鮮からの対馬島宣慰使金自貞に呈した書目にも「内道頓教之」（『朝鮮成宗実録』七年七月丁卯条）とあることから、大内道頓教之使送を偽使とは考えられない、とする

〔須田 二〇〇二年：一七〜一八頁註80〕。しかし、（α）については、音通するのはあくまで日本語の訓読み（「ゆき」）においてであって（つまり『朝鮮王朝実録』の編纂過程に字の置き換えが起こるとは考えられない）、（β）について言えば、そもそも偽使派遣勢力の中核と目される対馬島主の発言に出てくる人名なのだから、手放しで信用できないのは言うまでもあるまい。換言すれば、「教幸」（実在）から「教之」（架空）への置き換えが対馬島主宗氏のもとでなされた可能性が強く、そうだとすれば、「大内道頓教之」使送は当初より偽使であった可能性が高いであろう。

（7）甲斐氏は斯波氏被官で越前国守護代を世襲したが、当該期確認されるのは政盛（のち敏光）なる人物でなく、信久（敏光息）である〔小泉 一九七四年〕（ないし久光〔将教息？〕か—家永遵嗣氏の御教示による）。しかも、この政盛は敏光の初名であって、すでに名前が変っていたとすれば、一四五五年段階の畠山義忠（通交時すでに法名賢良）使送の例と同様、通交当時の実名を用いていないという問題を有することになる。

（8）夷千島王遐叉使節が日本国王使と同時にソウル入りした（釜山には遅れて到着）のも、第一牙符を見た対馬宗氏が慌てて大がかりな使節を仕立て、かつ使行を成就させようと画策したためではないか。これは単なる推測に過ぎないが、一四七八年に登場する偽使＝久辺国主使送〔村井 一九八八年、ロビンソン 一九九七年〕も、日朝牙符制導入による偽王城大臣使通交制限強化への対応策の一つだったのではなかろうか。

（9）伊藤幸司氏によれば、その日本国王使となった等堅首座（真使）は、一四六六年以降対馬に留住した仰之梵高の弟子であり、対馬の朝鮮通交に多大な地位を占めていた仰之の意向を汲んでいたことは確実である〔伊藤 二〇〇二年ａ：八二頁以下〕。

（10）同じ牙符を用いるなら、待遇のより良い「偽」日本国王使を仕立てた方が良いと対馬など偽使派遣勢力は判断したに違いない。そのために、偽王城大臣使の通交は、十分な牙符をそろえることのできた十六世紀後半まで復活することがなかったのであろう〔橋本 一九九八年ａ（本書第一章）参看〕。

（11）こうした偽情報によって新たな符験（具体的には図書・銅印）を要求する、という工作は、十六世紀の日朝関係においてもしばしば窺うことができる〔米谷 一九九七年ａ参照〕。

（12）なお、資料学・文化財学的観点からの研究・分析は、今後の課題である。

（13）こうした問題を考えるに当たって、ある外交文書集（編纂物）に収録された文書が、最終的に発送されたものと言えるのかどうか、あるいは写本の系統によって字句の異同があるかどうかなど、考慮すべき点は非常に多い〔トビ 二〇〇三年参看〕。

(14) このほかにも、壱岐牧山源正の図書（通交権）の所務者塩津留氏が、通交名義人である牧山氏に名義料を支払っていた事実が知られている〔長節子 一九八七年：第二部第一章〕。これは、牧山源正使送を単純に偽使だとは言えない点で、真偽判然としないグレイゾーンの最たる事例と言えよう。なお、筆者は、この例を偽使と捉えるよりも、真使の亜種と見るべきだと考えている（本書第四章註6①参照）。

(15) ただし、世祖―成宗両王の徳を顕わすべく作られた、瑞祥祝賀使＝倭人通交者リストの『海東諸国紀』は、恐らく、ほとんどの倭人使節が偽使であると勘付いていたであろう領議政申叔舟によって著されたものであり、以後、この著述を基準に倭人通交者の審査が行なわれていることからすれば、誠に皮肉なことと言わねばならない。

(16) ここでは、網野善彦氏以来の偽文書研究パラダイム〔網野 一九八四年など〕を念頭に置いている。すなわち、古文書（外交文書）の真偽判定そのものよりも、偽文書（偽造外交文書）がなぜ作られたのかという歴史的背景を正面から問う姿勢は、まさしく偽使・偽造外交文書研究の指針そのものと言えよう。

(17) ①の視点の延長にある〝朝鮮外交秩序論〟〔高橋 一九八七年b参照〕については、筆者の力量から本書で十分な検討を加えることができなかった。また別の機会を期したいと思う。

(18) 「国家論」に対外関係史・国際関係史の視点が必要だという点――あるいは対外関係史に「国家論」の視点が不可欠だという点――に関しては、最近、桜井英治氏が次のように発言しているのが注目される。

中世の日本列島が多元的で分裂的であったとしても、やはりそれにもかかわらず存在していたであろう国家とは何かを問わなければならないでしょう。一方、中世の日本列島が多元的で分裂的であったことを認めたうえで、なおかつ国家論に向かわないとすればどのような体系化・理論化の道がありうるのか、これも本気で考えなければなりません。とくに対外関係史はそうです。じつはこれこそが網野〔善彦―橋本註〕氏の本当にやりたかったことなのかもしれませんが、この問題については、まずここから手をつければよいというような姑息な手段は、おそらくありません。しかも国家を敵役にすることで民衆という主役を際立たせるという勧善懲悪の物語もそろそろ通用しなくなってきています。安丸〔良夫〕氏がそれとなく批判しているように、そのような国家をつくり出したのはほかならぬ民衆ではないかという視点もしっかりと受けとめないと新たな発展はないと思います。〔桜井 二〇〇三年：二二頁〕

筆者はこれまで、ほとんど同様な問題意識のもと、対外関係史・国際関係史の視点から「国家論」にアプローチする基礎作業を行なって来た。実際、「姑息」な手段の一つかも知れないが、こうした作業の積み重ねの先に、桜井氏の言う「体系化」の地平が見えて来るのではなかろうか。

(19) 新田一郎氏も、「現代にあってすら、国家の存立条件を明確に定義づけることは容易ではなく、最終的には他の国家による承認の有無に帰着する」と述べている〔新田 二〇〇四年：二頁〕。

(20) これまでに、室町幕府外交体制に関して論じた筆者の拙稿としては、橋本〔一九九七年c・一九九七年d・一九九八年a（第五章原論文）・一九九八年b・一九九八年c・二〇〇〇年b・二〇〇二年c・二〇〇四年b・二〇〇五年〕などがある。

あとがき

本書は、二〇〇四年四月、東京大学大学院から学位を授与された博士論文（『中世日本国際関係史の研究』）の後半部分（第二部）に、新稿（序章・第四章・終章）を加えて若干の加除訂正を施したものである（博論の主査は村井章介先生、副査は五味文彦・藤田覚・岸本美緒・六反田豊各先生）。ここで、最低限の「補足」として、本書に収載した各論稿の成立の経緯について述べ、また併せて、原論文から本書収載論稿への主な変更点について明記しておきたい。

序章「本書の課題と構成」は、「中世日本対外関係史の論点」（『歴史評論』六四二号、二〇〇三年）を部分的に採用しつつも、今回、ほとんど新たに書き起こしたもの。紙数の制限が解けたので、筆者自身の立場をかなり明確に打ち出せたと思う。

第一章「王城大臣使の偽使問題と日朝牙符制」は、原論文「中世日朝関係における王城大臣使の偽使問題」（『史学雑誌』一〇六編二号、一九九七年）に加筆・修正を施したもの。今回の収録に当たって、「あとがき」を差し替え、偽使問題研究と他の研究分野との間に橋渡しすることを積極的に試みた。

第二章「朝鮮への『琉球国王使』と書契―割印制」は、『古文書研究』四四・四五合併号（一九九七年）に発表したもの。第一章とともに、筆者の処女作である。原論文で「割符制」としていたものを、より実態に即した「割印制」に改め、長節子先生から御指摘頂いた点――書契（外交文書）書面上の印の種類・数などの変化――を修正した（第一節3参看）。本論稿では、単純素朴な真使説・偽使説をともに相対化し、当該期（一四七〇～九〇年代）の朝鮮に現れた「琉球国王使」の実相をほぼ突き止め得たと思うのだが、日本史中心の学会誌に掲載したためか、琉球史・韓国朝鮮史プロパーの研究者から反応が少ないのは残念である。

第三章「肥後地域の国際交流と偽使問題」は、原論文「肥後菊池氏の対外交流と禅宗・港町」(『禅文化研究所紀要』二六号、二〇〇二年)をほぼそのまま収載した。西尾賢隆先生の御紹介で、永島福太郎先生の卒寿記念号に寄稿させて戴いたものである。本来は禅宗史の要素を強く打ち出さねばならなかったのかも知れないが、力不足で、肥後菊池氏名義の偽使問題に多く紙数を割く結果に終わった(ただしそのお蔭で第四章が生まれることとなった)。なお、本論でも扱った肥後高瀬津は、「中世都市・流通史懇話会」で初めて訪れることが叶ったが、その際、青木勝士氏に案内して戴けたのも実に幸運なことであった。氏の学恩には心から感謝したい。

第四章「宗貞国の博多出兵と偽使問題――《朝鮮遣使ブーム》論の再構成に向けて――」は、正味一〇年間参加させて戴いた、「朝鮮王朝実録を読む会」(通称:李朝の会)」の二五周年記念シンポジウムで報告したもの。これは同時に、韓日関係史研究会の一〇周年記念イヴェントでもあり(於:翰林大学校〈韓国江原道春川市〉、二〇〇三年十月十日)、日韓双方の研究者が多数集まる賑やかな会であった。シンポジウムを組織した孫承喆先生と北島万次先生、韓国語訳を担当して下さった風間千秋氏、資金面の援助をして下さった韓日文化交流基金には本当にお世話になった。そして本論稿は筆者の東京時代、「李朝の会」時代の最後の大切な思い出である。なお、韓国語訳版は『韓日関係史研究』二〇輯(二〇〇四年)にすでに発表済みである。

第五章「『二人の将軍』と外交権の分裂」は、原論文「室町・戦国期の将軍権力と外交権――政治過程と対外関係――」(『歴史学研究』七〇八号、一九九八年)を増補したもの。論旨には変更がないが、初出の時点では舌足らずだった部分や重要な引用史料の多くを、今回、心ゆくまで書き足すことが出来た。「対外関係史」における十五世紀から十六世紀への転回を、初めて克明に跡づけ得た論稿だと自負している。そして、これも大切な思い出だが、本論稿の基礎には、足かけ三年にわたる丹波高源寺（元・幻住派総本山、現在・妙心寺派）の資料調査がある。その過程で「発見」された湖心（碩賢）碩鼎の語録『碩賢録』が、十六世紀における朝鮮への「日本国王使」の素性を知る上で非常に大きな役割を果たしてくれたのだ（伊藤幸司氏の研究なども参照）。文書調査を快く許された同寺住職山本祖登師、調査活動を導いて下さった村井先生、不慣れな私をサポートしてくれた菊池大樹、故田中克行、米谷均、朴澤直秀、木村直樹をはじめとする諸氏・同学たちに深甚の謝意を表したい。資料調査の経緯や概要などについては、すでに『東京大学日本史学研究室紀要』三号・四号（一九九九年・二〇〇〇年）に発表済みだが、肝心の『碩賢録』の翻刻紹介など、未だ果たせぬ宿題がそのままである。今後の努力を期したいと思う。なお、本章は、先述の通り余りに多くの事柄を書き足したため、却って叙述の筋道が分かりづらくなったかも知れず、また幾人かの方に目を留めて戴いた「はじめに」も本書全体との調和から差し替えてしまった。そのため、原論文も併せ参照して戴ければ、なおありがたい。

第六章「永正度の遣明船と大友氏——警固・抽分・勘合から——」は、『九州史学』一三〇号（二〇〇二年）に発表したもの。第五章原論文への伊川健二氏の御批判に対する、筆者なりの回答である。自説を再点検できたことは貴重な機会であり、豊後の「岐部文書」などに見える「中乗《なかのり》」を「発見」できたことも、嬉しい副産物であった。原論文発表後に頂戴した宇田川武久先生の御教示に従い、関係史料の年次比定を一部改めたのが、今回の主たる変更点である。

終章「本書の総括と展望」は、さる叢書に寄稿した「外交文書の改竄と偽作」（一九九九年脱稿、公刊時期未定）の内容を基礎に、「中世日朝関係史の再検討」（『朝鮮史研究会会報』一二五号、一九九六年）、「真贋のはざまに——情報論としての偽使問題から――」（『八〜十七世紀の東アジア地域における人・物・情報の交流――海域と港市の形成、民族・地域間の相互認識を中心に――』、平成十〜十三年度日本学術振興会科学研究費補助金 基盤研究（A）（1）研究成果報告書〈研究代表者：村井章介〉、上巻、二〇〇四年）などを加味してほとんど新たに書き起こしたもの。本書の「まとめ」とともに、研究史上の位置づけを試みる目的の論稿である。若干くどくどしい内容となったかも知れないが、偽使問題研究の奥深さ、可能性、そして何よりも面白さを広く知って貰いたい一心で書いた。

＊　＊　＊

本書に至る問題意識・歴史観を育ててくれたのは、高校時代以来、大学・大学院の諸先生や先輩、同学の友人たちであった。つくづく、筆者は師や友に恵まれた人間だと思う。お世話になった方々への謝辞を述べれば切りがないのだが、本書の内容に関わる限りで、とくに感謝を申し上げたい方々のお名前を挙げることを諒とされたい。

まず、歴史などにまったく興味のなかった自分に、その面白さを教えて下さったのが高校時代の恩師、宮崎正勝・川島茂裕両先生である。東洋史の宮崎先生には「ネットワーク論」の重要さを、日本史の川島先生には、歴史を考える上での「問題意識」のイロハを教わった。東洋史と日本史の両方に興味を持つようになったのは、この頃の「教育」に淵源があるのかも知れない。駒場キャンパス時代の木畑洋一先生にも、小人数ゼミを開いて戴くなど、お世話になった。木畑先生の名著『支配の代償――英帝国の崩壊と「帝国意識」――』（東京大学出版会、一九八七年）で初めて知った「帝国意識」という概念は、その後、「朝鮮観論争」に対する関心へとつながっていく。ついで、やはり駒場キャンパスで出逢ったのが新田一郎先生。駒場での歴史学の初学者向けのゼミで、今谷明氏の話題作『室町の王権』（中公新書、一九九〇年）の講読会を持って下さった。このとき初めて知った〝室町殿の「日本国王」号問題〟はその後も私の頭を離れず、やがて博士論文の第一部「室町幕府外交体制論」に昇華する。

そして、本郷キャンパスに上がるかどうかの頃、畏友高橋正樹君の薦めで村井章介先生の論文「中世日本列島の地域空間と国家」（『思想』七三二号、一九八五年）を初めて読んだ。それまで〝網野ワールド〟しか知らなかった私には、物凄い衝撃だった。そこで、さらに村井先生の『アジアのなかの中世日本』（校倉書房、一九八八年）を貪り読み、《国境を越える地域》概念、対外観・国際意識に関する先鋭な問題意識、その基礎にある史料の精確な読みなどを徐々に学んでいった。そしてその過程で、先述の「帝国意識」の問題に関わる、村井先生と高橋公明先生との間の「朝鮮観論争」を知った。若僧の心を捉えるには十分すぎる刺激的な「論争」だった。程なく発刊された村井先生の名著『中世倭人伝』（岩波新書、一九九三年）を耽読することにより、筆者の意志は固まる。「中世の対外関係史、なかでも日朝関係史を勉強しよう」。

ところが、本郷に進学した年、村井先生はドイツに客員教授として赴任され、筆者は路頭に迷いかけた。しかし、ここでも運良く、当該分野の大先輩、関周一氏の御紹介によって、「朝鮮王朝実録を読む会」（李朝の会）に参加させて戴くことが出来た。もっとも、初心者に『朝鮮王朝実録』の漢文は難し過ぎた。それを懇切丁寧に教え導いて下さったのが、北島万次・加藤榮一・木村直也・鶴田啓の諸先生をはじめとする先輩方、「李朝の会」のメンバーだったのである。とりわけ北島先生は、「単位はあげられないけれども、ぼくが村井さんの代わりに世話してやる」と仰って下さり、本当に親身になって『実録』漢文の訓み方、朝鮮王朝の政治・軍事システムなどを御教授下さった。そして、「卒論では対外観の問題をやってみたい」と息巻いていた筆者に対し、「意識とか観念とかの問題は難しいから、もっと具体的な問題から取りかかりなさい」と諭しても下さった。実証的な研究からまずスタートせよ、という意味の言葉だったのであろう。今思えば、本当にありがたい一言だった。

学部四年、村井先生が帰国されてからのゼミ――『朝鮮成宗実録』の講読――において、筆者は、自分の「当番」

の箇所に「畠山義勝」なる存在（虚像）を見出し、卒論・修論、そして本書の第一章・第二章（偽使問題）へと研究を進める運びとなった。これまた本当に運が良かったと言わずして何であろうか。以来、指導教官として仰いだ村井章介先生には、ゼミ発表・投稿論文等における史料解釈・文章表現、新たに使用する概念や用語などについて、常に厳しくチェックして戴いた。随分と先生の貴重なお時間を割いて来てしまったはずであり、それに比してのこの出来に、忸怩たる想いを禁じ得ない。

また、研究室・大学院担当の諸先生方にも御礼すべきであるが、ここでは、卒論・修論ともに論理構成の不十分さを鋭く突き、拙論を鍛え直して下さった五味文彦先生のお名前のみ特に挙げることを許されたい。先生からは、事あるごとに、「論文とは、調べたことをそのまま書くのではなく、〈論〉にしなくてはならない」と教え諭された。これは、私の論理構成力の弱さに原因があるのはもちろんだけれども、学界の蛸壺化現象、「論文」大量生産傾向への痛烈な批判でもあろう。これからも座右の銘とし、努めて精進していきたい。

ところで、前述した「李朝の会」と並んで、私がもっとも大切にしてきた研究サークルは、「前近代対外関係史研究会」（通称「対外史研」）である。この分野の大家であり、対外史研の中心的存在である田中健夫先生と親しくお会いできる、重要かつ貴重な機会でもある（田中先生はほとんど皆勤に近い!）。そして、自分の報告の際、痛いところを衝かれつつも、最後に「今日の報告は面白かったね」と笑顔を向けて下さる田中先生に、いったい何度救われたことか。そんな厳しくも暖かい環境のなかで我々後進は育てられてきた。もとより容易なことではないが、田中先生が守り育ててきた学灯を消さぬようにするのが、我々後学の努めだと確信してやまない。

そして、本書の内容面から、とくに謝辞を述べておかねばならぬ方がいる。米谷均氏である。「李朝の会」や「対外史研」、「倭寇の会」などで御一緒させて戴き、「論文のネタ」が「論文」になるまで、常に〝触媒〟ないし〝産婆さん〟の役割を果たして下さった。とくに、偽使問題に関しては、田代和生先生とともに宗家旧蔵図書・木印類を発見された方であるだけに、並々ならぬ関心をお持ちで、色々なアイディアを教えて戴いた。大学時代のインカレ・サークル「狂言研究会」の先輩という気安さも手伝って、夜半に電話で教えを乞うたことは数知れず（今でもそれは変わらないのだが……）。本書が少しでも御恩返しになることを願う。

また、何かにつけ叱咤激励してくださる田代和生、吉田光男、六反田豊の各先生にも、感謝申し上げたい。ここ三年、三先生のもと、米谷氏、伊藤幸司氏とともに、日韓文化交流基金の共同研究（中世・近世班）に参画させて戴き、研究報告のノルマ（？）も課され、小さからぬ成果を手にすることが出来た。また、近世日朝関係史のプロパーである鶴田啓先生には、日本学術振興会特別研究員時代に指導教官をお願いし、史料編纂所に在籍する機会を作って戴いた。何でも知っている生き字引なので、いまだに色々と教えを乞うている。そして、村井先生代表の科学研究費研究グループ第五班（班長：荒野泰典先生）でまさに寝食をともにした高橋公明、ケネス＝ロビンソン両先生は、これまた夜半まで話し込んだり、絵地図の研究テーマをじっくり話し合ったりと、筆者の関心の「幅」を拡げて下さった。また研究テーマ柄、韓国に行くことも少なくないが、代表的な韓日関係史研究者、孫承喆、閔徳基、河宇鳳、韓文鍾、李薫、李領、張源哲の諸先生からいつも御交誼を戴いているのはありがたいことだ。

このほかにも、お名前を挙げるべき方は数多いのだが、遺漏もあるといけないので、もはやこの辺りで収めておく。もちろん、感謝の念は変わらぬことをここに銘記しておきたい。

＊　＊　＊

勤務先の「九州国立博物館」が開館直前（開館は二〇〇五年十月十五日、一般公開の開始は翌十六日）、という〝非常事態〟のさなかに単著を出すなど、正気の沙汰とはとても思えないが、様々な種類の文化財に触れるようになって自身の史料観（資料観）・歴史観が急速に変わりつつあること――これは三輪嘉六館長・宮島新一副館長をはじめとする上司・同僚諸氏の御教導や、各地の文化財関係者との幸運な出会いに拠るところが大きい――、〝旬の研究は早くまとめて上梓すべきである〟という村井先生をはじめとする博論審査の先生方、そして田代和生先生や高橋公明先生らからの強いお奨めにより、意を決して本書の公刊に踏み切った次第である。もともとあまり身体が丈夫でない自分が、貴重な休みの土曜日・日曜日を削って旧稿に手を入れていくことは存外辛くしんどい作業であったが、博論そして本書全体が東京時代の成果でもあるので、今となっては懐かしい思い出である。そして、以上の事由が言い訳にもならないことはもちろんだが、思わぬ過誤や見落としがあることを懼れる。大方の厳しいご叱正をお願いしたい。

最後に、本書の出版にあたっては、吉川弘文館編集第二部の宮川久氏、同編集第一部の永田伸氏に大変お世話になった。宮川氏には、田中健夫先生、村井章介先生のお手伝いで『対外関係史総合年表』（一九九九年）に携わった折りにひどくご迷惑をかけてしまったにも拘わらず、偽使問題の論文（第一・二章原論文）に注目して戴き、それが機縁となってこの出版に至った経緯がある。永田氏ともども、ベテランの目で見て戴き、出版事情の厳しいなか、私のわがままを辛抱強く聞いて下さった。衷心より御礼申し上げる。

二〇〇五年四月二日

桜咲く太宰府にて

橋　本　雄

引用・参考文献一覧（著者名は五十音順、論文副題は省略）

相田二郎　一九四九年『日本の古文書』（下巻）　岩波書店
青木勝士　一九九三年「肥後国菊池氏の対朝交易」『戦国史研究』二六号
――　二〇〇三年「中世後期の肥前国北部における都市について」『中世都市研究会二〇〇三年九州大会　資料集』同実行委員会（紙上報告）
赤司善彦　二〇〇四年「高麗陶器とカムィヤキ」『鹿児島考古』三八号
秋山謙蔵　一九三五年『日支交渉史話』内外書籍
――　一九三九年『日支交渉史研究』岩波書店
芥川龍男・福川一徳　一九九四年『由比文書』（西国武士団関係資料集）文献出版
阿蘇品保夫　一九九〇年『菊池一族』新人物往来社
――　一九九五年「中世における橋の諸相と架橋」『熊本県立美術館研究紀要』七号
網野善彦　一九八二年「地域史研究の一視点」佐々木潤之介・石井進編『新編　日本史研究入門』東京大学出版会
――　一九八四年『日本中世の非農業民と天皇』岩波書店
――　一九九二年『海と列島の中世』日本エディタースクール出版部
荒木和憲　二〇〇二年「対馬島主宗貞茂の政治的動向と朝鮮通交」『日本歴史』六五三号
――　二〇〇三年「中世後期における対馬宗氏の特送船」『九州史学』一三五号
――　二〇〇四年「対馬島主宗貞盛の政治的動向と朝鮮通交」『朝鮮学報』一八九輯
荒野泰典　一九八七年「日本型華夷秩序の形成」『日本の社会史1　列島内外の交通と国家』岩波書店
――　一九八八年『近世日本と東アジア』東京大学出版会
有光保茂　一九三七年「博多商人宗金とその家系」『史淵』一六輯

有光友學　一九七〇年　「中世後期における貿易商人の動向」『静岡大学人文学部 人文論集』二一号
安 輝濬　一九七七年　「朝鮮王朝初期の絵画と日本室町時代の水墨画」『水墨美術大系 別巻第二 李朝の水墨画』講談社
李 啓煌　一九九七年　『文禄・慶長の役と東アジア』臨川書店
李　領　一九九九年　『倭寇と日麗関係史』東京大学出版会
飯倉晴武　一九七四年　「応仁の乱以降における室町幕府の性格」『日本史研究』一三九・一四〇合併号
家永遵嗣　一九九五年　『室町幕府将軍権力の研究』（東京大学日本史学研究叢書）東京大学文学部日本史学研究室
――　一九九七年　「将軍権力と大名との関係を見る視点」『歴史評論』五七二号
伊川健二　二〇〇〇年ａ　「中世後期における外国使節と遣外国使節」『日本歴史』六二六号
――　二〇〇〇年ｂ　「諸国王使をめぐる通交制限」『遙かなる中世』一八号
――　二〇〇一年　「『戊子入明記』に描かれた遣明船」『古文書研究』五三号
池田榮史　二〇〇三年　「増補・類須恵器出土地名表」『琉球大学法文学部人間科学科紀要　人間科学』一一号
――　二〇〇四年　「類須恵器と貝塚時代後期」高宮廣衛・知念勇編『考古資料大観　第12巻　貝塚後期文化』小学館
石井　進　一九七〇年　『日本中世国家史の研究』岩波書店
石井正敏　一九九二年　「古代東アジアの外交と文書」荒野泰典・石井正敏・村井章介編『アジアのなかの日本史Ⅱ　外交と戦争』東京大学出版会〔石井二〇〇一年：第四部第一章〕
――　一九九八年ａ　「肥前国神崎荘と日宋貿易」皆川完一編『古代中世史料学研究』（下巻）吉川弘文館
――　一九九八年ｂ　「縁海国司と外交文書」『ヒストリア』一六二号〔石井 二〇〇一年：第四部補論二〕
――　二〇〇一年　『日本渤海関係史の研究』吉川弘文館
石井正敏・川越泰博　一九九六年（編）『増補改訂　日中・日朝関係研究文献目録』国書刊行会
石原道博　一九六四年　『倭寇』（日本歴史叢書）吉川弘文館
泉　澄一　一九七三年　「室町時代・対馬における仰之梵高和尚について」『対馬風土記』一〇号
伊藤幸司　二〇〇二年ａ　『中世日本の外交と禅宗』吉川弘文館
――　二〇〇二年ｂ　「現存史料からみた日朝外交文書・書契」『九州史学』一三二号

―――　二〇〇二年c　「中世後期における対馬宗氏の外交僧」『年報朝鮮学』八号
―――　二〇〇二年d　「中世後期外交使節の旅と寺」中尾堯編『中世の寺院体制と社会』吉川弘文館
糸数兼治　一九九〇年　「朝鮮国王李書翰について」『沖縄県教育委員会文化課紀要』六号
稲村賢敷　一九五七年　『琉球諸島における倭寇史跡の研究』吉川弘文館
井原今朝男　一九九九年　『中世のいくさ・祭り・外国との交わり』校倉書房
―――　二〇〇三年　「中世後期における債務と経済構造」『日本史研究』四八七号
今枝愛眞　一九七〇年　『中世禅宗史の研究』東京大学出版会
今谷　明　一九七五年　『戦国期の室町幕府』角川書店
―――　一九八五年　『室町幕府解体過程の研究』岩波書店
―――　一九八六年　『守護領国支配機構の研究』法政大学出版局
―――　一九九二年　『日本国王と土民』（日本の歴史9）集英社
―――　二〇〇二年　『戦国時代の貴族――『言継卿記』が描く京都――』（講談社学術文庫）講談社
今村　鞆　一九三〇年　「足利氏と朝鮮の大蔵経」『朝鮮』一八六号
入間田宣夫　一九九九年　「糠部・閉伊・夷が嶋の海民集団と諸大名」入間田宣夫・小林真人・斉藤利男編『北の内海世界――北奥羽・蝦夷ヶ嶋と地域諸集団――』山川出版社
入間田宣夫・豊見山和行　二〇〇二年　『北の平泉、南の琉球』（日本の中世5）中央公論新社
上里隆史　二〇〇〇年　「琉球の火器について」『沖縄文化』九一号
上杉　剛　一九八五年　「足利義材政権についての一考察」『史友』一七号
上田純一　一九八九年　「禅僧の国際交流」『Museum Kyushu』三二号
―――　二〇〇〇年　『九州中世禅宗史の研究』文献出版
上野千鶴子　二〇〇一年　（編）『構築主義とは何か』勁草書房
宇検村教育委員会　一九九九年　（編）『倉木崎海底遺跡発掘調査報告書』同委員会
宇佐見隆之　一九九九年　『日本中世の流通と商業』吉川弘文館

宇田川武久　一九八一年『瀬戸内水軍』（教育社歴史新書）　教育社
――　一九八三年『日本の海賊』　誠文堂新光社
――　二〇〇二年『戦国水軍の興亡』（平凡社新書）　平凡社
上井久義　二〇〇一年「琉球の宗教と尚圓王妃」『関西大学東西学術研究所紀要』三四号
榎本　渉　二〇〇一年a「宋代の『日本商人』の再検討」『史学雑誌』一一〇編二号
――　二〇〇一年b「日本遠征以後における元朝の倭船対策」『日本史研究』四七〇号
――　二〇〇一年c「順帝朝前半期における日元交通」『日本歴史』六四〇号
――　二〇〇一年d「明州市舶司と東シナ海交易圏」『歴史学研究』七五六号
――　二〇〇二年a「元末内乱期の日元交通」『東洋学報』八四巻一号
――　二〇〇二年b「『鄂隠和尚行録』を読む」『日本歴史』六五一号
――　二〇〇二年c「日本史研究における南宋・元代」『史滴』二四号
大隅和雄・村井章介　一九九七年（編）『中世後期における東アジアの国際関係』　山川出版社
大庭康時　一九九九年「集散地遺跡としての博多」『日本史研究』四四八号
――　二〇〇一年「博多綱首の時代」『歴史学研究』七五六号
奥野高廣　一九七五年「『堺幕府』論」『日本歴史』三二八号
長　節子　一九六六年「対馬島主の継承と宗氏系譜」『史学雑誌』七五編一号
――　一九八四年「松浦党研究と朝鮮史料」『松浦党研究』七号
――　一九八七年『中世日朝関係と対馬』　吉川弘文館
――　一九九〇年「孤草島釣魚禁約」　網野善彦ほか編『海と列島文化3　玄界灘の島々』　小学館
――　二〇〇二年a『中世　国境海域の倭と朝鮮』　吉川弘文館
――　二〇〇二年b「朝鮮前期朝日関係の虚像と実像」『年報朝鮮学』八号
長　正統　一九六三年「景轍玄蘇について」『朝鮮学報』二九輯
――　一九六四年「『朝鮮送使国次之書契覚』の史料的性格」『朝鮮学報』三三輯

――　一九六六年「中世日鮮関係における巨酋使の成立」『朝鮮学報』四一輯
鹿毛敏夫　二〇〇三年a「十五・十六世紀大友氏の対外交渉」『史学雑誌』一一二編二号
――　二〇〇三年b（編）『大友水軍――海から見た中世豊後――』大分県立先哲史料館
筧　雅博　一九八九年「『内々』の意味するもの」網野善彦ほか編『ことばの文化史　中世4』平凡社
加藤榮一　一九九二年「ヨーロッパ勢力の東漸」荒野・石井・村井編『アジアのなかの日本史II　外交と戦争』東京大学出版会
加藤秀幸　一九七一年「一字書出と官途（受領）挙状の混淆について」『古文書研究』五号
加藤祐三・川北稔　一九九八年『アジアと欧米世界』（世界の歴史25）中央公論社
勝俣鎮夫　一九八六年「山賊と海賊」『週刊朝日百科　日本の歴史8　徳政令』朝日新聞社
――　一九九六年『戦国時代論』岩波書店
紙屋敦之　一九九〇年『幕藩制国家の琉球支配』校倉書房
栢原昌三　一九一四～一五年「日明勘合貿易に於ける細川大内二氏の抗争」（①～⑤）『史学雑誌』二五編九・一〇・一一号、二六編二・三号
――　一九二〇年「日明勘合の組織と使行」（①～④）『史学雑誌』三一編四・五・八・九号
川岡　勉　二〇〇二年『室町幕府と守護権力』吉川弘文館
川添昭二　一九五八年「史料紹介：福岡市箱崎八幡宮所蔵『御油座文書写』『箱崎神社文書』『石灯籠銘文』」『九州史学』七号
――　一九八七年「鎌倉時代中期の対外関係と博多」『九州史学』八七・八八・八九合併号
――　一九八八年「鎌倉初期の対外関係と博多」箭内健次編『鎖国日本と国際交流』（上巻）吉川弘文館
――　一九九三年「鎌倉末期の対外関係と博多」大隅和雄編『鎌倉時代文化伝播の研究』吉川弘文館
――　一九九六年『対外関係の史的展開』文献出版
菅野銀八　一九二四年「高麗板大蔵経に就て」朝鮮史学会編『朝鮮史講座』特別講義編
岸田裕之　一九八八年「大名領国下における赤間関支配と問丸役佐甲氏」『内海文化研究紀要』一六号
岸本美緒　一九九八年『東アジアの「近世」』（世界史リブレット）山川出版社
喜舎場一隆　一九九三年『近世薩琉関係史の研究』国書刊行会

北島万次　一九九〇年『豊臣政権の対外認識と朝鮮侵略』校倉書房
――　一九九五年『豊臣秀吉の朝鮮侵略』（日本歴史叢書）吉川弘文館
――　二〇〇二年『壬辰倭乱と秀吉・島津・李舜臣』校倉書房
木村　拓　二〇〇四年「十五世紀朝鮮王朝の対日本外交における図書使用の意味」『朝鮮学報』一九一輯
金　文子　一九九四年「慶長期の日明和議交渉破綻に関する一考察」『お茶の水女子大学人間文化研究科　人間文化研究年報』一八号
工藤敬一　一九八八年「文献資料―中世」〈玉名市役所　一九九八年a収録〉
――　一九八九年「菊池氏」『九州の名族興亡史』新人物往来社
國原美佐子　二〇〇一年「十五世紀の日朝間で授受した禽獣」『史論』五四号
熊本県教育委員会　一九八〇年『熊本県の文化財　第2集――建造物・絵画・考古資料――』同教育委員会
熊本県立美術館　一九八二年『県内主要寺院歴史資料調査報告書（一）（城北地区）図版編』同美術館
黒嶋　敏　二〇〇〇年「琉球王国と中世日本」『史学雑誌』一〇九編一一号
黒田俊雄　一九七五年『日本中世の国家と宗教』岩波書店
――　一九九四年『黒田俊雄著作集1　権門体制論』法蔵館
小泉義博　一九七四年a「斯波氏三代考」『一乗谷史学』六号
――　一九七四年b「十五世紀の越前国守護代について」『一乗谷史学』七号
小葉田淳　一九二七年「越前を中心とする甲斐朝倉二氏勢力の消長について」『歴史地理』四九巻二号
――　一九四二年「応永年間来航の南蛮船に関する一文書」『史説　日本と南支那』野田書房（台北）
――　一九六三年「勘合貿易と倭寇」『岩波講座日本歴史7　中世3』岩波書店
――　一九六九年『中世日支通交貿易史の研究』刀江書院
――　一九七六年『金銀貿易史の研究』法政大学出版局
――　一九九三年『増補　中世南島通交貿易史の研究』臨川書店
小林健彦　一九九〇年「大内氏の対京都政策」『学習院史学』二八号

五味文彦　一九八八年『鎌倉と京』（小学館ライブラリー・体系日本の歴史５）小学館
佐伯弘次　一九七八年「大内氏の筑前国支配」川添昭二編『九州中世史研究』（第一輯）文献出版
――　一九八四年「中世後期の博多と大内氏」『史淵』一二一輯
――　一九九〇年「室町時代の遣明船警固について」九州大学国史学研究室編『古代中世史論集』吉川弘文館
――　一九九四年ａ「室町前期の日琉関係と外交文書」『九州史学』一一一号
――　一九九四年ｂ「博多」『岩波講座日本歴史10　中世４』岩波書店
――　一九九六年『中世都市博多と日朝関係』平成七年度日本学術振興会科学研究費補助金一般研究（ｃ）研究成果報告書
――　一九九七年「十六世紀における後期倭寇の活動と対馬宗氏」中村質編『鎖国と国際関係』吉川弘文館
――　一九九九年ａ「室町期の博多商人宗金と東アジア」『史淵』一三六輯
――　一九九九年ｂ「書評：橋本雄　室町・戦国期の将軍権力と外交権―政治過程と対外関係」『法制史研究』四九号
――　一九九九年ｃ「応永の外寇と東アジア」九州史学会大会講演（十二月十一日、於：九州大学箱崎キャンパス）
――　二〇〇〇年「室町期博多貿易商人の諸類型」六反田豊編『韓国史上における海上交通・交易の研究』一九九九年度韓国研究プロジェクト研究成果報告書　九州大学
――　二〇〇三年「室町後期の博多商人道安と東アジア」『史淵』一四〇輯
――　二〇〇四年「『諸家引着』校訂表」（村井　二〇〇四年（下）収録）
佐久間重男　一九九二年『日明関係史の研究』吉川弘文館
桜井英治　一九九六年『日本中世の経済構造』岩波書店
――　二〇〇一年『室町人の精神』（日本の歴史12）講談社
――　二〇〇三年「「網野史学」と中世国家の理解」小路田泰直編『網野史学の越え方』ゆまに書房
佐々木銀弥　一九九四年『日本中世の流通と対外関係』吉川弘文館
佐藤秀孝　一九八四年「曹洞禅者の日中往来について」『宗学研究』二六号
――　一九九〇年「義介・義尹と入宋問題」『宗学研究』三二号
佐藤進一　一九八八年「時宜（一）」網野善彦他編『ことばの文化史　中世１』平凡社

設楽　薫　一九八七年「足利義材の没落と将軍直臣団」『日本史研究』三〇一号
――　一九八九年「足利義尚政権考」『史学雑誌』九八編二号
斯波義信　一九九二年「港市論」荒野・石井・村井編『アジアのなかの日本史Ⅲ　海上の道』東京大学出版会
清水克行　二〇〇四年『室町社会の騒擾と秩序』吉川弘文館
新里亮人　二〇〇三年ａ「徳之島カムィヤキ古窯産製品の流通とその特質」『先史学・考古学論究』Ⅳ
――　二〇〇三年ｂ「琉球列島における窯業生産の成立と展開」『考古学研究』一九六号
末柄　豊　一九九二年「細川氏の同族連合体制の解体と畿内領国化」石井進編『中世の法と政治』吉川弘文館
杉山正明　一九九六年『モンゴル帝国の興亡』（下）（講談社現代新書）講談社
鈴木良一　一九八三年『大乗院寺社雑事記――ある門閥僧侶の没落の記録――』そしえて
須田牧子　二〇〇二年「室町期における大内氏の対朝関係と先祖観の形成」『歴史学研究』七六一号
――　二〇〇四年「中世後期における赤間関の機能と大内氏」『ヒストリア』一八九号
関　周一　一九九〇年「書評：村井章介著『アジアのなかの中世日本』」『歴史学研究』六〇三号
――　一九九一年「十五世紀における朝鮮人漂流人送還体制の形成」『歴史学研究』六一七号
――　一九九四年ａ「中世山陰地域と朝鮮との交流」内藤正中編『島根史学会研究報告1　山陰地域における日朝交流の歴史的展開』報光社
――　一九九四年ｂ「中世『対外関係史』研究の動向と課題」『史境』二八号
――　一九九五年ａ「アジアの変動と国家・地域権力」佐藤和彦ほか編『日本中世史研究事典』東京堂出版
――　一九九五年ｂ「冊封体制」佐藤和彦ほか編『日本中世史研究事典』東京堂出版
――　一九九九年「倭寇」『歴史と地理』五二二号
――　二〇〇二年『中世日朝海域史の研究』吉川弘文館
対外関係史総合年表編集委員会　一九九九年（編）『対外関係史総合年表』吉川弘文館
高瀬恭子　一九八五年「『歴代宝案』と十五・十六世紀の沖縄」『歴史公論』一一―九号
――　二〇〇三年「同時代史料にみる古琉球の王たち」『史料編集室紀要』二八号

高梨　修　二〇〇〇年「ヤコウガイ交易の考古学」小川英文編『現代の考古学5　交流の考古学』朝倉書店
――――二〇〇四年「琉球弧における貝生産遺跡の発見」『日本歴史』六七七号
高橋公明　一九八二年a「外交儀礼よりみた室町時代の日朝関係」『史学雑誌』九一編八号
――――一九八二年b「外交文書、『書』・『咨』について」『年報中世史研究』七号
――――一九八五年a「室町幕府の外交姿勢」『歴史学研究』五四六号
――――一九八五年b「慶長十二年の回答兼刷還使の来日についての一考察」『名古屋大学文学部研究論集』史学三一号
――――一九八七年a「朝鮮遣使ブームと世祖の王権」田中健夫編『日本前近代の国家と対外関係』吉川弘文館
――――一九八七年b「朝鮮外交秩序と東アジア海域の交流」『歴史学研究』五七三号
――――一九八七年c「中世東アジア海域における海民と交流」『名古屋大学文学部研究論集』史学三三号
――――一九八八年「書評：長節子著『中世日朝関係と対馬』」『史学雑誌』九七編七号
――――一九八九年「十六世紀の朝鮮・対馬・東アジア海域」加藤榮一・北島万次・深谷克己編『幕藩制国家と異域・異国』校倉書房
――――一九九〇年「済州島出身の官僚高得宗について」『名古屋大学文学部研究論集』史学三六号
――――一九九一年「中世西日本海地域と対外交流」森浩一ほか編『海と列島文化2　日本海と出雲世界』小学館
――――一九九二年a「外交称号、日本国源某」『名古屋大学文学部研究論集』史学三八号
――――一九九二年b「異民族の人身売買」荒野・石井・村井編『アジアのなかの日本史Ⅲ　海上の道』東京大学出版会
――――一九九二年c「中世の海域世界と済州島」網野善彦ほか編『海と列島文化4　東シナ海と西海文化』小学館
――――一九九五年「十六世紀中期の荒唐船と朝鮮の対応」田中健夫編『前近代の日本と東アジア』吉川弘文館
――――二〇〇〇年「海域世界のなかの倭寇」勝俣鎮夫編集協力『ものがたり日本列島に生きた倭人たち4　文書と記録　下』岩波書店
――――二〇〇一年「海域世界の交流と境界人」大石直正・高良倉吉・高橋公明『周縁から見た中世日本』（日本の歴史14）講談社
高柳光寿　一九七〇年a「中世史の理解」『高柳光寿史学論文集』（上）吉川弘文館

――――　一九七〇年ｂ　「応永年間に於ける南蛮船来航の文書について」『高柳光寿史学論文集』（上）　吉川弘文館
高良倉吉　一九八九年ａ　『新版　琉球の時代』　ひるぎ社
――――　一九八九年ｂ　『琉球王国史の課題』　ひるぎ社
――――　一九九三年　『琉球王国』　岩波新書
竹内理三　一九五一年　「対馬の古文書」『九州文化史研究所紀要』一号
――――　一九七三年　『武士の登場』（中公文庫・日本の歴史6）　中央公論社
武田勝蔵　一九二六年　「宗家文書の中より（一）」『史学』五―三号
武野要子　一九八〇年　『博多の豪商』（ぱぴるす文庫）　葦書房
竹本弘文　一九八五年　「大内氏の豊前国支配」『大分県史　中世篇II』　大分県
田代和生　一九八一年　『近世日朝通交貿易史の研究』　創文社
――――　一九八三年　『書き替えられた国書――徳川・朝鮮外交の舞台裏――』（中公新書）　中央公論社
田代和生・米谷均　一九九五年　「宗家旧蔵『図書』と木印」『朝鮮学報』一五六輯
田中健夫　一九五九年　『中世海外交渉史の研究』　東京大学出版会
――――　一九六一年ａ　『倭寇と勘合貿易』（日本歴史新書）　至文堂
――――　一九六一年ｂ　『島井宗室』（人物叢書）　吉川弘文館
――――　一九七五年　『中世対外関係史』　東京大学出版会
――――　一九八二年ａ　『対外関係と文化交流』　思文閣出版
――――　一九八二年ｂ　『倭寇――海の歴史――』（教育社歴史新書）　教育社
――――　一九九一年　（校注）申叔舟著『海東諸国紀――朝鮮人の見た中世の日本と琉球――』（岩波文庫）　岩波書店
――――　一九九五年　（編）『訳注日本史料：善隣国宝記・新訂続善隣国宝記』　集英社
――――　一九九六年　『前近代の国際交流と外交文書』　吉川弘文館
――――　一九九七年　『東アジア通交圏と国際認識』　吉川弘文館
――――　二〇〇三年　『対外関係史研究のあゆみ』　吉川弘文館

田辺哲夫　一九八八年「菊池川口の港の変遷について（私案）」下〔玉名市役所 一九八八年a収録〕
玉名市役所　一九八八年a『玉名市歴史資料集成第三集　高瀬湊関係歴史資料調査報告書（二）』玉名市役所
――　一九八八年b『玉名市歴史資料集成第五集　高瀬湊関係歴史資料調査報告書（三）』玉名市役所
玉村竹二　一九六六年『五山文学――大陸文化紹介者としての五山禅僧の活動――』（日本歴史新書）至文堂
――　一九七九年『日本禅宗史論集』（下之一）思文閣出版
――　一九八一年『日本禅宗史論集』（下之二）思文閣出版
――　一九八三年（編）『五山禅僧伝記集成』講談社
――　一九八五年『五山禅林宗派図』思文閣出版
田村洋幸　一九六七年『中世日朝貿易の研究』三和書房
――　一九七二年「室町前期の日朝関係」福尾教授退官記念事業会編『日本中世史論集』吉川弘文館
――　一九九二年「中世日朝貿易の基本的性格と研究史の動向」『経済経営論叢』二七巻一号
知名定寛　二〇〇〇年「古琉球王国と仏教」『南島史学』五六号
――　二〇〇二年「琉球円覚寺と安国寺の創建について」『神女大史学』一九号
塚本　学　一九八〇年「日本史は特異なのか」『歴史学研究月報』二四八号
鄭　樑生　一九九五年『明・日関係史の研究』雄山閣出版
徳永和喜　一九八〇年「琉球渡海朱印状の一考察」『西南地域史研究』三輯
トビ、ロナルド　一九九〇年『近世日本の国家形成と外交』（速水融・永積洋子・川勝平太訳）創文社
――　二〇〇三年「近世初頭対明の一外交文書諸本の系譜」『東京大学史料編纂所研究紀要』一三号
豊見山和行　二〇〇三年（編）『日本の時代史18　琉球・沖縄史の世界』吉川弘文館
――　二〇〇四年『琉球王国の外交と王権』吉川弘文館
鳥居和之　一九八七年「応仁・文明の乱後の室町幕府」『史学雑誌』九六編二号
中尾良信　一九九一年「寒巌義尹について」『宗学研究』三三号
永原慶二　一九九〇年『新・木綿以前のこと』（中公新書）中央公論社

長沼賢海　一九五七年　『日本の海賊』（日本歴史新書）　至文堂
――――　一九七六年　『日本海事史研究』　九州大学出版会
中村榮孝　一九六五年　『日鮮関係史の研究』（上）　吉川弘文館
――――　一九六六年　『日本と朝鮮』（日本歴史新書）　至文堂
――――　一九六九年ａ　『日鮮関係史の研究』（中）　吉川弘文館
――――　一九六九年ｂ　『日鮮関係史の研究』（下）　吉川弘文館
西尾賢隆　一九九九年　『中世の日中交流と禅宗』　吉川弘文館
西村圭子　一九六二年　「大友氏末期における筑前支配形態の変遷」　日本女子大学史学研究会編『大類伸博士喜寿記念史学論文集』
　山川出版社
――――　一九八四年　「対馬宗氏の『諸家引着』覚書」『日本女子大学紀要』文学部三四号
新田一郎　二〇〇四年　『中世に国家はあったか』（日本史リブレット）　山川出版社
新田英治　二〇〇一年　「中世の日記を読むにあたって」　学習院大学文学部史学科編『歴史遊学』　山川出版社
河　宇　鳳　一九九四年　「朝鮮前期の対琉球関係」『國史館論叢』五九輯（韓国語）
――――　一九九七年　「申叔舟と『海東諸国紀』」（大隅和雄ほか一九九七年収録）
橋本政宣　一九七七年　「未完文書としての『判紙』について」『古文書研究』一一号
橋本　雄　一九九六年ａ　「書評：田中健夫編『前近代の日本と東アジア』」『史学雑誌』一〇五編二号
――――　一九九六年ｂ　「中世日朝関係史の再検討」『朝鮮史研究会会報』一二五号
――――　一九九七年ａ　「中世日朝関係における王城大臣使の偽使問題」『史学雑誌』一〇六編二号
――――　一九九七年ｂ　「朝鮮への「琉球国王使」と書契―割符制」『古文書研究』四四・四五合併号
――――　一九九七年ｃ　「『遣朝鮮国書』と幕府・五山」『日本歴史』五八九号
――――　一九九七年ｄ　「書評と紹介：田中健夫著『前近代の国際交流と外交文書』『東アジア通交圏と国際認識』」『古文書研究』
　四六号
――――　一九九八年ａ　「室町・戦国期の将軍権力と外交権」『歴史学研究』七〇八号

―― 一九九八年b 「室町幕府外交の成立と中世王権」『歴史評論』五八三号
―― 一九九八年c 「遣明船と遣朝鮮船の経営構造」『遥かなる中世』一七号
―― 一九九八年d 「撰銭令と列島内外の銭貨流通」『出土銭貨』九号
―― 一九九八年e 「日明勘合再考」（報告要旨）『史学雑誌』一〇七編一二号
―― 一九九九年 「史料紹介：丹波国氷上郡佐治荘高源寺所蔵文書」『東京大学日本史学研究室紀要』三号
―― 二〇〇〇年a 「史料紹介：丹波国氷上郡佐治荘高源寺所蔵文書（続）」『東京大学日本史学研究室紀要』四号
―― 二〇〇〇年b 「室町幕府外交は王権論といかに関わるのか？」『人民の歴史学』一四五号
―― 二〇〇二年a 「書評：李領著『倭寇と日麗関係史』」『歴史学研究』七五八号
―― 二〇〇二年b 「永正度の遣明船と大友氏」『九州史学』一三〇号
―― 二〇〇二年c 「遣明船の派遣契機」『日本史研究』四七九号
―― 二〇〇二年d 「肥後菊池氏の対外交流と禅宗・港町」『禅文化研究所紀要』二六号
―― 二〇〇三年 「中世日本対外関係史の論点」『歴史評論』六四二号
―― 二〇〇四年a 「宗貞国の博多出兵と偽使問題」『韓日関係史研究』二〇輯（韓国語）
―― 二〇〇四年b 「真贋のはざまに」（村井 二〇〇四年（上）収録）
―― 二〇〇四年c 「書評と紹介：田中健夫著『対外関係史研究のあゆみ』」『日本歴史』六七五号
―― 二〇〇四年d 「書評：伊藤幸司著『中世日本の外交と禅宗』」『歴史評論』六五六号
―― 二〇〇五年 「朝鮮国王使と室町幕府」（近日公刊予定）
羽田　聡 二〇〇三年 「足利義材の西国廻りと吉見氏」『京都国立博物館研究紀要　学叢』二五号
服部英雄 一九八〇年 「戦国相良氏の誕生」『日本歴史』三八八号
―― 二〇〇三年 「久安四年、有明海にきた孔雀」『歴史を読み解く――さまざまな史料と視角――』青史出版
濱下武志 一九九七年 『朝貢システムと近代アジア』岩波書店
浜中　昇 一九九六年 「高麗末期倭寇集団の民族構成」『歴史学研究』六八五号
東恩納寛惇 一九七九年a 「黎明期の海外交通史」『東恩納寛惇全集3』第一書房

――　一九七九年b「南島通貨志の研究」『東恩納寛惇全集4』第一書房
東四柳史明　一九七二年「能登畠山氏家督についての再検討」『國學院雑誌』七三―七号
広瀬良弘　一九八八年「禅僧大智と肥後菊池氏」『禅宗地方展開史の研究』吉川弘文館
福川一徳　一九八二年「豊後水軍についての一考察」川添昭二編『九州中世史研究』三輯
――　一九八九年「戦国期大友氏の花押・印章編年考」『古文書研究』三一号
――　一九九〇年「大友義長の花押編年考」『大分県地方史』一三九号
藤川　誠　一九九九年「石見国周布氏の朝鮮通交と偽使問題」『史学研究』二二六号
藤木久志　一九八五年『豊臣平和令と戦国社会』東京大学出版会
――　一九九五年『雑兵たちの戦場』朝日新聞社
藤田明良　一九九三年「十五世紀の鬱陵島と日本海西域の交流」『神戸大学史学年報』八号
――　一九九六年「中世『東アジア』の島嶼観と海域交流」『新しい歴史学のために』二二二号
――　一九九七年「『蘭秀山の乱』と東アジアの海域世界」『歴史学研究』六九八号
――　二〇〇一年「島嶼から見た朝鮮半島と他地域の交流」『青丘学術論集』一九号
二木謙一　一九八五年『中世武家儀礼の研究』吉川弘文館
堀池春峰　一九八二年『南都仏教史の研究』(下)諸寺篇（a「中世・日鮮交渉と高麗版蔵経」、b「室町時代における薬師・長谷両寺再興と高麗船」を所収)
本郷和人　一九九八年「『満済准后日記』と室町幕府」五味文彦編『日記に中世を読む』吉川弘文館
真栄平房昭　一九八一年「十五・十六世紀における琉球＝東南アジア貿易の歴史的位置」『琉大史学』一二号
――　一九九二年「対外関係における華僑と国家」荒野・石井・村井編『アジアのなかの日本史Ⅲ　海上の道』東京大学出版会
――　二〇〇一年「東アジア海域世界と倭寇」尾本恵市ほか編『海のアジア5　越境するネットワーク』岩波書店
――　二〇〇四年「十六～十七世紀における琉球海域と幕藩制支配」『日本史研究』五〇〇号
真喜志瑤子　一九八六年・一九八七年「琉球極楽寺と円覚寺の建立について」(一)・(二)『南島史学』二七・二九号

牧田諦亮　一九五五年（編）『策彦入明記の研究』（上）　法蔵館
松尾弘毅　一九九九年「室町期における壱岐藤九郎の朝鮮通交」『九州史学』一二四号
――――　二〇〇二年「中世後期における壱岐松浦党の朝鮮通交」『九州史学』一三四号
――――　二〇〇三年「中世日朝関係における後期受職人の性格」『日本歴史』六六三号
松田毅一・川崎桃太　一九七八年『フロイス日本史　第八巻　豊後篇Ⅲ』　中央公論社
丸亀金作　一九六六年「高麗の大蔵経と越後安国寺とについて」『朝鮮学報』三七・三八輯（合併号）
水野弥穂子　一九七八年『日本の禅語録9　大智』　講談社
三宅英利　一九八六年『近世日朝関係史の研究』　文献出版
閔　徳　基　一九九四年『前近代　東アジアのなかの韓日関係』　早稲田大学出版部
――――　一九九六年「寧波の乱と朝鮮・日本・明の関係」『重山鄭徳基博士華甲紀念韓国史学論叢』　景仁文化社（韓国語）
村井章介　一九八八年『アジアのなかの中世日本』　校倉書房
――――　一九九三年『中世倭人伝』（岩波新書）　岩波書店
――――　一九九五年『東アジア往還――漢詩と外交――』　朝日新聞社
――――　一九九七年a『海から見た戦国日本――列島史から世界史へ――』（ちくま新書）　筑摩書房
――――　一九九七年b『国境を超えて――東アジア海域世界の中世――』　校倉書房
――――　一九九七年c「倭寇の多民族性をめぐって」〔大隅和雄・村井　一九九七年収録〕
――――　一九九八年「〈地域〉と国家の視点」『新しい歴史学のために』二三〇・二三一合併号
――――　一九九九年a『中世日本の内と外』（ちくまプリマーブックス）　筑摩書房
――――　一九九九年b「壬辰倭乱の歴史的前提」『歴史評論』五九二号
――――　二〇〇〇年a「東南アジアのなかの古琉球」『歴史評論』六〇三号
――――　二〇〇〇年b「島津史料からみた泗川の戦い」『歴史学研究』七三六号
――――　二〇〇〇年c（校注）宋希璟著『老松堂日本行録――朝鮮使節の見た中世日本――』（岩波文庫）（第三刷）　岩波書店
――――　二〇〇四年（編）『八～十七世紀の東アジア地域における人・物・情報の交流――海域と港市の形成、民族・地域間の相互

認識を中心に――』（上・下）平成十〜十三年度日本学術振興会科学研究費補助金　基盤研究（A）（1）研究成果報告書
村井章介・佐藤信・吉田伸之　一九九七年（編）『境界の日本史』山川出版社
桃木至朗　一九九六年『歴史世界としての東南アジア』（世界史リブレット）山川出版社
百瀬今朝雄　一九七六年「応仁・文明の乱」『岩波講座日本歴史7　中世3』岩波書店
――　二〇〇〇年『弘安書札礼の研究』東京大学出版会
森　勝彦　二〇〇一年「中世九州の交易港と唐人町」『鹿児島国際大学国際文化学部論集』二巻一号
森　克己　一九五五年『遣唐使』（日本歴史新書）至文堂
――　一九七五年『新訂　日宋貿易の研究』国書刊行会
森田恭二　一九九二年「細川政元政権と内衆赤沢宗益」中世公家日記研究会編『戦国期公家社会の諸様相』和泉書院
――　一九九四年『戦国期歴代細川氏の研究』和泉書院
守屋正彦　一九七九年「大蔵経寺涅槃図について」『山梨県立美術館研究紀要』1号
森山恒雄　一九八三年『豊臣氏九州蔵入地の研究』吉川弘文館
――　一九八七年「中世の政治・社会と菊池川」『熊本県歴史の道調査―菊池川水運―』熊本県教育委員会
――　一九八八年「高瀬町・高瀬津の研究史」（玉名市役所　一九九八年a収録）
柳原敏昭　一九九九年a「中世前期南九州の港と宋人居留地に関する一試論」『日本史研究』四四八号
――　一九九九年b「中世前期南薩摩の湊・川・道」藤原良章・村井章介編『中世のみちと物流』山川出版社
山内晋次　二〇〇三年『奈良平安期の日本と東アジア』吉川弘文館
山内　譲　一九九七年『海賊と海城』（平凡社選書）平凡社
山下裕二　二〇〇〇年『室町絵画の残像』中央公論美術出版
山田康弘　二〇〇〇年『戦国期室町幕府と将軍』吉川弘文館
――　二〇〇三年「戦国期大名間外交と将軍」『史学雑誌』一一二編一一号
山室恭子　一九九〇年「書評：村井章介著『アジアのなかの中世日本』」『史学雑誌』九八編八号
湯山賢一　一九七七年「国有（文化庁保管）豊後国若林家文書について」『古文書研究』一一号

米谷　均　一九九六年「近世初期日朝関係における外交文書の偽造と改竄」『早稲田大学大学院文学研究科紀要』四一輯・四分冊

――　一九九七年a「十六世紀日朝関係における偽使派遣の構造と実態」『歴史学研究』六九七号

――　一九九七年b「漂流民送還と情報伝達からみた十六世紀の日朝関係」『歴史評論』五七二号

――　一九九八年a「中世後期、日本人朝鮮渡海僧の記録類について」『青丘学術論集』一二集

――　一九九八年b「史料紹介：東京大学史料編纂所架蔵『日本関係朝鮮史料』」『古文書研究』四八号

――　二〇〇〇年「解説・『玄方進献巻子』について」田代和生・李薫監修『マイクロフィルム版　対馬宗家文書　第Ⅰ期朝鮮通信使記録』（別冊下）ゆまに書房

――　二〇〇二年a「文書様式論から見た十六世紀の日朝往復書契」『九州史学』一三二号

――　二〇〇二年b「豊臣政権期における海賊の引き渡しと日朝関係」『日本歴史』六五〇号

――　二〇〇三年「後期倭寇から朝鮮侵略へ」池享編『日本の時代史13　天下統一と朝鮮侵略』吉川弘文館

米原正義　一九七六年『戦国武士と文芸の研究』桜楓社

李　成　市　二〇〇〇年『東アジア文化圏の形成』（世界史リブレット）山川出版社

歴史学研究会　二〇〇二年（編）『戦後歴史学を検証する』歴史学研究会

歴史資料ネットワーク　一九九九年『歴史のなかの神戸と平家』神戸新聞総合出版センター

ロビンソン、ケネス（Robinson, Kenneth R.）一九九七年 "The Jubian and Ezogachishima Embassies to Choson, 1478–1482,"『朝鮮史研究会論文集』三五号

――　一九九九年 "The Imposter Branch of the Hatakeyama Family and Japanese-Choson Korea Court Relations, 1455–1580s," *Asian Cultural Studies*, No. 25

脇田晴子　一九九三年『戦国大名』（小学館ライブラリー・大系日本の歴史7）小学館

和田久徳　一九九二年a「琉球と李氏朝鮮との交渉——十五世紀東アジア・東南アジア海上交易の一環として——」石井米雄・辛島昇・和田久徳編『東南アジア世界の歴史的位相』東京大学出版会

――　一九九二年b「『歴代宝案』第一集解説」沖縄県立図書館史料編集室編『歴代宝案　校訂本　第二冊』沖縄県教育委員会

和田久徳ほか　一九九七年　「『歴代宝案』を読むための用語解説」　沖縄県立図書館史料編集室編『歴代宝案　訳注本　第二冊』　沖縄県教育委員会
渡邊　一　一九八五年　「霊彩」『東山水墨画の研究〔増補版〕』　中央公論美術出版
渡邊雄二　一九九五年　「乳峰寺・駿岳碩甫像について」『福岡市博物館研究紀要』五号

著者略歴

一九七二年　東京都に生まれる
二〇〇〇年　東京大学大学院人文社会系研究科博士課程単位取得退学、日本学術振興会特別研究員（PD）採用
二〇〇一年　九州国立博物館（設立準備室）研究員
二〇〇四年　博士（文学）学位取得
現在、北海道大学大学院文学研究科准教授

〔主要著書〕
『中華幻想―唐物と外交の室町時代史』（勉誠出版、二〇一一年）
『偽りの外交使節―室町時代の日朝関係』（吉川弘文館、二〇一二年）
『〝日本国王〟と勘合貿易』（NHK出版、二〇一三年）

中世日本の国際関係
東アジア通交圏と偽使問題

二〇〇五年（平成十七）六月一日　第一刷発行
二〇一四年（平成二十六）五月十日　第二刷発行

著者　橋《はし》本《もと》雄《ゆう》
発行者　前田求恭
発行所　株式会社 吉川弘文館
郵便番号一一三―〇〇三三
東京都文京区本郷七丁目二番八号
電話〇三―三八一三―九一五一〈代〉
振替口座〇〇一〇〇―五―二四四番
http://www.yoshikawa-k.co.jp/

印刷＝株式会社 三秀舎
製本＝株式会社 ブックアート
装幀＝山崎　登

ISBN978-4-642-02841-7

索　引

1. 本索引は，I事項，II人名，III地名から成る．(　)内は説明註を，〔　〕内はこの形で本文に出る場合もあることを示す．/の前後には関連の強い語を示し，参照の便宜に供した．
2. 中国・朝鮮の人名・地名は，原則的に現在の日本語読みに従った．事項についてはこの限りでない．
3. 事項のうち，外交文書・偽使・真使・割印・割符など，また地名のうち，日本・対馬・博多・肥後高瀬・中国・朝鮮・東アジアなど，頻出するものは採録を割愛した．

I　事　項

あ　行

か　行

さ 行

た　行

な　行

は　行

ま　行

や・ら・わ行

II 人　　名

あ 行

か　行

さ　行

た　行

な 行

は 行

ま・や・ら・わ行

III 地　名

あ 行

か 行

さ 行

た　行

な　行

は　行

ま・や・ら・わ行